Lehr- und Handbücher zur entscheidungsorientierten Betriebswirtschaft

Herausgegeben von
o. Universitätsprofessor Dr. Edwin O. Fischer

Bisher erschienene Werke:

Finanzwirtschaft für Fortgeschrittene

Von
o. Universitätsprofessor
Dr. Edwin O. Fischer

Dritte, überarbeitete Auflage

R. Oldenbourg Verlag München Wien

Die Deutsche Bibliothek - CIP-Einheitsaufnahme

Fischer, Edwin O.:
Finanzwirtschaft für Fortgeschrittene / von Edwin O. Fischer. -
3., überarb. Aufl.. – München ; Wien : Oldenbourg, 2002
  (Lehr- und Handbücher zur entscheidungsorientierten Betriebswirtschaft)
  ISBN 3-486-25980-6

© 2002 Oldenbourg Wissenschaftsverlag GmbH
Rosenheimer Straße 145, D-81671 München
Telefon: (089) 45051-0
www.oldenbourg-verlag.de

Gedruckt auf säure- und chlorfreiem Papier
Gesamtherstellung: Druckhaus „Thomas Müntzer" GmbH, Bad Langensalza

ISBN 3-486-25980-6

Inhaltsverzeichnis

Liste der Variablen und Parameter

a_{AfA}	Anteil der Absetzung für Abnutzung am Anlagevermögen in %
a_{AV}	Anteil des Anlagevermögens an den Umsatzerlösen in %
a_{Div}	Anteil der Dividendenzahlungen am Gewinn in %
a_K	Anteil der Aufwendungen an den Umsatzerlösen in %
a_{NWC}	Anteil des Net Working Capital an den Umsatzerlösen in %
α	Wertmäßiger Anteil des risikolosen Finanzierungstitels am Anfangsvermögen W_0
A_t	Anschaffungsauszahlungen zu t
$Ann(T, k)$	Annuität über den Zeitraum T bei einem Kalkulationszinsfuß von k
$AF_{T,k}$	Nachschüssiger Annuitätenfaktor bei einer Laufzeit von T Jahren und einer Verzinsung zum Kalkulationszinsfuß von k
AfA_t	Steuerliche Abschreibung im t-ten Jahr der Nutzung
AV_t	Anlagevermögen zum Zeitpunkt t
$\beta_{AfA,t}$	Normiertes systematisches Risiko der steuerlichen Abschreibungen in der t-ten Periode
$\beta_{A,t}$	Normiertes systematisches Risiko einer unverschuldeten Unternehmung in der t-ten Periode
$\beta_{C_f,t}$	Normiertes systematisches Risiko der fixen Auszahlungen in der t-ten Periode
$\beta_{c_v \cdot x,t}$	Normiertes systematisches Risiko der variablen Auszahlungen in der t-ten Periode
$\beta_{E,t}$	Normiertes systematisches Risiko des Eigenkapitals in der t-ten Periode
$\beta_{IP,t}$	Normiertes systematisches Risiko eines Investitionsprojekts in der t-ten Periode
$\beta_{j,t}$	Normiertes systematisches Risiko der j-ten Aktie in der t-ten Periode
$\beta_{p \cdot x,t}$	Normiertes systematisches Risiko der Einzahlungen in der t-ten Periode
$\beta_{R_T,t}$	Normiertes systematisches Risiko des Restwerts in der t-ten Periode
$\beta_{VZ,t}$	Normiertes systematisches Risiko der variablen Zahlungen in der t-ten Periode
BW_T	Buchwert am Ende der Nutzung
c	Transaktionskosten in %
γ	Verhältnis der variablen Auszahlungen je Stück zum Verkaufspreis
$CE(.)$	Sicherheitsäquivalent einer Zahlung
$C_{f,t}$	Fixe Auszahlungen in der t-ten Periode
$C(z_i)$	Cash Flow bei Eintritt des Zustands i
CF_t	Cash Flow nach Steuer
$c_{v,t}$	Variable Auszahlungen je Stück in der t-ten Periode
C_t	Erwarteter zusätzlicher nomineller Cash Flow vor Zinsen und vor Steuern im t-ten Jahr der Nutzung
$Cov(.)$	Kovarianz zweier stochastischer Größen
D_0	Marktwert des Fremdkapitals zu $t = 0^+$ (ohne Berücksichtigung der Zahlungen zu $t = 0$)
D_{0-}	Marktwert des Fremdkapitals zu $t = 0^-$ (mit Berücksichtigung der Zahlungen zu $t = 0$)
D_t	Marktwert des Fremdkapitals zu t^+
$D_t(z_i)$	Wert des Fremdkapitals einer Unternehmung zum Zeitpunkt t bei Eintritt des Zustands i
ΔAfA_t	Veränderung der Absetzung für Abnutzung in der Periode t
ΔAV_t	Veränderung des Anlagevermögens in der Periode t
ΔFK_t	Veränderung des Buchwerts des Fremdkapitals in der Periode t
ΔNWC_t	Veränderung des Net Working Capitals in der Periode t
Div_t	Dividendenzahlungen zum Zeitpunkt t

$E(.)$	Erwartungswert einer Zufallsvariablen
E_0	Marktwert des Eigenkapitals zu $t = 0^+$ (ohne Berücksichtigung der Zahlungen zu $t = 0$)
E_{0-}	Marktwert des Eigenkapitals zu $t = 0^-$ (mit Berücksichtigung der Zahlungen zu $t = 0$)
E_t	Marktwert des Eigenkapitals zu t^+ bei teilweiser Fremdfinanzierung
EK_t	Eigenkapital zu Buchwerten zum Zeitpunkt t
$E_t(z_i)$	Wert des Eigenkapitals einer verschuldeten Unternehmung zum Zeitpunkt t bei Eintritt des Zustands i
f_t	Verhältnis des Werts der künftigen Zinszahlungen zum Wert des Fremdkapitals
FK	Buchwert des langfristigen Fremdkapitals
FL	Financial Leverage
FL_t^{dyn}	Dynamischer Financial Leverage in der t-ten Periode
g	Konstante erwartete Dividendenwachstumsrate
G	Gewinn vor Körperschaftsteuer
GG_T	Zeitbezogener Grenzgewinn in der Periode T
i	Effektivverzinsung vor Steuern
j	Laufindex für unterschiedliche Aktien
k	In der Investitionsrechnung: Kalkulationszinssatz und Laufindex für Investitionsprojekte Portfoliotheorie: Laufindex für unterschiedliche Aktien
κ_t	Kalkulationszinsfuß für die t-te Periode für den Wert der Umsatzerlöse
$K_0(.)$	Kapitalwert in Abhängigkeit von einer Größe
$k_{D,t}$	Kapitalkostensatz für das Fremdkapital für die t-te Periode
k_E	Kapitalkostensatz der Anteilseigner nach Steuern
$k_{E,t}$	Kapitalkostensatz der Anteilseigner nach Steuern für die t-te Periode bei teilweiser Fremdfinanzierung
$k_E^{vorSt.}$	Kapitalkostensatz der Anteilseigner vor Steuern
KE_t	Kapitalerhöhung in der Periode t
$k_{G,t}$	Gewichteter durchschnittlicher Kapitalkostensatz nach Steuern für die t-te Periode
k_G	Gewichteter durchschnittlicher Kapitalkostensatz nach Steuern
$k_G^{vorSt.}$	Gewichteter durchschnittlicher Kapitalkostensatz vor Steuern
K_t	Kapitalwert zu t^- (mit Berücksichtigung der Zahlungen zu t)
K_{t+}	(Brutto)Kapitalwert zu t^+ (ohne Berücksichtigung der Zahlungen zu t)
KK_0	Kettenkapitalwert zu $t = 0$
λ	Preis für das Risiko je Risikoeinheit
m	Anzahl der identischen Reinvestitionen
μ	Mittelwert einer Verteilung
M	Index für das Tangential- oder Marktportefeuille
MVP	Minimum-Varianz-Portefeuille
n	Anzahl der jungen Aktien
N	Anzahl der unterschiedlichen Aktien in einem Portefeuille; Anzahl der Altaktien
$N(\mu, \sigma)$	Normalverteilung mit den Parametern μ und σ
NCF_t	Net Cash Flow im t-ten Jahr der Nutzung
Nom	Nominale des Fremdkapitals
NWC_t	Net Working Capital
OCF_t	Operating Cash Flow im t-ten Jahr der Nutzung
OL	Operating Leverage
OL_t^{dyn}	Dynamischer Operating Leverage in der t-ten Periode
p	Verkaufspreis pro Stück bzw. interner Zinsfuß (Rendite)

π	Jährliche Wachstumsrate der laufenden Cash Flows
PF_t	Marktwert der fixen Zahlungen nach Steuern zu t^+
P_{tj}^{cum}	Preis der j-ten Aktie zum Zeitpunkt t inklusive eines Nebenrechts
P_{tj}^{ex}	Preis der j-ten Aktie zum Zeitpunkt t exklusive eines Nebenrechts
$p(z_i)$	Subjektive Eintrittswahrscheinlichkeit des Zustands i
$P(\cdot)$	Wahrscheinlichkeit
$\Phi(d_i)$	Wert der Verteilungsfunktion in der Standardnormalverteilung an der Stelle d_i
PV_t	Marktwert der künftigen Umsatzerlöse zu t^+
PVZ_t	Marktwert der zu variablen Einzahlungsüberschüsse zu t^+
$q(z_i)$	Pseudoeintrittswahrscheinlichkeit
ϱ	Erwartete Eigenkapitalrendite bei reiner Eigenfinanzierung
ϱ_t	Kalkulationszinsfuß für die t-te Periode bei reiner Eigenfinanzierung
$\varrho(.)$	Korrelation zwischen zwei stochastischen Größen
r_t	Risikoloser Zinssatz in % p.a. in der t-ten Periode
$RBF_{T,k}$	Nachschüssiger Rentenbarwertfaktor bei einer Laufzeit von T Jahren und einer Verzinsung zum Kalkulationszinsfuß von k
$\bar{r}_j$	Arithmetische Durchschnittsrendite der j-ten Aktie
r_j	Rendite der j-ten Aktie
r_j^*	Konforme Jahresrendite der j-ten Aktie
r_M	Rendite des Tangential- und Marktportefeuilles
r_{MVP}	Rendite des Minimum-Varianz Portefeuilles
ROE_t	Return on Equity in der Periode t
ROI_t	Return on Investment in der Periode t
r_P	Rendite des Portefeuilles P
R_T	Restwert am Ende der Nutzungsdauer eines Investitionsprojekts
s	Gewinnsteuersatz der Unternehmung
S_0	Wert einer Aktie zu $t = 0$
s_E	Einkommensteuersatz auf Dividenden
s_{KE}	Einkommensteuersatz auf realisierte Kapitalgewinne
s_K	Körperschaftsteuersatz
$\sigma(.)$	Standardabweichung einer stochastischen Größe
$\sigma_{A,t}$	Gesamtes Risiko des rein eigenfinanzierten Unternehmensvermögens in der t-ten Periode
$\sigma_{E,t}$	Gesamtes Risiko des Eigenkapitals einer verschuldeten Unternehmung in der t-ten Periode
$\sigma_{IP,t}$	Gesamtes Risiko des rein eigenfinanzierten Investitionsprojekts in der t-ten Periode
$\sigma_{VZ,t}$	Gesamtes Risiko des Werts der künftigen Umsatzerlöse in der t-ten Periode
$\sigma^2(.)$	Varianz einer stochastischen Größe
St_t	Steuerzahlungen zum Zeitpunkt t
t	Zeitindex
T	Nutzungsdauer
T_k^*	Optimale Nutzungsdauer des k-ten Investitionsprojekts
T_{max}	Maximale Nutzungsdauer eines Investitionsprojekts
U	Umsatz
$U(.)$	Nutzenfunktion
U_0	Wert einer unverschuldeten Unternehmung zu $t = 0$
U_t	Wert des Eigenkapitals einer unverschuldeten Unternehmung zu t^+ bei reiner Eigenfinanzierung (= Wert der unverschuldeten Unternehmung)
UEB	Entgehender Cash Flow vor Steuern und Zinsen aufgrund von Umsatzeinbußen
UK_t	Umsatzaufwendungen exklusive Zinsaufwendungen, aber inklusive Absetzung für Abnutzung

v_0	Verschuldungsgrad zu Marktwerten zu $t = 0^+$
V_0	Wert einer verschuldeten Unternehmung zu $t = 0^+$
$Var(.)$	Varianz einer stochastischen Größe
V_t	Wert einer verschuldeten Unternehmung zu t^+
v^*	Optimaler konstanter Verschuldungsgrad einer Unternehmung oder eines Investitionsprojekts zu Marktwerten
v_t^*	Angestrebter Verschuldungsgrad zu Marktwerten einer Unternehmung oder eines Investitionsprojekts zum Zeitpunkt t^+
W_t	Vermögen eines Investors zum Zeitpunkt t
x	Produktions– und Absatzmenge
x_j	Wertmäßiger Anteil der j–ten Aktie am Anfangsvermögen W_0
x_j^M	Anteil des j–ten Wertpapiers im Tangetialportefeuille
y_k	Hilfsvariable zur Ermittlung des Tangentialportefeuilles
Y_0	Kreditauszahlungsbetrag zu $t = 0$
Y_t	Tilgungszahlungen zu t (für $t > 0$)
z_i	Zustand i
Z_t	Zinszahlungen zu t
Z_t'	Steuerlich absetzbare Kreditkosten (= Zinsen + Anteil am Auszahlungsdisagio und am Rückzahlungsagio)
$\square$	Ende eines Beweises

Das griechische Alphabet

Name	Buchstabe
Alpha	α, A
Beta	β, B
Gamma	γ, Γ
Delta	δ, Δ
Epsilon	ϵ, E
Zeta	ζ, Z
Eta	η, H
Theta	θ (ϑ), Θ
Jota	ι, I
Kappa	κ, K
Lambda	λ, Λ
My	μ, M
Ny	ν, N
Xi	ξ, Ξ
Omikron	o, O
Pi	π, Π
Rho	ϱ, P
Sigma	σ (ς), Σ
Tau	τ, T
Ypsilon	υ, Y
Phi	ϕ, Φ
Chi	χ, X
Psi	ψ, Ψ
Omega	ω, Ω

1 Zeitbezogene Entscheidungen in der Investitionsplanung

In Fischer (1996) ist vereinfachend unterstellt worden, daß die Realisation eines Investitionsprojekts nur zu einem Zeitpunkt möglich ist („Jetzt–oder–nie–Entscheidung") und daß die Nutzungsdauer des Projekts bereits vorgegeben ist.

Dieses Kapitel beschäftigt sich nun mit der Optimierung des Investitionszeitpunktes und der Nutzungsdauer von Projekten. Als Zielsetzung der Unternehmung wird weiterhin die Maximierung des Kapitalwerts[1] unterstellt.

- **Zeitpunktentscheidung (Investitionsterminentscheidung):**
  Optimales Timing von Investitionen (→ Abschnitt 1.1)

- **Zeitdauerentscheidung (Nutzungsdauerentscheidung):**
  Zeitdauerentscheidungen können jeweils ex ante (vor Anschaffung des Aggregats) oder ex post (während der Nutzung des Aggregats) getroffen werden.

  - Ohne Nachfolgeaggregat:
    Reine Nutzungsdauerentscheidung (→ Abschnitt 1.2)
  - Mit Nachfolgeaggregat(en):
    Ersatzentscheidung (→ Abschnitt 1.3)

Generell müßten sowohl der Investitionstermin t_A als auch die Nutzungsdauer T eines Projekts simultan optimiert werden. Die Zielfunktion für dieses Problem lautet bei einmaliger Investition:

$$\max_{\substack{t_A \in \{0,\, 1,\, 2,\ldots\} \\ 0 < T \leq T_{max} \\ T \in N}} K_0(t_A,\, T) = -\frac{A_{t_A}}{(1+k_G)^{t_A}} + \sum_{t=1}^{T} \frac{OCF_{t_A+t}}{(1+k_G)^{t_A+t}} + \frac{R_{t_A+T} - s(R_{t_A+T} - BW_{t_A+T})}{(1+k_G)^{t_A+T}}$$

mit: T_{max} ... Maximale Nutzungsdauer.

Um jedoch die beiden Problemstellungen und deren Lösungen klarer darstellen zu können, wird bei der Behandlung der Investitionsterminentscheidung unterstellt, daß die optimale Nutzungsdauer bereits vorgegeben ist. Umgekehrt unterstellen wir bei der Behandlung der Nutzungsdauerentscheidung, daß der eventuelle optimale Investitionstermin bereits vorgegeben ist.

1.1 Optimales Timing von Investitionen

Die Zielsetzung bei einmaliger Investition ist

$$\max_{t_A \in \{0,\, 1,\, 2,\ldots\}} K_0(t_A) = -\frac{A_{t_A}}{(1+k_G)^{t_A}} + \sum_{t=1}^{T} \frac{OCF_{t_A+t}}{(1+k_G)^{t_A+t}} + \frac{R_{t_A+T} - s(R_{t_A+T} - BW_{t_A+T})}{(1+k_G)^{t_A+T}}.$$

---

[1] Falls nichts anderes vermerkt, wird von der Bruttomethode mit expliziter Berücksichtigung der Steuern und mit nominellen Werten ausgegangen.

Im allgemeinen kann der optimale Investitionstermin durch vollständige Enumeration festgestellt werden.

Lösung von Aufgabe 1:

199X ($t_A = 0$):

$$K_0^{9X} = -7.000 + \frac{500}{1,1} + \frac{750}{1,1^2} + \frac{1.000}{1,1^3} \cdot \left(1 + \frac{1}{0,1}\right)$$
$$= 2.339,-$$

199(X+1) ($t_A = 1$):

– Fall A:

$$K_0^{9(X+1)} = \frac{-7.000}{1,1} + \frac{750}{1,1^2} + \frac{1.000}{1,1^3} \cdot \left(1 + \frac{1}{0,1}\right)$$
$$= 2.521,-$$

$$\Rightarrow K_0^{9(X+1)} > K_0^{9X} \Rightarrow t_A^* = 1.$$

Sind jedoch alle realen oder nominellen Zahlungen des Projekts unabhängig vom Investitionszeitpunkt („kalenderzeitunabhängig") und ist der Kalkulationszinsfuß positiv, so kann gezeigt werden, daß eine Verschiebung des Investitionstermins für Projekte mit positiven Kapitalwerten bei sofortiger Realisation nicht sinnvoll ist:

$$K_0(t_A > 0) = \frac{K_0(t_A = 0)}{(1 + k)^{t_A}}.$$

Aus der obigen Gleichung kann man erkennen, daß, wenn die Höhe der realen oder nominellen Cash Flows unabhängig von t_A und der Kalkulationszinsfuß positiv ist, der früheste Investitionszeitpunkt den höchsten Kapitalwert aufweist.

Fortsetzung der Lösung von Aufgabe 1:

199(X+1) ($t_A = 1$):

– Fall B:

$$K_0^{9(X+1)} = -7.000 \cdot \frac{1}{1,1} + \frac{500}{1,1} \cdot \frac{1}{1,1} + \frac{750}{1,1^2} \cdot \frac{1}{1,1} + \frac{1.000}{1,1^3} \cdot \left(1 + \frac{1}{0,1}\right) \cdot \frac{1}{1,1}$$
$$= \left[-7.000 + \frac{500}{1,1} + \frac{750}{1,1^2} + \frac{1.000}{1,1^3} \cdot \left(1 + \frac{1}{0,1}\right)\right] \cdot \frac{1}{1,1}$$
$$= K_0^{9X} \cdot \frac{1}{1,1}$$
$$= 2.126,-$$

$$\Rightarrow K_0^{9X} > K_0^{9(X+1)} \Rightarrow t_A^* = 0.$$

1.2 Reine Nutzungsdauerentscheidungen

1.2.1 Ex–ante–Nutzungsdauerentscheidungen

Mit Hilfe der Ex-ante-Nutzungsdauerentscheidung versucht der Investor, die kapitalwertoptimale Nutzungsdauer eines Aggregats vor dessen Anschaffung zu finden:

$$\max_{\substack{0 < T \le T_{max} \\ T \in \mathbb{N}}} K_0(T) = -A_0 + \sum_{t=1}^{T} \frac{OCF_t}{(1 + k_G)^t} + \frac{R_T - s(R_T - BW_T)}{(1 + k_G)^T}$$

mit: t ... Jahr der Nutzung
     T_{max} ... Maximale Nutzungsdauer

Zur Lösung dieses Optimierungsproblems gibt es zwei Möglichkeiten:

- **Vollständige Enumeration:** Bei der vollständigen Enumeration werden die Kapitalwerte für alle zulässigen Nutzungsdauern berechnet und dann die Nutzungsdauer mit dem größten Kapitalwert ermittelt.

- **Kriterium für den zeitbezogenen Grenzgewinn:** Mit Hilfe eines aus der Mathematik bekannten Grenzkalküls berechnet man das lokale Extremum der Kapitalwertfunktion in Abhängigkeit von T (siehe Abb. 1.1):

$$\frac{\partial K_0(T)}{\partial T} = 0.$$

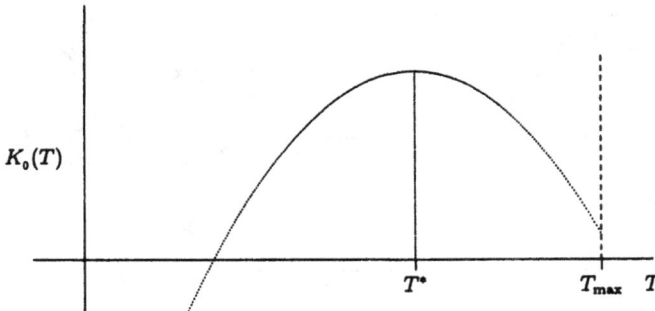

Abb. 1.1: Konkave Kapitalwertfunktion in Abhängigkeit von stetigen Nutzungsdauern

Lösung von Aufgabe 2 (a): Mit vollständiger Enumeration

Berechnung der Einzahlungsüberschüsse vor Steuern:

	1	2	3	4	5
Erlöse	140.000,–	140.000,–	140.000,–	140.000,–	140.000,–
− Umsatzeinbußen	−20.000,–	−20.000,–	−20.000,–	−20.000,–	−20.000,–
− Variable Auszahlungen	−60.000,–	−60.000,–	−60.000,–	−60.000,–	−60.000,–
− Fixe Auszahlungen	−10.000,–	−22.000,–	−33.000,–	−46.000,–	−58.000,–
= Cash Flow vor Zinsen und Steuern	50.000,–	38.000,–	27.000,–	14.000,–	2.000,–

$$k_G = (1 - 0,6)0,13 + 0,6(1 - 0,4)0,08$$
$$= 8,08\text{ \% p.a.}$$

$\underline{T = 1}$:
Steuern:

	1
Cash Flows vor Zinsen und Steuern	50.000,–
+ Restwert	60.000,–
− AfA_t	−33.333,–
− Buchwert	−66.667,–
= Steuerbasis	10.000,–
Steuern ($s = 40$ %)	4.000,–

Operating Cash Flows (inklusive Restwert nach Steuern):

		1
	Cash Flows vor Zinsen und Steuern	50.000,-
+	Restwert	60.000,-
-	Steuern	-4.000,-
=		106.000,-

Kapitalwert:

$$K_0(T = 1) = -100.000 + \frac{106.000}{1,0808}$$
$$= -1.924,50$$

T = 2:
Steuern:

		1	2
	Cash Flows vor Zinsen und Steuern	50.000,-	38.000,-
+	Restwert		40.000,-
-	AfA_t	-33.333,-	-33.333,-
-	Buchwert		-33.334,-
=	Steuerbasis	16.667,-	11.333,-
	Steuern (s = 40 %)	6.666,80	4.533,20

Operating Cash Flows (inklusive Restwert nach Steuern):

		1	2
	Cash Flows vor Zinsen und Steuern	50.000,-	38.000,-
+	Restwert		40.000,-
-	Steuern	-6.666,80	-4.533,20
=		43.333,20	73.466,80

Kapitalwert:

$$K_0(T = 2) = -100.000 + \frac{43.333,20}{1,0808} + \frac{73.466,80}{1,0808^2}$$
$$= 2.986,37$$

T = 3:
Steuern:

		1	2	3
	Cash Flows vor Zinsen und Steuern	50.000,-	38.000,-	27.000,-
+	Restwert			20.000,-
-	AfA_t	-33.333,-	-33.333,-	-33.334,-
-	Buchwert			0,-
=	Steuerbasis	16.667,-	4.667,-	13.666,-
	Steuern (s = 40 %)	6.666,80	1.866,80	5.466,40

Operating Cash Flows (inklusive Restwert nach Steuern):

		1	2	3
	Cash Flows vor Zinsen und Steuern	50.000,-	38.000,-	27.000,-
+	Restwert			20.000,-
-	Steuern	-6.666,80	-1.866,80	-5.466,40
=		43.333,20	36.133,20	41.533,60

Kapitalwert:

$$K_0(T = 3) = -100.000 + \frac{43.333,20}{1,0808} + \frac{36.133,20}{1,0808^2} + \frac{45.133,60}{1,0808^3}$$
$$= 3.923,74,-$$

<u>$T = 4$</u>:
Steuern:

		1	2	3	4
	Cash Flow vor Zinsen und Steuern	50.000,-	38.000,-	27.000,-	14.000,-
+	Restwert				2.000,-
-	AfA_t	-33.333,-	-33.333,-	-33.334,-	
-	Buchwert				0,-
=	Steuerbasis	16.667,-	4.667,-	-6.334,-	16.000,-
	Steuern ($s = 40\%$)	6.666,80	1.866,80	-2.533,60	6.400,-

Operating Cash Flows (inklusive Restwert nach Steuern):

		1	2	3	4
	Cash Flow vor Zinsen und Steuern	50.000,-	38.000,-	27.000,-	14.000,-
+	Restwert				2.000,-
-	Steuern	-6.666,80	-1.866,80	2.533,60	6.400,-
=		43.333,20	36.133,20	29.533,60	9.600,-

Kapitalwert:

$$K_0(T = 4) = -100.000 + \frac{43.333,20}{1,0808} + \frac{36.133,20}{1,0808^2} + \frac{29.533,60}{1,0808^3} + \frac{9.600}{1,0808^4}$$
$$= 1.454,31$$

<u>$T = 5$</u>:
Steuern:

		1	2	3	4	5
	Cash Flow vor Zinsen und Steuern	50.000,-	38.000,-	27.000,-	14.000,-	2.000,-
+	Restwert					0,-
-	AfA_t	-33.333,-	-33.333,-	-33.334,-		
-	Buchwert					0,-
=	Steuerbasis	16.667,-	4.667,-	-6.334,-	14.000,-	2.000,-
	Steuern ($s = 40\%$)	6.666,80	1.866,80	-2.533,60	5.600,-	800,-

Operating Cash Flows (inklusive Restwert nach Steuern):

		1	2	3	4	5
	Cash Flow vor Zinsen und Steuern	50.000,-	38.000,-	27.000,-	14.000,-	2.000,-
+	Restwert					0,-
-	Steuern	-6.666,80	-1.866,80	2.533,60	-5.600,-	-800,-
		43.333,20	36.133,20	29.533,60	8.400,-	1.200,-

Kapitalwert:

$$K_0(T = 5) = -100.000 + \frac{43.333}{1,0808} + \frac{36.133,20}{1,0808^2} + \frac{29.533,60}{1,0808^3}$$
$$+ \frac{8.400}{1,0808^4} + \frac{1.200}{1,0808^5}$$
$$= 1.388,56$$

Der größte Kapitalwert ist $K_0(T^* = 3)$ mit 3.924,-. In Abb. 1.2 sind die Kapitalwerte graphisch dargestellt.

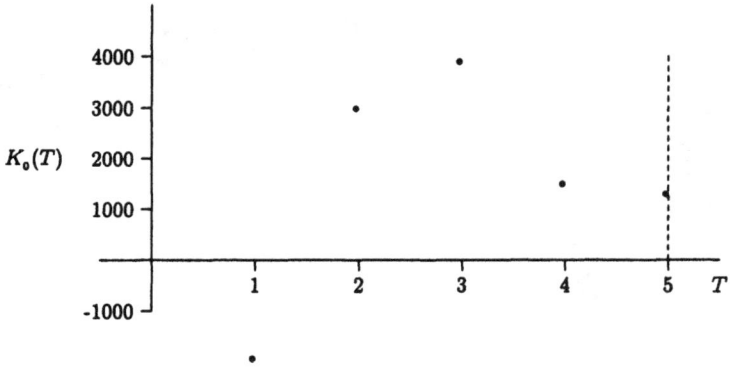

Abb. 1.2: Kapitalwerte der Aufgabe 2 (a) in Abhängigkeit von ganzzahligen Nutzungsdauern T

Herleitung des zeitbezogenen Grenzgewinns:

Da wir T als ganzzahlige Variable (siehe Abb. 1.3) annehmen, kann man aus den Grenzkapitalwerten folgende Optimalitätsbedingungen für ein lokales Maximum ableiten:

$$K_0(T^*) - K_0(T^* - 1) \geq 0$$
$$K_0(T^* + 1) - K_0(T^*) < 0.$$

In der Folge betrachten wir nur die erste der beiden Bedingungen und sagen dazu, daß diese Differenz der Kapitalwerte, lokal gesehen, letztmals nicht negativ sein soll:

$$K_0(T^*) - K_0(T^* - 1) \geq 0$$

$$K_0(T^*) = -A_0 + \sum_{t=1}^{T^*} \frac{OCF_t}{(1+k_G)^t} + \frac{R_{T^*} - s(R_{T^*} - BW_{T^*})}{(1+k_G)^{T^*}}$$

$$K_0(T^* - 1) = -A_0 + \sum_{t=1}^{T^*-1} \frac{OCF_t}{(1+k_G)^t} + \frac{R_{T^*-1} - s(R_{T^*-1} - BW_{T^*-1})}{(1+k_G)^{T^*-1}}$$

$$\Delta K_0(T^*) = -A_0 + \sum_{t=1}^{T^*} \frac{OCF_t}{(1+k_G)^t} + \frac{R_{T^*} - s(R_{T^*} - BW_{T^*})}{(1+k_G)^{T^*}}$$
$$- \left[-A_0 + \sum_{t=1}^{T^*-1} \frac{OCF_t}{(1+k_G)^t} + \frac{R_{T^*-1} - s(R_{T^*-1} - BW_{T^*-1})}{(1+k_G)^{T^*-1}} \right]$$

$$\Delta K_0(T^*) = \frac{(1-s)C_{T^*} + sAfA_{T^*}}{(1+k_G)^{T^*}}$$
$$+ \frac{R_{T^*} - s(R_{T^*} - BW_{T^*}) - (1+k_G)\left[R_{T^*-1} - s(R_{T^*-1} - BW_{T^*-1}) \right]}{(1+k_G)^{T^*}}$$

$$(1+k_G)^{T^*} \Delta K_0(T^*) = (1-s)C_{T^*} + sAfA_{T^*} + (1-s)R_{T^*} + sBW_{T^*}$$
$$- (1-s)R_{T^*-1} - sBW_{T^*-1} - k_G[(1-s)R_{T^*-1} + sBW_{T^*-1}].$$

Da nun gilt

$$BW_{T^*-1} - BW_{T^*} = AfA_{T^*},$$

erhält man

$$(1+k_G)^{T^*}\Delta K_0(T^*) \;=\; (1-s)\{C_{T^*} - (R_{T^*-1} - R_{T^*}) - \frac{k_G}{1-s}[(1-s)R_{T^*-1} + sBW_{T^*-1}]\}$$

$$(1+k_G)^{T^*}\Delta K_0(T^*) \;=\; (1-s)\{C_{T^*} - (R_{T^*-1} - R_{T^*}) - \frac{k_G}{1-s}[R_{T^*-1} - s(R_{T^*-1} - BW_{T^*-1})]\}$$

	Kalkulatorische Abschreibung auf Restwert- basis	Kalkulatorische Zinsen:	
		Kalkulations-⎫ zinsfuß vor ⎬ Steuern ⎭	· ⎧Kapitaleinsatz ⎨zu Beginn der ⎩letzten Periode

Kalkulatorischer Gewinn vor Steuern
Zeitbezogener Grenzgewinn vor Steuern

Zeitbezogener Grenz–
gewinn nach
Steuern GG_{T^*}.

Kalkulatorischer Gewinn nach Steuern

Somit ist der zeitbezogene Grenzgewinn (aufgezinster Grenzkapitalwert) in der Periode T

$$GG_T \;=\; (1-s)\{C_T - (R_{T-1} - R_T) - \frac{k_G}{1-s}[R_{T-1} - s(R_{T-1} - BW_{T-1})]\}$$

mit

$$R_0 \;=\; BW_0 = A_0.$$

Kriterium für den zeitbezogenen Grenzgewinn:

$$GG_{T^*} \;\geq\; 0$$
$$GG_{T^*+1} \;<\; 0.$$

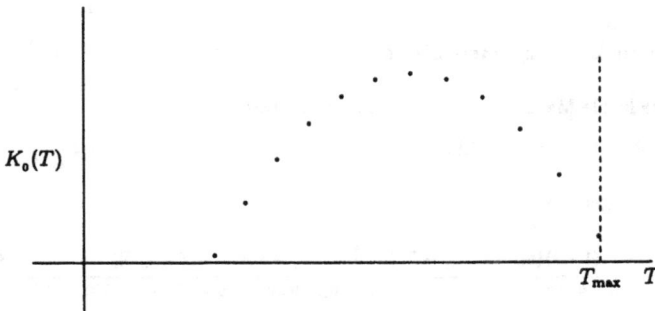

Abb. 1.3: Konkave Kapitalwertfunktion in Abhängigkeit von ganzzahligen Nutzungsdauern

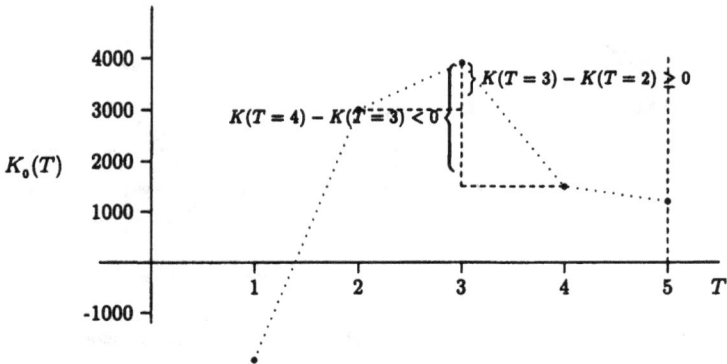

Abb. 1.4: Kapitalwerte von Aufgabe 2 (a) in Abhängigkeit von ganzzahligen Nutzungsdauern

Lösung von Aufgabe 2 (a): Mit dem Kriterium des zeitbezogenen Grenzgewinns

T	$(1-s)\{C_T - (R_{T-1} - R_T) - \frac{k_a}{1-s}[R_{T-1} - s(R_{T-1} - BW_{T-1})]\}$	GG_T
1	$(1-0,4)\{50.000 - (100.000 - 60.000) - \frac{0,0808}{1-0,4}[100.000 - 0,4(100.000 - 100.000)]\}$	-2.080
2	$(1-0,4)\{38.000 - (60.000 - 40.000) - \frac{0,0808}{1-0,4}[60.000 - 0,4(60.000 - 66.667)]\}$	5.737
3	$(1-0,4)\{27.000 - (40.000 - 20.000) - \frac{0,0808}{1-0,4}[40.000 - 0,4(40.000 - 33.334)]\}$	1.183
4	$(1-0,4)\{14.000 - (20.000 - 2.000) - \frac{0,0808}{1-0,4}[20.000 - 0,4(20.000 - 0)]\}$	-3.370
5	$(1-0,4)\{2.000 - (2.000 - 0) - \frac{0,0808}{1-0,4}[2.000 - 0,4(2.000 - 0)]\}$	-97

Anhand der Grenzgewinne (siehe auch Abb. 1.4 und 1.5) kann man sehen, daß die optimale Nutzungsdauer $T^* = 3$ ist, da

$$GG_3 \geq 0$$
$$GG_4 < 0.$$

Um bei Kanninvestitionen feststellen zu können, ob das Projekt überhaupt durchgeführt werden soll, ist der Kapitalwert für die optimale Nutzungsdauer zu berechnen, und es ist zu überprüfen, ob der Kapitalwert positiv ist:

$$K_0(T^* = 3) = 3.924, -.$$

Andere, nicht konkave Kurvenverläufe sind ebenfalls denkbar:

- Mehrere lokale Maxima (vgl. Abb. 1.6 und Aufgabe 3)
- Rechte Randlösung (vgl. Abb. 1.7)

Lösung von Aufgabe 3:

T	$(1-s)\{C_T - (R_{T-1} - R_T) - \frac{k_a}{1-s}[R_{T-1} - s(R_{T-1} - BW_{T-1})]\}$	GG_T
1	$(1-0,4)\{130.000 - (200.000 - 100.000) - 0,2[200.000 - 0,4(200.000 - 200.000)]\}$	-6.000
2	$(1-0,4)\{130.000 - (100.000 - 90.000) - 0,2[100.000 - 0,4(100.000 - 150.000)]\}$	57.600
3	$(1-0,4)\{100.000 - (90.000 - 5.000) - 0,2[90.000 - 0,4(90.000 - 100.000)]\}$	-2.280
4	$(1-0,4)\{50.000 - (5.000 - 5.000) - 0,2[5.000 - 0,4(5.000 - 50.000)]\}$	27.240
5	$(1-0,4)\{5.000 - (5.000 - 0) - 0,2[5.000 - 0,4(5.000 - 0)]\}$	-360

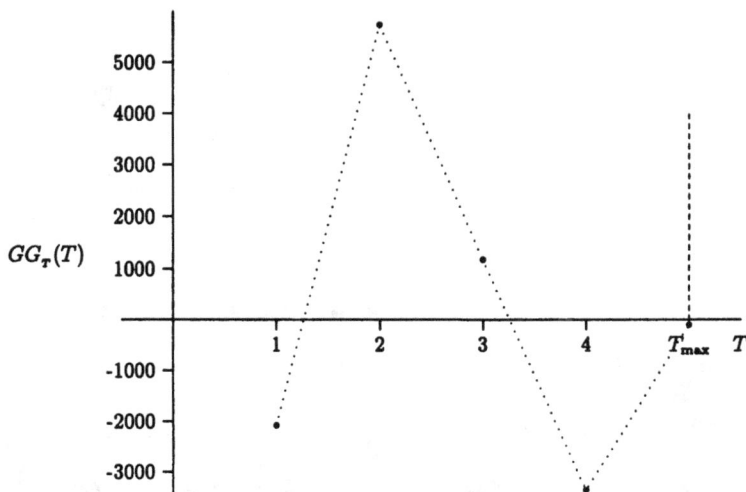

Abb. 1.5: Zeitbezogene Grenzgewinne von Aufgabe 2 (a) in Abhängigkeit von ganzzahligen Nutzungsdauern

Es ergeben sich zwei Nutzungsdauern, $T_a^* = 2$ und $T_b^* = 4$, die den Optimalitätsbedingungen genügen. Das globale Maximum erhält man, indem man die Kapitalwerte für diese beiden Nutzungsdauern berechnet. Dabei ergibt sich für die $T_a^* = 2$ ein Kapitalwert von $K_0(T_a^* = 2) = 40.561, -$ und für $T_b^* = 4$ einer von $K_0(T_b^* = 4) = 56.250, -$. Somit erhält man $T_b^* = 4$ als optimale Nutzungsdauer.

Eine Randlösung an der Stelle $T^* = T_{max}$ ist immer dann möglich, wenn der zeitbezogene Grenzgewinn für die maximale Nutzungsdauer positiv ist (vgl. Abb. 1.7):

$$GG_{T_{max}} \geq 0.$$

In diesem Fall muß man T_{max} wie ein lokales Extremum behandeln und im Fall von Abb. 1.7 (b) gesondert untersuchen, um das globale Maximum feststellen zu können.

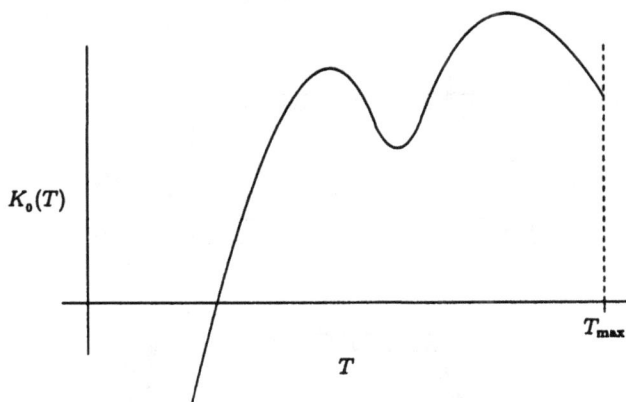

Abb. 1.6: Kapitalwertfunktion mit zwei lokalen Maxima

Fall (a)   **Fall (b)**

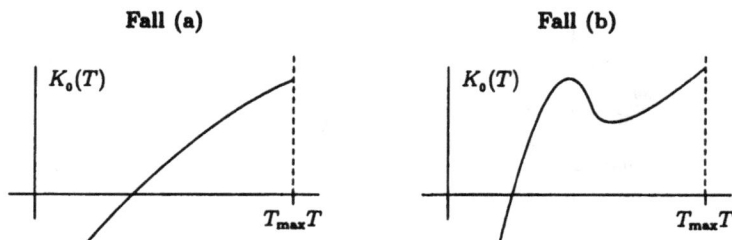

Abb. 1.7: Rechte Randlösungen

1.2.2   Ex–post–Nutzungsdauerentscheidung

1.2.2.1   Allgemeine Darstellung

Bei der Ex–post–Nutzungsdauerentscheidung stellt sich die Frage, wie lange man ein bereits in Verwendung stehendes Aggregat noch weiter nutzen soll. Eine regelmäßige Überprüfung der optimalen Restnutzungsdauer ist dann notwendig, wenn sich die ursprünglich geplanten Daten aus der Ex–ante–Entscheidung (Restwert, Verkaufspreis, geplante variable und fixe Auszahlungen, Produktions– und Absatzmengen, Gewinnsteuersatz und Kalkulationszinsfüße) geändert haben. Die Entscheidungskriterien ergeben sich wie bei der Ex–ante–Entscheidung, nur mit dem Unterschied, daß die Zahlungen der Vergangenheit wegen ihrer Irreversibilität irrelevant sind (*sunk costs*). So ergibt sich die optimale Restnutzungsdauer T^* aus:

$$\max_{\substack{T \in N_0 \\ T \leq T_{max}}} K_0(T) = \begin{cases} R_0 - s(R_0 - BW_0) & \text{für } T = 0 \\ \sum_{t=1}^{T} \frac{OCF_t}{(1+k_G)^t} + \frac{R_T - s(R_T - BW_T)}{(1+k_G)^T} & \text{für } T > 0 \end{cases}$$

mit: t ... Jahr der Restnutzung

     T_{max} ... Maximale Restnutzungsdauer

Zur Lösung stehen wiederum das Verfahren der vollständigen Enumeration und das Kriterium für den zeitbezogenen Grenzgewinn zur Verfügung.

Lösung von Aufgabe 5 (a): Vollständige Enumeration

$\underline{T = 0}$:
Steuern:

		0
	Cash Flows vor Zinsen und Steuern	*0,–*
+	*Restwert*	*30.000,–*
–	*AfA_t*	*0,–*
–	*Buchwert*	*–33.333,33*
=	*Steuerbasis*	*–3.333,33*
	Steuern (s = 40 %)	*–1.333,33*

Operating Cash Flows (inklusive Restwert nach Steuern):

		0
	Cash Flows vor Zinsen und Steuern	*0,–*
+	*Restwert*	*30.000,–*
–	*Steuern*	*1.333,33*
=		*31.333,33*

Kapitalwert:

$$K_0(T = 0) \quad = \quad 31.333,33$$

$\underline{T = 1}$:

Steuern:

		1
	Cash Flows vor Zinsen und Steuern	25.000,–
+	Restwert	15.000,–
–	AfA_t	–33.333,34
–	Buchwert	0,–
=	Steuerbasis	6.666,67
	Steuern ($s = 40\%$)	2.666,67

Operating Cash Flows (inklusive Restwert nach Steuern):

		1
	Cash Flows vor Zinsen und Steuern	25.000,–
+	Restwert	15.000,–
–	Steuern	–2.666,67
=		37.333,33

Kapitalwert:

$$K_0(T = 1) \quad = \quad \frac{37.333,33}{1,0808}$$
$$= \quad 34.542,31$$

$\underline{T = 2}$:

Steuern:

		1	2
	Cash Flows vor Zinsen und Steuern	25.000,–	12.000,–
+	Restwert		2.000,–
–	AfA_t	–33.333,34	0,–
–	Buchwert		0,–
=	Steuerbasis	–8.333,34	14.000,–
	Steuern ($s = 40\%$)	–3.333,34	5.600,–

Operating Cash Flows (inklusive Restwert nach Steuern):

		1	2
	Cash Flows vor Zinsen und Steuern	25.000,–	12.000,–
+	Restwert		2.000,–
–	Steuern	3.333,34	–5.600,–
=		28.333,34	8.400,–

Kapitalwert:

$$K_0(T = 2) \quad = \quad \frac{28.333,33}{1,0808} + \frac{8.400}{1,0808^2}$$
$$= \quad 33.406,14$$

$\underline{T = 3}$:

Steuern:

		1	2	3
	Cash Flows vor Zinsen und Steuern	25.000,–	12.000,–	10.000,–
+	Restwert			0,–
–	AfA_t	–33.334,–		0,–
–	Buchwert			0,–
=	Steuerbasis	–8.333,34	12.000,–	10.000,–
	Steuern ($s = 40\%$)	–3.333,34	4.800,–	4.000,–

Operating Cash Flows (inklusive Restwert nach Steuern):

	1	2	3
Cash Flows vor Zinsen und Steuern	25.000,-	12.000,-	10.000,-
+ Restwert			0,-
– Steuern	3.333,34	–4.800,-	–4.000,-
=	28.333,34	7.200,-	6.000,-

Kapitalwert:

$$K_0(T=3) \;=\; \frac{28.333,34}{1,0808} + \frac{7.200}{1,0808^2} + \frac{6.000}{1,0808^3}$$
$$=\; 37.131,28$$

Das alte Aggregat sollte somit aus heutiger Sicht noch drei weitere Jahre in Verwendung bleiben.

Lösung von Aufgabe 5 (b): Kriterium des zeitbezogenen Grenzgewinns

T	$(1-s)\{C_T - (R_{T-1} - R_T) - \frac{k_n}{1-s}[R_{T-1} - s(R_{T-1} - BW_{T-1})]\}$	GG_T
1	$(1-0,4)\{25.000 - (30.000 - 15.000) - \frac{0,0808}{1-0,4}[30.000 - 0,4(30.000 - 33.333,34)]\}$	3.468,27
2	$(1-0,4)\{12.000 - (15.000 - 2.000) - \frac{0,0808}{1-0,4}[15.000 - 0,4(15.000 - 0)]\}$	–1.327,20
3	$(1-0,4)\{10.000 - (2.000 - 0) - \frac{0,0808}{1-0,4}[2.000 - 0,4(2.000 - 0)]\}$	4.703,04

Wie schon in Aufgabe 3 existieren zwei lokale Maxima: $T_a^* = 1$ und die Randlösung $T_b^* = 3$. Da der Kapitalwert $K_0(T_b^* = 3) = 37.131,28$ größer ist als jener bei einjähriger Nutzung, ist aus heutiger Sicht die Nutzungsdauer von drei Jahren optimal.

Eine Randlösung an der Stelle $T^* = 0$ ist dann möglich, wenn der zeitbezogene Grenzgewinn für das erste Jahr der Restnutzung negativ ist:

$$GG_1 \;<\; 0.$$

Fall (a)   **Fall (b)**

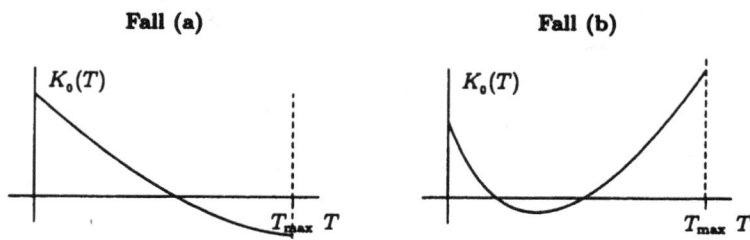

Abb. 1.8: Linke Randlösungen

In diesem Fall muß man $T^* = 0$ wie ein lokales Extremum behandeln und im Fall von Abb. 1.8 (b) gesondert untersuchen, um das globale Maximum feststellen zu können.

1.2.2.2 Sonderfall: Unterstellte fallende zeitbezogene Grenzgewinne

Erleichtert wird die Ex–post–Nutzungsdauerentscheidung, wenn man fallende zeitbezogene Grenzgewinne unterstellt. Dies erscheint insofern plausibel, weil bei zunehmender Nutzung die Instandhaltungsauszahlungen steigen, während die Einzahlungsüberschüsse aus den Produktverkäufen stagnieren oder zurückgehen und der Restwert oft schnell den Schrottwert erreicht.[2] Somit ergibt sich in diesem Sonderfall das Kriterium für den zeitbezogenen Grenzgewinn für eine Weiternutzung des Aggregats mit:

$$GG_1 \;>\; 0.$$

Ist das Kriterium nicht erfüllt, so muß das Aggregat sofort ersetzt werden, da aufgrund der Annahme fallender Grenzgewinne kein positiver Grenzgewinn mehr erreicht werden kann.

Lösung von Aufgabe 6:

(a) *Zeitbezogener Grenzgewinn und fallende Grenzgewinne:*

$$
\begin{aligned}
GG_1 &= (1-s)\{C_1 - (R_0 - R_1) - \frac{k_Q}{1-s}[R_0 - s(R_0 - BW_0)]\} \\
&= (1-0,4)\{25.000 - (30.000 - 15.000) - \frac{0,0808}{1-0,4}[30.000 - 0,4(30.000 - 33.333,34)]\} \\
&= 3.468,27
\end{aligned}
$$

Wegen $GG_1 > 0$ soll dieses Aggregat nicht sofort ersetzt werden.

(b) *Kritischer Restwert R_1: Der kritische Restwert ist jener Restwert, bei dem der Investor einer Weiternutzung und einer sofortigen Beendigung des Aggregats indifferent gegenübersteht, d.h. daß hier der zeitbezogene Grenzgewinn $GG_1 = 0$ sein muß:*

$$
\begin{aligned}
GG_1 &= 0 \\
(1-s)\{C_1 &- (R_0 - R_1) - \frac{k_Q}{1-s}[R_0 - s(R_0 - BW_0)]\} = 0 \\
\Rightarrow R_1 &= -C_1 + R_0 + \frac{k_Q}{1-s}[R_0 - s(R_0 - BW_0)] \\
R_1 &= -25.000 + 30.000 + \frac{0,0808}{0,6}[30.000 - 0,4(30.000 - 33.333,34)] \\
&= 9.219,56.
\end{aligned}
$$

Ist der erwartete Restwert kleiner als der kritische Restwert, so ist das vorhandene Aggregat sofort zu ersetzen; andernfalls ist eine Weiternutzung des vorhandenen Aggregats optimal.

1.3 Ersatzentscheidungen

Bei der Ersatzentscheidung betrachtet man zumindest zwei aufeinanderfolgende Aggregate, deren Nutzungsdauern aufeinander abgestimmt werden müssen. Es handelt sich entweder um mindestens zwei neue aufeinanderfolgende Aggregate (Ex-ante-Entscheidung) oder um ein vorhandenes und mindestens ein darauffolgendes Ersatzaggregat (Ex-post-Entscheidung).

---

[2] Bei konstantem Schrottwert sind die kalkulatorischen Abschreibungen Null und die kalkulatorischen Zinsen konstant.

1.3.1   Ex–ante–Ersatzentscheidung

Bei der Ex–ante–Ersatzentscheidung sollen die Nutzungsdauern eines noch nicht realisierten Aggregats und seiner m Nachfolgeaggregate optimiert werden:

$$\max_{\substack{0 < T_j \leq T_{j,max} \\ T_j \in N \\ j=1,\ldots,m+1}} KK_0(T_1,\ldots,T_k,\ldots,T_{m+1}) \;=\; K_0(T_1) + \cdots + \frac{K_{\sum_{j=1}^{k-1} T_j}(T_k)}{(1+k)^{\sum_{j=1}^{k-1} T_j}} + \cdots + \frac{K_{\sum_{j=1}^{m} T_j}(T_{m+1})}{(1+k)^{\sum_{j=1}^{m} T_j}}$$

Generell kann das Optimierungsproblem mit vollständiger Enumeration durch Berechnung der $T_{1,max} \cdot T_{2,max} \cdot \ldots \cdot T_{m+1,max}$ Kettenkapitalwerte[3] gelöst werden. Der erforderliche Daten– und Rechenaufwand kann jedoch verringert werden, wenn man identische Reinvestition [4] des Aggregats und somit kalenderzeitunabhängige Ein– und Auszahlungen unterstellt. In diesem Fall gilt:

$$K_i(T_k) \;=\; K_0(T_k)$$

und

$$T_{j,max} \;=\; T_{max}.$$

Somit lautet das Optimierungsproblem:

$$\max_{\substack{0 < T_j \leq T_{j,max} \\ T_j \in N \\ j=1,\ldots,m+1}} KK_0(T_1,\ldots,T_k,\ldots,T_{m+1}) \;=\; K_0(T_1) + \cdots + \frac{K_0(T_k)}{(1+k)^{\sum_{j=1}^{k-1} T_j}} + \cdots + \frac{K_0(T_{m+1})}{(1+k)^{\sum_{j=1}^{m} T_j}}$$

Unter der Annahme identischer Reinvestition kann das Optimierungsproblem mit Hilfe der Methode der Dynamischen Programmierung[5] in $m + 1$ Teilprobleme zerlegt werden. Die Nutzungsdauern der $m + 1$ Aggregate werden somit nicht mehr simultan, sondern sukzessive und retrograd optimiert. Hierbei wird zunächst die Nutzungsdauer des letzten Aggregats optimiert:

$$\max_{\substack{0 < T_{m+1} \leq T_{max} \\ T_{m+1} \in N}} K_0(T_{m+1}).$$

Danach wird der optimale Kapitalwert des letzten Aggregats $K_0(T_{m+1}^{*})$ zur Optimierung der Nutzungsdauer des vorletzten Aggregats herangezogen:

$$\max_{\substack{0 < T_m \leq T_{max} \\ T_m \in N}} KK_0(T_m, T_{m+1}^{*}) \;=\; K_0(T_m) + \frac{K_0(T_{m+1}^{*})}{(1+k)^{T_m}}.$$

Mit dem optimalen Kettenkapitalwert der beiden letzten Aggregate geht man dann in die Optimierung des drittletzten Aggregats

$$\max_{\substack{0 < T_{m-1} \leq T_{max} \\ T_{m-1} \in N}} KK_0(T_{m-1}, T_m^{*}, T_{m+1}^{*}) \;=\; K_0(T_{m-1}) + \frac{KK_0(T_m^{*}, T_{m+1}^{*})}{(1+k)^{T_{m-1}}}.$$

Dieses Verfahren wird solange fortgesetzt, bis man die Nutzungsdauer des ersten Aggregats zu bestimmen hat:

$$\max_{\substack{0 < T_1 \leq T_{max} \\ T_1 \in N}} KK_0(T_1, T_2^{*},\ldots,T_{m+1}^{*}) \;=\; K_0(T_1) + \frac{KK_0(T_2^{*},\ldots,T_{m+1}^{*})}{(1+k)^{T_1}}.$$

---

[3] Zum Kettenkapitalwert siehe etwa Fischer (1996), Exkurs 7.

[4] Zu den Annahmen der identischen Reinvestition siehe etwa Fischer (1996), Exkurs 7. Bei der Ermittlung der optimalen Nutsungsdauern einer Kette von Investitionen ist jedoch nunmehr die Annahme identischer Nutsungsdauern nicht mehr erforderlich.

[5] vgl. etwa Stepan/Fischer (1996).

Die allgemeine Formulierung auf der Stufe zur Optimierung des Ersatzes des k-ten Aggregats lautet deshalb:

$$\max_{\substack{0<T_k\le T_{max}\\ T_k\in N}} KK_0(T_k, T^{\cdot}_{k+1},\dots,T^{\cdot}_{m+1}) \;=\; K_0(T_k) + \frac{KK_0(T^{\cdot}_{k+1},\dots,T^{\cdot}_{m+1})}{(1+k)^{T_k}}.$$

In jeder Stufe kann das Problem über die vollständige Enumeration oder über das Kriterium mit dem zeitbezogenen Grenzgewinn gelöst werden:

- Vollständige Enumeration:

$$\max_{\substack{0<T_k\le T_{max}\\ T_k\in N}} KK_0(T_k,T^{\cdot}_{k+1},\dots,T^{\cdot}_{m+1}) \;=\; -A_0 + \sum_{t=1}^{T_k}\frac{OCF_t}{(1+k_G)^t} + \frac{R_{T_k}-s(R_{T_k}-BW_{T_k})}{(1+k_G)^{T_k}}$$
$$+\frac{KK(T^{\cdot}_{k+1},\dots,T^{\cdot}_{m+1})}{(1+k_G)^{T_k}}$$

- Kriterien für den zeitbezogenen Grenzgewinn:

$$GG_{T^{\cdot}_k} \;\ge\; k_G\cdot KK(T^{\cdot}_{k+1},T^{\cdot}_{k+2},\dots,T^{\cdot}_{m+1})$$
$$GG_{T^{\cdot}_k+1} \;<\; k_G\cdot KK(T^{\cdot}_{k+1},T^{\cdot}_{k+2},\dots,T^{\cdot}_{m+1})$$

Zur Verdeutlichung der Vorgehensweise wird im folgenden zunächst der Fall einer einmaligen identischen Reinvestition dargestellt. Daran anschließend beschäftigen wir uns mit dem Fall einer <u>unendlichen identischen Reinvestition</u>.

1.3.1.1   Ex–ante–Ersatzentscheidung mit einmaliger identischer Reinvestition

Bei der Ex-ante-Ersatzentscheidung mit einmaliger identischer Reinvestition handelt es sich um eine Kette von zwei Aggregaten mit den optimalen Nutzungsdauern $T^{\cdot}_1$ und $T^{\cdot}_2$:

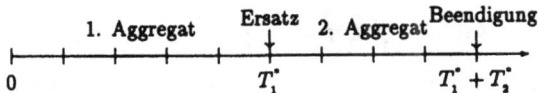

Zur Berechnung der optimalen Nutzungsdauern der beiden Aggregate maximiert man im ersten Schritt den Kapitalwert des zweiten Aggregats in Abhängigkeit von der Nutzungsdauer des zweiten Aggregats. Im zweiten Schritt errechnet man die optimale Nutzungsdauer des ersten Aggregats unter Berücksichtigung der Ergebnisse des ersten Schritts.

- Vollständige Enumeration:
  1. Stufe: Optimale Nutzungsdauer des zweiten Aggregats

$$\max_{\substack{0<T_2\le T_{max}\\ T_2\in N}} K_{T_1}(T_2) \;=\; -A_0 + \sum_{t=1}^{T_2}\frac{OCF_t}{(1+k_G)^t} + \frac{R_{T_2}-s(R_{T_2}-BW_{T_2})}{(1+k_G)^{T_2}}$$
$$\Rightarrow T^{\cdot}_2 \;\; und \;\; K_0(T^{\cdot}_2)$$

2. Stufe: Optimale Nutzungsdauer des ersten Aggregats

$$\max_{\substack{0<T_1\leq T_{max}\\ T_1\in N}} KK_0(T_1,T_2^{\bullet}) = -A_0 + \sum_{i=1}^{T_1} \frac{OCF_i}{(1+k_G)^i} + \frac{R_{T_1} - s(R_{T_1} - BW_{T_1})}{(1+k_G)^{T_1}}$$

$$+ \frac{K(T_2^{\bullet})}{(1+k_G)^{T_1}}$$

- **Kriterien für den zeitbezogenen Grenzgewinn:**
  1. Stufe: Optimale Nutzungsdauer des zweiten Aggregats

$$GG_{T_2^{\bullet}} \geq 0$$
$$GG_{T_2^{\bullet}+1} < 0$$

  2. Stufe: Optimale Nutzungsdauer des ersten Aggregats

$$GG_{T_1^{\bullet}} \geq k_G \cdot K(T_2^{\bullet})$$
$$GG_{T_1^{\bullet}+1} < k_G \cdot K(T_2^{\bullet})$$

Lösung von Aufgabe 12 (a):

Bei der Herleitung ist vorauszusetzen, daß die optimale Nutzungsdauer des zweiten Aggregats $T_2^{\bullet}$ bereits ermittelt worden ist. Nun muß für die Kettenkapitalwerte bei optimaler Nutzungsdauer des ersten Aggregats gelten, daß die marginale Erhöhung bzw. Verminderung der Nutzungsdauer des ersten Aggregats jeweils niedrigere Kettenkapitalwerte liefert als bei optimaler. Es gilt also

$$KK_0(T_1^{\bullet},T_2^{\bullet}) \geq KK_0(T_1^{\bullet}-1,T_2^{\bullet})$$
$$K_0(T_1^{\bullet}) + \frac{K(T_2^{\bullet})}{(1+k_G)^{T_1^{\bullet}}} \overset{!}{\geq} K_0(T_1^{\bullet}-1) + \frac{K(T_2^{\bullet})}{(1+k_G)^{T_1^{\bullet}-1}}$$

und

$$KK_0(T_1^{\bullet},T_2^{\bullet}) \geq KK_0(T_1^{\bullet}+1,T_2^{\bullet})$$
$$K_0(T_1^{\bullet}) + \frac{K(T_2^{\bullet})}{(1+k_G)^{T_1^{\bullet}}} \overset{!}{\geq} K_0(T_1^{\bullet}+1) + \frac{K(T_2^{\bullet})}{(1+k_G)^{T_1^{\bullet}+1}}.$$

Eine Umformung der ersten Ungleichung ergibt

$$K_0(T_1^{\bullet}) + \frac{K(T_2^{\bullet})}{(1+k_G)^{T_1^{\bullet}}} \overset{!}{\geq} K_0(T_1^{\bullet}-1) + \frac{K(T_2^{\bullet})}{(1+k_G)^{T_1^{\bullet}-1}}$$
$$K_0(T_1^{\bullet}) \cdot (1+k_G)^{T_1^{\bullet}} + K(T_2^{\bullet}) \geq K_0(T_1^{\bullet}-1) \cdot (1+k_G)^{T_1^{\bullet}} + K(T_2^{\bullet}) \cdot (1+k_G)$$
$$[K_0(T_1^{\bullet}) - K_0(T_1^{\bullet}-1)] \cdot (1+k_G)^{T_1^{\bullet}} \geq K(T_2^{\bullet}) \cdot [(1+k_G) - 1].$$

Die linke Seite der Ungleichung entspricht dem zeitbezogenen Grenzgewinn des Aggregats mit der Nutzungsdauer $T_1^{\bullet}$. Somit wäre die Optimalitätsbedingung mit

$$GG_{T_1^{\bullet}} \geq k_G \cdot K(T_2^{\bullet}).$$

hergeleitet. Die zweite Ungleichung wird in derselben Weise umgeformt:

$$K_0(T_1^{\bullet}) + \frac{K(T_2^{\bullet})}{(1+k_G)^{T_1^{\bullet}}} \overset{!}{\geq} K_0(T_1^{\bullet}+1) + \frac{K(T_2^{\bullet})}{(1+k_G)^{T_1^{\bullet}+1}}$$
$$K_0(T_1^{\bullet}) \cdot (1+k_G)^{T_1^{\bullet}+1} + K(T_2^{\bullet}) \cdot (1+k_G) \geq K_0(T_1^{\bullet}+1) \cdot (1+k_G)^{T_1^{\bullet}+1} + K(T_2^{\bullet})$$
$$-[K_0(T_1^{\bullet}+1) - K_0(T_1^{\bullet})] \cdot (1+k_G)^{T_1^{\bullet}+1} \geq K(T_2^{\bullet}) \cdot [1 - (1+k_G)]$$
$$-GG_{T_1^{\bullet}+1} \geq -k_G \cdot K(T_2^{\bullet})$$
$$GG_{T_1^{\bullet}+1} < k_G \cdot K(T_2^{\bullet}).$$

Die beiden Optimaitätsbedingungen lauten daher:

$$GG_{T_1^*} \geq k_G \cdot K(T_1^*)$$
$$GG_{T_1^*+1} < k_G \cdot K(T_2^*).$$

Lösung von Aufgabe 2 (c):

- **Vollständige Enumeration:**

  1. *Stufe:*[6] *Optimale Nutzungsdauer des zweiten Aggregats*

T_2	1	2	3	4	5
$K_0(T_2)$	−1.924,50	2.986,37	3.923,37	1.454,31	1.388,56

  Die optimale Nutzungsdauer des zweiten Aggregats ist $T_2^* = 3$.

  2. *Stufe: Optimale Nutzungsdauer des ersten Aggregats*

  $\underline{T_1 = 1:}$

  $$KK_0(T_1 = 1, T_2^* = 3) = -1.924,50 + \frac{3.923,74}{1,0808}$$
  $$= 1.705,90$$

  $\underline{T_1 = 2:}$

  $$KK_0(T_1 = 2, T_2^* = 3) = 2.986,37 + \frac{3.923,74}{1,0808^2}$$
  $$= 6.345,37$$

  $\underline{T_1 = 3:}$

  $$KK_0(T_1 = 3, T_2^* = 3) = 3.923,74 + \frac{3.923,74}{1,0808^3}$$
  $$= 7.031,62$$

  $\underline{T_1 = 4:}$

  $$KK_0(T_1 = 4, T_2^* = 3) = 1.454,31 + \frac{3.923,74}{1,0808^4}$$
  $$= 4.329,85$$

  $\underline{T_1 = 5:}$

  $$KK_0(T_1 = 5, T_2^* = 3) = 1.388,56 + \frac{3.923,74}{1,0808^5}$$
  $$= 4.049,12$$

  Damit ergibt sich aus heutiger Sicht die optimale Nutzungsdauer für das erste Aggregat mit $T_1^* = 3$.

- **Zeitbezogener Grenzgewinn:**

  1. *Stufe:*[7] *Optimale Nutzungsdauer des zweiten Aggregats*

T_2	GG_{T_2}
1	−2.080
2	5.737
3	1.183
4	−3.370
5	−97

---

[6] vgl. die Lösung von Aufgabe 2 (a).
[7] vgl. die Lösung von Aufgabe 2 (a).

$$T_2^* = 3$$

2. Stufe: Optimale Nutzungsdauer des ersten Aggregats

$$k_a \cdot K(T_2^*) = 0,0808 \cdot 3.924$$
$$= 317,-$$

T_1	GG_{T_1}		$k_a \cdot K(T_2^*)$
1	-2.080		
2	5.737		
3	1.183	$\geq$	317,-
4	-3.370	$<$	317,-
5	-97		

$$T_1^* = 3$$

Der Kettenkapitalwert bei optimaler Nutzungsdauer des zweiten Aggregats ist mit $KK_0(T_1 = 3, T_2^* = 3) = 7.031,62$ positiv. Daher sollen die beiden Aggregate mit einer Nutzungsdauer von jeweils 3 Jahren realisiert werden.

Exkurs 1: Ketteneffekte in der Investitionsrechnung

- **Endliche identische Reinvestition**
  Der Ketteneffekt in der Investitionsrechnung für Ersatzentscheidungen mit endlich vielen identischen Nachfolgeageggregaten besagt, daß die optimalen Nutzungsdauern der Vorgängeraggregate niemals größer sein können als die optimale Nutzungsdauer der Nachfolgeaggregate:

$$T_1^* \leq T_2^* \leq T_3^* \leq \cdots \leq T_{m+1}^*.$$

  Demzufolge gilt für zwei Investitionsketten mit einerseits m_1 identischen Nachfolgeaggregaten und andererseits $m_2 > m_1$ identischen Nachfolgeaggregaten, daß die optimale Nutzungsdauer des k-ten Aggregats in der kürzeren Investitionskette nicht größer sein kann als die optimale Nutzungsdauer des k-ten Aggregats in der längeren Investitionskette.

- **Unendliche identische Reinvestition**
  Der Ketteneffekt in der Investitionsrechnung für Ersatzentscheidungen mit unendlich vielen identischen Nachfolgeaggregaten besagt, daß die optimale Nutzungsdauer aller Aggregate gleich groß ist:

$$T_1^* = T_2^* = T_3^* = \cdots = T^*.$$

1.3.1.2   Ex–ante–Ersatzentscheidung mit unendlicher identischer Reinvestition

Aufgrund des Ketteneffekts in der Investitionsrechnung für Ersatzentscheidungen mit unendlich vielen identischen Nachfolgeaggregaten fällt die mehrstufige Optimierung der Nutzungsdauern weg. Der optimale Kapitalwert muß nur noch in Abhängigkeit der einzigen Variablen T ermittelt werden.

- **Vollständige Enumeration:**

$$\max_{T} KK_0^\infty(T) = K_0(T) + K_0(T) \cdot \frac{1}{(1+k)^T} + K_0(T) \cdot \frac{1}{(1+k)^{2T}} + \cdots$$

$$= K_0(T) \cdot \left[1 + \frac{1}{(1+k)^T} + \frac{1}{(1+k)^{2T}} + \cdots \right]$$

$$= K_0(T) \cdot \frac{(1+k)^T}{(1+k)^T - 1}$$

$$= \frac{K_0(T) \cdot AF_{T,k}}{k}$$

$$= \frac{Ann(T,k)}{k}$$

$$\Leftrightarrow \max_{T} Ann(T,k)$$

- **Kriterien für den zeitbezogenen Grenzgewinn:**

$$GG_{T^*} \geq Ann(T^*)$$
$$GG_{T^*+1} < Ann(T^* + 1)$$

Lösung von Aufgabe 12 (b):

Genauso wie in Aufgabe 12 (a) muß bei unendlicher identischer Reinvestition gelten, daß

$$KK_0^\infty(T^*) \geq KK_0^\infty(T^* - 1)$$
$$KK_0^\infty(T^*) \geq KK_0^\infty(T^* + 1)$$

ist. Eine Umformung der ersten Ungleichung ergibt

$$KK_0^\infty(T^*) \geq KK_0^\infty(T^* - 1)$$

$$K_0(T^*)\frac{(1+k_G)^{T^*}}{(1+k_G)^{T^*} - 1} \geq K_0(T^* - 1)\frac{(1+k_G)^{T^*-1}}{(1+k_G)^{T^*-1} - 1}$$

$$[(1+k_G)^{T^*-1} - 1] \cdot (1+k_G)^{T^*} \cdot K_0(T^*) \geq [(1+k_G)^{T^*} - 1] \cdot (1+k_G)^{T^*-1} \cdot K_0(T^* - 1)$$

$$[(1+k_G)^{T^*} - (1+k_G)] \cdot K_0(T^*) \geq [(1+k_G)^{T^*} - 1] \cdot K_0(T^* - 1)$$

$$[K_0(T^*) - K_0(T^* - 1)] \cdot (1+k_G)^{T^*} \geq K_0(T^*) \cdot (1+k_G) - K_0(T^* - 1).$$

Die linke Seite der Ungleichung ist wieder der zeitbezogene Grenzgewinn des Aggregats mit der Nutzungsdauer T^*. Auf der rechten Seite gilt aus der Definition des Grenzgewinns

$$K_0(T^* - 1) = K_0(T^*) - \frac{GG_{T^*}}{(1+k_G)^{T^*}}.$$

Somit erhält man

$$GG_{T^*} \geq K_0(T^*) \cdot (1+k_G) - \left[K_0(T^*) - \frac{GG_{T^*}}{(1+k_G)^{T^*}} \right]$$

$$GG_{T^*} \cdot \left[1 - \frac{1}{(1+k_G)^{T^*}} \right] \geq k_G \cdot K_0(T^*)$$

$$GG_{T^*} \geq k_G \cdot K_0(T^*) \cdot \underbrace{\underbrace{\frac{1}{1 - \frac{1}{(1+k_G)^{T^*}}}}_{KK_0^\infty(T^*)}}_{Ann(T^*)}.$$

Analog dazu kann die zweite Optimalitätsbedingung mit der zu Beginn der Lösung präsentierten zweiten Ungleichung hergeleitet werden. Es ergeben sich daher die Optimalitätsbedingungen als

$$GG_{T^*} \geq Ann(T^*)$$
$$GG_{T^*} < Ann(T^* + 1).$$

Lösung von Aufgabe 2 (b):

- **Vollständige Enumeration:**[8]

$\underline{T = 1}$:

$$
\begin{aligned}
KK_0^\infty &= -1.924,5 \cdot \frac{1,0808}{1,0808 - 1} \\
&= -25.742,57
\end{aligned}
$$

oder

$$
\begin{aligned}
Ann &= 0,0808 \cdot (-25.742,57) \\
&= -2.080,-
\end{aligned}
$$

$\underline{T = 2}$:

$$
\begin{aligned}
KK_0^\infty &= 2.986,37 \cdot \frac{1,0808^2}{1,0808^2 - 1} \\
&= 20.748,78
\end{aligned}
$$

oder

$$
\begin{aligned}
Ann &= 0,0808 \cdot 20.748,78 \\
&= 1.676,50
\end{aligned}
$$

$\underline{T = 3}$:

$$
\begin{aligned}
KK_0^\infty &= 3.923,74 \cdot \frac{1,0808^3}{1,0808^3 - 1} \\
&= 18.870,56
\end{aligned}
$$

oder

$$
\begin{aligned}
Ann &= 0,0808 \cdot 18.870,56 \\
&= 1.524,74
\end{aligned}
$$

$\underline{T = 4 \text{ und } 5}$:
Diese beiden Fälle brauchen nicht behandelt werden, weil aufgrund des Ketteneffekts (vgl. Exkurs 1) die optimale Nutzungsdauer bei unendlicher identischer Reinvestition nicht länger sein kann als die optimale Nutzungsdauer bei einmaliger Durchführung (siehe Aufgabe 2 (a): $T^* = 3$).

- **Zeitbezogener Grenzgewinn:**[9]

$$GG_{T^*} \geq Ann(T^*)$$
$$GG_{T^*+1} < Ann(T^* + 1)$$

---

[8] Die Kapitalwerte sind der Lösung von Aufgabe 2 (a) entnommen.
[9] Die zeitbezogenen Grenzgewinne sind der Lösung von Aufgabe 2 (a) entnommen.

T	GG_T	$Ann(T)$
1	-2.080	-2.080,-
2	5.737	1.676,50
3	1.183	1.524,74
4, 5	Nicht notwendig	

Die größte Annuität erhält man bei beiden Varianten, wenn man das Aggregat alle zwei Jahre ersetzt:

$$T^{*} = 2.$$

1.3.2 Ex–post–Ersatzentscheidung

Ex–post–Ersatzentscheidungen sind Nutzungsdauerentscheidungen, bei denen ein bereits vorhandenes Aggregat durch ein neues ersetzt werden soll, das wiederum m-mal identisch reinvestiert wird, d.h. daß das neue Investitionsprojekt $m + 1$-mal durchgeführt wird.

Gesucht sind aus heutiger Sicht die optimale Restnutzungsdauer des vorhandenen Aggregats und die optimalen Nutzungsdauern der geplanten Nachfolgeaggregate. Bei identischer Reinvestition der neuen Aggregate werden die Nutzungsdauern wieder stufenweise optimiert, wahlweise nach den beiden bekannten Varianten (vollständige Enumeration oder Kriterium für den zeitbezogenen Grenzgewinn).

Die Optimierungsprobleme auf der letzten Stufe stellen sich wie folgt dar:

- **Vollständige Enumeration:**

$$\max_{\substack{0<T_{alt}\leq T_{alt,max} \\ T_{alt}\in N_0}} KK_0(T_{alt},T^{*}_{neu,1},\ldots,T^{*}_{neu,m+1}) = \sum_{t=1}^{T_{alt}} \frac{OCF_t}{(1+k_G)^t} + \frac{R_{T_{alt}} - s(R_{T_{alt}} - BW_{T_{alt}})}{(1+k_G)^{T_{alt}}}$$

$$+ \frac{KK(T^{*}_{neu,1},\ldots,T^{*}_{neu,m+1})}{(1+k_G)^{T_{alt}}}$$

mit: T_{alt} ... Restnutzungsdauer des alten Aggregats
       $T_{alt,max}$ ... Maximale Restnutzungsdauer des alten Aggregats

- **Kriterien für den zeitbezogenen Grenzgewinn:**

$$GG_{T^{*}_{alt}} \geq k_G \cdot KK(T^{*}_{neu,1},T^{*}_{neu,2},\ldots,T^{*}_{neu,m+1})$$

$$GG_{T^{*}_{alt}+1} < k_G \cdot KK(T^{*}_{neu,1},T^{*}_{neu,2},\ldots,T^{*}_{neu,m+1})$$

1.3.2.1 Ex–post–Ersatzentscheidung mit einmaliger Durchführung des neuen Aggregats

Für den Sonderfall der einmaligen Durchführung des neuen Aggregats mit $m = 0$ vereinfacht sich das Optimierungsproblem zu:

- **Vollständige Enumeration:**
  1. Stufe: Optimale Nutzungsdauer des neuen Aggregats

$$\max_{T_{neu}} K^{neu}(T_{neu})$$

2. Stufe: Optimale Restnutzungsdauer des vorhandenen Aggregats

$$\max_{\substack{0 < T_{alt} \le T_{max} \\ T_{alt} \in N_0}} KK_0(T_{alt}, T_{neu}^\bullet) = \sum_{t=1}^{T_{alt}} \frac{OCF_t}{(1+k_G)^t} + \frac{R_{T_{alt}} - s(R_{T_{alt}} - BW_{T_{alt}})}{(1+k_G)^{T_{alt}}}$$
$$+ \frac{K(T_{neu}^\bullet)}{(1+k_G)^{T_{alt}}}$$

- **Kriterien für den zeitbezogenen Grenzgewinn:**
  1. Stufe: Optimale Nutzungsdauer des neuen Aggregats

$$GG_{T_{neu}^\bullet} \ge 0$$
$$GG_{T_{neu}^\bullet + 1} < 0$$

  2. Stufe: Optimale Restnutzungsdauer des vorhandenen Aggregats

$$GG_{T_{alt}^\bullet} \ge k_G \cdot K(T_{neu}^\bullet)$$
$$GG_{T_{alt}^\bullet + 1} < k_G \cdot K(T_{neu}^\bullet)$$

Lösung von Aufgabe 8 (a):

- **Vollständige Enumeration:**
  1. Stufe: Optimale Nutzungsdauer des neuen Aggregats[10]

$$T_{neu}^\bullet = 3$$
$$K(T_{neu}^\bullet = 3) = 3.924, -$$

  2. Stufe: Optimale Restnutzungsdauer des vorhandenen Aggregats

  $\underline{T_{alt} = 0}$:

$$KK_0 = 30.000 - 0,4(30.000 - 33.333) + 3.924$$
$$= 35.257, -$$

  $\underline{T_{alt} = 1}$:

$$KK_0 = \frac{25.000 - 0,4(25.000 - 33.333)}{1,0808}$$
$$+ \frac{15.000 - 0,4(15.000 - 0)}{1,0808} + \frac{3.924}{1.0808}$$
$$= 38.173, -$$

  $\underline{T_{alt} = 2}$:

$$KK_0 = \frac{25.000 - 0,4(25.000 - 33.333)}{1,0808} + \frac{12.000 - 0,4(12.000 - 0)}{1,0808^2}$$
$$+ \frac{2.000 - 0,4(2.000 - 0)}{1,0808^2} + \frac{3.924}{1,0808^2}$$
$$= 36.765, -$$

  $\underline{T_{alt} = 3}$:

$$KK_0 = \frac{25.000 - 0,4(25.000 - 33.333)}{1,0808} + \frac{12.000 - 0,4(12.000 - 0)}{1,0808^2}$$
$$+ \frac{10.000 - 0,4(10.000 - 0)}{1,0808^3} + \frac{3.924}{1,0808^3}$$
$$= 40.239, -$$

  Die optimale Restnutzungsdauer ist $T_{alt} = 3$ mit einem Kettenkapitalwert von 40.239,–.

---
[10] Zur Lösung des ersten Schritts siehe Aufgabe 2 (a).

- **Zeitbezogener Grenzgewinn:**
  1. *Stufe: Optimale Nutzungsdauer des neuen Aggregats*[11]

$$T^{\bullet}_{neu} = 3$$
$$K(T^{\bullet}_{neu} = 3) = 3.924,-$$

2. *Stufe: Optimale Restnutzungsdauer des vorhandenen Aggregats*

T	$(1-s)\{C_T - (R_{T-1} - R_T) - \frac{k_G}{1-s}[R_{T-1} - s(R_{T-1} - BW_{T-1})]\}$	GG_T
1	$(1-0,4)\{25.000 - (30.000 - 15.000) - \frac{0,0808}{0,6}[30.000 - 0,4(30.000 - 33.333)]\}$	3.468
2	$(1-0,4)\{12.000 - (15.000 - 2.000) - \frac{0,0808}{0,6}[15.000 - 0,4(15.000 - 0)]\}$	-1.327
3	$(1-0,4)\{10.000 - (2.000 - 0) - \frac{0,0808}{0,6}[2.000 - 0,4(2.000 - 0)]\}$	4.703

$$k_G \cdot K(T^{\bullet}_{neu}) = 0,0808 \cdot 3.924$$
$$= 317,-$$

Die Optimalitätsbedingungen sind für die Restnutzungsdauern $T_{alt} = 1$ und $T_{alt} = 3$ erfüllt. Das globale Maximum erhält man, indem man die Kettenkapitalwerte für diese beiden Restnutzungsdauern berechnet:

$$KK_0(T_{alt} = 1) = 38.173,-$$
$$KK_0(T_{alt} = 3) = 40.239,-$$

Die optimale Restnutzungsdauer des alten Aggregats ist daher $T^{\bullet}_{alt} = 3$.

1.3.2.2 Ex–post–Ersatzentscheidung mit einmaliger identischer Reinvestition des neuen Aggregats

- **Vollständige Enumeration:**

$$\max_{\substack{0 < T_{alt} \leq T_{alt,max} \\ T_{alt} \in N_0}} KK_0(T_{alt}, T^{\bullet}_{neu,1}, T^{\bullet}_{neu,2}) = \sum_{t=1}^{T_{alt}} \frac{OCF_t}{(1+k_G)^t} + \frac{R_{T_{alt}} - s(R_{T_{alt}} - BW_{T_{alt}})}{(1+k_G)^{T_{alt}}}$$
$$+ \frac{KK(T^{\bullet}_{neu,1}, T^{\bullet}_{neu,2})}{(1+k_G)^{T_{alt}}}$$

- **Kriterien für den zeitbezogenen Grenzgewinn:**

$$GG_{T^{\bullet}_{alt}} \geq k_G \cdot KK(T^{\bullet}_{neu,1}, T^{\bullet}_{neu,2})$$
$$GG_{T^{\bullet}_{alt}+1} < k_G \cdot KK(T^{\bullet}_{neu,1}, T^{\bullet}_{neu,2})$$

Lösung von Aufgabe 8 (c):

- **Vollständige Enumeration:**
  1. *Stufe: Optimale Nutzungsdauer der neuen Aggregate*[12]

$$T^{\bullet}_{1,neu} = 3$$
$$T^{\bullet}_{2,neu} = 3$$
$$KK(T^{\bullet}_{1,neu} = 3, T^{\bullet}_{2,neu} = 3) = 7.032,-$$

---

[11] Zur Lösung des ersten Schritts siehe Aufgabe 2 (a).
[12] Zur Lösung des ersten Schritts siehe Aufgabe 2 (c).

2. Stufe: Optimale Restnutzungsdauer des vorhandenen Aggregats
$\underline{T_{alt} = 0}$:

$$KK_0(T_{alt} = 0) = 30.000 - 0,4 \cdot (30.000 - 33.333) + 7.032$$
$$= 38.365,2$$

$\underline{T_{alt} = 1}$:

$$KK_0(T_{alt} = 1) = \frac{25.000 - 0,4(25.000 - 33.333)}{1,0808}$$
$$+ \frac{15.000 - 0,4(15.000 - 0)}{1,0808} + \frac{7.032}{1.0808}$$
$$= 41.048,48$$

$\underline{T_{alt} = 2}$:

$$KK_0(T_{alt} = 2) = \frac{25.000 - 0,4(25.000 - 33.333)}{1,0808} + \frac{12.000 - 0,4(12.000 - 0)}{1,0808^2}$$
$$+ \frac{2.000 - 0,4(2.000 - 0)}{1,0808^2} + \frac{7.032}{1.0808^2}$$
$$= 39.425,90$$

$\underline{T_{alt} = 3}$:

$$KK_0(T_{alt} = 3) = \frac{25.000 - 0,4(25.000 - 33.333)}{1,0808} + \frac{12.000 - 0,4(12.000 - 0)}{1,0808^2}$$
$$+ \frac{10.000 - 0,4(10.000 - 0)}{1,0808^3} + \frac{7.032}{1,0808^3}$$
$$= 42.701, -$$

Die optimale Lösung ist $T_{alt} = 3$ mit einem Kettenkapitalwert von 42.701,-.

- **Kriterium für den zeitbezogenen Grenzgewinn:**
  1. Stufe: Optimale Nutzungsdauer der neuen Aggregate[13]

$$T_{1,neu}^{\cdot} = 3$$
$$T_{2,neu}^{\cdot} = 3$$
$$KK(T_{1,neu}^{\cdot} = 3, \ T_{2,neu}^{\cdot} = 3) = 7.032, -$$

2. Stufe: Optimale Nutzungsdauer des vorhandenen Aggregats

T	$(1-s)\{C_T - (R_{T-1} - R_T) - \frac{k_a}{1-s}[R_{T-1} - s(R_{T-1} - BW_{T-1})]\}$	GG_T
1	$(1-0,4)\{25.000 - (30.000 - 15.000) - \frac{0,0808}{0,6}[30.000 - 0,4(30.000 - 33.333)]\}$	3.468
2	$(1-0,4)\{12.000 - (15.000 - 2.000) - \frac{0,0808}{0,6}[15.000 - 0,4(15.000 - 0)]\}$	-1.327
3	$(1-0,4)\{10.000 - (2.000 - 0) - \frac{0,0808}{0,6}[2.000 - 0,4(2.000 - 0)]\}$	4.703

$$k_a \cdot KK^{neu}(T_{1,neu}^{\cdot} = 3, \ T_{2,neu}^{\cdot} = 3) = 0,0808 \cdot 7.032$$
$$= 568,19$$

Die Optimalitätsbedingungen sind für die Restnutzungsdauern $T_{alt} = 1$ und $T_{alt} = 3$ erfüllt. Das globale Maximum erhält man, indem man die Kettenkapitalwerte für die beiden Restnutzungsdauern berechnet:

$$KK_0(T_{alt} = 1) = 41.048,48$$
$$KK_0(T_{alt} = 3) = 42.701, -$$

Die optimale Restnutzungsdauer des alten Aggregats ist daher $T_{alt}^{\cdot} = 3$.

---

[13] Zur Lösung des ersten Schritts siehe Aufgabe 2 (c).

1.3.2.3 Ex–post–Ersatzentscheidung mit unendlicher identischer Reinvestition des neuen Aggregats

- **Vollständige Enumeration:**
  1. Stufe: Optimale Nutzungsdauer der neuen Aggregate

$$
\max_{\substack{0 \le T_{neu} \le T_{neu,max} \\ T_{neu} \in N_0}} KK_0^{\infty} = K_0(T_{neu}) + K_0(T_{neu}) \cdot \frac{1}{(1+k_G)^{T_{neu}}} + K_0(T_{neu}) \cdot \frac{1}{(1+k_G)^{2T_{neu}}} + \cdots
$$

$$
= K_0(T_{neu}) \cdot \left[1 + \frac{1}{(1+k_G)^{T_{neu}}} + \frac{1}{(1+k_G)^{2T_{neu}}} + \cdots \right]
$$

$$
= K_0(T_{neu}) \cdot \frac{AF_{T_{neu},k_G}}{k_G}
$$

$$
= \frac{Ann(T_{neu}, k_G)}{k_G}
$$

$$
\Leftrightarrow \max_{T_{neu}} Ann(T_{neu}, k_G)
$$

  2. Stufe: Optimale Restnutzungsdauer des vorhandenen Aggregats

$$
\max_{\substack{0 \le T_{alt} \le T_{max} \\ T_{alt} \in N_0}} KK_0(T_{alt}, T_{neu}^{*}) = \sum_{i=1}^{T_{alt}} \frac{OCF_i}{(1+k_G)^i} + \frac{R_{T_{alt}} - s(R_{T_{alt}} - BW_{T_{alt}})}{(1+k_G)^{T_{alt}}}
$$
$$
+ \frac{Ann(T_{neu}^{*})}{k_G \cdot (1+k_G)^{T_{alt}}}
$$

- **Kriterien für den zeitbezogenen Grenzgewinn:**
  1. Stufe: Optimale Nutzungsdauer der neuen Aggregate

$$
GG_{T_{neu}^{*}} \ge Ann(T_{neu}^{*})
$$
$$
GG_{T_{neu}^{*}+1} < Ann(T_{neu}^{*}+1)
$$

  2. Stufe: Optimale Restnutzungsdauer des vorhandenen Aggregats

$$
GG_{T_{alt}^{*}} \ge Ann(T_{neu}^{*})
$$
$$
GG_{T_{alt}^{*}+1} < Ann(T_{neu}^{*})
$$

Lösung von Aufgabe 8 (b):

- **Vollständige Enumeration:**

  1. Stufe: Optimale Nutzungsdauer der neuen Aggregate
  Aus Aufgabe 2 (b) wissen wir, daß der Kettenkapitalwert der optimalen Nutzungs-dauer bei unendlicher Reinvestition des neuen Aggregats $KK(T_{neu}^{*} = 2) = 20.748,78$ *ist. 2. Stufe: Optimale Restnutzungsdauer des vorhandenen Aggregats* $T_{alt} = 0$:

$$
KK_0 = 30.000 - 0,4(30.000 - 33.333,33) + 20.748,78
$$
$$
= 52.082,11
$$

$\underline{T_{alt} = 1}$:

$$
KK_0 = \frac{25.000 - 0,4(25.000 - 33.333,33)}{1,0808} + \frac{15.000 - 0,4 \cdot 15.000}{1,0808} + \frac{20.748,78}{1,0808}
$$
$$
= 53.739,93
$$

$\underline{T_{alt} = 2}$:

$$
KK_0 = 51.168,55
$$

$\underline{T_{alt} = 3}$:

$$
KK_0 = 53.565,78
$$
$$
\Rightarrow T_{alt}^{*} = 1
$$

- **Zeitbezogener Grenzgewinn:**

  1. Stufe: Optimale Nutzungsdauer der neuen Aggregate

  $$Ann(T^*_{neu} = 2) = 1.676,-$$

  2. Stufe: Optimale Restnutzungsdauer des vorhandenen Aggregats

T_{alt}	$GG_{T_{alt}}$
1	*3.468*
2	*-1.327*
3	*4.703*

  Das Optimalitätskriterium ist für die Restnutzungsdauern $T_{alt} = 1$ und $T_{alt} = 3$ erfüllt. Mit Hilfe der Kapitalwerte $KK_0(T_{alt} = 1, T^*_{neu} = 2) = 53.739,93$ und $KK_0(T_{alt} = 3, T^*_{neu} = 2) = 53.565,78$ kann man die optimale Restnutzungsdauer des vorhandenen Aggregats mit $T^*_{alt} = 1$ ermitteln.

1.3.2.4   Sonderfall: Unterstellte fallende zeitbezogene Grenzgewinne

Erleichtert wird auch die Ex–Post–Ersatzentscheidung, wenn man fallende zeitbezogene Grenzgewinne unterstellt. In diesem Fall erhält man als Kriterium für den zeitbezogenen Grenzgewinn für die Weiternutzung des vorhandenen Aggregats

- für endliches m:

$$GG^{alt}_1 \; > \; k_0 \cdot KK(T^*_{neu,1}, \; T^*_{neu,2}, \ldots, T^*_{neu,m+1})$$

- für m unendlich:

$$GG^{alt}_1 \; > \; Ann(T^*_{neu})$$

Ist das Kriterium nicht erfüllt, so muß das vorhandene Aggregat sofort ersetzt werden.

Lösung von Aufgabe 9:

Zeitbezogener Grenzgewinn:
1. Stufe: Optimale Nutzungsdauer der neuen Aggregate[14]

$$Ann(T^*_{neu} = 2) = 1.676,-$$

2. Stufe: Überprüfung des sofortigen Ersatzes

T_{alt}	$GG_{T_{alt}}$	
1	*3.468*	$> \; Ann(T^*_{neu} = 2) = 1.676,-$

Der Grenzgewinn $GG_{T_{alt}=1}$ ist größer als die Annuität der Folgeinvestitionen. Somit rentiert es sich für den Industriebetrieb, das Aggregat zumindest noch ein weiteres Jahr in Betrieb zu lassen.

---

[14] Zur Lösung des ersten Schritts siehe Aufgabe 2(b).

Appendix zu Kapitel 1

A Kapitalwerte für Nutzungsdauer– und Ersatzentscheidungen[15]

A.1 Bruttomethode mit expliziter Berücksichtigung der Steuern

- Reine Nutzungsdauerentscheidung:

  - Ex ante:

$$\max_{\substack{T \in N \\ T \le T_{max}}} K_0(T) \;=\; -A_0 + \sum_{t=1}^{T} \frac{OCF_t}{(1+k_G)^t} + \frac{R_T - s(R_T - BW_T)}{(1+k_G)^T}$$

  mit: t ... Jahr der Nutzung
  $\quad\;\; T_{max}$ ... Maximale Nutzungsdauer

  - Ex post:

$$\max_{\substack{T \in N_0 \\ T \le T_{max}}} K_0(T) \;=\; \sum_{t=1}^{T} \frac{OCF_t}{(1+k_G)^t} + \frac{R_T - s(R_T - BW_T)}{(1+k_G)^T}$$

  mit: t ... Jahr der Restnutzung
  $\quad\;\; T_{max}$ ... Maximale Restnutzungsdauer

- Ersatzentscheidung:

  - Ex ante:

    * Allgemein: m–malige identische Reinvestition:

$$\max_{\substack{T_h \in N \\ T_h \le T_{max}}} KK_0(T_h, T_{h+1}^*, \ldots, T_{m+1}^*) \;=\; -A_0 + \sum_{t=1}^{T_h} \frac{OCF_t}{(1+k_G)^t}$$
$$+ \frac{R_{T_h} - s(R_{T_h} - BW_{T_h})}{(1+k_G)^{T_h}}$$
$$+ \frac{KK(T_{h+1}^*, \ldots, T_{m+1}^*)}{(1+k_G)^{T_h}}$$

    * Sonderfälle:

---

[15] Es wird folgende Konvention verwendet:

$$\sum_{t=1}^{0} z_t = 0.$$

Es wird unterstellt, daß alle Ein– und Auszahlungen (real oder nominell) unabhängig vom Investitionszeitpunkt sind.

· $m = 1$: Einmalige identische Reinvestition:

$$\max_{\substack{T_1 \in N \\ T_1 \leq T_{\max}}} KK_0(T_1, T_2^*) = -A_0 + \sum_{t=1}^{T_1} \frac{OCF_t}{(1+k_G)^t} + \frac{R_{T_1} - s(R_{T_1} - BW_{T_1})}{(1+k_G)^{T_1}}$$

$$+ \frac{K(T_1^*)}{(1+k_G)^{T_1}}$$

· $m \to \infty$: Unendliche identische Reinvestition:

$$\max_{\substack{T \in N \\ T \leq T_{\max}}} KK_0(T) \quad \Leftrightarrow \quad \max_{\substack{T \in N \\ T \leq T_{\max}}} Ann(T)$$

− Ex post:

* Allgemein: m−malige identische Reinvestition des neuen Aggregats:

$$\max_{\substack{T_{alt} \in N_0 \\ T_{alt} \leq T_{\max}}} KK_0(T_{alt}, T_{neu,1}^*, \ldots, T_{neu,m+1}^*) = \sum_{t=1}^{T_{alt}} \frac{OCF_t}{(1+k_G)^t}$$

$$+ \frac{R_{T_{alt}} - s(R_{T_{alt}} - BW_{T_{alt}})}{(1+k_G)^{T_{alt}}}$$

$$+ \frac{KK(T_{neu,1}^*, \ldots, T_{neu,m+1}^*)}{(1+k_G)^{T_{alt}}}$$

* Sonderfälle:

· $m = 0$: Einmalige identische Investition des neuen Aggregats:

$$\max_{\substack{T_{alt} \in N_0 \\ T_{alt} \leq T_{\max}}} KK_0(T_{alt}, T_{neu}^*) = \sum_{t=1}^{T_{alt}} \frac{OCF_t}{(1+k_G)^t} + \frac{R_{T_{alt}} - s(R_{T_{alt}} - BW_{T_{alt}})}{(1+k_G)^{T_{alt}}}$$

$$+ \frac{K(T_{neu}^*)}{(1+k_G)^{T_{alt}}}$$

· $m = 1$: Einmalige identische Reinvestition des neuen Aggregats:

$$\max_{\substack{T_{alt} \in N_0 \\ T_{alt} \leq T_{\max}}} KK_0(T_{alt}, T_{neu,1}^*, T_{neu,2}^*) = \sum_{t=1}^{T_{alt}} \frac{OCF_t}{(1+k_G)^t}$$

$$+ \frac{R_{T_{alt}} - s(R_{T_{alt}} - BW_{T_{alt}})}{(1+k_G)^{T_{alt}}}$$

$$+ \frac{KK(T_{neu,1}^*, T_{neu,2}^*)}{(1+k_G)^{T_{alt}}}$$

· $m \to \infty$: Unendliche identische Reinvestition des neuen Aggregats:

$$\max_{\substack{T_{alt} \in N_0 \\ T_{alt} \leq T_{\max}}} KK_0(T_{alt}, T_{neu}^*) = \sum_{t=1}^{T_{alt}} \frac{OCF_t}{(1+k_G)^t} + \frac{R_{T_{alt}} - s(R_{T_{alt}} - BW_{T_{alt}})}{(1+k_G)^{T_{alt}}}$$

$$+ \frac{Ann(T_{neu}^*)}{k_G \cdot (1+k_G)^{T_{alt}}}$$

A.2   Nettomethode mit expliziter Berücksichtigung der Steuern[16]

---

[16] Es gilt, neben denselben Konventionen wie bei der Bruttomethode mit expliziter Berücksichtigung der Steuern (siehe Fußnote 15), auch noch folgende Konvention:

$$\sum_{t=T+1}^{T_{\max}} z_t = 0 \quad \text{für } T = T_{\max}.$$

Voraussetzung ist, daß ein aufgenommener Kredit von der Unternehmung gekündigt werden kann und daß die Unternehmung bei Beendigung der Nutzung des Aggregats auch die Inanspruchnahme des Kredits beendet.

- **Reine Nutzungsdauerentscheidung:**

  - Ex ante:

$$\max_{\substack{T \in N \\ T \leq T_{max}}} K_0(T) = -A_0 + Y_0 + \sum_{t=1}^{T} \frac{NCF_t - Y_t}{(1+k_E)^t} + \frac{R_T - s(R_T - BW_T)}{(1+k_E)^T}$$

  mit: t ... Jahr der Nutzung

  T_{max} ... Maximale Nutzungsdauer

  - Ex post:

$$\max_{\substack{T \in N_0 \\ T \leq T_{max}}} K_0(T) = \sum_{t=1}^{T} \frac{NCF_t - Y_t}{(1+k_E)^t} + \frac{R_T - s(R_T - BW_T)}{(1+k_E)^T} - \frac{\sum_{t=T+1}^{T_{max}} Y_t + Y_T^{So}}{(1+k_E)^T}$$

  mit: t ... Jahr der Restnutzung

  T_{max} ... Maximale Restnutzungsdauer

  Y_T^{So} ... Einmalige Sonderzahlung bei vorzeitiger Kreditrückzahlung

- **Ersatzentscheidung:**

  - Ex ante:

    * Allgemein: m-malige identische Reinvestition:

$$\max_{\substack{T_k \in N \\ T_k \leq T_{max}}} KK_0(T_k, T_{k+1}^*, \ldots, T_{m+1}^*) = -A_0 + Y_0 + \sum_{t=1}^{T_k} \frac{NCF_t - Y_t}{(1+k_E)^t}$$
$$+ \frac{R_{T_k} - s(R_{T_k} - BW_k)}{(1+k_E)^{T_k}}$$
$$+ \frac{KK(T_{k+1}^*, \ldots, T_{m+1}^*)}{(1+k_E)^{T_k}}$$

    * Sonderfälle:

      · $m = 1$: Einmalige identische Reinvestition:

$$\max_{\substack{T_1 \in N \\ T_1 \leq T_{max}}} KK_0(T_1, T_2^*) = -A_0 + Y_0 + \sum_{t=1}^{T_1} \frac{NCF_t - Y_0}{(1+k_E)^t}$$
$$+ \frac{R_{T_1} - s(R_{T_1} - BW_{T_1})}{(1+k_E)^{T_1}} + \frac{K(T_2^*)}{(1+k_E)^{T_1}}$$

      · $m \to \infty$: Unendliche identische Reinvestition:

$$\max_{\substack{T \in N \\ T \leq T_{max}}} KK_0(T) \quad \Leftrightarrow \quad \max_{\substack{T \in N \\ T \leq T_{max}}} Ann(T)$$

  - Ex post:

    * Allgemein: m-malige identische Reinvestition des neuen Aggregats:

$$\max_{\substack{T_{alt} \in N_0 \\ T_{alt} \leq T_{max}}} KK_0(T_{alt}, T_{neu,1}^*, \ldots, T_{neu,m+1}^*) = \sum_{t=1}^{T_{alt}} \frac{NCF_t - Y_t}{(1+k_E)^t}$$
$$+ \frac{R_{T_{alt}} - s(R_{T_{alt}} - BW_{T_{alt}})}{(1+k_E)^{T_{alt}}}$$
$$- \frac{\sum_{t=T+1}^{T_{max}} Y_t + Y_T^{So}}{(1+k_E)^T}$$
$$+ \frac{KK(T_{neu,1}^*, \ldots, T_{neu,m+1}^*)}{(1+k_E)^{T_{alt}}}$$

* Sonderfälle:

· $m = 0$: Einmalige identische Investition des neuen Aggregats:

$$\max_{\substack{T_{alt} \in N_0 \\ T_{alt} \leq T_{max}}} KK_0(T_{alt}, T_{neu}^{\cdot}) = \sum_{t=1}^{T_{alt}} \frac{NCF_t - Y_t}{(1+k_E)^t} + \frac{R_{T_{alt}} - s(R_{T_{alt}} - BW_{T_{alt}})}{(1+k_E)^{T_{alt}}}$$
$$- \frac{\sum_{t=T+1}^{T_{max}} Y_t + Y_T^{s_o}}{(1+k_E)^T} + \frac{K(T_{neu}^{\cdot})}{(1+k_E)^{T_{alt}}}$$

· $m = 1$: Einmalige identische Reinvestition des neuen Aggregats:

$$\max_{\substack{T_{alt} \in N_0 \\ T_{alt} \leq T_{max}}} KK_0(T_{alt}, T_{neu,1}^{\cdot}, T_{neu,2}^{\cdot}) = \sum_{t=1}^{T_{alt}} \frac{NCF_t - Y_t}{(1+k_E)^t}$$
$$+ \frac{R_{T_{alt}} - s(R_{T_{alt}} - BW_{T_{alt}})}{(1+k_E)^{T_{alt}}}$$
$$- \frac{\sum_{t=T+1}^{T_{max}} Y_t + Y_T^{s_o}}{(1+k_E)^T} + \frac{KK(T_{neu,1}^{\cdot}, T_{neu,2}^{\cdot})}{(1+k_E)^{T_{alt}}}$$

· $m \to \infty$: Unendliche identische Reinvestition des neuen Aggregats:

$$\max_{\substack{T_{alt} \in N_0 \\ T_{alt} \leq T_{max}}} KK_0(T_{alt}, T_{neu}^{\cdot}) = \sum_{t=1}^{T_{alt}} \frac{NCF_t - Y_t}{(1+k_E)^t} + \frac{R_{T_{alt}} - s(R_{T_{alt}} - BW_{T_{alt}})}{(1+k_E)^{T_{alt}}}$$
$$- \frac{\sum_{t=T+1}^{T_{max}} Y_t + Y_T^{s_o}}{(1+k_E)^T} + \frac{Ann(T_{neu}^{\cdot})}{k_E \cdot (1+k_E)^{T_{alt}}}$$

B   Kriterien für den zeitbezogenen Grenzgewinn[17]

- Berechnung des zeitbezogenen Grenzgewinns:

$$GG_T = (1-s)\{C_T - (R_{T-1} - R_T) - \frac{k_G}{1-s}[R_{T-1} - s(R_{T-1} - BW_{T-1})]\}$$

- Reine Nutzungsdauerentscheidung:

  - Ex ante:[18]

$$GG_{T^{\cdot}} \geq 0$$
$$GG_{T^{\cdot}+1} < 0$$

  - Ex post:[19]

$$GG_{T_{alt}^{\cdot}} \geq 0$$
$$GG_{T_{alt}^{\cdot}+1} < 0$$

---

[17] Für die Bruttomethode mit expliziter Berücksichtigung der Steuern.
Die dargestellten Kriterien dienen zur Feststellung von lokalen Maxima und von Randlösungen. Die Ermittlung des globalen Maximums ist im Text behandelt worden.
[18] Für eine Randlösung an der Stelle $T_b^{\cdot} = T_{max}$ braucht nur jeweils die erste Bedingung erfüllt sein.
[19] Für eine Randlösung an der Stelle $T_{alt}^{\cdot} = 0$ braucht nur jeweils die zweite Bedingung erfüllt sein.

- **Ex post und unterstellte fallende Grenzgewinne:**

$$\text{Sofortige Einstellung} \Leftrightarrow GG_1 < 0$$

- **Ersatzentscheidung:**
  - **Ex ante:**[20]
    * Allgemein: m-malige identische Reinvestition:

$$GG_{T_k^*} \geq k_G \cdot KK(T_{k+1}^*, T_{k+2}^*, \ldots, T_{m+1}^*)$$
$$GG_{T_k^*+1} < k_G \cdot KK(T_{k+1}^*, T_{k+2}^*, \ldots, T_{m+1}^*)$$

    * Sonderfälle:
      · $m = 1$: Einmalige identische Reinvestition:

$$GG_{T_1^*} \geq k_G \cdot K(T_2^*)$$
$$GG_{T_1^*+1} < k_G \cdot K(T_2^*)$$

      · $m \to \infty$: Unendliche identische Reinvestition:

$$GG_{T^*} \geq Ann(T^*)$$
$$GG_{T^*+1} < Ann(T^*+1)$$

  - **Ex post:**[21]
    * Allgemein: m-malige identische Reinvestition des neuen Aggregats:

$$GG_{T_{alt}^*} \geq k_G \cdot KK(T_{neu,1}^*, T_{neu,2}^*, \ldots, T_{neu,m+1}^*)$$
$$GG_{T_{alt}^*+1} < k_G \cdot KK(T_{neu,1}^*, T_{neu,2}^*, \ldots, T_{neu,m+1}^*)$$

    * Sonderfälle:
      · $m = 0$: Einmalige Investition des neuen Aggrgats:

$$GG_{T_{alt}^*} \geq k_G \cdot K(T_{neu}^*)$$
$$GG_{T_{alt}^*+1} < k_G \cdot K(T_{neu}^*)$$

      · $m = 1$: Einmalige identische Reinvestition des neuen Aggregats:

$$GG_{T_{alt}^*} \geq k_G \cdot KK(T_{neu,1}^*, T_{neu,2}^*)$$
$$GG_{T_{alt}^*+1} < k_G \cdot KK(T_{neu,1}^*, T_{neu,2}^*)$$

      · $m \to \infty$: Unendliche identische Reinvestition des neuen Aggregats:

$$GG_{T_{alt}^*} \geq Ann(T_{neu}^*)$$
$$GG_{T_{alt}^*+1} < Ann(T_{neu}^*)$$

  - **Ex post und unterstellte fallende Grenzgewinne des alten Aggregats:**

$$\text{Sofortiger Ersatz} \Leftrightarrow GG_1^{alt} < k_G \cdot KK(T_{neu,1}^*, T_{neu,2}^*, \ldots, T_{neu,m+1}^*)$$

---

[20] vgl. Fußnote 18.
[21] vgl. Fußnote 18 und 19.

2 Portfoliotheorie und moderne Kapitalmarkttheorie

2.1 Rendite, Risiko und die Risikoeinstellung von Investoren

2.1.1 Rendite und Risiko von Wertpapieren

Die Rendite (interner Zinsfuß) r_j eines Wertpapiers ist jener Kalkulationszinsfuß, bei dem der Kapitalwert der Ein- und Auszahlungen aus der Finanzinvestition gleich Null ist. Für eine einperiodige Betrachtung mit den beiden Zeitpunkten $t = 0$ und $t = 1$ und den entsprechenden Preisen P_{tj} des Wertpapiers j erhält man die Rendite vor Steuern und Transaktionskosten aus

$$K_0 = -P_{0j} + \frac{P_{1j}}{1 + r_j} = 0$$

mit

$$r_j = \frac{P_{1j} - P_{0j}}{P_{0j}}$$

bzw.

$$r_j = \frac{P_{1j}}{P_{0j}} - 1,$$

falls es bei dem Wertpapier zwischen den beiden Zeitpunkten zu keinen Zahlungen an die Investoren gekommen ist. Bei Aktien kann es aber zu Kursabschlägen (exD, $exBR$, $exBA$) kommen. Der Wert dieser Nebenrechte je Aktie NR muß dann in der Renditeberechnung berücksichtigt werden:

$$P_{1j}^{cum} = P_{1j}^{ex} + NR.$$

Somit erhält man für die Rendite vor Steuern und Transaktionskosten einer Aktie j:

$$r_j = \frac{P_{1j}^{cum}}{P_{0j}} - 1$$
$$= \frac{P_{1j}^{ex} + NR}{P_{0j}} - 1.$$

Bei Dividendenausschüttungen Div wird die Rendite oftmals in eine Kapitalrendite für die Kursänderung und in eine Dividendenrendite für die Ausschüttung unterteilt:

$$r_j = \underbrace{\frac{P_{1j}^{exD}}{P_{0j}} - 1}_{\substack{\text{Kapital-} \\ \text{rendite}}} + \underbrace{\frac{Div_j}{P_{0j}}}_{\substack{\text{Dividenden-} \\ \text{rendite}}} .$$

Für die Rendite von Wertpapieren gibt es zwei verschiedene Betrachtungsweisen. Zum einen ist es interessant, welche Verzinsung ein Wertpapier in den vergangenen Perioden realisiert hat, wie gut also die <u>Performance</u> dieses Wertpapiers gewesen ist. Zum anderen stellt sich die Frage, wie sich die Rendite dieses Wertpapiers in Zukunft entwickeln wird. Im ersten Fall handelt es sich um <u>Ex–post–Renditen</u>, die auf Basis der Daten der letzten Perioden ermittelt werden können. Im zweiten Fall handelt es sich um eine Prognose unter Unsicherheit (<u>Ex–ante–Renditen</u>), die üblicherweise mit der Szenariotechnik durchgeführt wird.

2.1.1.1 Ex–post–Betrachtung

Im folgenden wird gezeigt, wie aus historischen Kursen und Kursabschlägen die Ex–post–Renditen vergangener Perioden berechnet werden können. Daran anschließend beschäftigen wir uns mit der Ermittlung von Durchschnittsrenditen und mit der Annualisierung von unterjährigen Renditen. Die Ermittlung des Risikos aus historischen Renditen (*historische Volatilität*) ist in der Lösung von Aufgabe 26 ab Seite 81 dargestellt.

Lösung von Aufgabe 16:

(a) *Keine Kursabschläge im Jahr 1991:*

$$r_j = \frac{460}{400} - 1$$
$$= 15 \% \text{ p.a.}$$

(b) *Zahlung einer Dividende je Aktie von 12,–:*

$$r_j = \frac{460 + 12}{400} - 1$$
$$= \underbrace{\frac{460}{400} - 1}_{\substack{\text{Kapital-}\\\text{rendite}}} + \underbrace{\frac{12}{400}}_{\substack{\text{Dividenden-}\\\text{rendite}}}$$
$$= 15 \% \text{ p.a.} + 3 \% \text{ p.a.}$$
$$= 18 \% \text{ p.a.}$$

(c) *Ordentliche Kapitalerhöhung, deren Bezugsrecht durchschnittlich mit 3,– notiert:*

$$r_j = \frac{460 + 3}{400} - 1$$
$$= 15,75 \% \text{ p.a.}$$

(d) *Ausgabe von Berichtigungsaktien im Verhältnis 5:1:*

$$r_j = \frac{460 + \frac{1}{5} \cdot 460}{400} - 1$$
$$= 38 \% \text{ p.a.}$$

Innerhalb eines Zeitraums werden die Kurse bzw. Preise von Wertpapieren oft mehrmals beobachtet. Zur Berechnung einer einperiodigen Rendite bestehen zwei Möglichkeiten einer Periodisierung. Die m unterperiodigen Renditen können entweder <u>arithmetisch</u> oder <u>geometrisch</u> gemittelt werden. Man erhält die arithmetische Durchschnittsrendite mit

$$\bar{r}_j = \frac{1}{m} \cdot \sum_{t=1}^{m} r_{jt}$$

und die geometrische Durchschnittsrendite mit

$$\text{Geometrische Ø–Rendite} = \sqrt[m]{\prod_{t=1}^{m}(1 + r_{jt})} - 1.$$

Beispiel 2.1:

Die Kurse der Handels–AG–Aktien betrugen am

Tag	Kurs
2.1.1991	100,–
2.1.1992	50,–
2.1.1993	100,–

und es sind innerhalb der betrachteten zwei Jahre keine Nebenrechte angefallen. Berechnen Sie die

(a) *arithmetische*

(b) *geometrische*

Durchschnittsrendite.

Lösung:

Die Jahresrenditen in % p.a. sind

$$\text{für 1991:} \quad \tfrac{50}{100} - 1 = -50 \text{ \%}$$

$$\text{für 1992:} \quad \tfrac{100}{50} - 1 = 100 \text{ \%}$$

(a) <u>arithmetische Durchschnittrendite</u>:

$$\tfrac{1}{2}(-0,5 + 1) = 25 \text{ \% } p.a.$$

(b) <u>geometrische Durchschnittsrendite</u>:

$$\sqrt{(1 - 0,5)(1 + 1)} - 1 = 0 \text{ \% } p.a.$$

Die arithmetische Durchschnittsrendite kann man ohne Berücksichtigung von Zinseszinsen mit

$$r_j = m \cdot \text{arithm. } \emptyset\text{–Rendite}$$

und beide Arten der Durchschnittsrendite mit Berücksichtigung von Zinsesverzinsung mit

$$r_j^* = (1 + \emptyset\text{–Rendite})^m - 1$$

in eine Jahresrendite umformen.

Lösung von Aufgabe 18:

Berechnung der Halbjahresrenditen:

- *1. Halbjahr:*

$$\begin{aligned} r_{j1} &= \frac{1.200}{1.000} - 1 \\ &= 20 \text{ \% } p.Hj. \end{aligned}$$

- *2. Halbjahr:*

$$\begin{aligned} r_{j2} &= \frac{1.260}{1.200} - 1 \\ &= 5 \text{ \% } p.Hj. \end{aligned}$$

Annualisierung der Durchschnittsrenditen:

- *Arithmetische Durchschnittsrendite:*

$$\bar{r}_j = \frac{0,2 + 0,05}{2}$$
$$= 12,5 \ \% \ p.Hj.$$

– *Annualisierung ohne Zinseszinsen:*

$$r_j = 2 \cdot 0,125$$
$$= 25 \ \% \ p.a.$$

– *Annualisierung mit Zinseszinsen:*

$$r_j^* = (1 + 0,125)^2 - 1$$
$$= 26,5626 \ \% \ p.a.$$

- *Geometrische Durchschnittsrendite:*

$$\text{Geometrische Ø–Rendite} = \sqrt[2]{(1+0,2) \cdot (1+0,05)} - 1$$
$$= 12,25 \ \% \ p.Hj.$$

Annualisierung mit Zinseszinsen:

$$r_j^* = (1 + 0,1225)^2 - 1$$
$$= 26 \ \% \ p.a.$$

Rendite für das Jahr 1991:

$$r_j = \frac{1260}{1000} - 1$$
$$= 26 \ \% \ p.a.$$

2.1.1.2 Ex–ante–Betrachtung

Bei der Prognose von Renditen behilft man sich der Wahrscheinlichkeitsrechnung. Die Renditen in einer Folgeperiode werden hierbei als Zufallsvariable interpretiert, für die man zumindest den Erwartungswert $E(r_j)$ und die Varianz $Var(r_j)$ bzw. Standardabweichung $\sigma(r_j)$ berechnet. Eine Methode der Prognose von Renditen ist die Szenariotechnik. Der Investor überlegt sich unterschiedliche zukünftige Situationen (Umweltzustände) z_i und ordnet diesen eine subjektive Eintrittswahrscheinlichkeit $p(z_i)$ zu. Den Erwartungswert der zustandsabhängigen Rendite $r_j(z_i)$ erhält man durch

$$E(r_j) = \sum_i p(z_i) \cdot r_j(z_i),$$

und die Standardabweichung (*Risiko, Volatilität*) aus

$$\sigma(r_j) = \sqrt{Var(r_j)}$$
$$= \sqrt{E(r_j^2) - E(r_j)^2}$$
$$= \sqrt{\sum_i r_j^2(z_i) \cdot p(z_i) - \left[\sum_i r_j(z_i) \cdot p(z_i) \right]^2}.$$

Lösung von Aufgabe 17:

i	z_i	$p(z_i)$	P_1^{cum}	$r_j(z_i)$
1	Boom	0,3	520	30 % p.a.
2	Normal	0,6	460	15 % p.a.
3	Rezession	0,1	320	-20 % p.a.

$$E(r_j) = 0,3 \cdot 30\% + 0,6 \cdot 15\% - 0,1 \cdot 20\%$$
$$= 16\% \text{ p.a.}$$

$$Var(r_j) = E(r_j^2) - E(r_j)^2$$
$$= 0,3 \cdot 0,3^2 + 0,6 \cdot 0,15^2 + 0,1 \cdot (-0,2)^2 - 0,16^2$$
$$= 0,0189$$
$$\sigma(r_j) = \sqrt{0,0189}$$
$$= 13,75\% \text{ p.a.}$$

2.1.2 Rendite und Risiko von Portefeuilles

Hält ein Investor mehrere Wertpapiere, so ist er an der Gesamtrendite seines Portefeuilles und dem entsprechenden Risiko der Kapitalanlage interessiert. Investiert ein Investor sein Gesamtkapital W_0 in N verschiedene Wertpapiere, die im Portefeuille zu $t = 0$ mit den wertmäßigen Anteilen x_j vertreten sind, so erhält man wegen $r_P = \sum_{j=1}^{N} r_j \cdot x_j$ die erwartete Portefeuillerendite $E(r_P)$ als den gewichteten Mittelwert aller im Portefeuille vertretenen Einzelrenditen:

$$E(r_P) = \sum_{j=1}^{N} E(r_j) \cdot x_j.$$

Das Portefeuillerisiko hängt aber nicht nur vom Risiko der einzelnen Wertpapiere ab, sondern auch von den Kovarianzen der Wertpapierrenditen

$$Cov(r_j, r_k) = E(r_j \cdot r_k) - E(r_j) \cdot E(r_k).$$

Um Abhängigkeiten zwischen den Renditen verschiedener Wertpapiere besser beurteilen zu können, normiert man die Kovarianz durch das Produkt der Standardabweichungen. So erhält man den Korrelationskoeffizienten

$$\varrho(r_k, r_j) = \frac{Cov(r_k, r_j)}{\sigma(r_k) \cdot \sigma(r_j)},$$

der angibt, wie stark der lineare Zusammenhang zwischen zwei Zufallsvariablen ist und der Werte zwischen $-1 \leq \varrho(r_k, r_j) \leq 1$ annehmen kann. Die Varianz der Rendite eines Portefeuilles ergibt sich aus

$$Var(r_P) = \sum_{j=1}^{N} \sum_{k=1}^{N} Cov(r_j, r_k) x_j x_k,$$

wobei gilt

$$Cov(r_j, r_k) = Cov(r_k, r_j)$$
$$Cov(r_j, r_j) = Var(r_j).$$

Übersichtlicher sind die Formeln für den Spezialfall von zwei Wertpapieren A und B. So berechnen sich die erwartete Rendite und die Varianz des Zwei–Wertpapierportefeuilles mit:

$$E(r_P) = x_A E(r_A) + x_B E(r_B)$$
$$Var(r_P) = x_A^2 Var(r_A) + x_B^2 Var(r_B) + 2 x_A x_B Cov(r_A, r_B).$$

Lösung von Aufgabe 20:

(a) *Erwartete Renditen für beide Aktien:*

$$E(r_A) = 0,3 \cdot 30\% + 0,6 \cdot 15\% - 0,1 \cdot 20\%$$
$$= 16\% \text{ p.a.}$$

$$E(r_B) = 0,3 \cdot 15\% + 0,6 \cdot 10\% + 0,1 \cdot 5\%$$
$$= 11\% \text{ p.a.}$$

(b) *Risiko beider Aktien:*

$$\sigma(r_A) = \sqrt{0,3 \cdot 0,3^2 + 0,6 \cdot 0,15^2 + 0,1 \cdot (-0,2)^2 - 0,16^2}$$
$$= 13,75\% \text{ p.a.}$$

$$\sigma(r_B) = \sqrt{0,3 \cdot 0,15^2 + 0,6 \cdot 0,1^2 + 0,1 \cdot 0,05^2 - 0,11^2}$$
$$= 3\% \text{ p.a.}$$

(c) *Kovarianz und Korrelation zwischen den Renditen beider Aktien:*

$$Cov(r_A, r_B) = E(r_A \cdot r_B) - E(r_A) \cdot E(r_B)$$
$$= 0,3 \cdot 0,3 \cdot 0,15 + 0,6 \cdot 0,15 \cdot 0,1 + 0,1 \cdot (-0,2) \cdot 0,05 - 0,16 \cdot 0,11$$
$$= 0,0039$$

$$\varrho(r_A, r_B) = \frac{Cov(r_A, r_B)}{\sigma(r_A) \cdot \sigma(r_B)}$$
$$= \frac{0,0039}{0,1375 \cdot 0,03}$$
$$= 0,95$$

Der nahe bei +1 liegende Korrelationskoeffizient drückt aus, daß die Aktien A und B sehr stark voneinander positiv linear abhängen.

(d) *Zustandsabhängige und erwartete Portefeuillerenditen bzw. das Portefeuillerisiko:*
Zustandsabhängige Renditen:

i	z_i	$p(z_i)$	$r_A(z_i)$	$r_B(z_i)$	$r_P(z_i)$
1	Boom	0,3	30 %	15 %	$0,6 \cdot 30\% + 0,4 \cdot 15\% = 24\%$
2	normal	0,6	15 %	10 %	$0,6 \cdot 15\% + 0,4 \cdot 10\% = 13\%$
3	Rezession	0,1	-20 %	5 %	$0,6 \cdot (-20)\% + 0,4 \cdot 5\% = -10\%$

$$E(r_P) = x_A E(r_A) + x_B E(r_B)$$
$$= 0,6 \cdot 16\% + 0,4 \cdot 11\%$$
$$= 14\% \text{ p.a.}$$

bzw.

$$E(r_P) = \sum_{i=1}^{3} r_P(z_i) \cdot p(z_i)$$
$$= 0,24 \cdot 0,3 + 0,13 \cdot 0,6 + (-0,1) \cdot 0,1$$
$$= 14\% \text{ p.a.}$$

$$\sigma(r_P) = \sqrt{x_A^2 Var(r_A) + x_B^2 Var(r_B) + 2 x_A x_B Cov(r_A, r_B)}$$
$$= \sqrt{0,6^2 \cdot 0,1375^2 + 0,4^2 \cdot 0,03^2 + 2 \cdot 0,6 \cdot 0,4 \cdot 0,0039}$$
$$= 9,39\% \text{ p.a.}$$

Aktienrenditen wird oft unterstellt, daß sie theoretischen Verteilungen gehorchen. Die einfach handzuhabende Normalverteilung findet hierbei oft Anwendung. Empirische Untersuchungen haben zwar gezeigt, daß Aktienrenditen nicht exakt normalverteilt sind, doch kann durch diese theoretische Verteilung eine gute Approximation der empirischen Verteilung erreicht werden.[1]

Lösung von Aufgabe 21 I:

(a) **Verteilung der Rendite des Portefeuilles:**

$$
\begin{aligned}
E(r_P) &= x_A E(r_A) + x_B E(r_B) \\
&= 0,6 \cdot 8\,\% + 0,4 \cdot 15\,\% \\
&= 10,8\,\% \text{ p.a.}
\end{aligned}
$$

$$
\begin{aligned}
Var(r_P) &= x_A^2 Var(r_A) + x_B^2 Var(r_B) + 2 x_A x_B Cov(r_A, r_B) \\
&= x_A^2 Var(r_A) + x_B^2 Var(r_B) + 2 x_A x_B \varrho(r_A, r_B) \sigma(r_A) \sigma(r_B) \\
&= 0,6^2 \cdot 0,1^2 + 0,4^2 \cdot 0,2^2 + 2 \cdot 0,6 \cdot 0,4 \cdot 0,4 \cdot 0,1 \cdot 0,2 \\
&= 0,01384 \\
\sigma(r_P) &= 11,76\,\% \text{ p.a.}
\end{aligned}
$$

Die Summe normalverteilter Zufallsvariablen ist eine normalverteilte Zufallsvariable $N(\mu, \sigma)$:

$$ r_P \sim N(0,108; 0,1176). $$

(b)

$$
\begin{aligned}
P(r_P \leq 0) &= \Phi\left(\frac{r_P - E(r_P)}{\sigma(r_P)}\right) \\
&= \Phi\left(\frac{0 - 0,108}{0,1176}\right) \\
&= \Phi(-0,9180) \\
&= 1 - \Phi(0,9180)
\end{aligned}
$$

Lineare Interpolation:

i	d_i	$\Phi(d_i)$
1	0,91	0,8186
2	0,92	0,8212

$$
\begin{aligned}
\Phi(0,9180) &= \Phi(0,91) + \frac{\Phi(0,92) - \Phi(0,91)}{0,92 - 0,91} \cdot (0,9180 - 0,91) \\
&= 0,8207
\end{aligned}
$$

$$
\begin{aligned}
P(r_P \leq 0) &= 1 - \Phi(0,9180) \\
&= 1 - 0,8207 \\
&= 17,93\,\%
\end{aligned}
$$

(c)

$$
\begin{aligned}
P(r_P \geq 0,07) &= 1 - P(r_P \leq 0,07) \\
&= 1 - \Phi\left(\frac{0,07 - 0,108}{0,1176}\right) \\
&= 1 - \Phi(-0,3231) \\
&= \Phi(0,3231)
\end{aligned}
$$

Lineare Interpolation:

---

[1] vgl. Fama (1965).

i	d_i	$\Phi(d_i)$
1	0,32	0,6255
2	0,33	0,6293

$$\Phi(0,3231) \;=\; \Phi(0,32) + \frac{\Phi(0,33) - \Phi(0,32)}{0,33 - 0,32} \cdot (0,3231 - 0,32)$$
$$= \; 0,6267$$

$$P(r_P \geq 0,07) \;=\; 62,67\,\%$$

2.1.3 Die Risikoeinstellung von Investoren

In der Entscheidungstheorie wird oftmals unterstellt, daß Entscheidungsträger ihre Handlungen so wählen, daß sie den erwarteten Nutzen aus ihrem Endvermögen W_1

$$E\left[U(W_1)\right] \;=\; \sum_{i=1}^{n} U\left(W_1(z_i)\right) \cdot p(z_i)$$

maximieren. Um die Einstellung eines Investors zum Risiko beurteilen zu können, vergleicht man den Nutzen aus dem erwarteten Endvermögen mit dem erwarteten Nutzen aus dem Endvermögen. Die Differenz dieser beiden Größen wird als Risikomaß ϕ verwendet:

$$\phi \;=\; U\left[E(W_1(z_i))\right] - E\left[U(W_1(z_i))\right].$$

Für das Risikomaß ϕ ist es von großem Vorteil, wenn ϕ nur von der Standardabweichung des

Der Investor ist

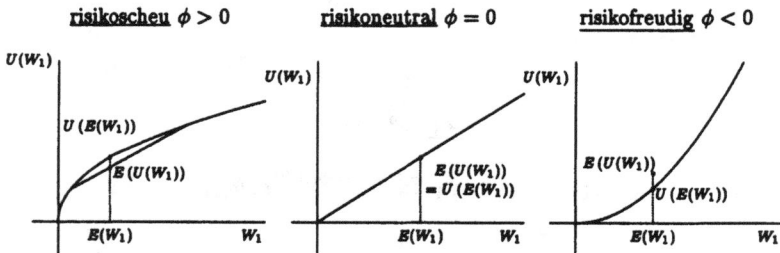

Abb. 2.1: Nutzenfunktionen in Abhängigkeit vom Endvermögen W_1 für Investoren mit unterschiedlichen Einstellungen gegenüber dem Risiko

Endvermögens $\sigma(W_1)$ abhinge. Für den Fall einer quadratischen Nutzenfunktion oder unter der Annahme, daß dem Endvermögen des Investors eine symmetrische Verteilung mit zwei Parametern[2] zugrunde liegt, erfüllt das Risikomaß diese wünschenswerte Eigenschaft. Damit beschränken sich die für einen Investor interessanten Parameter, die seinen Nutzen generieren,

---

[2] Man unterstellt deshalb der Einfachheit halber oft, daß Aktienrenditen einer Normalverteilung gehorchen, obwohl schon allein aus der Überlegung, daß eine Normalverteilung eine Rendite von weniger als −100 % zuläßt, dies einer exakten empirischen Prüfung nicht standhält. Doch liegen zahlreiche Studien vor, vor allem von Fama für den amerikanischen Aktienmarkt, die eine annähernde Normalverteilung von Aktienrenditen festgestellt haben.

auf das erwartete Endvermögen $E(W_1)$ und auf die Standardabweichung $\sigma(W_1)$. Da das Endvermögen eines Portefeuilles W_1 von dessen Rendite r_P abhängt

$$W_1 = W_0 \cdot (1 + r_P),$$

kann man statt des Erwartungswerts und der Standardabweichung des Endvermögens die Parameter der Portefeuillerenditen $E(r_P)$ und $\sigma(r_P)$ verwenden:

$$E(r_P) = \frac{E(W_1)}{W_0} - 1$$

und

$$\sigma(r_P) = \frac{\sigma(W_1)}{W_0}.$$

Daraus resultiert die dreidimensionale Nutzenfunktion

$$U[E(r_P), \sigma(r_P)].$$

Um den Nutzen in einer Ebene abbilden zu können, projiziert man das Nutzengebirge in die $E\sigma$–Ebene und erhält Isonutzenkurven. In Abb. 2.2 sind repräsentativ für jede Art der Einstellung zum Risiko einige Isonutzenkurven dargestellt. Alle $E\sigma$–Kombinationen auf einer Isonutzenkurve besitzen dasselbe Nutzenniveau. Die Unterscheidung zwischen den drei unter-

Der Investor ist

risikoscheu   risikoneutral   risikofreudig

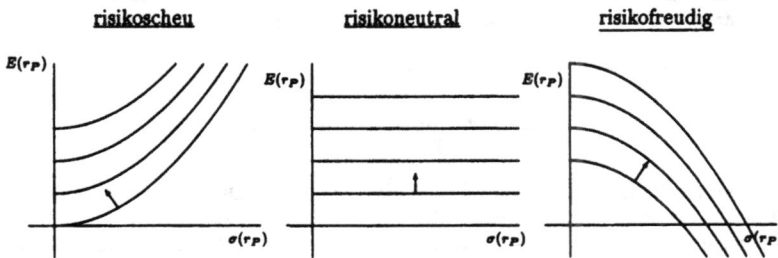

Abb. 2.2: Isonutzenkurven von Nutzenfunktionen in Abhängigkeit von der erwarteten Portefeuillerendite $E(r_P)$ und dem Risiko $\sigma(r_P)$ für Investoren mit unterschiedlichen Einstellungen gegenüber dem Risiko

schiedlichen Einstellungen zum Risiko des Portefeuilles läßt sich anhand einer Grenzbetrachtung der Nutzenfunktionen treffen. Verlangt ein Investor für jede zusätzliche Risikoeinheit, die ein Portefeuille in sich birgt, eine höhere erwartete Rendite, um das Nutzenniveau zu halten, so bezeichnet man ihn als risikoscheu. Risikoneutral ist er dann, wenn bei einer Risikoerhöhung die erwartete Rendite gleich bleibt. Der Risikofreudige gibt sich bei einer Risikoerhöhung mit einer Verringerung des Erwartungswerts der Rendite zufrieden.

2.2 Portfoliotheorie

Der erste Wissenschaftler, der seine Erkenntnisse zu einer Theorie zur Optimierung von riskanten Wertpapierportefeuilles ausgearbeitet hat, war Markowitz (1952). Seine Theorie wurde später von Tobin (1958) weiterentwickelt, der noch ein risikoloses Wertpapier in die Betrachtung miteinbezogen hat. Die Tobin'sche Portfoliotheorie bildete schließlich für Sharpe (1964) eine entscheidende Grundlage für die Entwicklung eines Gleichgewichtsmodells zur Berechnung der Preise für riskante Anlagegüter, des <u>Capital Asset Pricing Models (CAPM)</u>.

2.2.1 Portfoliotheorie nach Markowitz

2.2.1.1 Annahmen und Folgerungen

Markowitz entwickelte 1952 ein einperiodiges Kapitalanlagemodell, das die Entscheidungen privater Investoren, welche und wieviele riskante Wertpapiere sie kaufen sollen, behandelt. Um ein Modell zu erhalten, mußte Markowitz einige die Realität einschränkende Annahmen bezüglich des Kapitalmarkts und der Investoren treffen.

Annahmen zum Kapitalmarkt

- Bei allen Transaktionen auf dem Kapitalmarkt entstehen weder Transaktionskosten noch Steuern. Somit kann ein Investor sein gesamtes Anfangsvermögen W_0 in Wertpapiere investieren und das gesamte Endvermögen W_1 für sich beanspruchen.

- Wertpapiere werden als beliebig teilbare Güter angesehen. Sie können somit in jeder beliebigen Menge erworben werden.

- Wertpapiere dürfen leerverkauft (*short selling, Wertpapierleihe*) werden, d.h. daß der Investor ein Wertpapier, das er nicht besitzt, ausborgen und verkaufen kann, um es am Ende des Planungshorizonts zum späteren Kurs wieder zurückzukaufen und zurückzugeben.[3]

- normalverteilte Renditen der riskanten Wertpapiere[4].

Annahmen über den Investor

- Auf dem Kapitalmarkt herrscht vollständige Konkurrenz. Die Anlageentscheidung eines einzelnen Investors beeinflußt weder die heutigen noch die zukünftigen Marktpreise für Wertpapiere. Die Investoren sind somit Preisnehmer bzw. verhalten sich kompetitiv. Für sie entstehen die Preise auf dem Markt zufällig, was bedeutet, daß der Preis P_{1j} des Wertpapiers j zum Zeitpunkt $t = 1$ als Zufallsvariable interpretiert werden kann, der ausgehend vom Preis P_{0j} zum Investitionszeitpunkt $t = 0$ ebenso anhand einer zufälligen Rendite r_j geschrieben werden kann. Diese zufällige Rendite streut um einen Erwartungswert $E(r_j)$ mit der Standardabweichung $\sigma(r_j)$. Das Endvermögen W_1 eines Investors ist somit ebenfalls zufällig und sein Erwartungswert beträgt

$$E(W_1) = \sum_{j=1}^{N} \frac{W_0 \cdot x_j}{P_{0j}} \cdot E(P_{1j})$$

$$= W_0 \cdot \sum_{j=1}^{N} (1 + E(r_j)) \cdot x_j,$$

wobei $E(W_1)$ das erwartete Endvermögen darstellt, das der Investor erreicht, indem er das j-te der insgesamt N Wertpapiere, die er in seinem Portefeuille hält, mit einem Anteil von

---

[3] Dies bedeutet, daß diese Wertpapiere einen negativen Anteil x_j im Gesamtportefeuille aufweisen. Die Leerverkaufsmöglichkeit kann aber ausgeschlossen werden, indem man für alle Anteile x_j der Wertpapiere j mit $j = 1, \ldots, N$ eine Nichtnegativitätsbedingung einführt (vgl. auch Markowitz (1952)).

[4] *oder* quadratische Nutzenfunktion des Investors *oder* Erwartungswert-Varianz-Entscheidungsregel.

x_j an seinem Anfangsvermögen W_0 zum Preis P_{0j} in das Portefeuille aufnimmt. Insgesamt stehen einem Investor folgende Kombinationen von $E(r_P)$ und $\sigma(r_P)$ zur Auswahl:

$$E(r_P) = \sum_{j=1}^{N} E(r_j) \cdot x_j$$

$$\sigma(r_P) = \sqrt{\sum_{j=1}^{N} \sum_{k=1}^{N} Cov(r_j, r_k) \cdot x_j x_k}$$

mit

$$\sum_{j=1}^{N} x_j = 1,$$

und es erhebt sich die Frage, mit welchen optimalen Anteilen der Investor die verschiedenen riskanten Wertpapiere in sein Portefeuille aufnehmen soll.

• Der Investor ist risikoavers. Diese Annahme bedeutet, daß der Investor aus mehreren Portefeuilles mit gleicher erwarteter Rendite jenes Portefeuille wählen wird, das das geringere Risiko aufweist. Das dazugehörige Optimierungsproblem ist folgendes Quadratisches Programm[5]:

$$\min \sigma^2(r_P) = \sum_{j=1}^{N} \sum_{k=1}^{N} Cov(r_j, r_k) \cdot x_j x_k$$

unter den Nebenbedingungen:

$$\sum_{j=1}^{N} E(r_j) \cdot x_j = E(r_P)$$

$$\sum_{j=1}^{N} x_j = 1$$

$$x_j \geq 0^6, \text{ für } j = 1, \ldots, N.$$

Setzt man bei diesem Quadratischen Programm die rechte Seite der ersten Restriktion, $E(r_P)$, als Parameter und löst man die Optimierungsprobleme für verschiedenste Parameterwerte $E(r_P) > 0$, so erhält man graphisch die Markowitz–Portfoliomöglichkeitskurve als Kombination aller Parameterwerte $E(r_P)$ und der dazugehörigen Wurzel des Zielfunktionswertes $\sqrt{\sigma^2(r_P)} = \sigma(r_P)$. Diese Grafik kann geometrisch als Hyperbelast interpretiert werden (vgl. Abb. 2.3). Das Portefeuille aus riskanten Titeln mit dem geringsten Risiko wird als Minimum–Varianz–Portefeuille MVP bezeichnet und ist analytisch ermittelbar durch

$$\min \sigma^2(r_P) = \sum_{j=1}^{N} \sum_{k=1}^{N} Cov(r_j, r_k) \cdot x_j x_k$$

unter den Nebenbedingungen:

$$\sum_{j=1}^{N} x_j = 1$$

$$[x_j \geq 0].$$

---

[5] Zur Quadratischen Programmierung vgl. etwa Stepan/Fischer (1996).
[6] Sollten Leerverkäufe von Aktien zugelassen werden, muß die Nichtnegativitätsbedingung aufgehoben werden. Deshalb wird diese Nebenbedingung von nun an in eckige Klammern gesetzt.

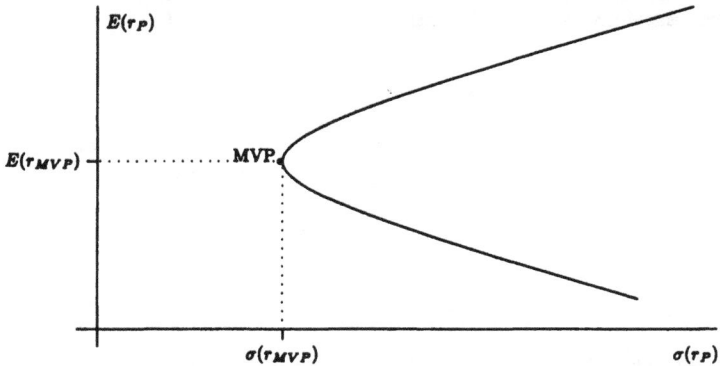

Abb. 2.3: Portfoliomöglichkeitskurve mit Minimum–Varianz–Portefeuille

- Investoren entscheiden rational.
  Diese Annahme bedeutet, daß ein Investor aus mehreren Portefeuilles mit gleichem Risiko jenes Portfolio wählen wird, das die größte erwartete Rendite aufweist. Das dazugehörige Optimierungsproblem ist folgendes Nichtlineare Programm:

$$\max E(r_P) \;=\; \sum_{j=1}^{N} E(r_j) \cdot x_j$$

unter den Nebenbedingungen

$$\sum_{j=1}^{N}\sum_{k=1}^{N} Cov(r_j, r_k) \cdot x_j x_k \;=\; \sigma^2(r_P)$$

$$\sum_{j=1}^{N} x_j \;=\; 1$$

$$[x_j \;\geq\; 0].$$

Setzt man bei diesem Nichtlinearen Programm die rechte Seite der ersten Restriktion, $\sigma^2(r_P)$, als Parameter und löst man die Optimierungsprobleme für verschiedenste Parameterwerte $\sigma(r_P) > 0$, so erhält man auch über diesen Weg die Markowitz–Portfoliomöglichkeitskurve (vgl. Abb. 2.3).

Nun ist zu beachten, daß man für jedes festgelegte Portfoliorisiko $\sigma(r_P) > \sigma(r_{MVP})$ zwei Lösungen des Nichtlinearen Programms erhält, eine mit einer hohen erwarteten Portfoliorendite und eine mit einer geringen erwarteten Portfoliorendite. Aufgrund des unterstellten rationalen Verhaltens des Investors wird der Investor davon stets jenes mit der höheren erwarteten Portfoliorendite wählen. Somit stehen einem rationalen Investor alle Portfoliokombinationen am positiv aufsteigenden Teil der Portfoliomöglichkeitskurve, beginnend ab dem Minimum–Varianz–Portfolio, zur Auswahl, und man bezeichnet diesen Teil als Markowitz–Effizienzkurve (vgl. Abb. 2.4). Jedes Portfolio auf dieser Effizienzkurve ist effizient in dem Sinne, daß es

   – bei gegebener erwarteter Rendite keine anderen Portfolios mit geringerem Risiko,

bzw.

   – bei gegebenem Risiko keine anderen Portfolios mit höherer erwarteter Rendite

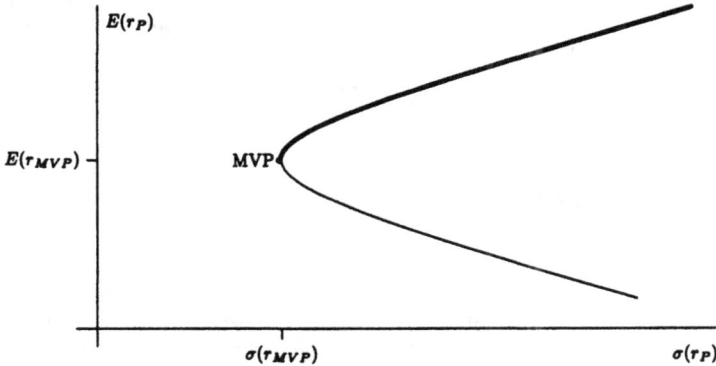

Abb. 2.4: Markowitz–Effizienzkurve

gibt.

- Der Investor möchte den erwarteten Nutzen aus seinem Endvermögen maximieren:

$$\max E\left[U(W_1)\right].$$

Aufgrund unserer Ausführungen in Unterabschnitt 2.1.3 kann diese Zielsetzung unter den dort angeführten Annahmen dargestellt werden als

$$\max E\left[U(E(r_P), \sigma(r_P)\right].$$

Somit wählt der Investor von allen effizienten Portfolios auf der Markowitz–Effizienzkurve jenes Portfolio, das seinen Nutzen maximiert. Graphisch betrachtet sucht man somit jenes Portfolio, bei dem die Isonutzenkurve des Investors die Markowitz–Effizienzkurve gerade noch berührt (vgl. Abb. 2.5).

- Subjektive gemeinsame Wahrscheinlichkeitsverteilungen für alle unsicheren Renditen r_j können angegeben werden[7].

Für die Berechnung von investorspezifischen Portefeuilles ist die Verwendung von Nutzenkurven unpraktisch. Man sucht daher jenes Portefeuille, das bei gegebener erwarteter Rendite das geringste Risiko oder bei gegebenem Risiko die höchste erwartete Rendite aufweist.

2.2.1.2 Zwei–Wertpapier–Fall

Lösung von Aufgabe 21 II:

(a) **Modell zur Ermittlung des Minimum–Varianz–Portefeuilles:** *Zielfunktion:*

$$\min \sigma^2(r_P) \ = \ \sigma^2(r_A) \cdot x_A^2 + \sigma^2(r_B) \cdot x_B^2 + 2Cov(r_A, r_B) \cdot x_A \cdot x_B$$

unter der Nebenbedingung:

$$x_A + x_B = 1.$$

Dieses Modell kann nach Substitution der Nebenbedingung $x_B = 1 - x_A$ in die Zielfunktion mit Hilfe der Differentialrechnung gelöst werden. Als neue Zielfunktion erhält man:

$$\min \sigma^2(r_P) \ = \ \sigma^2(r_A) \cdot x_A^2 + \sigma^2(r_B) \cdot (1 - x_A)^2 + 2Cov(r_A, r_B) \cdot x_A \cdot (1 - x_A)$$

---

[7] Für normalverteilte Renditen: $E(r_j)$, $\sigma(r_j)$ und $\varrho(r_j, r_k)$ für $j, k \in \{1, \dots, N\}$.

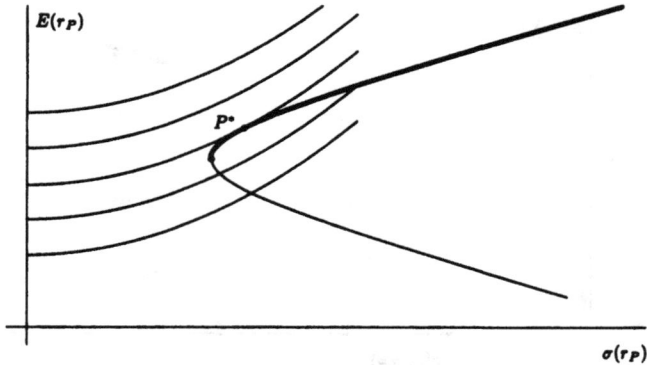

Abb. 2.5: Portefeuilleentscheidung eines Investors mit Hilfe seiner Isonutzenkurven und der Portfoliomöglichkeitskurve

Die Bedingung erster Ordnung für ein lokales Extremum ist

$$\frac{d\sigma^2(r_P)}{dx_A} = 0$$

mit

$$\frac{d\sigma^2(r_P)}{dx_A} = 2\sigma^2(r_A) \cdot x_A + 2\sigma^2(r_B) \cdot (1-x_A) \cdot (-1) + 2Cov(r_A, r_B) \cdot [(1-x_A) - x_A].$$

Umgeformt nach x_A erhält man den prozentuellen Anteil der Aktie A am Minimum–Varianz–Portefeuille

$$x_A^{MVP} = \frac{\sigma^2(r_B) - Cov(r_A, r_B)}{\sigma^2(r_A) + \sigma^2(r_B) - 2Cov(r_A, r_B)}$$

$$= \frac{\sigma^2(r_B) - \varrho(r_A, r_B) \cdot \sigma(r_A) \cdot \sigma(r_B)}{\sigma^2(r_A) + \sigma^2(r_B) - 2\varrho(r_A, r_B) \cdot \sigma(r_A) \cdot \sigma(r_B)}$$

mit

$$Cov(r_A, r_B) = \varrho(r_A, r_B) \cdot \sigma(r_A) \cdot \sigma(r_B)$$

und

$$x_B^{MVP} = 1 - x_A^{MVP}.$$

Minimum–Varianz–Portefeuilles bei unterschiedlicher Korrelation zwischen den Renditen der beiden Wertpapiere:

Mit Leerverkaufsmöglichkeit:

	Werte in % bei Korrelation ϱ					
	1	0,75	0,5	0,4	0	−1
x_A^{MVP}	200	125	100	94,12	80	66,67
x_B^{MVP}	−100	−25	0	5,88	20	33,33
$E(r_{MVP})$	1	6,25	8	8,41	9,4	10,33
$\sigma(r_{MVP})$	0	9,35	10	9,94	8,94	0

Ohne Leerverkaufsmöglichkeit: Die Lösung für das Minimum–Varianz–Portfolio bei Ausschluß von Leerverkaufsmöglichkeiten erhält man aus dem obigen quadratischen Programm mit den zusätzlichen Nichtnegativitätsbedingungen $x_A \geq 0$ und $x_B \geq 0$.

	Werte in % bei Korrelation ϱ					
	1	0,75	0,5	0,4	0	−1
x_A^{MVP}	100	100	100	94,12	80	66,67
x_B^{MVP}	0	0	0	5,88	20	33,33
$E(r_{MVP})$	8	8	8	8,41	9,4	10,33
$\sigma(r_{MVP})$	10	10	10	9,94	8,94	0

(b) Programm zur Ermittlung der Effizienskurve nach Markowitz: *Zielfunktion:*

$$\min \sigma^2(r_P) = \sigma^2(r_A) \cdot x_A^2 + \sigma^2(r_B) \cdot x_B^2 + 2Cov(r_A, r_B) \cdot x_A \cdot x_B$$
$$= 0,1^2 \cdot x_A^2 + 0,2^2 \cdot x_B^2 + 2\varrho(r_A, r_B) \cdot 0,1 \cdot 0,2 \cdot x_A \cdot x_B$$

unter den Nebenbedingungen:

$$0,08 \cdot x_A + 0,15 \cdot x_B = E(r_P)$$
$$x_A + x_B = 1$$
$$[x_A, x_B \geq 0]$$

Mit Leerverkaufsmöglichkeit[8] (vgl. Abb. 2.6):

Anteile x_j in %		$E(r_P)$ in %	Risiko $\sigma(r_P)$ in % bei Korrelation ϱ					
A	B		1	0,75	0,5	0,4	0	−1
130	−30	5,9	7	9,38	11,27	11,94	14,32	19
120	−20	6,6	8	9,38	10,58	11,03	12,65	16
110	−10	7,3	9	9,59	10,15	10,36	11,18	13
100	0	8	10	10	10	10	10	10
90	10	8,7	11	10,58	10,15	9,97	9,22	7
80	20	9,4	12	11,31	10,58	10,28	8,94	4
70	30	10,1	13	12,17	11,27	10,76	9,22	1
60	40	10,8	14	13,11	12,17	11,85	10	2
50	50	11,5	15	14,14	13,23	12,85	11,18	5
40	60	12,2	16	15,23	14,42	14,09	12,65	8
30	70	12,9	17	16,37	15,72	15,45	14,32	11
20	80	13,6	18	17,55	17,09	16,90	16,12	14
10	90	14,3	19	18,76	18,52	18,42	18,03	17
0	100	15	20	20	20	20	20	20
−10	110	15,7	21	21,26	21,62	21,62	22,02	23
−20	120	16,4	22	22,54	23,27	23,27	24,08	26
−30	130	17,1	23	23,83	24,95	24,95	26,17	29

Ohne Leerverkaufsmöglichkeit[9] (vgl. Abb. 2.7):

Anteile x_j in %		$E(r_P)$ in %	Risiko $\sigma(r_P)$ in % bei Korrelation ϱ					
A	B		1	0,75	0,5	0,4	0	−1
100	0	8	10	10	10	10	10	10
90	10	8,7	11	10,58	10,15	9,97	9,22	7
80	20	9,4	12	11,31	10,58	10,28	8,94	4
70	30	10,1	13	12,17	11,27	10,76	9,22	1
60	40	10,8	14	13,11	12,17	11,85	10	2
50	50	11,5	15	14,14	13,23	12,85	11,18	5
40	60	12,2	16	15,23	14,42	14,09	12,65	8
30	70	12,9	17	16,37	15,72	15,45	14,32	11
20	80	13,6	18	17,55	17,09	16,90	16,12	14
10	90	14,3	19	18,76	18,52	18,42	18,03	17
0	100	15	20	20	20	20	20	20

[8] In der folgenden Tabelle sind die Risikoniveaus effizienter Portefeuilles fett gedruckt.
[9] In der folgenden Tabelle sind die Risikoniveaus effizienter Portefeuilles fett gedruckt.

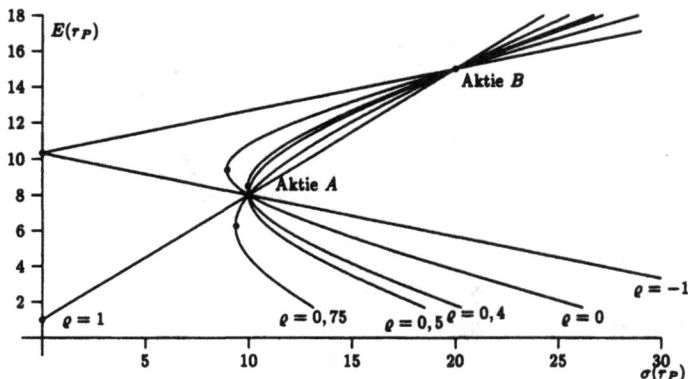

Abb. 2.6: Portfoliomöglichkeitskurven zu Aufgabe 21 II bei unterschiedlichen Korrelationen ϱ zwischen den Renditen der Aktien A und B (mit Leerverkaufsmöglichkeit)

In Abb. 2.6 stellen die Punkte auf den Portfoliomöglichkeitskurven, die sich rechts von der Aktie B befinden, Kombinationen mit Leerverkäufen von Aktie A dar. Analog sind die Kombinationen mit Leerkäufen von Aktie B auf den von Aktie A nach unten führenden Teilen der Portfoliomöglichkeitskurven ersichtlich. Demzufolge sind diese Teile der Portfoliomöglichkeitskurve bei Ausschluß der Leerverkaufsmöglichkeit unzulässig und scheinen daher in Abb. 2.7 nicht mehr auf.

Exkurs 2: Diversifikationseffekt der Portefeuillebildung

Wird nicht diversifiziert, so kann man nur die erwarteten Rendite- und Risikoniveaus der einzelnen Wertpapiere erreichen. Eine Aufteilung des Vermögens auf mehrere Wertpapiere bringt hingegen die Vorteile (vgl. Abb. 2.8), daß

(1) Risiko- und erwartete Renditeniveaus erzielt werden können, die zwischen denjenigen der im Portefeuille enthaltenen Wertpapiere liegen,

(2) Portefeuillerisiken erreicht werden können, die einerseits niedriger sind als das kleinste Risiko aller einzelnen Wertpapiere und andererseits höhere Renditen erwarten lassen,

(3) bei gleichem Risiko eine höhere Rendite erwartet werden darf.

Lösung von Aufgabe 21 III:

(a) Erzielung einer erwarteten Rendite von 12 % p.a. (vgl. Abb. 2.9):

$$0,08 \cdot x_A + 0,15 \cdot x_B = 0,12$$
$$x_A + x_B = 1$$

Substituiert man x_B durch $x_B = 1 - x_A$, so erhält man die Anteile der Wertpapiere

$$x_A = 42,86\,\%$$
$$x_B = 57,14\,\%.$$

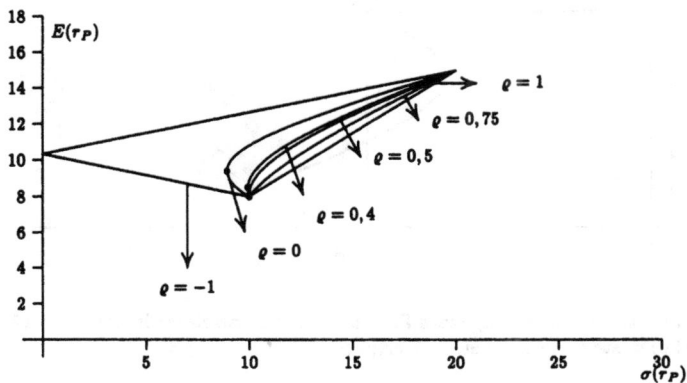

Abb. 2.7: Portfoliomöglichkeitskurven zu Aufgabe 21 II bei unterschiedlichen Korrelationen ϱ zwischen den Renditen der Aktien A und B (ohne Leerverkaufsmöglichkeit)

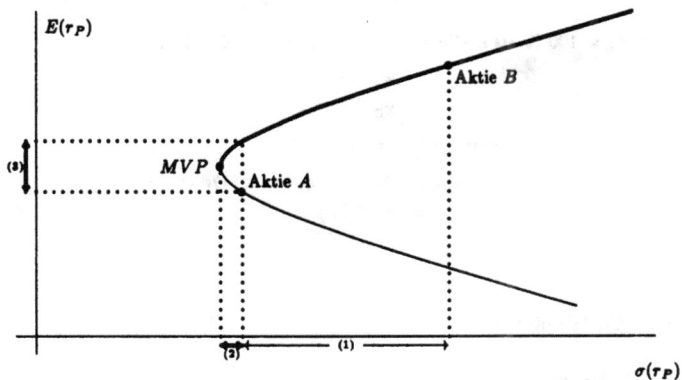

Abb. 2.8: Graphische Darstellung des Diversifikations– (Risikominderungs)effekts

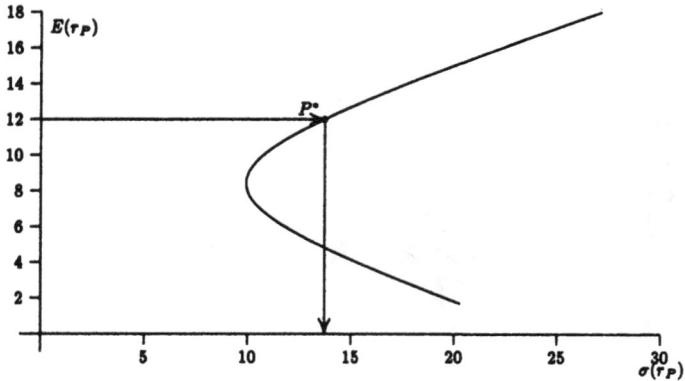

Abb. 2.9: Ermittlung des Risikos eines Portefeuilles mit erwarteter Rendite von 12 % p.a. bei einer Korrelation zwischen den beiden Wertpapierrenditen von $\varrho = 0,4$

Daraus ergibt sich ein Risiko bei einer Korrelation zwischen den beiden Aktien von $\varrho = 0,4$ *mit*

$$\sigma(r_P) = \sqrt{0,4286^2 \cdot 0,1^2 + 0,5714^2 \cdot 0,2^2 + 2 \cdot 0,4286 \cdot 0,5714 \cdot 0,4 \cdot 0,1 \cdot 0,2}$$
$$= 13,72 \text{ \% p.a.}$$

(b) **Akzeptanz eines Risikos von 10 % p.a. (vgl. Abb. 2.10):**

$$\sqrt{x_A^2 \cdot 0,1^2 + x_B^2 \cdot 0,2^2 + 2 \cdot x_A \cdot x_B \cdot 0,4 \cdot 0,1 \cdot 0,2} = 0,1$$
$$x_A + x_B = 1$$

Nach Substitution erhält man

$$x_A = \begin{cases} 100 \text{ \%} \\ 88,24 \text{ \%} \end{cases}$$

wobei $x_A = 100$ % *als ineffiziente Lösung ausfällt. Die Lösung ist somit*

$$x_A = 88,24 \text{ \%}$$
$$x_B = 11,76 \text{ \%}$$

mit einer erwarteten Portefeuillerendite von

$$E(r_P) = 0,8824 \cdot 0,08 + 0,1176 \cdot 0,15$$
$$= 8,82 \text{ \% p.a.}$$

2.2.1.3 Drei–Wertpapier–Fall

Lösung von Aufgabe 22 I:

(a) **Modell zur Bestimmung des Minimum–Varianz–Portefeuilles:**

$$\begin{aligned} \min \sigma^2(r_P) &= \sigma^2(r_A) \cdot x_A^2 + \sigma^2(r_B) \cdot x_B^2 + \sigma^2(r_C) \cdot x_C^2 + 2Cov(r_A, r_B) \cdot x_A \cdot x_B \\ &\quad + 2Cov(r_A, r_C) \cdot x_A \cdot x_C + 2Cov(r_B, r_C) \cdot x_B \cdot x_C \\ &= 0,1^2 \cdot x_A^2 + 0,2^2 \cdot x_B^2 + 0,15^2 \cdot x_C^2 + 2 \cdot 0,008 \cdot x_A \cdot x_B \\ &\quad + 2 \cdot 0,003 \cdot x_A \cdot x_C + 2 \cdot 0,018 \cdot x_B \cdot x_C \end{aligned}$$

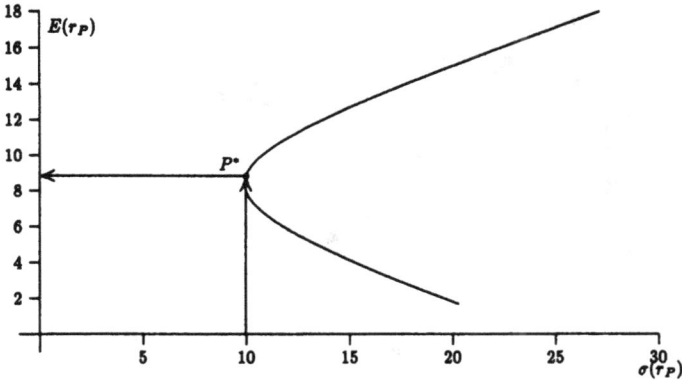

Abb. 2.10: Ermittlung der erwarteten Rendite eines Portefeuilles bei einem Risiko von 10 %
p.a. und einer Korrelation zwischen den beiden Wertpapierrenditen von $\varrho = 0,4$

unter der Nebenbedingung:

$$x_A + x_B + x_C = 1$$
$$[x_A, x_B, x_C \geq 0]$$

Mit Leerverkaufsmöglichkeit: Als Lösung dieses quadratischen Programms erhält
man aus den Portefeuille–Anteilen der Wertpapiere

j	A	B	C
x_j^{MVP} in %	77,42	−10,77	33,35

die erwartete Rendite und das Risiko des Minimum Varianz–Portefeuilles mit

$$E(r_{MVP}) = 8,58 \text{ \% p.a.}$$
$$\sigma(r_{MVP}) = 8,88 \text{ \% p.a.}$$

Ohne Leerverkaufsmöglichkeit: Als Lösung des quadratischen Programms mit den
Nichtnegativitätsbedingungen erhält man aus den Portefeuille–Anteilen der Wertpapiere

j	A	B	C
x_j^{MVP} in %	73,56	0	26,44

die erwartete Rendite und das Risiko des Minimum Varianz–Portefeuilles mit

$$E(r_{MVP}) = 9,06 \text{ \% p.a.}$$
$$\sigma(r_{MVP}) = 9,03 \text{ \% p.a.}$$

(b) **Effizienzkurve nach Markowitz:**

$$
\begin{aligned}
\min \sigma^2(r_P) &= \sigma^2(r_A) \cdot x_A^2 + \sigma^2(r_B) \cdot x_B^2 + \sigma^2(r_C) \cdot x_C^2 + 2Cov(r_A, r_B) \cdot x_A \cdot x_B \\
&\quad + 2Cov(r_A, r_C) \cdot x_A \cdot x_C + 2Cov(r_B, r_C) \cdot x_B \cdot x_C \\
&= 0,1^2 \cdot x_A^2 + 0,2^2 \cdot x_B^2 + 0,15^2 \cdot x_C^2 + 2 \cdot 0,008 \cdot x_A \cdot x_B \\
&\quad + 2 \cdot 0,003 \cdot x_A \cdot x_C + 2 \cdot 0,018 \cdot x_B \cdot x_C
\end{aligned}
$$

unter den Nebenbedingungen:

$$0,08 \cdot x_A + 0,15 \cdot x_B + 0,12 \cdot x_C = E(r_P)$$
$$x_A + x_B + x_C = 1$$
$$[x_A, x_B, x_C \geq 0]$$

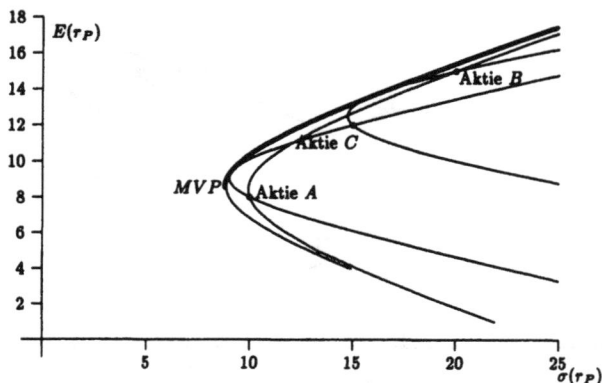

Abb. 2.11: Portfoliomöglichkeitskurven zu Aufgabe 22 I zwischen den einzelnen Aktien A, B und C und die Portfoliomöglichkeitskurve aus allen drei Aktien (mit Leerverkaufsmöglichkeit)

Mit Leerverkaufsmöglichkeit:[10] *Lösungstabelle (Werte in %) des Programms mit Leerverkaufsmöglichkeit bei unterschiedlichen erwarteten Portefeuillerenditen (vgl. Abb. 2.11):*

$E(r_P)$	$\sigma(r_P)$	x_A	x_B	x_C	$E(r_P)$	$\sigma(r_P)$	x_A	x_B	x_C
4	14,9294	146,6030	-71,1960	24,5929	12,25	13,0946	21,9961	37,6614	40,3425
4,25	14,4077	142,8271	-67,8972	25,0702	12,50	13,5836	18,2201	40,9601	40,8198
4,50	13,8974	139,0511	-64,5985	25,5474	12,75	14,0861	14,4441	44,2588	41,2970
4,75	13,3998	135,2751	-61,2998	26,0247	13	14,6008	10,6682	47,5576	41,7743
5	12,9162	131,4992	-58,0011	26,5020	13,25	15,1264	6,8922	50,8563	42,2515
5,25	12,4483	127,7232	-54,7024	26,9792	13,50	15,6617	3,1162	54,1550	42,7288
5,50	11,9980	123,9472	-51,4037	27,4565	13,75	16,2059	-0,6597	57,4537	43,2061
5,75	11,5674	120,1713	-48,1050	27,9337	14	16,7580	-4,4357	60,7524	43,6833
6	11,1586	116,3953	-44,8063	28,4110	14,25	17,3173	-8,2117	64,0511	44,1606
6,25	10,7742	112,6193	-41,5076	28,8883	14,50	17,8832	-11,9876	67,3498	44,6378
6,50	10,4169	108,8433	-38,2089	29,3655	14,75	18,4550	-15,7636	70,6485	45,1151
6,75	10,0896	105,0674	-34,9102	29,8428	15	19,0322	-19,5396	73,9472	45,5924
7	9,7952	101,2914	-31,6115	30,3200	15,25	19,6143	-23,3156	77,2459	46,0696
7,25	9,5369	97,5154	-28,3127	30,7973	15,50	20,2008	-27,0915	80,5446	46,5469
7,50	9,3175	93,7395	-25,0140	31,2746	15,75	20,7915	-30,8675	83,8433	47,0241
7,75	9,1400	89,9635	-21,7153	31,7518	16	21,3860	-34,6435	87,1421	47,5014
8	9,0068	86,1875	-18,4166	32,2291	16,25	21,9839	-38,4194	90,4408	47,9787
8,25	8,9199	82,4116	-15,1179	32,7063	16,50	22,5850	-42,1954	93,7395	48,4559
8,50	8,8806	78,6356	-11,8192	33,1836	16,75	23,1891	-45,9714	97,0382	48,9332
8,75	8,8896	74,8596	-8,5205	33,6609	17	23,7959	-49,7473	100,3369	49,4104
9	8,9468	71,0837	-5,2218	34,1381	17,25	24,4052	-53,5233	103,6356	49,8877
9,25	9,0511	67,3077	-1,9231	34,6154	17,50	25,0168	-57,2993	106,9343	50,3650
9,50	9,2011	63,5317	1,3756	35,0926	17,75	25,6306	-61,0752	110,2330	50,8422
9,75	9,3945	59,7558	4,6743	35,5699	18	26,2464	-64,8512	113,5317	51,3195
10	9,6287	55,9798	7,9730	36,0472	18,25	26,8640	-68,6272	116,8304	51,7967
10,25	9,9008	52,2038	11,2718	36,5244	18,50	27,4834	-72,4031	120,1291	52,2740
10	10,2078	48,4278	14,5705	37,0017	18,75	28,1045	-76,1791	123,4278	52,7513
10,75	10,5467	44,6519	17,8692	37,4789	19	28,7271	-79,9551	126,7266	53,2285
11	10,9144	40,8759	21,1679	37,9562	19,25	29,3511	-83,7310	130,0253	53,7058
11,25	11,3082	37,0999	24,4666	38,4335	19,50	29,9764	-87,5070	133,3240	54,1830
11,50	11,7254	33,3240	27,7653	38,9107	19,75	30,6030	-91,2830	136,6227	54,6603
11,75	12,1636	29,5480	31,0640	39,3880	20	31,2308	-95,0590	139,9214	55,1376
12	12,6207	25,7720	34,3627	39,8652					

Ohne Leerverkaufsmöglichkeit:[11] *Lösungstabelle (Werte in %) des Programms ohne Leerverkaufsmöglichkeit bei unterschiedlichen erwarteten Portefeuillerenditen (vgl. Abb. 2.12):*

---

[10] In der folgenden Tabelle sind alle effizienten Portefeuilles fett gedruckt.
[11] In der folgenden Tabelle sind alle effizienten Portefeuilles fett gedruckt.

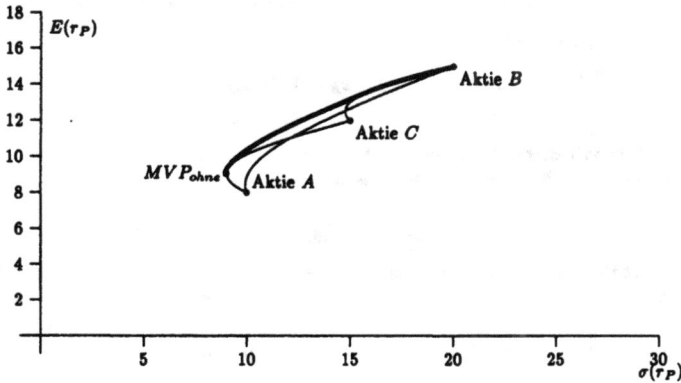

Abb. 2.12: Portfoliomöglichkeitskurven zu Aufgabe 22 I zwischen allen paarweisen Aktienkombinationen A, B und C und die Portfoliomöglichkeitskurve aus allen drei Aktien (ohne Leerverkaufsmöglichkeit)

$E(r_P)$	$\sigma(r_P)$	x_A	x_B	x_C
8	10	100	0	0
8,25	9,6065	93,75	0	6,25
8,50	9,3081	87,5	0	12,5
8,75	9,1141	81,25	0	18,75
9	9,0312	75	0	25
9,25	9,0625	68,75	0	31,25
9,50	9,2011	63,5317	1,3756	35,0926
9,75	9,3945	59,7558	4,6743	35,5699
10	9,6287	55,9798	7,9730	36,0472
10,25	9,9008	52,2038	11,2718	36,5244
10,50	10,2078	48,4278	14,5705	37,0017
10,75	10,5467	44,6519	17,8692	37,4789
11	10,9144	40,8759	21,1679	37,9562
11,25	11,3082	37,0999	24,4666	38,4335
11,50	11,7254	33,3240	27,7653	38,9107
11,75	12,1636	29,5480	31,0640	39,3880
12	12,6207	25,7720	34,3627	39,8652
12,25	13,0946	21,9961	37,6614	40,3425
12,50	13,5836	18,2201	40,9601	40,8198
12,75	14,0861	14,4441	44,2588	41,2970
13	14,6008	10,6682	47,5576	41,7743
13,25	15,1264	6,8922	50,8563	42,2515
13,50	15,6617	3,1162	54,1550	42,7288
13,75	16,2072	0	58,3333	41,6667
14	16,8160	0	66,6667	33,3333
14,25	17,5089	0	75	25
14,50	18,2764	0	83,3333	16,6667
14,75	19,1095	0	91,6667	8,3333
15	20	0	100	0

Lösung von Aufgabe 22 II:

(a) **Erzielung einer erwarteten Rendite von 12 % p.a.:**

$$\min \sigma^2(r_P) = \sigma^2(r_A) \cdot x_A^2 + \sigma^2(r_B) \cdot x_B^2 + \sigma^2(r_C) \cdot x_C^2$$
$$+ 2Cov(r_A, r_B) \cdot x_A \cdot x_B + 2Cov(r_A, r_C) \cdot x_A \cdot x_C + 2Cov(r_B, r_C) \cdot x_B \cdot x_C$$
$$= 0,1^2 \cdot x_A^2 + 0,2^2 \cdot x_B^2 + 0,15^2 \cdot x_C^2$$

$$+2 \cdot 0,008 \cdot x_A \cdot x_B + 20,003 \cdot x_A \cdot x_C + 2 \cdot 0,018 \cdot x_B \cdot x_C$$

unter den Nebenbedingungen:

$$0,08 \cdot x_A + 0,15 \cdot x_B + 0,12 \cdot x_C = 0,12$$
$$x_A + x_B + x_C = 1$$

Als Ergebnis dieses Programms erhält man für die Anteile der Wertpapiere des Portefeuilles mit einem Portefeuillerisiko von

x_A	x_B	x_C	$\sigma(r_P)$
25,7720 %	34,3627 %	39,8652 %	12,6207 % p.a.

Die erhaltene Lösung ist gleichzeitig die Lösung für den Fall, daß keine Leerverkäufe auf dem Markt zulässig sind, weil keine negativen Anteile im Portefeuille enthalten sind.

(b) **Akzeptanz eines Risikos in der Höhe von 10 % p.a.:**

$$\max E(r_P) = E(r_A) \cdot x_A + E(r_B) \cdot x_B + E(r_C) \cdot x_C$$
$$= 0,08 \cdot x_A + 0,15 \cdot x_B + 0,12 \cdot x_C$$

unter den Nebenbedingungen:

$$0,1^2 = 0,1^2 \cdot x_A^2 + 0,2^2 \cdot x_B^2 + 0,15^2 \cdot x_C^2$$
$$+2 \cdot 0,008 \cdot x_A \cdot x_B + 2 \cdot 0,003 \cdot x_A \cdot x_C + 2 \cdot 0,018 \cdot x_B \cdot x_C$$
$$x_A + x_B + x_C = 1$$

Die Lösung dieses Modells ist mit den Werten für Anteile und erwartete Rendite

x_A	x_B	x_C	$E(r_P)$
50,9377 %	12,3778 %	36,6845 %	10,3338 % p.a.

unabhängig von der Zulässigkeit von Leerverkäufen.

2.2.2 Portfoliotheorie nach Tobin

2.2.2.1 Annahmen und Folgerungen

Stellte man nach Markowitz ein Portefeuille nur aus riskanten Wertpapieren zusammen, so erweiterte Tobin die Betrachtung um einen risikolosen Titel. Unter einem risikolosen Finanzierungstitel versteht man

- eine Position am Geldmarkt (*Cash-Position*), deren Laufzeit gerade dem Planungshorizont T entspricht (diese Titel existieren für Tagesgeld, Wochengeld, 1–, 3–, 6–, 12–Monatsgelder bzw. 3–, 5– und 10–Jahresgelder),

- eine Position am Markt für Anleihen ohne Bonitätsrisiko, deren Restlaufzeiten gerade dem Planungshorizont T entsprechen und die keine zwischenzeitlichen Zahlungen (Zinsen oder Tilgung) aufweisen.

Diese Finanzierungstitel sind risikolos in dem Sinne, daß alle versprochenen Zahlungen in der vereinbarten Höhe termingerecht erfolgen (kein Bonitäts-, Ausfalls- bzw. Delcredererisiko)[12].

---

[12] Demzufolge kann der Investor diesen Finanzierungstitel einen sicheren Preis für den Zeitpunkt T zuordnen. Übersteigt jedoch die Restlaufzeit eines Finanzierungstitels ohne Bonitätsrisiko den Planungshorizont des Investors, so ist der Preis des Finanzierungstitels von den dann herrschenden risikolosen Zinssätzen abhängig und somit aus heutiger Sicht nicht mit Sicherheit bekannt. Der aus der Sicht des Bonitätsrisikos sichere Finanzierungstitel zählt sodann aus der Sicht der Portfoliotheorie, die ihren Risikobegriff an der Sicherheit der künftigen Preise zu T orientiert, zu den riskanten Veranlagungen.

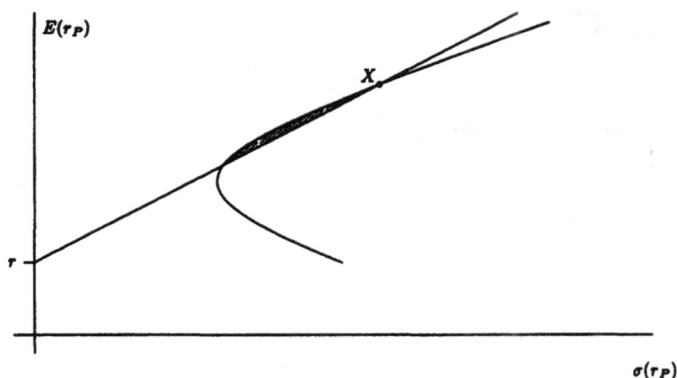

Abb. 2.13: Kombinationen aus einem risikolosen Titel und dem Porteuille X

Der Leerverkauf eines risikolosen Finanzierungstitels kann als Kreditaufnahme interpretiert werden.

Ein Investor hat nun die Wahl, α % seines Kapitals in dieses risikolose Wertpapier mit der sicheren Rendite r und den Rest, $(1 - \alpha)$ %, in ein riskantes Portefeuille X mit der erwarteten Rendite $E(r_X)$ und dem Risiko (r_X) zu veranlagen. Damit kann sein Gesamtportefeuille P eine erwartete Rendite von

$$E(r_P) \;=\; \alpha \cdot r + (1 - \alpha) \cdot E(r_X)$$

und ein Risiko in der Höhe von

$$\sigma(r_P) \;=\; \sqrt{\sigma^2(r) \cdot \alpha^2 + \sigma^2(r_X) \cdot (1 - \alpha)^2 + 2Cov(r, r_X) \cdot \alpha \cdot (1 - \alpha)}$$

erreichen. Nachdem r risikolos ist, muß

$$\sigma(r) \;=\; 0$$
$$Cov(r, r_X) \;=\; 0$$

gelten. Damit vereinfacht sich die Berechnung des Portefeuillerisikos zu

$$\sigma(r_P) \;=\; \sigma(r_X) \cdot (1 - \alpha).$$

Drückt man α mit Hilfe der Formel des Portefeuillerisikos aus, und setzt man dieses in die Formel der erwarteten Portefeuillerendite ein, so erhält man

$$E(r_P) \;=\; \left(1 - \frac{\sigma(r_P)}{\sigma(r_X)}\right) \cdot r + \left[1 - \left(1 - \frac{\sigma(r_P)}{\sigma(r_X)}\right)\right] \cdot E(r_X)$$

und daraus

$$E(r_P) \;=\; r + \frac{E(r_X) - r}{\sigma(r_X)} \cdot \sigma(r_P).$$

Dieser lineare Zusammenhang zwischen dem Portefeuillerisiko und der erwarteten Portefeuillerendite ist in Abb. 2.13 dargestellt. Wie man erkennen kann, wurden allerdings ineffiziente Kombinationen zwischen dem risikolosen Zinssatz und einem effizienten Portefeuille X

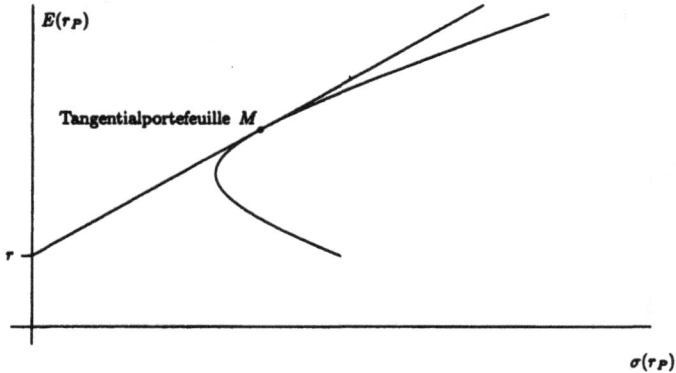

Abb. 2.14: Tobin–Effizienzlinie

gewählt. Hätte man ein Portefeuille aus dem schattierten Bereich genommen, würde die Gerade höher liegen als diejenige, die durch X geht. Die Gerade wird steiler. Wiederholt man diese Überlegung so lange, bis kein besseres X mehr existiert, dann tangiert die Gerade die Markowitz–Effizienzkurve, d.h. daß die Steigung der Tobin–Linie maximal wird. Die obige Überlegung als nichtlineares Programm formuliert, liefert folgendes Optimierungsmodell zur Ermittlung der Zusammensetzung des optimalen riskanten Portfolios:

$$\max \ \frac{E(r_X) - r}{(r_X)}$$

unter den Nebenbedingungen

$$\sum_{j=1}^{N}\sum_{k=1}^{N} Cov(r_j, r_k) x_j x_k \ = \ \sigma^2(r_X)$$

$$\sum_{j=1}^{N} E(r_j) x_j \ = \ E(r_X)$$

$$\sum_{j=1}^{N} x_j \ = \ 1$$

$$[x_j \ \geq \ 0].$$

Das optimale riskante Portefeuille zur Kombination mit dem risikolosen Finanzierungstitel bezeichnet man als Tangentialportefeuille M (vgl. Abb. 2.14) und die Anteile der riskanten Finanzierungstitel im Tangentialportefeuille werden mit x_j^M symbolisiert. Mit den Parametern des Tangentialportefeuilles erhält man die Tobin–Effizienzlinie als

$$E(r_P) \ = \ r + \frac{E(r_M) - r}{\sigma(r_M)} \cdot \sigma(r_P)$$

und die optimalen Anteile der riskanten Finanzierungstitel im Portefeuille eines Investors mit

$$x_j \ = \ (1 - \alpha) x_j^M.$$

Statt mit dem obigen nichtlinearen Programm ist es auch möglich, das Tangentialportefeuille über ein lineares Gleichungssystem zu erhalten, wobei so viele Hilfsvariablen y_k eingeführt

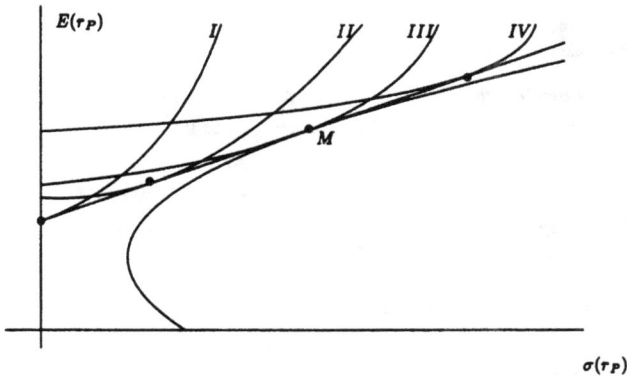

Abb. 2.15: Vier Arten von Indifferenzkurven (I–IV) risikoaverser Investoren und deren optimale Portfolios

werden, wie riskante Wertpapiere auf dem Markt existieren. Löst man die N Gleichungen[13]

$$\sum_{k=1}^{N} Cov(r_j, r_k) y_k = E(r_j) - r \text{ für } j = 1, \dots, N,$$

so erhält man den Anteil x_j^M des Wertpapiers j am Tangentialportefeuille mit

$$x_j^M = \frac{y_j}{\sum\limits_{k=1}^{N} y_k}.$$

Vergleicht man nun die Effizienzkurven von Markowitz und Tobin, so kann man erkennen, daß nach Tobins Portefeuilletheorie Investoren Portefeuilles bei gleichen erwarteten Renditen mit niedrigerem Risiko zusammenstellen können als dies nach Markowitz möglich wäre. Außerdem darf ein Investor, wenn er ein Portefeuille wählt, das auf der Tobin–Effizienzkurve liegt, bei gleichem Risiko immer (außer er investiert sein gesamtes Vermögen in das Tangentialportefeuille) eine höhere Rendite erwarten. Er kann also durch die Existenz eines risikolosen Wertpapiers seinen erwarteten Nutzen steigern. Außerdem können durch die Existenz risikoloser Finanzierungstitel Portefeuilles zusammengestellt werden, die ein Risikoniveau aufweisen, das kleiner als das Risiko des Minimum–Varianz–Portefeuilles ist (vgl. Abb. 2.14). In Abb. 2.15 sind exemplarisch die bei Existenz eines risikolosen Finanzierungstitels erzielbaren Indifferenzkurven von vier risikoaversen Investoren mit unterschiedlich großem Ausmaß an Risikoabneigung dargestellt. Investor I ist extrem risikoavers und investiert sein Vermögen ausschließlich in den risikolosen Finanzierungstitel. Investor II legt einen Teil seines Vermögens risikolos an und investiert den Rest in das Tangentialportfolio. Investor III investiert sein gesamtes Vermögen in das Tangentialportfolio. Investor IV ist am wenigsten risikoavers. Er borgt sich Geld zum risikolosen Zinssatz und investiert sein Vermögen und den aufgenommenen Kreditbetrag in das Tangentialportfolio.

---

[13] vgl. Elton/Gruber (1991), S. 66–71. Die Ermittlung des Tangentialportefeuilles mit Hilfe dieses linearen Gleichungssystems ist nur dann möglich, wenn Leerverkäufe zugelassen sind oder wenn im Tangentialportefeuille keine riskanten Finanzierungstitel mit negativen Anteilen enthalten sind.

2.2.2.2 Zwei–Wertpapier–Fall

Lösung von Aufgabe 21 IV:

Bestimmung des Tangentialportefeuilles mit Leerverkaufsmöglichkeit:
Lineares Gleichungssystem mit den Hilfsvariablen y_A und y_B:

$$
\begin{aligned}
Cov(r_A, r_A) \cdot y_A &+& Cov(r_A, r_B) \cdot y_B &=& E(r_A) - r \\
Cov(r_B, r_A) \cdot y_A &+& Cov(r_B, r_B) \cdot y_B &=& E(r_B) - r
\end{aligned}
$$

$$
\begin{aligned}
0,01 \cdot y_A &+& 0,008 \cdot y_B &=& 0,08 - 0,07 \\
0,008 \cdot y_A &+& 0,04 \cdot y_B &=& 0,15 - 0,07
\end{aligned}
$$

Die Hilfsvariablen nehmen die Werte

$$
\begin{aligned}
y_A &= -0,7143 \\
y_B &= 2,1429
\end{aligned}
$$

an. Daraus ergeben sich die Anteile der Aktien am Tangentialportefeuille mit

$$
\begin{aligned}
x_A^M &= \frac{y_A}{y_A + y_B} \\
&= \frac{-0,7143}{-0,7143 + 2,1429} \\
&= -50\,\%
\end{aligned}
$$

$$
\begin{aligned}
x_B^M &= \frac{y_B}{y_A + y_B} \\
&= \frac{2,1429}{-0,7143 + 2,1429} \\
&= 150\,\%
\end{aligned}
$$

und eine erwartete Rendite von

$$
\begin{aligned}
E(r_M) &= 0,08 \cdot (-0,5) + 0,15 \cdot 1,5 \\
&= 18,5\,\% \text{ p.a.}
\end{aligned}
$$

bzw. ein Risiko in der Höhe von

$$
\begin{aligned}
(r_M) &= \sqrt{0,1^2 \cdot (-0,5)^2 + 0,2^2 \cdot 1,5^2 + 2 \cdot 0,008 \cdot (-0,5) \cdot 1,5} \\
&= 28,37\,\% \text{ p.a.}
\end{aligned}
$$

Tobin–Effizienslinie (vgl. Abb. 2.16):

$$
E(r_P) = r + \frac{E(r_M) - r}{\sigma(r_M)} \cdot \sigma(r_P)
$$

$$
\begin{aligned}
E(r_P) &= 0,07 + \frac{0,185 - 0,07}{0,2837} \cdot \sigma(r_P) \\
&= 0,07 + 0,4054 \cdot \sigma(r_P)
\end{aligned}
$$

(a) Erzielung einer erwarteten Rendite von 12 % p.a. (vgl. Abb. 2.17):

$$
\begin{aligned}
(r_P) &= \frac{E(r_P) - r}{E(r_M) - r} \cdot \sigma(r_M) \\
&= \frac{0,12 - 0,07}{0,185 - 0,07} \cdot 0,2837 \\
&= 12,34\,\% \text{ p.a.}
\end{aligned}
$$

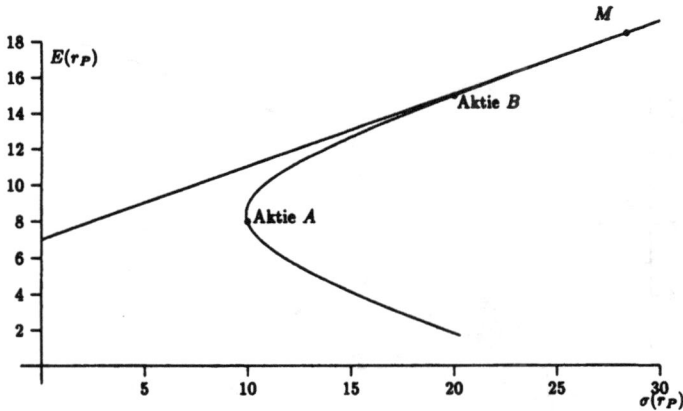

Abb. 2.16: Tobin–Effizienzlinie zu Aufgabe 21 IV bei einer Korrelation zwischen den beiden Wertpapierrenditen von $\varrho = 0,4$ (mit Leerverkaufsmöglichkeit)

Mit den Anteilen

$$
\begin{aligned}
E(r_P) &= \alpha \cdot r + (1-\alpha) \cdot E(r_M) \\
\Rightarrow \quad &= \frac{E(r_P) - E(r_M)}{r - E(r_M)} \\
&= \frac{0,12 - 0,185}{0,07 - 0,185} \\
&= 56,5217\,\%
\end{aligned}
$$

und den Wertpapieranteilen

$$
\begin{aligned}
x_A &= (1-) \cdot x_A^M \\
&= (1 - 0,565217) \cdot (-0,5) \\
&= -21,7391\,\%
\end{aligned}
$$

und

$$
\begin{aligned}
x_B &= (1-) \cdot x_B^M \\
&= (1 - 0,565217) \cdot (1,5) \\
&= 65,2174\,\%.
\end{aligned}
$$

(b) **Akzeptanz eines Risikos von 10 % p.a. (vgl. Abb. 2.18):** *Damit ergibt sich eine erwartete Rendite von*

$$
\begin{aligned}
E(r_P) &= 0,07 + \frac{0,185 - 0,07}{0,2837} \cdot 0,1 \\
&= 11,05\,\%\ \text{p.a.}
\end{aligned}
$$

bei Anlage von

$$
\begin{aligned}
&= 1 - \frac{(r_P)}{(r_M)} \\
&= 1 - \frac{0,1}{0,2837} \\
&= 64,7515\,\%
\end{aligned}
$$

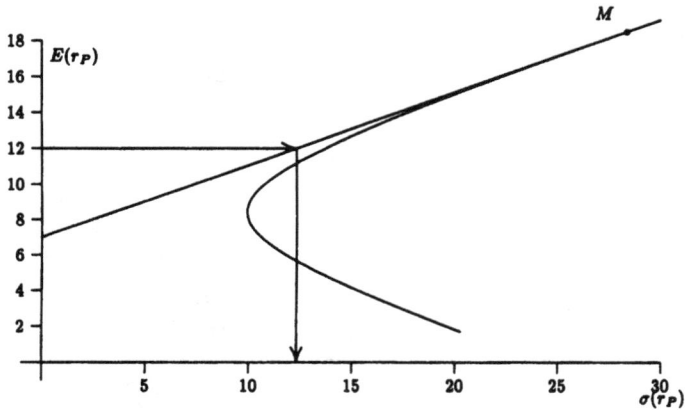

Abb. 2.17: Ermittlung des Risikos eines Portefeuilles mit erwarteter Rendite von 12 % p.a. bei einer Korrelation zwischen den beidenWertpapierrenditen von $\varrho = 0,4$ (Aufgabe 21 IV (a))

in das risikolose Wertpapier,

$$
\begin{aligned}
x_A &= (1-)\cdot x_A^M \\
&= (1-0,647515)\cdot(-0,5) \\
&= -17,6243\ \%
\end{aligned}
$$

in Wertpapier A und

$$
\begin{aligned}
x_B &= (1-)\cdot x_B^M \\
&= (1-0,647515)\cdot(1,5) \\
&= 52,8728\ \%
\end{aligned}
$$

in Wertpapier B.

Lösung von Aufgabe 21 IV:

Ermittlung des Tangentialportefeuilles ohne Leerverkaufsmöglichkeit:

$$
max = \frac{E(r_X) - 0,07}{\sigma(r_X)}
$$

unter den Nebenbedingungen

$$
\begin{aligned}
\sigma^2(r_X) &= 0,1^2 \cdot x_A^2 + 0,2^2 \cdot x_B^2 + 2\cdot 0,4\cdot 0,1\cdot 0,2\cdot x_A \cdot x_B \\
E(r_X) &= 0,08\cdot x_A + 0,15\cdot x_B \\
x_A + x_B &= 1 \\
x_A &\geq 0 \\
x_B &\geq 0
\end{aligned}
$$

Ohne Leerverkaufsmöglichkeit besteht das Tangentialportefeuille zu 100 % aus Wertpapier B (vgl. Abb. 2.19), womit die erwartete Rendite und das Risiko des Tangentialportefeuilles mit

$$
\begin{aligned}
E(r_M) &= 15\ \%\ \text{p.a.} \\
(r_M) &= 20\ \%\ \text{p.a.}
\end{aligned}
$$

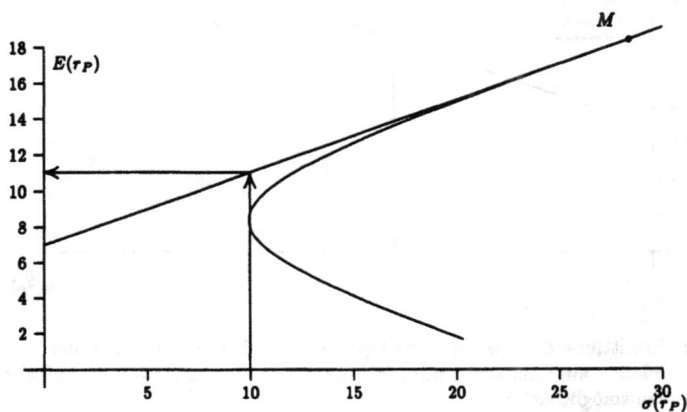

Abb. 2.18: Ermittlung der erwarteten Rendite eines Portefeuilles bei einem Risiko von 10 % p.a. und einer Korrelation zwischen den beiden Wertpapierrenditen von $\varrho = 0,4$ (Aufgabe 21 IV (b))

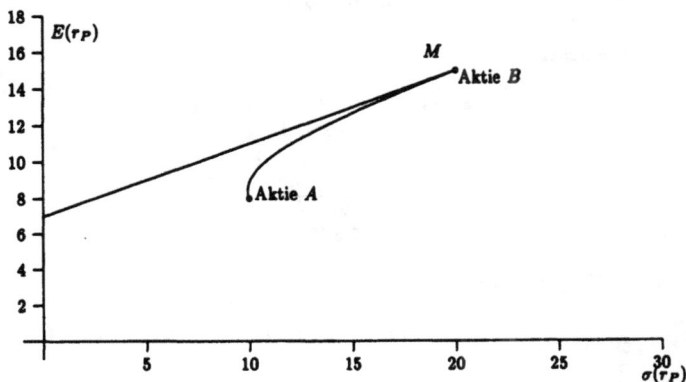

Abb. 2.19: Tobin–Effizienzkurve zu Aufgabe 21 bei einer Korrelation zwischen den beiden Wertpapierrenditen von $\varrho = 0,4$ (ohne Leerverkaufsmöglichkeit)

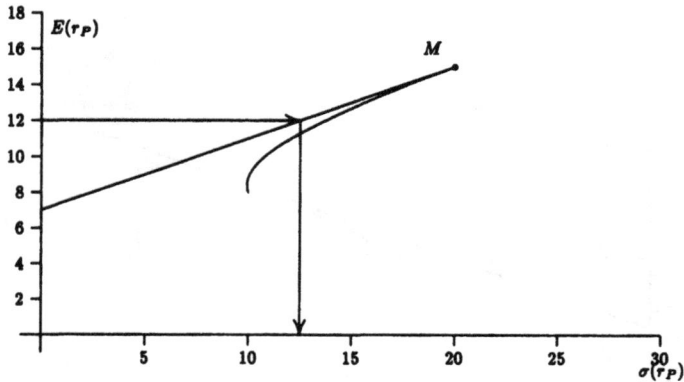

Abb. 2.20: Ermittlung des Risikos eines Portefeuilles mit erwarteter Rendite von 12 % p.a. bei einer Korrelation zwischen den beiden Wertpapierrenditen von $\varrho = 0,4$ (Aufgabe 21 III (a) ohne Leerverkaufsmöglichkeit)

den Werten von Wertpapier B entsprechen. *Tobin-Effizienslinie*:

$$E(r_P) = 0,07 + \frac{0,15 - 0,07}{0,2} \cdot \sigma(r_P)$$

$$= 0,07 + 0,4 \cdot \sigma(r_P)$$

(a) Erzielung einer erwarteten Rendite von 12 % p.a. (vgl. Abb. 2.20):

$$(r_P) = \frac{E(r_P) - r}{E(r_M) - r} \cdot \sigma(r_M)$$

$$= \frac{0,12 - 0,07}{0,15 - 0,07} \cdot 0,2$$

$$= 12,5 \text{ \% p.a.}$$

Mit den Anteilen

$$E(r_P) = \alpha \cdot r + (1 - \alpha) \cdot E(r_M)$$

$$= \frac{E(r_P) - E(r_M)}{r - E(r_M)}$$

$$= \frac{0,12 - 0,15}{0,07 - 0,15}$$

$$= 37,5 \text{ \%}$$

und den Wertpapieranteilen

$$x_A = (1 -) \cdot x_A^M$$

$$= 0 \text{ \%}$$

und

$$x_B = (1 -) \cdot x_B^M$$

$$= (1 - 0,375) \cdot (1)$$

$$= 62,5 \text{ \%}.$$

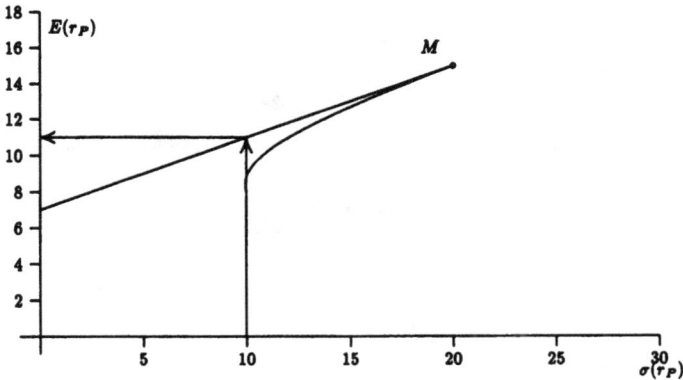

Abb. 2.21: Ermittlung der erwarteten Rendite eines Portefeuilles bei einem Risiko von 10 % p.a. und einer Korrelation zwischen den beiden Wertpapierrenditen von $\varrho = 0,4$ (Aufgabe 21 IV (b) ohne Leerverkaufsmöglichkeit)

(b) **Akzeptanz eines Risikos von 10 % p.a.** (vgl. Abb. 2.21): *Damit ergibt sich eine erwartete Rendite von*

$$E(r_P) = 0,07 + \frac{0,15 - 0,07}{0,2} \cdot 0,1$$
$$= 11 \% \text{ p.a.}$$

bei Anlage von

$$= 1 - \frac{(r_P)}{(r_M)}$$
$$= 1 - \frac{0,1}{0,2}$$
$$= 50 \%$$

in das risikolose Wertpapier und

$$x_B = 50 \%$$

in Wertpapier B.

2.2.2.3 Drei–Wertpapier–Fall

Lösung von Aufgabe 22 III:

(a) **Bestimmung des Tangentialportefeuilles mit Leerverkaufsmöglichkeit:** *Lineares Gleichungssystem mit den Hilfsvariablen y_A, y_B und y_C:*

$$
\begin{aligned}
Cov(r_A, r_A) \cdot y_A &+ Cov(r_A, r_B) \cdot y_B &+ Cov(r_A, r_C) \cdot y_C &= E(r_A) - r \\
Cov(r_B, r_A) \cdot y_A &+ Cov(r_B, r_B) \cdot y_B &+ Cov(r_B, r_C) \cdot y_C &= E(r_B) - r \\
Cov(r_C, r_A) \cdot y_A &+ Cov(r_C, r_B) \cdot y_B &+ Cov(r_C, r_C) \cdot y_C &= E(r_C) - r \\
0,01 \cdot y_A &+ 0,008 \cdot y_B &+ 0,003 \cdot y_C &= 0,08 - 0,07 \\
0,008 \cdot y_A &+ 0,04 \cdot y_B &+ 0,018 \cdot y_C &= 0,15 - 0,07 \\
0,003 \cdot y_A &+ 0,018 \cdot y_B &+ 0,0225 \cdot y_C &= 0,12 - 0,07
\end{aligned}
$$

Die Hilfsvariablen nehmen die Werte

$$y_A = -0,6467$$
$$y_B = 1,7040$$
$$y_C = 0,9453$$

an. Daraus ergeben sich die Anteile der Aktien am Tangentialportefeuille M mit

$$\begin{aligned}
x_A^M &= \frac{y_A}{y_A + y_B + y_C} \\
&= \frac{-0,6467}{-0,6467 + 1,7040 + 0,9453} \\
&= -32,40\ \%
\end{aligned}$$

$$\begin{aligned}
x_B^M &= \frac{y_B}{y_A + y_B + y_C} \\
&= \frac{1,7040}{-0,6467 + 1,7040 + 0,9453} \\
&= 85,09\ \%
\end{aligned}$$

$$\begin{aligned}
x_C^M &= \frac{y_C}{y_A + y_B + y_C} \\
&= \frac{0,9453}{-0,6467 + 1,7040 + 0,9453} \\
&= 47,20\ \%
\end{aligned}$$

und eine erwartete Rendite von

$$\begin{aligned}
E(r_M) &= 0,08 \cdot (-0,3240) + 0,15 \cdot 0,8509 + 0,12 \cdot 0,4720 \\
&= 15,84\ \%\ \text{p.a.}
\end{aligned}$$

bzw. ein Risiko in der Höhe von

$$\begin{aligned}
(r_M) = &\surd\overline{0,1^2 \cdot (-0,3240)^2 + 0,2^2 \cdot 0,8509^2 + 0,15^2 \cdot 0,4720^2} \\
&\overline{+2 \cdot 0,008 \cdot (-0,3240) \cdot 0,8509 + 2 \cdot 0,003 \cdot (-0,3240) \cdot 0,4720} \\
&\overline{+2 \cdot 0,018 \cdot 0,8509 \cdot 0,4720} \\
= &\ 21,016\ \%\ \text{p.a.}
\end{aligned}$$

Tobin–Effizienzlinie (vgl. Abb. 2.22):

$$E(r_P) = r + \frac{E(r_M) - r}{\sigma(r_M)} \cdot \sigma(r_P)$$

$$\begin{aligned}
E(r_P) &= 0,07 + \frac{0,1584 - 0,07}{0,21016} \cdot \sigma(r_P) \\
&= 0,07 + 0,4206 \cdot \sigma(r_P)
\end{aligned}$$

(ba) Erzielung einer erwarteten Rendite von 12 % p.a. (vgl. Abb. 2.23):

$$\begin{aligned}
(r_P) &= \frac{E(r_P) - r}{E(r_M) - r} \cdot \sigma(r_M) \\
&= \frac{0,12 - 0,07}{0,1584 - 0,07} \cdot 0,21016 \\
&= 11,88\ \%\ \text{p.a.}
\end{aligned}$$

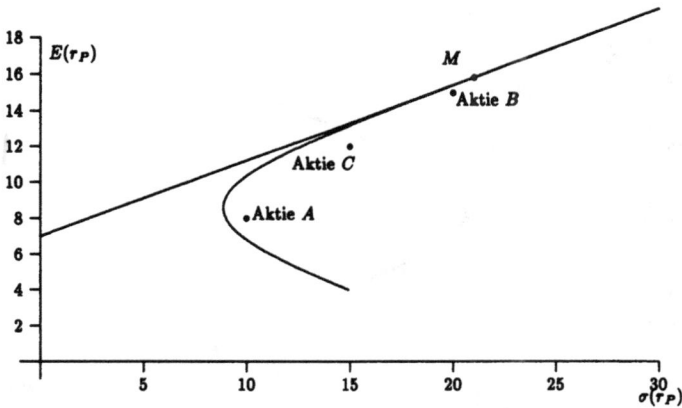

Abb. 2.22: Tobin–Effizienzlinie zu Aufgabe 22 (mit Leerverkaufsmöglichkeit)

Mit den Anteilen

$$\begin{aligned}
E(r_P) &= \alpha \cdot r + (1 - \alpha) \cdot E(r_M) \\
&= \frac{E(r_P) - E(r_M)}{r - E(r_M)} \\
&= \frac{0,12 - 0,1584}{0,07 - 0,1584} \\
&= 43,4691 \ \%
\end{aligned}$$

und den Aktienanteilen

$$\begin{aligned}
x_A &= (1 -) \cdot x_A^M \\
&= (1 - 0,434691) \cdot (-0,32398) \\
&= -18 \ \%,
\end{aligned}$$

$$\begin{aligned}
x_B &= (1 -) \cdot x_B^M \\
&= (1 - 0,434691) \cdot (0,8509) \\
&= 48,10 \ \%
\end{aligned}$$

und

$$\begin{aligned}
x_C &= (1 -) \cdot x_C^M \\
&= (1 - 0,434691) \cdot (0,4720) \\
&= 26,29 \ \%.
\end{aligned}$$

(bb) Akzeptanz eines Risikos von 10 % p.a. (vgl. Abb. 2.24):
Damit ergibt sich eine erwartete Rendite von

$$\begin{aligned}
E(r_P) &= 0,07 + \frac{0,1584 - 0,07}{0,21016} \cdot 0,1 \\
&= 11,21 \ \% \ \text{p.a.}
\end{aligned}$$

bei Anlage von

$$\begin{aligned}
&= 1 - \frac{(r_P)}{(r_M)} \\
&= 1 - \frac{0,1}{0,21016} \\
&= 52,4180 \ \%
\end{aligned}$$

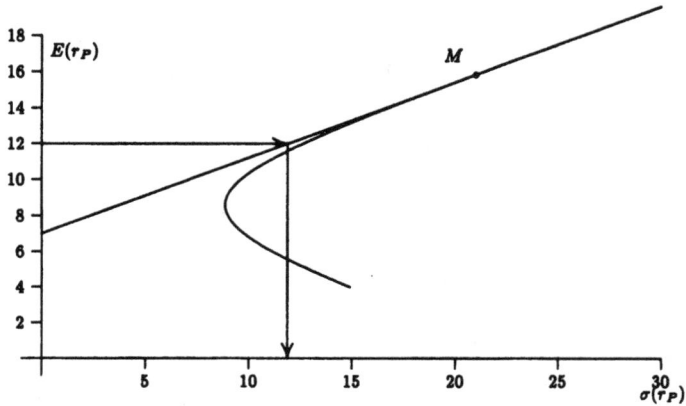

Abb. 2.23: Ermittlung des Risikos eines Portefeuilles mit erwarteter Rendite von 12 % p.a. (Aufgabe 22 III (a))

in das risikolose Wertpapier,

$$x_A = (1-) \cdot x_A^M$$
$$= (1-0,524180) \cdot (-0,32398)$$
$$= -15,37\,\%$$

in Wertpapier A,

$$x_B = (1-) \cdot x_B^M$$
$$= (1-0,524180) \cdot (0,8509)$$
$$= 40,49\,\%$$

in Wertpapier B und

$$x_C = (1-) \cdot x_C^M$$
$$= (1-0,524180) \cdot (0,4720)$$
$$= 22,46\,\%$$

in Wertpapier C.

Lösung von Aufgabe 22 III:

(a) **Ermittlung des Tangentialportefeuilles ohne Leerverkaufsmöglichkeit:** *Die Ermittlung des Tangentialportefeuilles ohne Leerkaufsmöglichkeit ist im Mehrwertpapierfall nur über folgendes nichtlineare Programm möglich:*

$$\max \frac{E(r_X) - 0,07}{(r_X)}$$

unter den Nebenbedingungen

$$0,01^2 \cdot x_A^2 + 0,04^2 \cdot x_B^2 + 0,0225^2 \cdot x_C^2 + 2 \cdot 0,008 \cdot x_A \cdot x_B$$
$$+2 \cdot 0,003 \cdot x_A \cdot x_C + 2 \cdot 0,018 \cdot x_B \cdot x_C = \sigma^2(r_X)$$
$$0,08 \cdot x_A + 0,15 \cdot x_B + 0,12 \cdot x_C = E(r_X)$$
$$x_A + x_B + x_C = 1$$
$$x_A, x_B, x_C \geq 0.$$

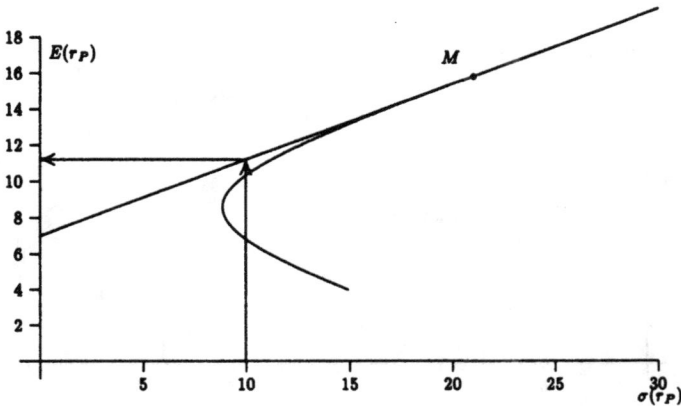

Abb. 2.24: Ermittlung der erwarteten Rendite eines Portefeuilles bei einem Risiko von 10 % p.a. (Aufgabe 22 III (b))

Daraus ergeben sich die Wertpapieranteile mit

$$x_A^M = 0\%$$
$$x_B^M = 61,425\%$$
$$x_C^M = 38,575\%,$$

die erwartete Rendite des Tangentialportefeuilles mit

$$E(r_M) = 13,84\% \text{ p.a.}$$

und das Risiko in der Höhe von

$$(r_M) = 16,39\% \text{ p.a.}$$

Tobin–Effizienslinie (vgl. Abb. 2.25):

$$E(r_P) = 0,07 + \frac{0,1384 - 0,07}{0,1639} \cdot \sigma(r_P)$$
$$= 0,07 + 0,4173 \cdot \sigma(r_P)$$

(ba) Erzielung einer erwarteten Rendite von 12 % p.a. (vgl. Abb. 2.26):

$$(r_P) = \frac{E(r_P) - r}{E(r_M) - r} \cdot \sigma(r_M)$$
$$= \frac{0,12 - 0,07}{0,1384 - 0,07} \cdot 0,1639$$
$$= 11,98\% \text{ p.a.}$$

Mit den Anteilen

$$E(r_P) = \alpha \cdot r + (1 - \alpha) \cdot E(r_M)$$
$$= \frac{E(r_P) - E(r_M)}{r - E(r_M)}$$
$$= \frac{0,12 - 0,1384}{0,07 - 0,1384}$$
$$= 26,93\%$$

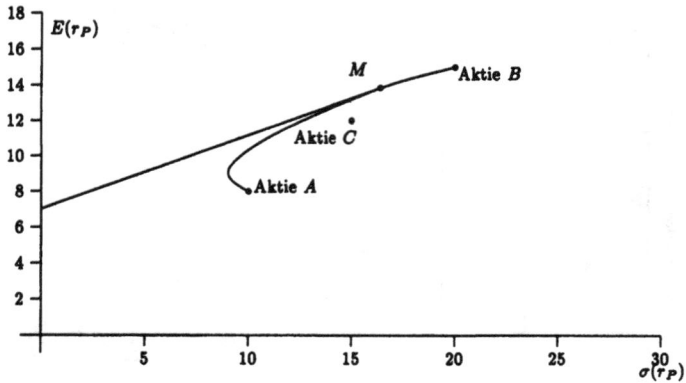

Abb. 2.25: Tobin–Effizienzkurve zu Aufgabe 22 (ohne Leerverkaufsmöglichkeit)

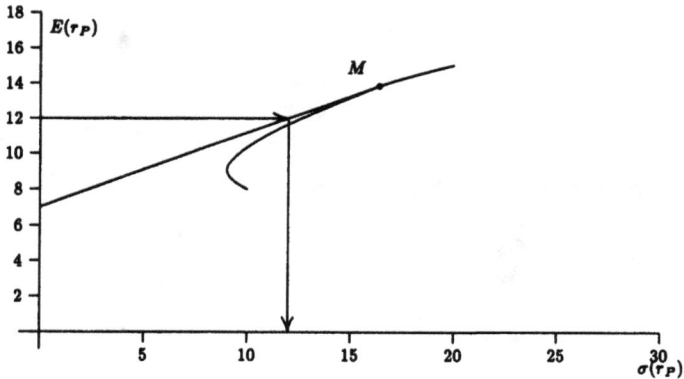

Abb. 2.26: Ermittlung des Risikos eines Portefeuilles mit erwarteter Rendite von 12 % p.a. (Aufgabe 22 III (a) ohne Leerverkaufsmöglichkeit)

und den Aktienanteilen

$$x_A = (1 -) \cdot x_A^M$$
$$= 0 \%$$

$$x_B = (1 -) \cdot x_B^M$$
$$= (1 - 0,2693) \cdot 0,61425$$
$$= 44,88 \%$$

und

$$x_C = (1 -) \cdot x_C^M$$
$$= (1 - 0,2693) \cdot 0,38575$$
$$= 28,19 \%.$$

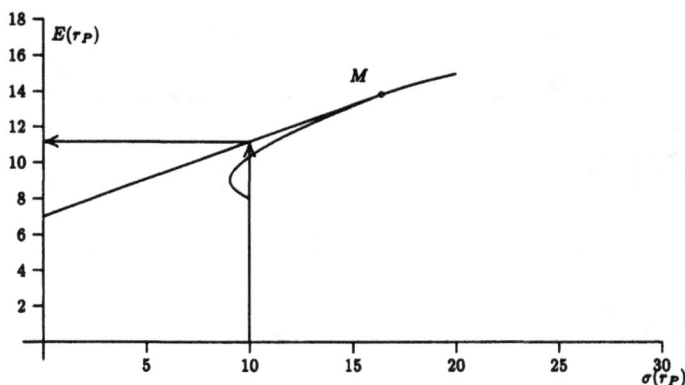

Abb. 2.27: Ermittlung der erwarteten Rendite eines Portefeuilles bei einem Risiko von 10 % p.a. (Aufgabe 22 III (b) ohne Leerverkaufsmöglichkeit)

(bb) **Akzeptanz eines Risikos von 10 % p.a. (vgl. Abb. 2.27):** *Damit ergibt sich eine erwartete Rendite von*

$$E(r_P) = 0,07 + \frac{0,1384 - 0,07}{0,1639} \cdot 0,1$$
$$= 11,17 \text{ % p.a.}$$

bei Anlage von

$$= 1 - \frac{(r_P)}{(r_M)}$$
$$= 1 - \frac{0,1}{0,1639}$$
$$= 39,01 \text{ %}$$

in das risikolose Wertpapier,

$$x_B = (1 -) \cdot x_B^M$$
$$= (1 - 0,3901) \cdot 0,61425$$
$$= 37,46 \text{ %}$$

in Wertpapier B und

$$x_C = (1 -) \cdot x_C^M$$
$$= (1 - 0,3901) \cdot 0,38575$$
$$= 23,53 \text{ %}$$

in Wertpapier C.

2.2.3 Der Diversifikationseffekt[14] und die naive Diversifikation

Zusammenfassung der Ergebnisse der Aufgaben 21 III und IV bzw. 22 II und III.

---

[14] vgl. auch Exkurs 2.

Beschreibung der riskanten Portefeuilles	Für eine erwartete Portefeuillerendite von 12 % p.a.				Portefeuille-risiko in % p.a.
	Anteile in %				
	risiko-los	Aktien			
		A	B	C	
Ohne Diversifikation	–	–	–	100	15
Markowitz:					
In A und B					
Ohne Leerverkaufsmöglichkeit	–	42,86	57,14	–	13,72
Mit Leerverkaufsmöglichkeit	–	42,86	57,14	–	13,72
In A, B und C					
Ohne Leerverkaufsmöglichkeit	–	25,77	34,36	39,87	12,62
Mit Leerverkaufsmöglichkeit	–	25,77	34,36	39,87	12,62
Tobin:					
In A und B					
Ohne Leerverkaufsmöglichkeit	37,50	0	62,50	–	12,50
Mit Leerverkaufsmöglichkeit	56,52	–21,74	65,22	–	12,34
In A, B und C					
Ohne Leerverkaufsmöglichkeit	26,93	0	44,88	28,19	11,98
Mit Leerverkaufsmöglichkeit	43,47	–18,26	48,10	26,69	11,88

Beschreibung der riskanten Portefeuilles	Für ein Portefeuillerisiko von 10 % p.a.				Erwartete Porte-feuillerendite in % p.a.
	Anteile in %				
	risiko-los	Aktien			
		A	B	C	
Ohne Diversifikation	–	100	–	–	8
Markowitz:					
In A und B					
Ohne Leerverkaufsmöglichkeit	–	88,24	11,76	–	8,82
Mit Leerverkaufsmöglichkeit	–	88,24	11,76	–	8,82
In A, B und C					
Ohne Leerverkaufsmöglichkeit	–	50,94	12,38	36,68	10,33
Mit Leerverkaufsmöglichkeit	–	50,94	12,38	36,68	10,33
Tobin:					
In A und B					
Ohne Leerverkaufsmöglichkeit	50	0	50	–	11
Mit Leerverkaufsmöglichkeit	64,75	–17,62	52,87	–	11,05
In A, B und C					
Ohne Leerverkaufsmöglichkeit	39,01	0	37,46	23,53	11,17
Mit Leerverkaufsmöglichkeit	52,42	–15,37	40,49	22,46	11,21

Wie man anhand der Werte erkennen kann, steigt der Diversifikationseffekt mit der Anzahl der Aktien, die im Portefeuille enthalten sind, mit der Möglichkeit von Leerverkäufen und mit der Existenz eines risikolosen Finanzierungstitels.

Eine sehr gute Risikostreuung wird in der Praxis bereits dann erreicht, wenn man 15 bis 20 Wertpapiere zufällig auswählt und in diese jeweils gleich viel, also $1/N$ des Gesamtvermögens, investiert (vgl. Abb. 2.28). Diese gleichmäßige Verteilung des Vermögens in N verschiedene Wertpapiere nennt man *naive Diversifikation*. Für einen Investor liegt der Vorteil einer naiven Diversifikation zweifelsohne darin, daß er für seine Portefeuilleentscheidung keinerlei Schätzungen bzw. Prognosen von $E(r_j)$, $\sigma(r_j)$ und $Cov(r_j, r_k)$ benötigt.

Lösung von Aufgabe 22 IV:

(a) **Naive Diversifikation in drei riskante Wertpapiere (vgl. Abb. 2.29):**

$$x_A = x_B = x_C = \frac{1}{3}$$

$$E(r_P) = \frac{1}{3}(0,08 + 0,15 + 0,12)$$
$$= 11,67 \text{ \% p.a.}$$

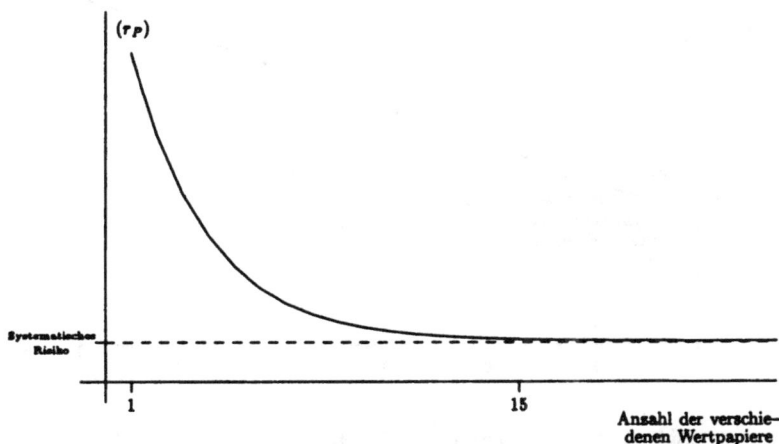

Abb. 2.28: Der Diversifikationseffekt bei naiver Diversifikation und steigender Anzahl verschiedener Wertpapiere

$$(r_P) = \sqrt{\left(\frac{1}{3}\right)^2 (0,1^2 + 0,2^2 + 0,15^2) + \frac{2}{9}(0,008 + 0,003 + 0,018)}$$
$$= 12,04 \% \ p.a.$$

(b) **Naive Diversifikation in drei riskante Wertpapiere und einen risikolosen Titel (vgl. Abb. 2.29):**

$$= x_A = x_B = x_C = \frac{1}{4}$$

$$E(r_P) = \frac{1}{4}(0,07 + 0,08 + 0,15 + 0,12)$$
$$= 10,05 \% \ p.a.$$

$$(r_P) = \sqrt{\left(\frac{1}{4}\right)^2 (0,1^2 + 0,2^2 + 0,15^2) + \frac{1}{8}(0,008 + 0,003 + 0,018)}$$
$$= 9,03 \% \ p.a.$$

2.3 Capital Asset Pricing Model (CAPM)

Nachdem bis jetzt das Kapitalanlageverhalten einzelner privater Investoren diskutiert worden ist, wollen wir uns nun der *Kapitalmarkttheorie* bei Unsicherheit zuwenden. Im Mittelpunkt steht die Frage, welche Auswirkungen das oben hergeleitete Verhalten von risikoaversen Investoren auf die Gleichgewichtspreise P_{0j} und somit auf die Gleichgewichtsrenditen r_j von riskanten Finanzierungstiteln hat.

2.3.1 Annahmen und Folgerungen

Fassen wir zunächst die Annahmen, unter denen das oben dargestellte einperiodige Investitionsverhalten unter Risiko hergeleitet worden ist, zusammen:

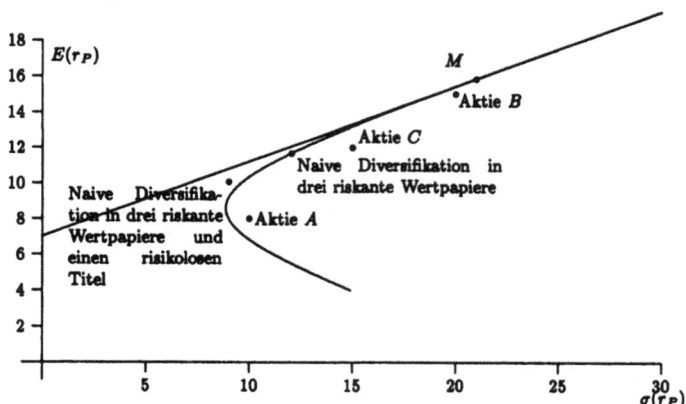

Abb. 2.29: Naiv diversifizierte Portefeuilles von Aufgabe 22 IV

- Investoren sind risikoavers und entscheiden nach Erwartungswert und Standardabweichung der Portfoliorendite (quadratische Nutzenfunktion oder normalverteiltes Endvermögen[15]).

- Investoren verhalten sich kompetitiv und rational.

- Finanzierungstitel sind beliebig teilbar.

- Am Kapitalmarkt existieren keine Transaktionskosten und Steuern.

- Es existiert ein risikoloser Finanzierungstitel, d.h. zu einem Zinssatz r können Mittel angelegt oder aufgenommen werden.

Für die Kapitalmarkttheorie werden zwei zusätzliche Annahmen getroffen

- Es existieren keine Kapitalmarktbeschränkungen, d.h. jeder Investor hat freien Zugang zum Kapitalmarkt, auf dem alle Titel gehandelt werden.

- Alle Investoren haben die gleichen (homogenen) Erwartungen.

Die letzten fünf Annahmen gemeinsam werden unter dem Begriff vollkommener Kapitalmarkt zusammengefaßt.
Aus den letzten beiden Annahmen kann gefolgert werden, daß jeder Investor aus der gleichen Gerade effizienter Portfolios seine Auswahl gemäß seiner Nutzenfunktion trifft. Somit legen alle Investoren ihr Vermögen teilweise in das Portfolio von riskanten Finanzierungstiteln M an und verleihen oder borgen den Rest zum Zinssatz r. Im Gleichgewicht müssen sich die Preise P_{0j} und damit die erwarteten Renditen $E(r_j)$ der Finanzierungstitel so einstellen, daß die gesamte Nachfrage nach jedem Titel gerade gleich der fest vorgegebenen angebotenen Menge ist. Das Portfolio M muß somit alle riskanten Titel des Kapitalmarkts in ihren angebotenen Mengen enthalten und wird daher auch als Marktportfolio bezeichnet. Ebenso muß sich der Preis für den risikolosen Titel und damit der Zinssatz r so ergeben, daß die Nachfrage dem Angebot entspricht. Leerverkäufe an riskanten Finanzierungstiteln können nicht existieren, da, wie oben angeführt, alle Investoren, wenn überhaupt riskant, dann nur in das Marktportfolio, in dem

---

[15] Daß alle Investoren eine quadratische Nutzenfunktion haben, wird vielfach als zu restriktive Annahme empfunden. Oft werden daher gemeinsam normalverteilte Renditen der riskanten Titel als alleinige Annahme unterstellt.

alle Titel des Marktes untergebracht sind, investieren. Daher kann es im Gleichgewicht keine Investoren mit negativen Mengen an Titeln geben. Da alle Investoren ein effizientes Portfolio halten und das Marktportfolio nur die Summe der individuellen Portfolios darstellt, kann weiters gefolgert werden, daß das Marktportfolio M selbst auch effizient sein muß.

Demzufolge gilt für die riskanten Teile der Veranlagung aller Investoren, daß sie in ihren wertmäßigen Gewichtungen der riskanten Finanzierungstiteln im Marktportfolio entsprechen. Somit investiert jeder Investor den Teil seines Vermögens, den er riskant veranlagen will, in eine „Miniaturausgabe" des Marktportfolios und somit in sämtliche am Kapitalmarkt verfügbare riskante Finanzierungstitel. Die gesamten Veranlagungen der einzelnen Investoren unterscheiden sich daher nur am Ausmaß der risikolosen Veranlagung, das wiederum vom Grad der Risikoaversion abhängt.

Die Annahme homogener Erwartungen ist die Folge eines unterstellten gleichen und kostenlosen Informationszugangs für alle Marktteilnehmer sowie einer gleichen Informationsverarbeitungsfähigkeit. Diese Informationseffizienz garantiert, daß Investoren etwaige Ungleichgewichte am Kapitalmarkt schnell erkennen, diese durch Arbitrageoperationen ausgleichen können und dadurch das Marktgleichgewicht wieder herstellen.

2.3.2   Herleitung und Interpretation

Die für alle Investoren entscheidungsrelevante Gerade effizienter Portfolios erhält man durch die Gleichung für die Tobin–Effizienzlinie als

$$E(r_P) \ = \ r + \frac{E(r_M) - r}{\sigma(r_M)} \cdot \sigma(r_P).$$

Sie gibt die möglichen Kombinationen zwischen Risiko und erwarteter Rendite von effizienten Portfolios an, wobei $\lambda = \frac{E(r_M)-r}{\sigma(r_M)}$ als Marktpreis für das Risiko je Risikoeinheit interpretiert werden kann.

Die erwartete Rendite für einen beliebigen Finanzierungstitel j kann wie folgt hergeleitet werden. Für ein Portfolio H, das zu z zusätzlichen Teilen aus dem Titel j und zu $(1-z)$ Teilen aus dem Marktportfolio M besteht, gilt gemäß den Gleichungen für Erwartungswert und Streuung der Rendite des Portfolios

$$E(r_H) \ = \ E(r_j) \cdot z + E(r_M) \cdot (1-z)$$

$$\sigma(r_H) \ = \ \sqrt{\sigma^2(r_j) \cdot z^2 + \sigma^2(r_M) \cdot (1-z)^2 + 2 \cdot Cov(r_j, r_M) \cdot z \cdot (1-z)}.$$

Graphisch weisen die möglichen Kombinationen von $E(r_H)$ und $\sigma(r_H)$ für verschiedene Werte von z wiederum die Gestalt eines Hyperbelastes auf (strichlierte Kurve in Abb. 2.30). Für $z = 0$, d.h. volle Anlage in das Marktportfolio M, muß gelten, daß diese Kurve den gleichen Anstieg wie die Kapitalmarktlinie aufweist

$$\left. \frac{\partial E(r_H)}{\partial \sigma(r_H)} \right|_{z=0} \ = \ \frac{E(r_M) - r}{\sigma(r_M)}$$

mit

$$\frac{\partial E(r_H)}{\partial \sigma(r_H)} = \frac{\frac{dE(r_H)}{dz}}{\frac{d\sigma(r_H)}{dz}}.$$

Als Zähler und Nenner des Quotienten auf der rechten Seite der obigen Gleichung erhält man

$$\frac{dE(r_H)}{dz} \ = \ E(r_j) - E(r_M)$$

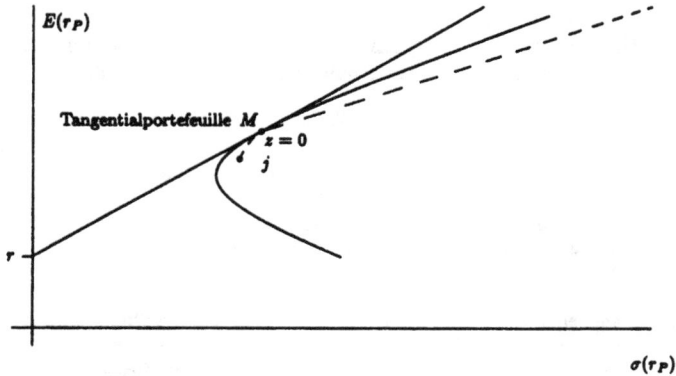

Abb. 2.30: Gleichgewicht auf dem Kapitalmarkt

$$\frac{d\sigma(r_H)}{dz} = \frac{2z\sigma^2(r_j) + 2(1-z)\sigma^2(r_M)(-1) + 2 \cdot Cov(r_j, r_M)[(1-z)-z]}{2\sqrt{\sigma^2(r_j) \cdot z^2 + \sigma^2(r_M) \cdot (1-z)^2 + 2Cov(r_j, r_M) \cdot z \cdot (1-z)}}$$

$$= \frac{z \cdot \sigma^2(r_j) - (1-z)\sigma^2(r_M) + Cov(r_j, r_M)(1-2z)}{\sigma(r_H)}.$$

Somit ist

$$\frac{\partial E(r_H)}{\partial \sigma(r_H)} = \sigma(r_H) \cdot \frac{E(r_j) - E(r_M)}{z \cdot \sigma^2(r_j) - (1-z)\sigma^2(r_M) + 2 \cdot Cov(r_j, r_M)(1-2z)}$$

und

$$\left.\frac{\partial E(r_H)}{\partial \sigma(r_H)}\right|_{z=0} = \sigma(r_M) \cdot \frac{E(r_j) - E(r_M)}{-\sigma^2(r_M) + 2 \cdot Cov(r_j, r_M)}.$$

Die rechte Seite der obigen Gleichung soll nun gleich dem Marktpreis für das Risiko sein. Daraus erhält man nach einigen Umformungen die *Grundrelation des Kapitalmarktmodells*

$$E(r_j) = r + \frac{E(r_M) - r}{\sigma^2(r_M)} \cdot Cov(r_j, r_M)$$

bzw.

$$E(r_j) = r + \lambda \cdot \rho(r_j, r_M) \cdot \sigma(r_j).$$

Die erwartete Rendite eines riskanten Finanzierungstitels ergibt sich somit aus dem risikolosen Zinsfuß und einer Prämie für das nichtdiversifizierbare *systematische Risiko* $\varrho(r_j, r_M) \cdot \sigma(r_j)$ des Titels. Das restliche, unsystematische Risiko kann durch effiziente Portfoliobildung der Investoren vermieden werden und verdient daher keine Prämie. Bezeichnen wir das normierte systematische Risiko mit

$$\beta_j = \frac{\rho(r_j, r_M) \cdot \sigma(r_j)}{\sigma(r_M)},$$

bzw.

$$\beta_j = \frac{Cov(r_j, r_M)}{\sigma^2(r_M)},$$

so erhalten wir das CAPM in der Gestalt der *Wertpapiermarktlinie* (Abb. 2.31)

$$E(r_j) = r + [E(r_M) - r] \cdot \beta_j.$$

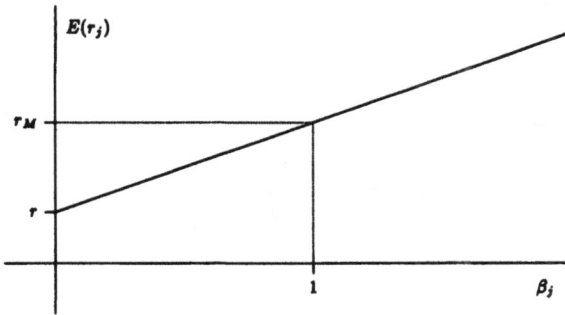

Abb. 2.31: Wertpapiermarktlinie

Die erwartete Rendite für das j-te riskante Wertpapier ist damit gegeben durch einen risikolosen Zinssatz plus einer Risikoprämie für ein nichtdiversifizierbares, normiertes systematisches Risiko des Wertpapiers β_j. Eine verbale Interpretation von β_j erhält man aus

$$\frac{\partial E(r_j)}{\partial E(r_M)} = \beta_j.$$

Steigt die erwartete Rendite des Marktportefeuilles um einen Prozentpunkt, so ändert sich die erwartete Rendite des Wertpapiers j um β_j Prozentpunkte.[16]

Besteht der Markt riskanter Finanzierungstitel ausschließlich aus Eigenkapital, so gilt

- das normierte systematische Risiko des gesamten Marktes für Eigenkapital ist

$$
\begin{aligned}
\sum_{j=1}^{N} \beta_j \cdot x_j^M &= \sum_{j=1}^{N} \frac{Cov(r_j, r_M)}{\sigma^2(r_M)} \cdot x_j^M \\
&= \frac{Cov(\sum_{j=1}^{N} r_j \cdot x_j^M, r_M)}{\sigma^2(r_M)} \\
&= \frac{Cov(r_M, r_M)}{\sigma^2(r_M)} \\
&= \frac{Var(r_M)}{\sigma^2(r_M)} \\
&= 1
\end{aligned}
$$

- das gesamte Risiko des Marktes für Eigenkapital ist

$$
\begin{aligned}
\sqrt{\sum_{j=1}^{N} \sum_{k=1}^{N} Cov(r_j, r_k) \cdot x_j^M \cdot x_k^M} &= \sqrt{Cov\left(\sum_{j=1}^{N} r_j \cdot x_j^M, \sum_{k=1}^{N} r_k \cdot x_k^M\right)} \\
&= \sqrt{Cov(r_M, r_M)} \\
&= \sigma(r_M).
\end{aligned}
$$

---

[16] Die aus historischen Kursen und den Werten der Nebenrechte ermittelten ex–post–β–Werte ausgewählter österreichischer und deutscher Aktien sind exemplarisch in den Tab. 2.32 bis Tab. 2.35 enthalten. Die Berechnung erfolgt analog sur Lösung von Aufgabe 26 ab S. 81 .

ATX - AUSTRIAN TRADED INDEX

COMPOSITION ON 28 JAN 2002 (20 Stocks)

SECURITY	NUMBER OF SHARES	FF	REP	PRICE IN EURO	CAPITALIZATION IN EURO	WEIGHTING
Andritz	13.000.000	0.25	1	20.60	66,950,000	0.6974
AUA	34,000,000	0.5	1	8.54	145,180,000	1.5123
BBAG Stamm	8,640,000	0.5	1	45.39	196,084,800	2.0425
Boehler-Uddeholm	11.000,000	0.75	1	44.20	364,650,000	3.7984
BWT	18,500,000	0.5	1	24.59	202,867,500	2.1132
Erste Bank	50,382,955	0.75	0.87	59.80	1,965,137,322	20.4703
EVN	37,581,455	0.25	1	45.75	429,837,851	4.4775
Flughafen Wien	21,000,000	0.75	1	33.00	519,750,000	5.4141
Generali Hold. Vienna	7,700,022	0.25	1	163.11	313,987,647	3.2707
Mayr-Melnhof	12,000,000	0.5	1	59.00	354,000,000	3.6875
OMV	27,000,000	0.5	1	93.70	1,264,950,000	13.1766
PALFINGER	9,207,000	0.5	1	22.00	101,277,000	1.0549
RHI	19,920,039	1	1	6.06	120,715,436	1.2574
Telekom Austria	175,000,000	0.75	1	9.70	1,273,125,000	13.2618
UNIQA	119,777,808	0.25	1	6.30	188,650,047	1.9651
VA Technologie	15.000,000	0.75	1	27.25	306,562,500	3.1933
Verbund Kat. A	15,101,800	0.5	1	87.64	661,760,876	6.8933
VOEST-ALPINE	33,000,000	0.5	1	32.20	531,300,000	5.5344
Wienerberger	89,455.312	0.5	1	16.36	566,144,452	5.9192
Wolford	5,000,000	0.5	1	10.00	25,000,000	0.2604
Total Capitalization ATX in EURO					9,599,930,473	100.00 %

FF = Free Float Factor
REP = Representation Factor

Abb. 2.32: Der ATX (Quelle: www.wbag.at)

Equity Working List Austria

Name	Kurs 31.3.2000	Gewinn/Aktie 1999$	2000$	Cash Flow/Aktie 1999$	2000$	Divid. 1999$	KGV 2000$	KCFV 2000$	Divid.-rendite 99$	Streu-besitz	Börsenkap. Mio. EUR
Bank Austria *	50,70	4,31	5,29	–	–	1,30	9,6	–	2,4	55%	4.409
Erste Bank	44,04	3,71	4,18	–	–	1,31	10,5	–	3,0	31%	1.954
Generali Holding St.	154,00	9,25	9,53	–	–	1,60	16,2	–	1,0	9%	1.106
Interunfall	140,00	7,99	8,48	–	–	1,45	16,5	–	1,0	30%	420
UNIQA	58,83	4,72	4,51	–	–	1,16	13,3	–	1,9	18%	872
Wiener Städtische Vz.	110,00	7,07	7,30	–	–	2,33	15,1	–	2,1	100%	143
AMT	18,90	2,15	2,52	4,57	5,21	0,87	7,5	3,6	4,6	75%	34
Allg. Bau Porr Vz.	50,50	4,32	4,78	21,82	23,58	1,09	10,6	2,1	2,2	20%	32
AMS	69,99	8,20	0,90	4,90	6,00	0,00	77,8	11,7	8,0	83%	210
Auricon	27,00	2,20	3,67	5,16	7,97	1,45	7,4	3,4	5,4	35%	77
Austria Email	13,10	0,61	0,85	3,15	3,27	0,00	15,5	4,0	0,0	15%	8
Austria Tabak	29,80	5,85	5,91	8,29	8,32	2,15	6,7	4,8	5,4	58%	876
AUA	15,74	1,64	2,39	5,36	6,75	0,51	6,6	2,3	3,2	29%	535
BBAG	39,75	3,63	3,82	14,61	15,64	1,45	10,4	2,5	3,7	30%	343
Bau Holding Vz.	42,15	4,47	5,48	13,22	14,46	1,45	7,7	2,9	3,4	17%	72
bauMax	12,95	1,20	1,58	1,76	2,19	0,73	8,2	5,9	5,6	83%	33
Brau Union	45,20	3,63	3,89	11,39	11,65	1,82	11,6	3,9	4,0	39%	452
Böhler-Uddeholm	42,55	2,81	4,69	6,68	8,56	1,96	9,1	5,0	4,6	75%	468
Burgenland Holding	52,00	–	–	–	–	–	–	–	–	32%	156
BWT	358,51	8,46	10,54	13,39	15,18	2,11	34,0	23,6	0,6	45%	592
Constantia Iso Held.	7,25	0,87	0,91	2,62	2,75	0,38	7,9	2,6	5,3	25%	120
Constantia Verp.	8,50	0,87	0,89	2,20	2,23	0,35	9,5	3,8	4,1	25%	143
Cybertron	200,00	neg.	neg.	neg.	neg.	0,00	neg.	neg.	0,0	38%	714
DO&CO	43,00	2,74	3,12	6,71	5,98	-0,51	13,8	7,2	1,2	45%	76
EVN	111,12	7,83	6,83	23,17	16,68	2,18	16,8	6,7	2,0	49%	1.267
Flughafen	37,90	2,76	3,02	5,00	5,40	1,60	12,5	7,0	4,2	47%	588
Frauenthal	20,00	1,08	4,90	2,15	2,71	0,36	4,1	7,4	1,8	39%	300
Hirsch Servo AG	67,50	4,09	7,61	10,58	11,45	1,89	8,9	5,9	2,8	35%	54
HPE	40,00	0,35	1,75	3,16	4,56	0,00	22,8	8,8	0,8	34%	41
MIKU	7,60	1,97	1,86	2,32	2,32	1,09	4,1	3,3	14,3	12%	8
Jenbacher	67,50	5,78	7,71	10,13	12,10	2,18	8,8	5,6	3,2	35%	135
KTM	65,80	3,43	4,16	4,90	5,75	1,30	15,6	11,3	2,1	7%	130
Leykam-Mürzt.	33,91	–	–	–	–	–	–	–	–	28%	300
Libro	51,50	0,82	1,02	1,33	2,02	0,08	50,5	18,3	0,8	29%	406
Mayr-Melnhof	53,30	4,95	5,43	10,64	11,02	1,60	9,8	4,8	3,8	40%	648
OMV	88,45	6,46	8,39	16,94	19,23	2,33	8,6	4,2	2,9	45%	2.772
Pölfinger	26,72	2,09	2,78	2,63	3,86	0,64	9,6	6,0	2,4	24%	224
RHI	28,10	–	–	–	–	–	–	–	–	84%	560
Raisenbauer Int.	30,31	2,13	2,67	4,81	5,59	1,30	11,3	5,4	4,6	45%	52
Semperit	11,55	1,15	1,33	1,82	2,09	0,24	8,7	5,5	2,1	55%	238
Stuirowohst	19,30	1,83	0,00	5,00	5,80	1,02	–	3,3	5,3	40%	8
Teurag-Aadag	38,00	2,77	3,24	9,55	10,81	1,45	11,7	3,8	3,8	10%	42
UBM Real St.	61,80	5,40	5,81	10,53	14,76	2,91	10,6	5,7	4,7	25%	37
Universale-Bau	37,20	1,99	2,07	3,34	3,53	0,87	18,0	10,5	2,3	25%	167
VAE	119,50	–	–	–	–	–	–	–	–	9%	167
VA TECH	66,25	1,79	2,15	neg.	9,17	1,20	30,8	7,2	1,8	57%	994
Verbund	108,79	2,60	3,31	5,19	6,28	1,18	32,9	17,3	1,1	24%	1.643
VA STAHL	31,85	2,99	3,94	8,61	9,57	1,20	8,1	3,3	3,8	41%	1.051
Voith Sulzer Vz.	17,00	1,36	1,36	4,91	4,91	0,87	12,5	3,5	5,1	100%	5
Wienerberger	21,48	1,74	2,05	2,64	4,83	0,50	10,5	4,4	2,3	50%	1.493
Wolford	33,00	1,64	1,85	3,09	3,17	0,73	21,3	10,4	2,2	55%	165

$ ... Schätzung. * Konsenschätzungen der Analysten österreichischer Investmentbanken für die Bank Austria-Gruppe

Abb. 2.33: Quelle: Bank Austria, „Investment Focus ", April 2000

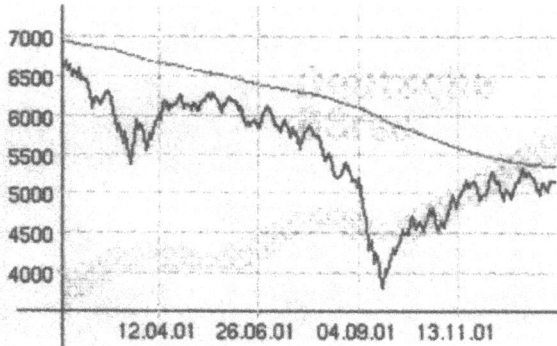

Abb. 2.34: Der DAX (Quelle: deutsche-boerse.com)

Abb. 2.35: DAX Kennzahlen (Quelle: *FAZ* Nr. 288, 11.12.2001, S. 37)

2.3.3 Konsequenzen für die Bewertung

Die Bewertung von Finanzierungstiteln bei Kapitalmarktgleichgewicht kann aufgrund der obigen Grundrelation des Kapitalmarktmodells vorgenommen werden. Setzt man diese Gleichung in

$$E(r_j) = \frac{E(P_{1j}) - P_{0j}}{P_{0j}}$$

ein, so erhält man

$$P_{0j} = \frac{E(P_{1j})}{1 + r + \frac{E(r_M) - r}{\sigma^2(r_M)} \cdot Cov(r_j, r_M)}.$$

Eine zweite Darstellungsmöglichkeit ergibt sich durch

$$P_{0j} = \frac{E(P_{1j}) - \frac{E(r_M) - r}{\sigma^2(r_M)} \cdot Cov(P_{1j}, r_M)}{1 + r},$$

wenn man berücksichtigt, daß

$$P_0 \cdot Cov(r_j, r_M) = Cov(P_{1j}, r_M).$$

Die Gleichung gemäß der ersten Darstellungsform ist jene Bewertungsform, bei der der erwartete Marktwert (Preis und Zahlungen) zu $t = 1$ mit Hilfe der von allen Marktteilnehmern in gleicher Höhe erwarteten Wahrscheinlichkeiten berechnet wird und sich das Risiko im Diskontierungszinssatz niederschlägt. In der zweiten Darstellungsmöglichkeit erfolgt die Diskontierung des Sicherheitsäquivalents des erwarteten Marktwerts

$$CE[E(P_{1j})] = E(P_{1j}) - \frac{E(r_M) - r}{\sigma^2(r_M)} \cdot Cov(P_{1j}, r_M)$$

mittels risikolosem Zinsfuß. Bei der hier dargestellten Form des Kapitalmarktmodells handelt es sich um die einfachste Version des CAPM. Die einzelnen von zahlreichen Autoren als ziemlich restriktiv empfundenen Modellannahmen konnten in der Folge vereinfacht werden, ohne daß dadurch das Modellergebnis eines linearen Zusammenhanges zwischen erwarteter Rendite eines Finanzierungstitels und seines systematischen Risikos wesentlich geändert werden mußte. Einen Überblick zu neueren CAPM–Versionen bieten Rudolph (1979) und Copeland/Weston (1988).

Lösung von Aufgabe 27:

(a) **Gleichgewichtskurs:** *Berechnung der erwarteten Marktrendite:*

$$E(r_M) = \sum_{i=1}^{N} p(z_i) \cdot r_M(z_i)$$
$$= 0,3 \cdot 0,3 + 0,4 \cdot 0,2 + 0,3 \cdot (-0,05)$$
$$= 15,5 \text{ \% p.a.}$$

Berechnung des Marktrisikos:

$$\sigma(r_M) = \sqrt{E(r_M^2) - [E(r_M)]^2}$$
$$= \sqrt{0,3 \cdot 0,3^2 + 0,4 \cdot 0,2^2 + 0,3 \cdot (-0,05)^2 - 0,155^2}$$
$$= 14,0446 \text{ \% p.a.}$$

Berechnung des erwarteten Aktienpreises zu $t = 1$:

$$E(P_{1A}) = \sum_{i=1}^{N} p(z_i) \cdot P_{1A}(z_i)$$
$$= 0,3 \cdot 110 + 0,4 \cdot 115 + 0,3 \cdot 90$$
$$= 106$$

Berechnung der Kovarianz zwischen dem Aktienpreis und der Marktrendite:

$$
\begin{aligned}
Cov(P_{1A}, r_M) &= \sum_{i=1}^{N} p(z_i) \cdot P_{1A}(z_i) \cdot r_M(z_i) - E(P_{1A}) \cdot E(r_M) \\
&= 0,3 \cdot 110 \cdot 0,3 + 0,4 \cdot 115 \cdot 0,2 + 0,3 \cdot 90 \cdot (-0,05) - 106 \cdot 0,155 \\
&= 1,32
\end{aligned}
$$

Berechnung des Gleichgewichtskurses zu $t = 0$:

$$
\begin{aligned}
P_{0A} &= \frac{E(P_{1A}) - \frac{E(r_M) - r}{\sigma^2(r_M)} \cdot Cov(P_{1A}, r_M)}{1 + r} \\
&= \frac{106 - \frac{0,155 - 0,05}{0,140446^2} \cdot 1,32}{1,05} \\
&= 94,260393
\end{aligned}
$$

Erwartete Aktienrendite:

$$
\begin{aligned}
E(r_A) &= \frac{E(P_{1A}) - P_{0A}}{P_{0A}} \\
&= \frac{106 - 94,260393}{94,260393} \\
&= 12,45444 \ \% \ \text{p.a.}
\end{aligned}
$$

Aufteilung des Risikos der Aktie: *Zustandsabhängige Renditen:*

i	$p(z_i)$	$r_A(z_i)$
1	0,3	$\frac{110}{94,260393} - 1 = 16,69801 \ \% \ \text{p.a.}$
2	0,4	$\frac{115}{94,260393} - 1 = 22,00246 \ \% \ \text{p.a.}$
3	0,3	$\frac{90}{94,260393} - 1 = -4,51981 \ \% \ \text{p.a.}$

Gesamtrisiko der Aktie A:

$$
\begin{aligned}
\sigma(r_A) &= \sqrt{E(r_A^2) - [E(r_A)]^2} \\
&= \sqrt{0,3 \cdot 0,1669801^2 + 0,4 \cdot 0,2200246^2 + 0,3 \cdot (-0,0451981)^2 - 0,1245444^2} \\
&= 11,3272 \ \% \ \text{p.a.}
\end{aligned}
$$

Berechnung der Korrelation zwischen der Aktienrendite und der Marktrendite:

$$
\begin{aligned}
Cov(r_A, r_M) &= \sum_{i=1}^{N} p(z_i) \cdot r_A(z_i) \cdot r_M(z_i) - E(r_A) \cdot E(r_M) \\
&= 0,3 \cdot 0,1669801 \cdot 0,3 + 0,4 \cdot 0,2200246 \cdot 0,2 \\
&\quad + 0,3 \cdot (-0,0451981) \cdot (-0,05) - 0,124544 \cdot 0,155 \\
&= 0,0140038
\end{aligned}
$$

$$
\begin{aligned}
\varrho(r_A, r_M) &= \frac{Cov(r_A, r_M)}{\sigma(r_A) \cdot \sigma(r_M)} \\
&= \frac{0,0140038}{0,113272 \cdot 0,140446} \\
&= 0,880264
\end{aligned}
$$

$$
\begin{aligned}
\textit{Systematisches Risiko} &= \varrho(r_A, r_M) \cdot \sigma(r_A) \\
&= 0,880264 \cdot 0,113272 \\
&= 9,97095 \ \% \ \text{p.a.}
\end{aligned}
$$

$$
\begin{aligned}
\textit{Unsystematisches Risiko} &= \sqrt{1 - \varrho^2(r_A, r_M)} \cdot \sigma(r_A) \\
&= \sqrt{1 - 0,880264^2} \cdot 0,113272 \\
&= 5,3746 \ \% \ \text{p.a.}
\end{aligned}
$$

Berechnung des Gleichgewichtskurses zu $t = 0$ mit dem risikoangepaßten Kalkulationszinsfuß:

$$P_{0A} = \frac{E(P_{1A})}{1 + E(r_A)}$$

mit

$$
\begin{aligned}
E(r_A) &= r + \lambda \cdot \varrho(r_A, r_M) \cdot \sigma(r_A) \\
&= 0,05 + \frac{0,155 - 0,05}{0,140446} \cdot 0,997095 \\
&= 12,45444 \, \% \text{ p.a.}
\end{aligned}
$$

Somit ist

$$
\begin{aligned}
P_{0A} &= \frac{106}{1,1245444} \\
&= 94,260393.
\end{aligned}
$$

(b)

$$
\begin{aligned}
\sigma^2(r_A) &= \varrho^2(r_A, r_M) \cdot \sigma^2(r_A) + [1 - \varrho^2(r_A, r_M)] \cdot \sigma^2(r_A) \\
&= 0,0997095^2 + 0,053746^2 \\
&= 0,113272^2
\end{aligned}
$$

Lösung von Aufgabe 26:

Berechnung der Wochenrenditen: Bei der Berechnung der Renditen sind die Nebenrechte der Aktie A in den Perioden 2, 4 und 7 zu beachten.

Woche	A	B	Index
1	0,0196	0,0094	0,0218
2	–0,0577	–0,0187	–0,0091
3	0,0105	0,0095	0,0154
4	0,0000	0,0189	–0,0061
5	0,0250	–0,0370	0,0274
6	–0,0122	0,0096	–0,0208
7	0,0123	0,0000	0,0121
8	0,0000	–0,0048	0,0030
9	–0,0130	0,0239	–0,0090

I. Datenanalyse:

Angaben in %:

	A	B	Index
Ø Wochenrendite	–0,1711	0,1208	0,3868
Annualisiert	–8,5175	6,4803	22,2317
Risiko pro Woche	2,4729	1,9141	1,6273
Annualisiert	17,83	13,80	11,73

Korrelationsmatrix und Ex-post-βs[17]:

---

[17] Bei der hier dargestellten Variante zur Berechnung des historischen Betas der Aktie

$$\beta_j = \frac{Cov(r_j, r_M)}{\sigma^2(r_M)}$$

können aufgrund des geringen Beobachtungszeitraums von nur zehn Wochen konstante risikolose Zinssätze unterstellt werden. Werden jedoch längere Zeitreihen mit stark schwankenden risikolosen Zinssätzen verwendet, empfiehlt es sich, die Beta-Schätzung nach

$$\beta_j = \frac{Cov(r_j - r, r_M - r)}{\sigma^2(r_M - r)}$$

vorzunehmen (vgl. Sharpe/Alexander (1999), S. 524 ff.).

	A	B	Index	β_j
A	1	0,00747617	0,73992064	1,124426
B	0,00747617	1	-0,43248552	-0,50873
Index	0,73992064	-0,43248552	1	1

II. CAPM:

Umformung der erwarteten jährlichen Kapitalmarktrendite und des jährlichen risikolosen Zinssatzes in Wochenrenditen

$$E(r_M) = 0,2691 \text{ \% pro Woche}$$
$$r = 0,1302 \text{ \% pro Woche}$$

(a) Erwartete Aktienrenditen:

$$E(r_A) = 0,001302 + (0,002691 - 0,001302) \cdot 1,124426$$
$$= 0,2864 \text{ \% pro Woche}$$

$$E(r_B) = 0,001302 + (0,002691 - 0,001302) \cdot (-0,50873)$$
$$= 0,0595 \text{ \% pro Woche}$$

Annualisiert:

$$E(r_A) = 16,0356 \text{ \% p.a.}$$
$$E(r_B) = 3,1423 \text{ \% p.a.}$$

(b)

$$\text{Marktpreis des Risikos je Einheit} = \frac{E(r_M) - r}{\sigma(r_M)}$$
$$= \frac{0,002691 - 0,001302}{0,016273}$$
$$= 0,0853561$$

	A in %		B in %	
	pro Woche	in % p.a.	pro Woche	in % p.a.
Systematisches Risiko	1,8297	13,1944	-0,8278	-5,9696
Unsystematisches Risiko	1,6635	11,9956	1,7258	12,4449
Risikoprämie	0,1562	8,5449	-0,0707	-3,6100

III. (a) Kapitalmarktlinie:

$$E(r_P) = 0,07 + 0,085381 \cdot \sigma(r_P)$$

(b) Risiko bei $E(r_P) = 12$ % p.a.:

$$E(r_P) = 0,07 + 0,085381 \cdot \sigma(r_P)$$
$$\Rightarrow \sigma(r_P) = \frac{E(r_P) - 0,07}{0,085381}$$
$$= \frac{0,12 - 0,07}{0,085381}$$
$$= 58,5613 \text{ \% p.a.}$$

(c) Erwartete Rendite bei Akzeptanz eines Risikos von $\sigma(r_P) = 10$ % p.a.:

$$E(r_P) = 0,07 + 0,085381 \cdot \sigma(r_P)$$
$$= 0,07 + 0,085381 \cdot 0,1$$
$$= 7,8538 \text{ \% p.a.}$$

(d) *Wahrscheinlichkeiten:*
   Das Portefeuille aus Aufgabe (c) ist mit $N(0,12;0,585613)$ approximativ normalverteilt.

$$
\begin{aligned}
P(r_P \leq 0) &= \Phi\left(\frac{r_P - E(r_P)}{\sigma(r_P)}\right) \\
&= \Phi\left(\frac{0 - 0,12}{0,585613}\right) \\
&= \Phi(-0,20491341) \\
&= 1 - \Phi(0,20491341) \\
&= 1 - 0,58118009 \\
&= 41,881991\ \%
\end{aligned}
$$

$$
\begin{aligned}
P(r_P \leq 0,07) &= \Phi\left(\frac{r_P - E(r_P)}{\sigma(r_P)}\right) \\
&= \Phi\left(\frac{0,07 - 0,12}{0,585613}\right) \\
&= \Phi(-0,08538059) \\
&= 1 - \Phi(0,08538059) \\
&= 1 - 0,53402065 \\
&= 46,597935\ \%
\end{aligned}
$$

Das Portefeuille aus Aufgabe (d) ist mit $N(0,078538;0,1)$ approximativ normalverteilt.

$$
\begin{aligned}
P(r_P \leq 0) &= \Phi\left(\frac{r_P - E(r_P)}{\sigma(r_P)}\right) \\
&= \Phi\left(\frac{0 - 0,078538}{0,1}\right) \\
&= \Phi(-0,78538059) \\
&= 1 - \Phi(0,78538059) \\
&= 1 - 0,778388484 \\
&= 21,611516\ \%
\end{aligned}
$$

$$
\begin{aligned}
P(r_P \leq 0,07) &= \Phi\left(\frac{r_P - E(r_P)}{\sigma(r_P)}\right) \\
&= \Phi\left(\frac{0,07 - 0,12}{0,585613}\right) \\
&= \Phi(-0,08538059) \\
&= 1 - \Phi(0,08538059) \\
&= 1 - 0,53402065 \\
&= 46,597935\ \%
\end{aligned}
$$

(d) *Sollte die erwartete Marktrendite unter 7 % p.a. liegen, bleibt immer noch die Alternative, sein Gesamtkapital (und leerverkauftes Portefeuillekapital) zum risikolosen Zinssatz zu investieren, um so zumindest eine sichere Rendite von 7 % zu erhalten.*

Lösung von Aufgabe 28:

(a) **Beweis des Marktgleichgewichts:** *Gesamtes Aktienvermögen auf dem Kapitalmarkt:*

Aktie		
A	$290,4 \cdot 100.000 =$	29.040.000
B	$315,1 \cdot 100.000 =$	31.510.000
C	$394,5 \cdot 100.000 =$	39.450.000
Summe		100.000.000

Anteile der einzelnen Aktien am Marktportefeuille:

$$x_A^M = \frac{\text{Aktienvermögen der Aktie A}}{\text{Vermögen auf dem Kapitalmarkt}}$$
$$= \frac{29.040.000}{100.000.000}$$
$$= 29,04\ \%$$

$$x_B^M = \frac{\text{Aktienvermögen der Aktie B}}{\text{Vermögen auf dem Kapitalmarkt}}$$
$$= \frac{31.510.000}{100.000.000}$$
$$= 31,51\ \%$$

$$x_C^M = \frac{\text{Aktienvermögen der Aktie C}}{\text{Vermögen auf dem Kapitalmarkt}}$$
$$= \frac{39.450.000}{100.000.000}$$
$$= 39,45\ \%$$

Marktrendite und Marktrisiko:

$$E(r_M) = \sum_{j=1}^{N} E(r_j) \cdot x_j^M$$
$$= 0,08 \cdot 0,2904 + 0,15 \cdot 0,3151 + 0,12 \cdot 0,3945$$
$$= 11,7837$$

$$Var(r_M) = \sum_{k=1}^{N}\sum_{j=1}^{N} Cov(r_j,r_k) \cdot x_j^M \cdot x_k^M$$
$$= 0,1^2 \cdot 0,2904^2 + 0,008 \cdot 0,2904 \cdot 0,3151 + 0,003 \cdot 0,2904 \cdot 0,3945$$
$$+ 0,008 \cdot 0,3151 \cdot 0,2904 + 0,2^2 \cdot 0,3151^2 + 0,018 \cdot 0,3151 \cdot 0,3945$$
$$+ 0,003 \cdot 0,3945 \cdot 0,2904 + 0,018 \cdot 0,3945 \cdot 0,3151 + 0,15^2 \cdot 0,3945^2$$
$$= 0,0149$$

$$\sigma(r_M) = \sqrt{Var(r_M)}$$
$$= 12,2242\ \% \text{ p.a.}$$

Kovarianzen zwischen den einzelnen Aktien und der Marktrendite:

$$Cov(r_M,r_A) = \sum_{j=1}^{N} Cov(r_j,r_A) \cdot x_j^M$$
$$= 0,1^2 \cdot 0,2904 + 0,008 \cdot 0,3151 + 0,003 \cdot 0,3945$$
$$= 0,0066083$$

$$Cov(r_M,r_B) = \sum_{j=1}^{N} Cov(r_j,r_B) \cdot x_j^M$$
$$= 0,008 \cdot 0,2904 + 0,2^2 \cdot 0,3151 + 0,018 \cdot 0,2904 \cdot 0,3945$$
$$= 0,0220282$$

$$Cov(r_M,r_C) = \sum_{j=1}^{N} Cov(r_j,r_C) \cdot x_j^M$$
$$= 0,003 \cdot 0,2904 + 0,018 \cdot 0,3151 + 0,15^2 \cdot 0,3945$$
$$= 0,01541925$$

CAPM:

$$
\begin{aligned}
E(r_A) &= r + [E(r_M) - r]\frac{Cov(r_M, r_A)}{\sigma^2(r_M)} \\
&= 0,05 + [0,117837 - 0,05]\frac{0,0066083}{0,0149} \\
&= 8\ \%\ \text{p.a.}
\end{aligned}
$$

und analog für

$$
\begin{aligned}
E(r_B) &= 15\ \%\ \text{p.a.} \\
E(r_C) &= 12\ \%\ \text{p.a.}
\end{aligned}
$$

(b) Aufteilung des Vermögens auf die beiden Investoren:
Die beiden Investoren besitzen das gesamte Vermögen

$$100\ Mio. = W_0^I + W_0^{II},$$

wobei Investor II um die Hälfte mehr als Investor I besitzt:

$$W_0^{II} = 1,5 \cdot W_0^I.$$

Oben eingesetzt erhält man

$$
\begin{aligned}
100\ Mio. &= W_0^I + \frac{3}{2}W_0^I \\
W_0^I &= 40\ Mio.
\end{aligned}
$$

bzw.

$$W_0^{II} = 60\ Mio.$$

Trägt Investor I ein Risiko von 10 % p.a., so kann man den Anteil seines risikolos gehaltenen Vermögens α_I über

$$
\begin{aligned}
\sigma(r_P) &= (1 - {}_I)\sigma(r_M) \\
{}_I &= 1 - \frac{\sigma(r_P)}{\sigma(r_M)} \\
&= 1 - \frac{0,1}{0,122242} \\
&= 18,1948\ \%
\end{aligned}
$$

ermitteln. Das Vermögen teilt sich also wie folgt auf die beiden Investoren auf:

	Investor I		
		Anteile	
	prozentuell	*wertmäßig*	*stückmäßig*
Risikolos	18,1948 %	7.277.942	
In Aktien	81,8052 %	32.722.058	
Aktie A	23,7562 %	9.502.486	32.722,058
Aktie B	25,7768 %	10.310.720	32.722,058
Aktie C	32,2722 %	12.908.852	32.722,058

	Investor II		
		Anteile	
	prozentuell	*wertmäßig*	*stückmäßig*
Risikolos	−12,1299 %	−7.277.942	
In Aktien	112,1299 %	67.277.942	
Aktie A	32,5625 %	19.537.514	67.277,942
Aktie B	35,3321 %	21.199.280	67.277,942
Aktie C	44,2352 %	26.541.148	67.277,942

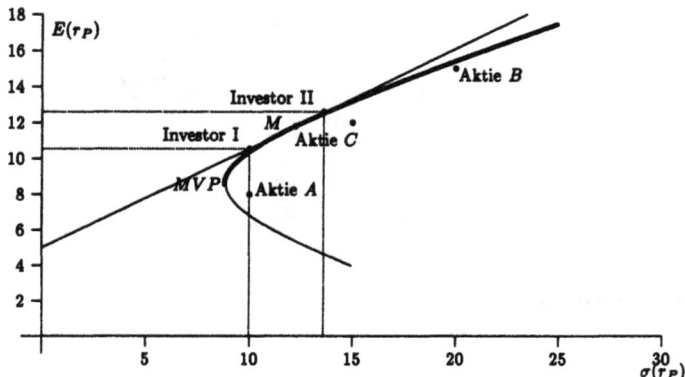

Abb. 2.36: Portfoliomöglichkeitskurven der Aufgabe 28 mit der Position der beiden Investoren I und II

(c) **Abb. 2.36**

(d) *Das Portefeuille des verschuldeten Investors II ist normalverteilt mit $N(0,126066;\ 0,135949)$. Kann er seine Schulden überhaupt nicht bezahlen, so kommt dies einer Portefeuillerendite von höchstens 0 gleich, d.h.*

$$
\begin{aligned}
P(r_P \leq 0) &= \Phi\left(\frac{r_P - E(r_P)}{\sigma(r_P)}\right) \\
&= \Phi\left(\frac{0 - 0,126066}{0,137069}\right) \\
&= \Phi(-0,919720123) \\
&= 1 - \Phi(0,919720123) \\
&= 1 - 0,82114051 \\
&= 17,885949\ \%
\end{aligned}
$$

Kann er seine Schulden nur teilweise bezahlen, so erwirtschaftet sein Portefeuille eine Rendite zwischen 0 und

$$
\frac{7.277.942}{67.277.942} = 10,8177\ \%.
$$

$$
P(0 \leq r_P \leq 0,108177) = P(r_P \leq 0,108177) - P(r_P \leq 0)
$$

$$
\begin{aligned}
P(r_P \leq 0,108177) &= \Phi\left(\frac{r_P - E(r_P)}{\sigma(r_P)}\right) \\
&= \Phi\left(\frac{0,108177 - 0,126066}{0,137069}\right) \\
&= \Phi(-0,130505808) \\
&= 1 - \Phi(0,130505808) \\
&= 1 - 0,55191691 \\
&= 44,808309\ \%
\end{aligned}
$$

$$
\begin{aligned}
P(0 \leq r_P \leq 0,108177) &= 0,44808309 - 0,17885949 \\
&= 26,922360\ \%
\end{aligned}
$$

Lösung von Aufgabe 30:

(a) Für nominelle Daten:

	Common Stock	Small Stock	Long-Term Corporate Bonds	Long-Term Government Bonds	US. Treasury Bills	Consumer Price Index
Arithmetische Durchschnittsrendite	12,0844 %	17,7929 %	5,3244 %	4,6651 %	3,5824 %	3,1811 %
Geometrische Durchschnittsrendite	10,0055 %	12,2828 %	5,0207 %	4,3523 %	3,5304 %	3,0710 %
Standardabweichung	20,8916 %	35,6207 %	8,4281 %	8,4924 %	3,3433 %	4,8068 %

Kovarianz–Matrix:

	Common Stock	Small Stock	Long-Term Corporate Bonds	Long-Term Government Bonds	US. Treasury Bills	Consumer Price Index
Common Stock	0,0436	0,0611	0,0034	0,0019	-0,0005	-0,0002
Small Stock	0,0611	0,1269	0,0025	-0,0003	-0,0010	0,0010
Long-Term Corporate Bonds	0,0034	0,0025	0,0071	0,0067	0,0005	-0,0007
Long-Term Government Bonds	0,0019	-0,0003	0,0067	0,0072	0,0006	-0,0007
US. Treasury Bills	-0,0005	-0,0010	0,0005	0,0006	0,0011	0,0007
Consumer Price Index	-0,0002	0,0010	-0,0007	-0,0007	0,0007	0,0023

Korrelationsmatrix:

	Common Stock	Small Stock	Long-Term Corporate Bonds	Long-Term Government Bonds	US. Treasury Bills	Consumer Price Index
Common Stock	1	0,8206	0,1923	0,1075	-0,0686	-0,0163
Small Stock	0,8206	1	0,0832	-0,0095	-0,0839	0,0578
Long-Term Corporate Bonds	0,1923	0,0831	1	0,9301	0,1883	-0,1660
Long-Term Government Bonds	0,1075	-0,0095	0,9301	1	0,2161	-0,1688
US. Treasury Bills	-0,0686	-0,0839	0,1883	0,2161	1	0,4131
Consumer Price Index	-0,0163	0,0578	-0,1660	-0,1688	0,4131	1

Autokorrelation für lags von 1 bis 5:

Lag	Common Stock	Small Stock	Long-Term Corporate Bonds	Long-Term Government Bonds	US. Treasury Bills	Consumer Price Index
1	0,007726	0,103073	0,164073	0,091594	0,921652	0,643359
2	-0,202840	-0,084237	0,086033	0,045887	0,839531	0,310108
3	-0,018096	-0,072074	0,113047	0,134410	0,783871	0,191729
4	-0,148379	-0,250660	0,037491	0,109092	0,728122	0,389299
5	-0,009582	-0,086102	-0,108724	-0,132540	0,670013	0,416268

Für reale Daten: *Berechnung der realen Daten:*

Jahr	Common Stock	Small Stock	Long-Term Corporate Bonds	Long-Term Government Bonds	US. Treasury Bills
1926	13,3083 %	1,7968 %	8,9940 %	9,4001 %	4,8320 %
1927	40,4105 %	24,6936 %	9,7222 %	11,3439 %	5,3105 %
1928	45,0167 %	41,0583 %	3,8473 %	1,0805 %	4,2512 %
1929	-8,5737 %	-51,4522 %	3,0742 %	3,2239 %	4,5514 %
1930	-20,0809 %	-34,1811 %	14,9090 %	11,3760 %	8,9816 %
1931	-37,3784 %	-44,4629 %	8,4770 %	4,6530 %	11,7042 %
1932	2,3523 %	5,4738 %	23,5452 %	30,2564 %	12,5530 %
1933	53,2086 %	141,6376 %	9,8199 %	-0,5870 %	-0,2089 %
1934	-3,4010 %	21,7485 %	11,5750 %	7,8310 %	-1,8328 %
1935	43,3829 %	36,1200 %	6,4278 %	1,9322 %	-2,7381 %
1936	32,3189 %	62,8298 %	5,4639 %	6,2247 %	-1,0177 %
1937	-36,9835 %	-59,2726 %	-0,3395 %	-2,7837 %	-2,7061 %
1938	34,8694 %	36,5974 %	9,1648 %	8,5476 %	2,8389 %
1939	0,0703 %	0,8340 %	4,4715 %	6,4510 %	0,5024 %
1940	-10,6379 %	-6,0618 %	2,4069 %	5,0812 %	-0,9509 %
1941	-19,4222 %	-17,0616 %	-6,3708 %	-8,0113 %	-8,8042 %
1942	10,1107 %	32,2262 %	-6,1213 %	-5,5540 %	-8,2533 %
1943	22,0434 %	82,5998 %	-0,3199 %	-1,0469 %	-2,7239 %
1944	17,2755 %	50,5435 %	2,5659 %	0,6855 %	-1,7432 %
1945	33,4377 %	69,7897 %	1,7897 %	8,2934 %	-1,8778 %
1946	-22,2053 %	-25,2179 %	-13,9206 %	-15,4608 %	-15,0800 %
1947	-3,0272 %	-7,4213 %	-10,4119 %	-10,6779 %	-7,8066 %
1948	2,7164 %	-4,6928 %	1,3923 %	0,6718 %	-1,8499 %
1949	20,9674 %	21,9450 %	5,2037 %	8,4012 %	2,9532 %
1950	24,5014 %	31,1561 %	-3,4691 %	-5,4164 %	-4,3388 %
1951	17,1437 %	1,8230 %	-8,0854 %	-9,2661 %	-4,1371 %
1952	17,3374 %	2,1312 %	2,6170 %	0,2776 %	0,7732 %
1953	-1,6001 %	-7,0662 %	2,7728 %	2,9915 %	1,1926 %
1954	53,3869 %	61,3869 %	5,9196 %	7,7286 %	1,3668 %
1955	31,0750 %	19,9960 %	0,1096 %	-1,6638 %	1,1956 %
1956	3,5971 %	1,3805 %	-9,4011 %	-8,2150 %	-0,3889 %
1957	-13,3955 %	-17,0744 %	5,5232 %	4,3001 %	0,1165 %
1958	40,8805 %	62,0381 %	-3,9112 %	-7,7241 %	-0,2162 %

Jahr	Common Stock	Small Stock	Long-Term Corporate Bonds	Long-Term Government Bonds	US. Treasury Bills
1959	10,2956 %	14,6798 %	-2,4335 %	-3,7044 %	1,4286 %
1960	-0,9953 %	-4,7004 %	7,4793 %	12,1206 %	1,1628 %
1961	26,0455 %	31,2109 %	4,1224 %	0,2980 %	1,4503 %
1962	-9,8301 %	-12,9619 %	6,6489 %	5,6017 %	1,4918 %
1963	20,8067 %	21,5642 %	0,5312 %	-0,4329 %	1,4461 %
1964	15,1102 %	22,0674 %	3,5379 %	2,2927 %	2,3224 %
1965	10,3316 %	39,0797 %	-2,3352 %	-1,1872 %	1,9721 %
1966	-12,9753 %	-10,0242 %	-3,0479 %	0,2903 %	1,3643 %
1967	20,3222 %	78,1541 %	-7,7543 %	-11,8692 %	1,1355 %
1968	6,0542 %	29,8415 %	-2,0531 %	-4,7555 %	0,4679 %
1969	-13,7687 %	-29,3658 %	-13,3823 %	-10,5457 %	0,4429 %
1970	-1,4030 %	-21,7272 %	12,2097 %	6,2660 %	0,9859 %
1971	10,5940 %	12,7128 %	7,4013 %	9,5491 %	0,9965 %
1972	15,0566 %	0,9864 %	3,7230 %	2,1951 %	0,4158 %
1973	-21,5625 %	-36,4890 %	-7,0404 %	-9,1085 %	-1,7188 %
1974	-34,4652 %	-28,6542 %	-13,6007 %	-6,9964 %	-3,7433 %
1975	28,2123 %	42,8091 %	7,1302 %	2,0372 %	-1,1307 %
1976	18,1567 %	50,1574 %	13,2048 %	11,3920 %	0,2576 %
1977	-13,0655 %	17,4300 %	-4,7392 %	-6,9682 %	-1,5454 %
1978	-2,2654 %	13,2349 %	-8,3463 %	-9,3461 %	-1,6968 %
1979	4,5274 %	26,6084 %	-15,4355 %	-12,8232 %	-2,5858 %
1980	17,8114 %	24,4484 %	-13,3630 %	-14,5463 %	-1,0320 %
1981	-12,7134 %	4,5346 %	-9,0876 %	-6,5082 %	5,2965 %
1982	16,8865 %	23,2406 %	38,4327 %	35,1208 %	6,4215 %
1983	18,0250 %	34,5568 %	0,8671 %	-3,0058 %	4,8170 %
1984	2,2318 %	-10,2165 %	11,9673 %	11,0438 %	5,6758 %
1985	27,3586 %	20,1311 %	26,1444 %	26,2118 %	3,8065 %
1986	17,1462 %	5,6561 %	18,5108 %	23,0535 %	4,9738 %
1987	0,7854 %	-13,1309 %	-4,4823 %	-6,8001 %	1,0152 %
1988	11,8120 %	17,6127 %	5,9634 %	4,9775 %	1,7996 %

	Common Stock	Small Stock	Long-Term Corporate Bonds	Long-Term Government Bonds	US. Treasury Bills	Consumer Price Index
Arithmetische Durchschnitts- rendite	8,8449 %	14,2744 %	2,3526 %	1,7158 %	0,5419 %	3,1811 %
Geometrische Durchschnitts- rendite	6,7279 %	8,9373 %	1,8916 %	1,2431 %	0,4457 %	3,0710 %
Standard- abweichung	21,0649 %	34,9174 %	9,9654 %	10,1320 %	4,4021 %	4,8068 %

Kovarianz-Matrix:

Jahr	Common Stock	Small Stock	Long-Term Corporate Bonds	Long-Term Government Bonds	US. Treasury Bills	Consumer Price Index
Common Stock	0,0444	0,0601	0,0056	0,0043	0,0008	-0,0023
Small Stock	0,0601	0,1219	0,0037	0,0011	-0,0009	-0,0012
Long-Term Corporate Bonds	0,0056	0,0037	0,0099	0,0096	0,0027	-0,0029
Long-Term Government Bonds	0,0043	0,0011	0,0096	0,0103	0,0028	-0,0029
US. Treasury Bills	0,0008	-0,0009	0,0027	0,0028	0,0019	-0,0016
Consumer Price Index	-0,0023	-0,0012	-0,0029	-0,0029	-0,0016	0,0023

Korrelationsmatrix:

	Common Stock	Small Stock	Long-Term Corporate Bonds	Long-Term Government Bonds	US. Treasury Bills	Consumer Price Index
Common Stock	1	0,8174	0,2671	0,2037	0,0871	-0,2238
Small Stock	0,8174	1	0,1065	0,0322	-0,0597	-0,0707
Long-Term Corporate Bonds	0,2671	0,1065	1	0,9526	0,6080	-0,6027
Long-Term Government Bonds	0,2037	0,0321	0,9526	1	0,6213	-0,5974
US. Treasury Bills	0,0871	-0,0597	0,6080	0,6214	1	-0,7583
Consumer Price Index	-0,2237	-0,0707	-0,6027	-0,5975	-0,7583	1

Autokorrelation für lags von 1 bis 5:

Jahr	Common Stock	Small Stock	Long-Term Corporate Bonds	Long-Term Government Bonds	US. Treasury Bills
1	0,002640	0,070322	0,280739	0,176513	0,661132
2	-0,204783	-0,121943	0,090216	0,031203	0,351626
3	-0,016199	-0,107556	0,050433	0,013733	0,201706
4	-0,106607	-0,243241	0,096313	0,132618	0,325153
5	0,047943	-0,039580	-0,002266	-0,032184	0,305186

(b) *Bei arithmetischen Durchschnittsrendite geht man davon aus, daß der Investor zu Beginn jeder Periode die Kurssteigerung seines Portefeuilles entnimmt bzw. den Kursverlust nachschießt. Bei geometrischen Durchschnittsrenditen legt der Investor nur zu Beginn der ersten Periode einen bestimmten Betrag am Kapitalmarkt an, und es kommt während der Veranlagungsdauer weder zu Entnahmen noch zu Nachschüssen.*

(c1) **Test auf Normalverteilung mit $\chi 2$-Anpassungstest:** *Hypothesen:*

H_0 ... *Renditen sind normalverteilt*

H_A ... *Renditen sind nicht normalverteilt*

Einteilung der Stichprobe in k = 5 Klassen:

h_i^0 ... *Beobachtete absolute Häufigkeit der Klasse i*

h_i^e ... *Erwartete absolute Häufigkeit der Klasse i bei Normalverteilung*

f_i^e ... *Erwartete relative Häufigkeit der Klasse i bei Normalverteilung*

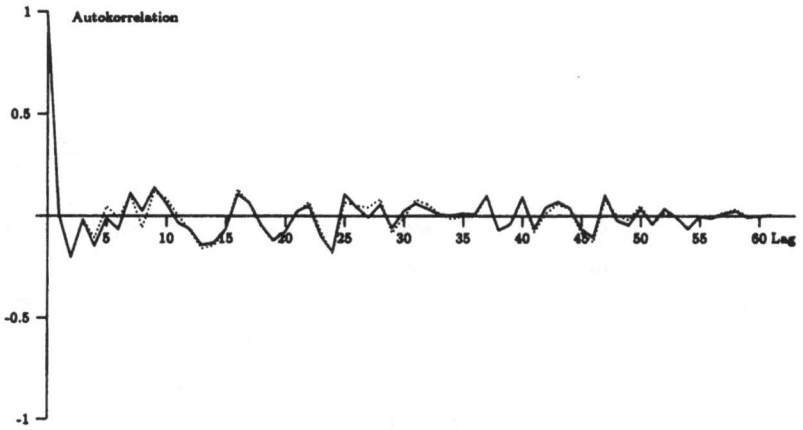

Abb. 2.37: Autokorrelation der Common Stocks (___ nominell; ... real)

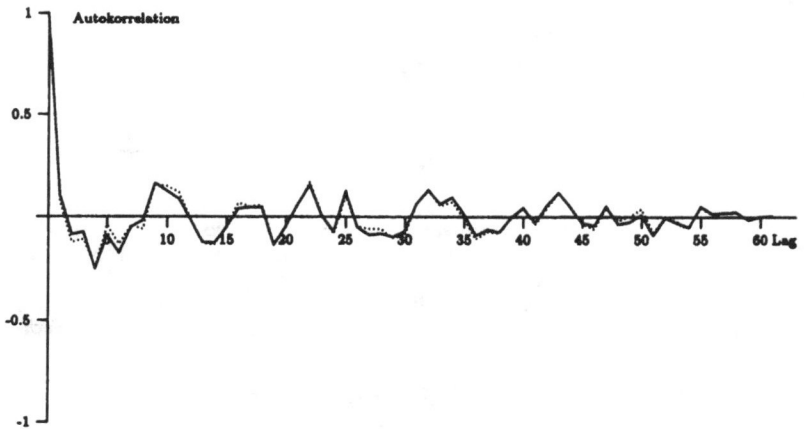

Abb. 2.38: Autokorrelation der Small Stocks (___ nominell; ... real)

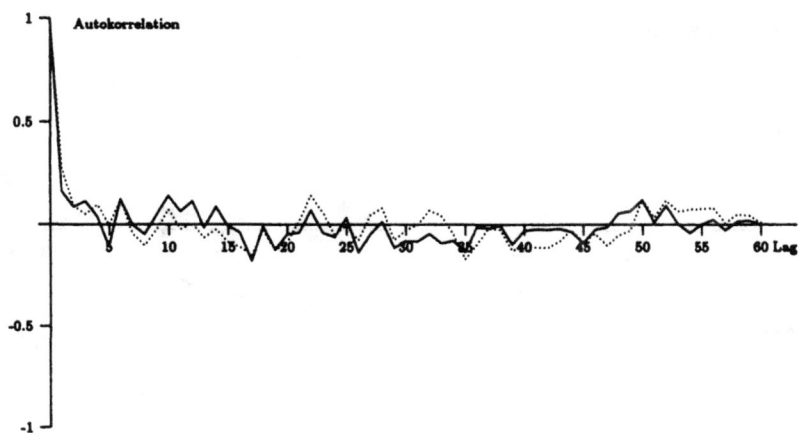

Abb. 2.39: Autokorrelation der Long–Term–Corporate Bonds (___ nominell; ... real)

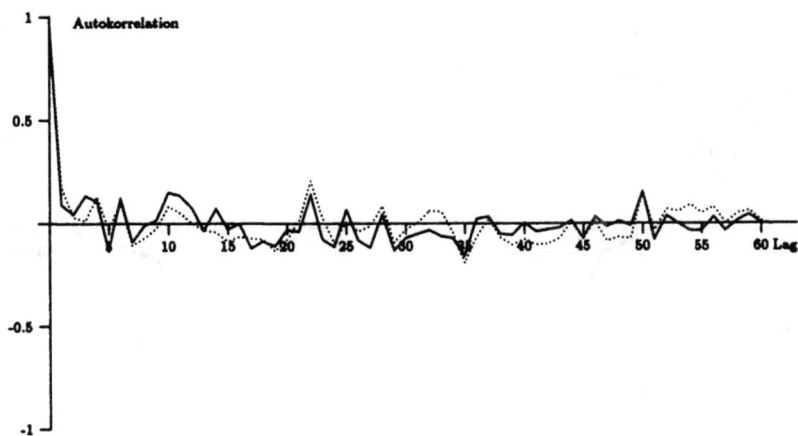

Abb. 2.40: Autokorrelation der Long–Term–Government Bonds (___ nominell; ... real)

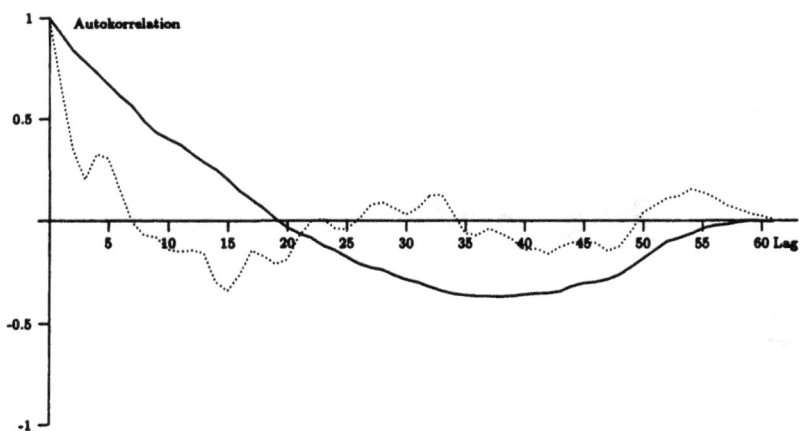

Abb. 2.41: Autokorrelation der US. Treasury Bills (___ nominell; ... real)

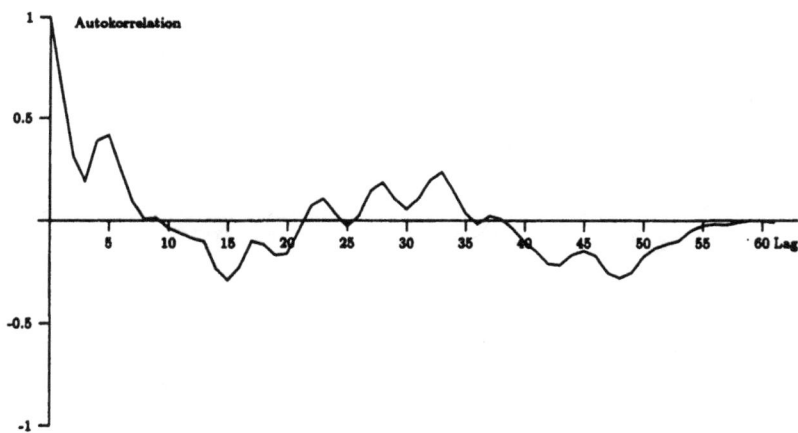

Abb. 2.42: Autokorrelation der Consumer Price Index

Berechnung der Prüfgröße:

$$\chi^2 = \sum_{i=1}^{k} \frac{(h_i^0 - h_i^e)}{h_i^e}$$

Vergleich mit der Vergleichsgröße χ_C^2 bei Signifikanzniveau $= 5\%$ und $\nu = k - m - 1$ Freiheitsgraden, wobei $m = 2$ Parameter zu testen sind.

$$\chi^2 < \chi_C^2 \quad \dots \quad \text{Annahme der Hypothese } H_0$$
$$\chi^2 > \chi_C^2 \quad \dots \quad \text{Ablehnung der Hypothese } H_0$$

Common Stock – nominelle Daten:
Klassenstatistik: $N(\mu = 12,0844\ \%, \sigma = 20,8916\ \%)$

i	Untergrenze	Obergrenze	h_i^0	f_i^e	h_i^e
1	-0,5	-0,28	2	0,0260	1,6400
2	-0,28	-0,06	13	0,1658	10,4475
3	-0,06	0,16	17	0,3810	24,0023
4	0,16	0,38	26	0,3183	20,0507
5	0,38	0,6	5	0,0965	6,0789

Berechnung der Prüfgröße:

$$\begin{aligned}\chi^2 &= \sum_{i=1}^{k} \frac{(h_i^0 - h_i^e)}{h_i^e}\\ &= \frac{2 - 1,6400}{1,6400} + \frac{13 - 10,4475}{10,4475} + \frac{17 - 24,0023}{24,0023} + \frac{26 - 20,0507}{20,0507} + \frac{5 - 6,0789}{6,0789}\\ &= 4,702181278\end{aligned}$$

Berechnung der Vergleichsgröße für $= 5\%$ und $\nu = 5 - 2 - 1 = 2$:

$$\chi_C^2 = 5,99141476$$

Annahme der Hypothese H_0, da

$$\chi_C^2 > \chi^2.$$

Das heißt, daß bei einem Signifikanzniveau von $= 5\%$ die Hypothese, daß Common Stock zu nominellen Daten normalverteilt sind, nicht abgelehnt werden kann.

Small Stock – nominelle Daten:
Klassenstatistik: $N(\mu = 17,7929\ \%, \sigma = 35,6207\ \%)$

i	Untergrenze	Obergrenze	h_i^0	f_i^e	h_i^e
1	-0,6	-0,18	7	0,0746	4,7001
2	-0,18	0,24	31	0,6409	40,3748
3	0,24	0,66	21	0,2793	17,5972
4	0,66	1,08	3	0,0049	0,3103
5	1,08	1,5	1	≈ 0	≈ 0

Berechnung der Prüfgröße:

$$\begin{aligned}\chi^2 &= \sum_{i=1}^{k} \frac{(h_i^0 - h_i^e)}{h_i^e}\\ &= \frac{7 - 4,7001}{4,7001} + \frac{31 - 40,3748}{40,3748} + \frac{21 - 17,5972}{17,5972} + \frac{3 - 0,3103}{0,3103} + \frac{1 - \approx 0}{\approx 0}\\ &= 7.232,572\end{aligned}$$

Berechnung der Vergleichsgröße für $= 5\%$ und $\nu = 5 - 2 - 1 = 2$:

$$\chi_C^2 = 5,99141476$$

Ablehnung der Hypothese H_0, da

$$\chi_C^2 < \chi^2.$$

Das heißt, daß bei einem Signifikanzniveau von $= 5\%$ die Hypothese, daß Small Stock zu nominellen Daten normalverteilt sind, abgelehnt werden muß.

Common Stock – reale Daten:
Klassenstatistik: $N(\mu = 8,8449\ \%, \sigma = 21,0649\ \%)$

i	Untergrenze	Obergrenze	h_i^0	f_i^e	h_i^e
1	−0,4	−0,2	6	0,0752	4,7403
2	−0,2	0	15	0,2518	15,8657
3	0	0,2	24	0,3646	22,9640
4	0,2	0,4	12	0,2287	14,4043
5	0,4	0,6	6	0,0620	3,9052

Berechnung der Prüfgröße:

$$\chi^2 = \sum_{i=1}^{k} \frac{(h_i^0 - h_i^e)}{h_i^e}$$

$$= \frac{6 - 4,7403}{4,7403} + \frac{15 - 15,8657}{15,8657} + \frac{24 - 22,9640}{22,9640} + \frac{12 - 14,4043}{14,4043} + \frac{6 - 3,9052}{3,9052}$$

$$= 1,953670995$$

Berechnung der Vergleichsgröße für = 5 % und $\nu = 5 - 2 - 1 = 2$:

$$\chi_C^2 = 5,99141476$$

Annahme der Hypothese H_0, da

$$\chi_C^2 > \chi^2.$$

Das heißt, daß bei einem Signifikanzniveau von = 5 % die Hypothese, daß Common Stocks zu realen Daten normalverteilt sind, nicht abgelehnt werden kann.

Small Stock − reale Daten:
Klassenstatistik: $N(\mu = 14,2744 \%, \sigma = 34,9174 \%)$

i	Untergrenze	Obergrenze	h_i^0	f_i^e	h_i^e
1	−0,6	−0,18	9	0,1007	6,3419
2	−0,18	0,24	32	0,6629	41,7597
3	0,24	0,66	18	0,2326	14,6547
4	0,66	1,08	3	0,0033	0,2096
5	1,08	1,5	1	≈ 0	0,0001

Berechnung der Prüfgröße:

$$\chi^2 = \sum_{i=1}^{k} \frac{(h_i^0 - h_i^e)}{h_i^e}$$

$$= \frac{9 - 6,3419}{6,3419} + \frac{32 - 41,7597}{40,3797} + \frac{18 - 14,6547}{14,6547} + \frac{3 - 0,2096}{0,2096} + \frac{1 - \approx 0}{0,0001}$$

$$= 12.694,32$$

Berechnung der Vergleichsgröße für = 5 % und $\nu = 5 - 2 - 1 = 2$:

$$\chi_C^2 = 5,99141476$$

Ablehnung der Hypothese H_0, da

$$\chi_C^2 < \chi^2.$$

Das heißt, daß bei einem Signifikanzniveau von = 5 % die Hypothese, daß Small Stock zu realen Daten normalverteilt sind, abgelehnt werden muß.

(c2) Test auf Autokorrelation mittels Q−Test: *Hypothesen:*

$$H_0 \quad \dots \quad \text{Renditen sind autokorreliert}$$
$$H_A \quad \dots \quad \text{Renditen sind nicht autokorreliert}$$

Schätzung der Autokorrelation ϱ_k aus den N Beobachtungen von Lag $k = 1$ bis $K = 61$:

$$\varrho_k = \frac{\sum\limits_{i=1}^{N-K} (y_i - \bar{y}) \cdot (y_{i-k} - \bar{y})}{\sum\limits_{i=1}^{N} (y_i - \bar{y})^2}$$

Berechnung der Prüfgröße:

$$Q = N \cdot \sum_{k=1}^{K} \hat{\varrho}_k^2$$

Vergleich mit der Vergleichsgröße χ_C^2 *bei Signifikansniveau* $= 5\%$ *und* $\nu = K$
Freiheitsgraden.

$$Q < \chi_C^2 \quad \ldots \quad \textit{Annahme der Hypothese } H_0$$
$$Q > \chi_C^2 \quad \ldots \quad \textit{Ablehnung der Hypothese } H_0$$

Der	Test	ergibt,	daß	weder	das	Common	Stock-
noch	das	Small		Stock-Portefeuille		autokorreliert	sind:

	N	K	$\sum_{k=1}^{K} \hat{\varrho}_k^2$	Q		χ_C^2
Common Stock (nominell)	63	61	0,000059696	0,003760876	<	80,23208693
Small Stock (nominell)	63	61	0,010624072	0,669316563	<	80,23208693
Common Stock (real)	63	61	0,000945475	0,059564922	<	80,23208693
Small Stock (real)	63	61	0,013923907	0,877206167	<	80,23208693

(d) Wert 1988 bei Investition eines Dollars 1926 in die einzelnen Portefeuilles:

$$\textit{Wert 1988} = (1 + \textit{geom. } \varnothing\textit{-Rendite})^{63}$$

	Common Stock	Small Stock	Long-Term Corporate Bonds	Long-Term Government Bonds	US. Treasury Bills
Wert 1988 (nominell)	406,240	1.478,217	21,893	14,643	8,898
Wert 1988 (real)	60,465	219,855	3,256	2,178	1,323

(e) Fragen aus Ross/Westerfield/Jaffe (1990), S. 232:

	Common Stock	Small Stock	Long-Term Corporate Bonds	Long-Term Government Bonds	US. Treasury Bills
Maximalgewinn (nominell)	53,99 %	142,87 %	43,79 %	40,35 %	14,71 %
Jahr	1933	1933	1982	1982	1981
Maximalgewinn (real)	53,39 %	141,64 %	38,43 %	35,12 %	12,55 %
Jahr	1954	1933	1982	1982	1932
Maximalverlust (nominell)	−43,34 %	−58,01 %	−8,09 %	−9,19 %	−0,02 %
Jahr	1929	1935	1967	1965	1936
Maximalverlust (real)	−37,38 %	−59,27 %	−15,44 %	−15,46 %	−15,08 %
Jahr	1929	1935	1977	1944	1936
Perioden über 30 % (nominell)	14	21	2	2	0
Perioden über 30 % (real)	10	18	1	2	0
Perioden unter 20 % (nominell)	40	32	61	60	63
Perioden unter 20 % (real)	45	35	60	59	63

Sowohl nominell als auch real war die längste Gewinnperiode von 1982 bis 1988, während die längste nominelle Verlustperiode von 1929 bis 1932 und die längste reale Verlustperiode nur von 1929 bis 1931 dauerte. Angenommen, ein Investor hat Ende 1929 Geld in Common Stock angelegt, so mußte er bis 1936 warten, bis er nominell einen Gewinn realisieren konnte. Real hatte ein Investor, der Anfang 1973 Geld investiert hat, die schlechtesten Gewinnaussichten. Er mußte elf Jahre, bis 1983 warten, bis seine ursprüngliche Kaufkraft wiederhergestellt war.

Appendix zu Kapitel 2

A Statistische Grundlagen

A.1 Ex ante

- **Erwartungswert und Risiko:**

  - Erwartungswert:

  $$E(r_j) = \sum_i r_j(z_i) \cdot p(z_i)$$

  - Risiko (Standardabweichung):

  $$\sigma(r_j) = \sqrt{Var(r_j)}$$
  $$= \sqrt{E(r_j^2) - E(r_j)^2}$$

  mit: $E(r_j^2) = \sum_i r_j^2(z_i) \cdot p(z_i)$

- **Korrelation zweier Zufallsvariablen:**
  Der Korrelationskoeffizient $\varrho(r_A, r_B)$ gibt an, wie stark zwei Zufallsvariablen linear zusammenhängen.

  $$\varrho(r_A, r_B) = \frac{Cov(r_A, r_B)}{\sigma(r_A) \cdot \sigma(r_B)}$$

  mit: $Cov(r_A, r_B) = E(r_A \cdot r_B) - E(r_A) \cdot E(r_B)$
  $E(r_A \cdot r_B) = \sum_i r_A(z_i) \cdot r_B(z_i) \cdot p(z_i)$

  $$-1 \le \varrho(r_A, r_B) \le 1$$

- **Linearkombination von N Zufallsvariablen r_j, $j = 1, \ldots, N$:**

  - Allgemein: Für $r_P = \sum_{j=1}^{N} r_j x_j$ mit $\sum_{j=1}^{N} x_j = 1$:

  $$E(r_P) = \sum_{j=1}^{N} E(r_j) x_j$$

  $$Var(r_P) = \sum_{j=1}^{N} \sum_{k=1}^{N} Cov(r_j, r_k) x_j x_k$$

  $$Cov(r_j, r_P) = \sum_{k=1}^{N} Cov(r_j, r_k) x_k \text{ für } j = 1, \ldots, N$$

  mit: $Cov(r_j, r_k) = Cov(r_k, r_j)$
  $Cov(r_j, r_j) = Var(r_j) = \sigma^2(r_j)$

  − Spezialfall: $N = 2$:

$$
\begin{aligned}
E(r_P) &= x_A E(r_A) + x_B E(r_B) \\
Var(r_P) &= x_A^2 Var(r_A) + x_B^2 Var(r_B) + 2 x_A x_B Cov(r_A, r_B) \\
Cov(r_A, r_P) &= x_A Var(r_A) + x_B Cov(r_A, r_B) \\
Cov(r_B, r_P) &= x_B Var(r_B) + x_A Cov(r_A, r_B)
\end{aligned}
$$

A.2   Ex post

- **Mittelwerte und Standardabweichungen:**

  − Arithmetisches Mittel $\bar{r}_j$ und Standardabweichung:

$$
\bar{r}_j = \frac{1}{n} \cdot \sum_{t=1}^{n} r_{jt}
$$

$$
\sigma(r_j) = \sqrt{ \frac{1}{n-1} \left[\sum_{t=1}^{n} r_{jt}^2 - \frac{1}{n} \left(\sum_{t=1}^{n} r_{jt} \right)^2 \right] }
$$

  − Geometrisches Mittel:

$$
\text{geom. } \varnothing\text{–Rendite} = \sqrt[n]{ \prod_{t=1}^{n} (1 + r_{jt}) } - 1
$$

      mit: n ...   Stichprobenumfang (Anzahl der beobachteten Renditen von Perioden mit gleicher Länge)

- **Korrelation zweier Zeitreihen:**

$$
\varrho(r_{At}, r_{Bt}) = \frac{Cov(r_{At}, r_{Bt})}{\sigma(r_A) \cdot \sigma(r_B)}
$$

mit: $Cov(r_{At}, r_{Bt}) = \frac{1}{n-1} \left[\sum\limits_{t=1}^{n} r_{At} \cdot r_{Bt} - \frac{1}{n} \sum\limits_{t=1}^{n} r_{At} \cdot \sum\limits_{t=1}^{n} r_{Bt} \right]$

- **Autokorrelation (serielle Korrelation) k–ter Ordnung[18]:**

$$
\varrho(r_{j,t}, r_{j,t-k}) = \frac{ \sum\limits_{t=1+k}^{n} (r_{j,t} - \bar{r}_j)(r_{j,t-k} - \bar{r}_j) }{ \sum\limits_{t=1}^{n} (r_{j,t} - \bar{r}_j)^2 }
$$

- **Annualisierung von unterjährigen Renditen und Risiken:**

  − in eine Jahresrendite (ohne Zinseszinsen):

$$
r_j = m \cdot \text{arithm. } \varnothing\text{–Rendite}
$$

      mit: m ...   Anzahl der Subperioden pro Jahr

  − in eine konforme Jahresrendite[19]:

$$
r_j^* = (1 + \varnothing\text{–Rendite})^m - 1
$$

  − in ein Jahresrisiko:

$$
\sigma(r_j) \text{ p.a.} = \sqrt{m} \cdot \sigma_m(r_j)
$$

---

[18] vgl. Pindyck/Rubinfeld (1981), S. 499f.
[19] Diese Form der Annualisierung ist für beide $\varnothing$–Renditen möglich.

B   Portfoliotheorie

B.1   Problemstellung und Annahmen

- **Problemstellung:**
  Wie soll ein privater Investor sein Anfangsvermögen W_0 für eine Periode

  - in N riskante Wertpapiere (Markowitz)
  - in N riskante Wertpapiere und einen risikolosen Finanzierungstitel (Tobin)

  veranlagen?

- **Annahmen:**

  - Kapitalmarkt:
    * Keine Steuern und keine Transaktionskosten
    * Wertpapiere sind beliebig teilbar
    * Leerverkäufe sind zugelassen
    * Normalverteilte Renditen der riskanten Wertpapiere[20]
  - Investor:
    * Kompetitives Verhalten
    * Risikoavers
    * Rational
    * Zielsetzung: Maximierung des erwarteten Nutzens aus dem Endvermögen $E[U(W_1)]$
    * Subjektive gemeinsame Wahrscheinlichkeitsverteilungen für alle unsicheren Renditen r_j können angegeben werden.[21]

B.2   Elementare Modelle[22]

- **Modell zur Bestimmung des Minimum–Varianz–Portfolios MVP:**
  Quadratisches Programm:

$$\min \sigma^2(r_P) = \sum_{j=1}^{N} \sum_{k=1}^{N} Cov(r_j, r_k) x_j x_k$$

unter der Nebenbedingung

$$\sum_{j=1}^{N} x_j = 1$$

---

[20] *oder* quadratische Nutzenfunktion des Investors *oder* Erwartungswert–Varianz–Entscheidungsregel.

[21] Für normalverteilte Renditen: $E(r_j)$, $\sigma(r_j)$ und $\varrho(r_j, r_k)$ für $j, k \in \{1, \ldots, N\}$.

[22] Die Modellierungen erfolgen unter Annahme, daß Leerverkäufe zulässig sind. Sind Leerverkäufe unzulässig, so sind die Modelle um die Nichtnegativitätsbedingungen
$$x_j \geq 0 \quad \text{für } j = 1, \ldots, N$$
zu ergänzen.

- **Modelle zur Bestimmung der Effizienzkurve nach Markowitz:**

  - Quadratisches Programm mit dem Parameter $E(r_P) \geq E(r_{MVP})$:

$$\min \sigma^2(r_P) = \sum_{j=1}^{N}\sum_{k=1}^{N} Cov(r_j, r_k) x_j x_k$$

  unter den Nebenbedingungen

$$\sum_{j=1}^{N} E(r_j) x_j = E(r_P)$$

$$\sum_{j=1}^{N} x_j = 1$$

  - Nichtlineares Programm mit dem Parameter $\sigma(r_P) \geq \sigma(r_{MVP})$:

$$\max E(r_P) = \sum_{j=1}^{N} E(r_j) x_j$$

  unter den Nebenbedingungen

$$\sum_{j=1}^{N}\sum_{k=1}^{N} Cov(r_j, r_k) x_j x_k = \sigma^2(r_P)$$

$$\sum_{j=1}^{N} x_j = 1$$

- **Modelle zur Bestimmung des Tangentialportfolios M:**

  - Nichtlineares Programm:

$$\max \frac{E(r_P) - r}{\sigma(r_P)}$$

  unter den Nebenbedingungen

$$\sum_{j=1}^{N}\sum_{k=1}^{N} Cov(r_j, r_k) x_j x_k = \sigma^2(r_P)$$

$$\sum_{j=1}^{N} E(r_j) x_j = E(r_P)$$

$$\sum_{j=1}^{N} x_j = 1$$

  - Lineares Gleichungssystem[23]:

$$\sum_{k=1}^{N} Cov(r_j, r_k) y_k = E(r_j) - r \text{ für } j = 1,\ldots,N$$

mit: y_k ... Hilfsvariable, $k = 1,\ldots,N$.

Nach der Lösung des Linearen Gleichungssystems für y_k erhält man die Anteile der Wertpapiere im Tangentialportfolio x_j^M aus:

$$x_j^M = \frac{y_j}{\sum\limits_{k=1}^{N} y_k} \text{ für } j = 1,\ldots,N$$

---

[23] vgl. Elton/Gruber (1991), S. 75–78.

- **Gleichung der Effizienzkurve nach Tobin:**

$$E(r_P) = r + \frac{E(r_M) - r}{\sigma(r_M)}\sigma(r_P)$$

mit:
$$E(r_P) = r + (1 -)E(r_M)$$
$$\sigma(r_P) = (1 -)\sigma(r_M)$$
$$x_j = (1 -)x_j^M$$

wobei: ... Anteil des risikolosen Finanzierungstitels am Anfangsvermögen W_0

B.3 Bestimmung der Markowitz–Effizienzkurve (mit Leerverkaufsmöglichkeit)

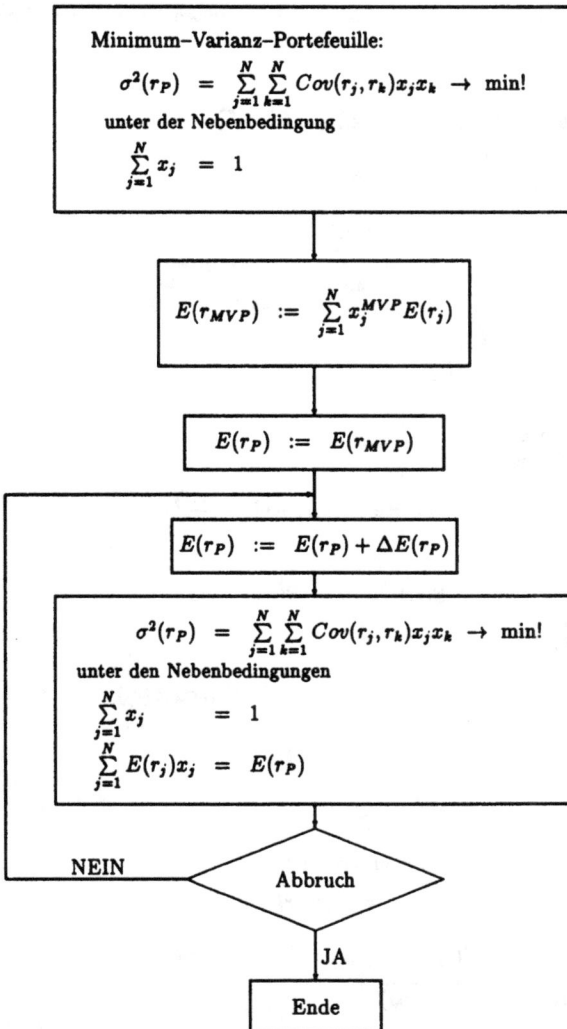

Minimum–Varianz–Portefeuille:

$$\sigma^2(r_P) = \sum_{j=1}^{N}\sum_{k=1}^{N} Cov(r_j, r_k)x_j x_k \to \text{min!}$$

unter der Nebenbedingung

$$\sum_{j=1}^{N} x_j = 1$$

$$E(r_{MVP}) := \sum_{j=1}^{N} x_j^{MVP} E(r_j)$$

$$E(r_P) := E(r_{MVP})$$

$$E(r_P) := E(r_P) + \Delta E(r_P)$$

$$\sigma^2(r_P) = \sum_{j=1}^{N}\sum_{k=1}^{N} Cov(r_j, r_k)x_j x_k \to \text{min!}$$

unter den Nebenbedingungen

$$\sum_{j=1}^{N} x_j = 1$$

$$\sum_{j=1}^{N} E(r_j)x_j = E(r_P)$$

NEIN — Abbruch

JA

Ende

C   Moderne Kapitalmarkttheorie

C.1   Problemstellung und Annahmen

- **Problemstellung:**
  Wie bilden sich auf einem vollkommenen Kapitalmarkt die Preise P_{0j} bzw. Renditen r_j und der risikolose Zinssatz r?

- **Annahmen:**
  Vollkommener Kapitalmarkt:

    - Keine Steuern und Transaktionskosten
    - Wertpapiere sind beliebig teilbar
    - Kompetitives Verhalten der Investoren
    - Keine Zugangsbeschränkungen
    - Alle Kapitalmarktteilnehmer verfügen über kostenlose symmetrische Informationen und haben (somit) homogene Erwartungen.

C.2   Capital Asset Pricing Model (CAPM)

- **Aktienrendite:**

$$ r_j \;=\; \underbrace{E(r_j)}_{\substack{\text{Erwartete}\\\text{Aktienrendite}}} \;+\; \underbrace{\varepsilon_j}_{\substack{\text{unerwartete}\\\text{Aktienrendite}\\(\text{„Zufallsgröße“})}} $$

  mit: r_M ... Marktrendite
  $$ \varepsilon_j \;\sim\; N(0, \sigma(\varepsilon_j)) $$
  $$ E(r_M \cdot \varepsilon_j) \;=\; 0 $$

- **Erwartete Aktienrendite:**
  Drei Darstellungsformen:

$$ E(r_j) \;=\; r + [E(r_M) - r] \cdot \frac{Cov(r_j, r_M)}{\sigma^2(r_M)} $$

$$ E(r_j) \;=\; r + [E(r_M) - r]\beta_j $$

  mit: $\beta_j \;=\; \frac{Cov(r_j, r_M)}{\sigma^2(r_M)}$

$$ E(r_j) \;=\; r + \frac{[E(r_M) - r]}{\sigma(r_M)} \cdot \varrho(r_j, r_M)\sigma(r_j) $$

  mit: $\varrho(r_j, r_M) \;=\; \frac{Cov(r_j, r_M)}{\sigma(r_M)\sigma(r_j)}$

  $ \;=\; \beta_j \cdot \frac{\sigma(r_M)}{\sigma(r_j)}$

- **Aktienrisiko:**
  Zwei Darstellungsformen für das quadrierte Risiko:

$$ \sigma^2(r_j) \;=\; \beta_j^2 \sigma^2(r_M) + \sigma^2(\varepsilon_j) $$

$$ \sigma^2(r_j) \;=\; \varrho^2(r_j, r_M)\sigma^2(r_j) + \sigma^2(\varepsilon_j) $$

  mit: $\sigma(\varepsilon_j) \;=\; \sigma(r_j)\sqrt{1 - \varrho^2(r_j, r_M)}$

- **Interpretation:**

$$E(r_M) - r \qquad \ldots \quad \text{Erwartete Risikoprämie am Kapitalmarkt}$$

$$\sigma(r_M) \qquad \ldots \quad \text{Risiko des Kapitalmarkts}$$

$$\sigma(r_j) \qquad \ldots \quad \text{(Gesamt-) Risiko der } j\text{-ten Aktie}$$

$$\frac{E(r_M)-r}{\sigma(r_M)} \qquad \ldots \quad \text{Erwarteter Marktpreis für das Risiko je Risikoeinheit}$$

$$\varrho(r_j, r_M)\sigma(r_j) = \beta_j\sigma(r_M) \qquad \ldots \quad \text{Systematisches (nicht diversifizierbares) Risiko der } j\text{-ten Aktie}$$

$$\beta_j \qquad \ldots \quad \text{normiertes systematisches Risiko der } j\text{-ten Aktie}$$

$$\sigma(r_j)\sqrt{1 - \varrho^2(r_j, r_M)} =$$
$$= \sqrt{\sigma^2(r_j) - \beta_j^2\sigma^2(r_M)} \qquad \ldots \quad \text{unsystematisches (diversifizierbares) Risiko der } j\text{-ten Aktie (Residualrisiko)}$$

- **Ergebnis:**
Nur für das systematische (nicht diversifizierbare) Risiko einer Aktie kann eine Risikoprämie erwartet werden:

$$E(r_j) \quad = \quad r \quad + \quad \underbrace{\frac{E(r_M)-r}{\sigma(r_M)}}_{\substack{\text{Quotient:} \\ \text{Marktpreis für} \\ \text{das Risiko je} \\ \text{Risikoeinheit}}} \cdot \underbrace{\varrho(r_j, r_M)}_{\substack{\text{systematisches Risiko} \\ \text{der } j\text{-ten Aktie}}} \cdot \underbrace{\sigma(r_j)}_{\substack{\text{Gesamtrisiko} \\ \text{der } j\text{-ten} \\ \text{Aktie}}}$$

Zähler: Risikoprämie am Kapitalmarkt

$$\underbrace{\text{Erwartete Rendite für die } j\text{-te Aktie}}_{} = \underbrace{\text{Risikoloser Zinssatz}}_{} + \underbrace{\text{Risikoprämie für die } j\text{-ten Aktie}}_{}$$

Das restliche Risiko einer Aktie ist durch Investition in das Marktportfolio diversifizierbar. Für dieses unsystematische Risiko kann daher keine Risikoprämie erwartet werden.

- **Konsequenzen für die Aktienbewertung:**
Zwei Darstellungsformen:

  - mit einer Risikoprämie im Kalkulationszinsfuß

$$P_{0j} \; = \; \frac{E(P_{1j})}{1 + E(r_j)}$$

mit der erwarteten Rendite:

$$E(r_j) \; = \; r + \frac{E(r_M)-r}{\sigma(r_M)}\varrho(r_j, r_M)\sigma(r_j)$$

  - mit einer Risikoabschlag vom erwarteten Preis

$$P_{0j} \;=\; \frac{CE[E(P_{1j})]}{1+r}$$

mit dem Sicherheitsäquivalent:

$$CE[E(P_{1j})] \;=\; E(P_{1j}) - [E(r_M) - r] \cdot \frac{Cov(P_{1j}, r_M)}{\sigma^2(r_M)}$$

- **Konsequenz für die Aktienkursprognose:**

$$E(P_{1j}) \;=\; P_{0j} \cdot [1 + E(r_j)]$$

3 Die relevanten Kalkulationszinsfüße in der Investitionsplanung

Eines der wesentlichen Ergebnisse aus dem CAPM (vgl. Abschnitt 2.3) ist, daß sich ein Investor aus einer Veranlagung in einen riskanten Finanzierungstitel nur eine Prämie für das normierte systematische Risiko des riskanten Finanzierungstitel erwarten darf

$$E(r_j) = r + [E(r_M) - r]\beta_j.$$

Will eine Unternehmung eine Sachinvestition zumindest teilweise durch Eigenkapital finanzieren, so stellt sich für den potentiellen Eigenkapitalgeber die Frage, welche Rendite er für das Eigenkapital durch eine alternative Investition in ein Portfolio aus risikolosen und riskanten Finanzierungstiteln am Kapitalmarkt erwarten könnte. Diese erwartete Alternativrendite ist in der Investitionsplanung als Kapitalkostensatz für das Eigenkapital nach Steuern heranzuziehen. Bei der Ermittlung dieser Alternativrendite ist wichtig, daß beide alternative Investitionen, also sowohl die Sachinvestition als auch die Finanzinvestition, das selbe normierte systematische Risiko aufzuweisen haben. Das restliche, unsystematische Risiko der Sachinvestition kann der potentielle Eigenkapitalgeber durch geeignete Portfoliodiversifikation ausschalten.

Das Problem bei der Ermittlung des Kapitalkostensatzes für das Eigenkapital nach Steuern verschiebt sich somit zunächst einmal auf die Ermittlung des normierten systematischen Risikos des Eigenkapitals der Sachinvestition, das mit β_E symbolisiert werden soll, und der zu verwendende Kalkulationszinsfuß beträgt daher

$$k_E = r + [E(r_M) - r] \cdot \beta_E.$$

Ist der Kapitalwert des Projekts positiv, so soll die Sachinvestition durchgeführt werden, da sie eine erwartete Rendite für das Eigenkapital (= interner Zinsfuß p_E) liefert, die über der erwarteten Rendite für eine alternative Veranlagung in ein Portfolio aus Finanzierungstitel mit gleichem systematischem Risiko dieses Portfolios wie das des in die Sachinvestition investierten Eigenkapitals liegt. Durch die Realisation der Sachinvestition kann somit eine *Überrendite* erwartet werden.

Das endgültige zentrale Problem für die Ermittlung des Kapitalkostensatzes für das Eigenkapital nach Steuern k_E liegt somit in der Ermittlung des normierten systematischen Risikos für das in das Sachanlagevermögen zu investierende Eigenkapital β_E.

Im zweiten Abschnitt dieses Kapitels wird gezeigt, daß β_E von folgenden drei Faktoren bestimmt wird

- Financial Leverage,

- Operating Leverage

und

- normiertes systematisches Risiko des Wertes der künftigen Umsatzerlöse, wobei die letzten zwei Faktoren das empirisch schätzbare normierte systematische Risiko des Projekts bei reiner Eigenfinanzierung determinieren. Im ersten Abschnitt werden die verwendeten Leverage–Effekte erklärt und hergeleitet. Im zweiten Abschnitt werden die mit Sachinvestitionen verbundenen Risiken und deren Wechselwirkungen über die Leverage–Effekte dargestellt. Im dritten Abschnitt werden die Konsequenzen für die relevanten Kalkulationszinsfüße in der Investitionsplanung sowohl für die Netto– als auch für die Bruttomethode bei expliziter Berücksichtigung der Steuern mit nominellen Werten gezogen.

Die Analysen in diesem Kapitel erfolgen, wie soeben oben erwähnt, sowohl für die Nettomethode als auch für die Bruttomethode bei expliziter Berücksichtigung der Steuern mit nominellen Werten. Dabei werden die bisher unterstellten Annahmen konstanter Kalkulationszinsfüße k_E bzw. k_G und (bei der Bruttomethode) konstanter Verschuldungsgrade v aufgehoben und entsprechende periodenspezifische Kalkulationszinsfüße verwendet:

<u>Nettomethode</u>:

$$K_0 = -A_0 + Y_0 + \sum_{t=1}^{T} \frac{NCF_t - Y_t}{\prod\limits_{\tau=1}^{t}(1 + k_{E,\tau})} + \frac{R_T - s \cdot (R_T - BW_T)}{\prod\limits_{t=1}^{T}(1 + k_{E,t})}$$

mit

$\quad k_{E,t} \quad \ldots \quad$ Kalkulationszinsfuß nach Steuern für das Eigenkapital für die t–te Periode bei teilweiser Fremdfinanzierung

<u>Bruttomethode</u>:

$$K_0 = -A_0 + \sum_{t=1}^{T} \frac{OCF_t}{\prod\limits_{\tau=1}^{t}(1 + k_{G,\tau})} + \frac{R_T - s \cdot (R_T - BW_T)}{\prod\limits_{t=1}^{T}(1 + k_{G,t})}$$

mit

$\quad k_{G,t} \quad \ldots \quad$ gewichteter durchschnittlicher Kalkulationszinsfuß nach Steuern für das Gesamtkapital für die t–te Periode

$$k_{G,t} = (1 - v_{t-1}) \cdot k_{E,t} + v_{t-1}(1 - s)i,$$

wobei v_{t-1} der Verschuldungsgrad des Projekts zu Marktwerten zu Beginn der t–ten Periode ist.

Bei der folgenden Analyse der Einflußfaktoren auf die systematischen Risiken und damit auf die Risikoprämien wird von der Idee ausgegangen, die unterschiedlichen künftigen Ein– und Auszahlungen, die zur Beurteilung eines Projekts relevant sind, nach ihrem Ausmaß an systematischem Risiko zu ordnen und jede Kategorie von Zahlungen mit einem eigenen Kalkulationszinsfuß zu diskontieren, um daraus für jede Kategorie von Zahlungen den dazugehörigen Beitrag zum gesamten Wert des Projekts herauszuarbeiten.

Die Kategorien für die künftigen Zahlungen[1] sind:

- <u>Zahlungen mit hohem systematischem Risiko</u>

---

[1] In der Folge werden vereinfachend Zahlungen mit systematischem Risiko auch als unsichere bzw. variable Zahlungen und Zahlungen ohne systematischem Risiko auch als sichere bzw. fixe Zahlungen bezeichnet.

Künftige variable Einzahlungsüberschüsse nach Steuern

$$(1 - s) \cdot (p_t - c_{v,t}) \cdot x_t$$

- Zahlungen ohne systematischem Risiko
  - −   Fixe jährliche Auszahlungen nach Steuern $(1 - s) \cdot C_{f,t}$
  - +   Steuerersparnisse aufgrund der AfA $s \cdot AfA_t$
  - +   Restwert nach Steuern $R_T - s \cdot (R_T - BW_T)$

- Zahlungen mit geringem oder keinem systematischem Risiko
  - −   Zinszahlungen Z_t
  - +   Steuerersparnis aufgrund
    der Kreditaufwendungen $s \cdot Z'_t$
  - −   Tilgungszahlungen Y_t

Jeder Kategorie von Zahlungen wird für jede Periode ein eigener Kalkulationszinsfuß zugeordnet, der das unterschiedliche Ausmaß an systematischem Risiko in seiner Risikoprämie widerspiegelt:

Systematisches Risiko	Kalkulationszinsfuß
Hoch	κ_t
Keines	r_t
Gering	$k_{D,t}$

Sodann erfolgt die Bewertung des Projekts durch Ermittlung der Werte der einzelnen Zahlungskategorien

Wert der künftigen Umsatzerlöse PV_t

Wert der variablen Einzahlungsüberschüsse nach Steuern PVZ_t

Wert der sicheren Zahlungen nach Steuern PF_t

Wert der Steuerersparnisse aufgrund der Kreditaufwendungen

Wert der Zins– und Tilgungszahlungen D_t

Durch geeignete Kombination dieser Werte[2] erfolgt schließlich die Ermittlung des

---

[2] Bei der Bewertung des Eigen- und Gesamtkapitals ganzer Unternehmungen sind zusätzlich zu den in diesem Kapitel dargestellten Cash Flows noch die künftigen Anschaffungsauszahlungen weiterer Investitionen sowie, bei der Nettomethode, künftige Kreditaufnahmen und deren Zins- und Tilgungszahlungen zu berücksichtigen. Vereinfachend wird bezüglich der künftigen Anschaffungsauszahlungen oft eine nichtwachsende Unternehmung mit ausschließlich Ersatzinvestitionen

$$A_t = AfA_t$$

unterstellt, wodurch bei der Bewertung ganzer Unternehmungen beim Gesamtkapital anstelle des *Operating Cash Flows* der *Net Operating Income* nach Steuern

$$
\begin{aligned}
OCF_t - A_t &= (1-s) \cdot C_t + s \cdot AfA_t - AfA_t \\
&= (1-s)(C_t - AfA_t) \\
&= (1-s) \cdot NOI_t
\end{aligned}
$$

und beim Eigenkapital anstelle des *Net Cash Flows* der *Net Income*, jeweils noch abzüglich der künftigen Kreditzahlungen,

$$NCF_t - A_t = (1-s)(C_t - Z_t) + s \cdot AfA_t - AfA_t$$

Werts des Eigenkapitals bei reiner Eigenfinanzierung U_t

Werts des Eigenkapitals bei teilweiser Fremdfinanzierung E_t

Werts des Gesamtkapitals V_t

sowohl unter Verwendung der unterschiedlichen Kalkulationszinsfüße κ_t, r_t und $k_{D,t}$ als auch unter Verwendung einheitlicher periodenspezifischer Kalkulationszinsfüße.

Somit wird in diesem Kapitel gezeigt, wie die für die Nettomethode, Bruttomethode und APV–Methode (Abschnitt 5.1) erforderlichen Kalkulationszinsfüße von den Kalkulationszinsfüßen κ_t, r_t und $k_{D,t}$ abhängen und welche Risikoprämien in diesen Kalkulationszinsfüßen enthalten sind.

3.1　Leverage Effekte

Unter Leverage (*Hebel*, *Elastizität*) versteht man allgemein die prozentuelle Änderung einer abhängigen Größe im Verhältnis zur prozentuellen Änderung einer beeinflussenden Größe. Der Leverage gibt somit an, um wieviel Prozent sich die abhängige Größe ändert, falls sich die beeinflussende Größe um ein Prozent ändert. Sowohl der Operating als auch der Financial Leverage weisen im allgemeinen Werte auf, die größer oder gleich eins sind.

3.1.1　Operating Leverage

3.1.1.1　Statische Betrachtung

Der statische Operating Leverage (*Hebel im Geschäftsbereich*) OL gibt an, um wieviel Prozent sich der Operating Cash Flow ändert, wenn sich der Umsatz um ein Prozent ändert:

$$OL = \frac{\text{\%-Änderung des } OCF}{\text{\%-Änderung des Umsatzes } U}$$
$$= \frac{\frac{dOCF}{OCF}}{\frac{dU}{U}}$$
$$= \frac{dOCF}{dU} \cdot \frac{U}{OCF}.$$

Für Einproduktunternehmungen mit

x　...　Produktions- und Absatzmenge,
p　...　Preis,
c_v　...　variable Auszahlungen je Stück,
C_f　...　fixe Auszahlungen je Periode

und

$$U = p \cdot x$$
$$= (1 - s) \cdot (C_t - Z_t - AfA_t)$$
$$= NI_t$$

heranzuziehen ist (vgl. auch Fischer (1996), Exkurs 9).

gilt für einen absatzunabhängigen Preis p

$$\frac{dU}{dx} = p$$
$$= \frac{U}{x}.$$

Somit ist

$$\frac{dU}{U} = \frac{dx}{x}$$

und der statische Operating Leverage beträgt

$$OL = \frac{dOCF}{dx} \cdot \frac{x}{OCF}.$$

Da nun gilt

$$OCF = (1-s)[(p-c_v)x - C_f] + s \cdot AfA,$$

erhält man

$$\frac{dOCF}{dx} = (1-s)(p-c_v)$$

und demzufolge ist der statische Operating Leverage

$$OL = \frac{(1-s) \cdot (p-c_v) \cdot x}{(1-s)[(p-c_v)x - C_f] + s \cdot AfA}$$
$$= \frac{(1-s) \cdot (p-c_v) \cdot x}{OCF}$$

Der statische Operating Leverage entspricht somit dem Verhältnis der variablen Einzahlungsüberschüsse nach Steuern zum Operating Cash Flow[3]. Somit haben Investitionsprojekte bzw. Unternehmungen mit relativ hohen fixen laufenden Auszahlungen (z.B. hohe Mieten, fixe Lizenzgebühren, Instandhaltung) einen hohen Operating Leverage.

3.1.1.2 Dynamische Betrachtung

3.1.1.2.1 Allgemeine Herleitung

Der dynamische Operating Leverage gibt an, um wieviel Prozent sich der Wert einer rein eigenfinanzierten Unternehmung (= Wert des Eigenkapitals einer rein eigenfinanzierten Unternehmung) bzw. der Wert eines rein eigenfinanzierten Investitionsprojekts ändert, wenn sich der Barwert der künftigen Umsatzerlöse um ein Prozent ändert. Der Operating Leverage in der t–ten Periode ist somit

$$OL_t^{dyn} = \frac{\text{\%–Änderung des Wertes des Eigenkapitals bei reiner Eigenfinanzierung zu Periodenbeginn}}{\text{\%–Änderung des Wertes der künftigen Umsatzerlöse zu Periodenbeginn}}$$

Für

PV_{t-1} ... Marktwert der künftigen Umsatzerlöse zu $(t-1)^+$

---

[3] vgl. auch den Operating Leverage aus der Kostenrechnung

$$OL = \frac{\text{Deckungsbeitrag}}{\text{Betriebsergebnis}}.$$

und

U_{t-1} ... Marktwert des Eigenkapitals bei reiner Eigenfinanzierung zu $(t-1)^+$

ist somit

$$OL_t^{dyn} = \frac{\frac{dU_{t-1}}{U_{t-1}}}{\frac{dPV_{t-1}}{PV_{t-1}}}$$
$$= \frac{dU_{t-1}}{dPV_{t-1}} \cdot \frac{PV_{t-1}}{U_{t-1}}.$$

Zunächst sollen diese beiden Marktwerte festgestellt werden. Bezeichnet man mit

κ_t ... Kalkulationszinsfuß für die t-te Periode für den Wert der künftigen Umsatzerlöse

und unterstellt man, daß die variablen Auszahlungen je Stück stets proportional zum Verkaufspreis sind

$$c_{v,t} = \gamma \cdot p_t,$$

so ergeben sich die obigen Marktwerte durch[4]

$$PV_t = \sum_{\nu=t+1}^{T} \frac{E(p_\nu \cdot x_\nu)}{\prod_{\tau=t+1}^{\nu}(1+\kappa_\tau)}$$
$$= \frac{E(p_{t+1} \cdot x_{t+1}) + PV_{t+1}}{1+\kappa_{t+1}}$$

und

$$U_t = \sum_{\nu=t+1}^{T} \frac{(1-s)\cdot(1-\gamma)\cdot E(p_\nu \cdot x_\nu)}{\prod_{\tau=t+1}^{\nu}(1+\kappa_\tau)} - \sum_{\nu=t+1}^{T} \frac{(1-s)\cdot C_{f,\nu} - s\cdot AfA_\nu}{\prod_{\tau=t+1}^{\nu}(1+r_\tau)}$$
$$+ \frac{R_T - s\cdot(R_T - BW_T)}{\prod_{\tau=t+1}^{T}(1+r_\tau)}.$$

Bei der Bewertung des Eigenkapitals der rein eigenfinanzierten Unternehmung wird vereinfachend unterstellt, daß nur die künftigen variablen Einzahlungsüberschüsse unsicher sind und daher mit dem Kalkulationszinsfuß κ_t diskontiert werden, während die sonstigen künftigen Zahlungen als sicher angenommen werden und daher mit dem risikolosen Zinsfuß r_t abgezinst werden. Bezeichnet man mit PVZ_t ... Marktwert der variablen Einzahlungsüberschüsse nach Steuern zu t^+ und mit PF_t ... Marktwert der fixen Zahlungen nach Steuern zu t^+, so erhält man

$$PVZ_t = (1-s)(1-\gamma)PV_t$$
$$= \frac{(1-s)(1-\gamma)E(p_{t+1}\cdot x_{t+1}) + PVZ_{t+1}}{1+\kappa_{t+1}}$$

---

[4] Die Bewertung der künftigen Umsätze nach dem Sicherheitsäquivalent erfolgt durch

$$PV_t = \sum_{\nu=t+1}^{T} \frac{E(p_\nu \cdot x_\nu) - \frac{E(r_{M,\nu})-r_\nu}{\sigma^2(r_{M,\nu})}\cdot Cov(p_\nu \cdot x_\nu, r_{M,\nu})}{\prod_{\tau=t+1}^{\nu}(1+r_\tau)}$$
$$= \frac{E(p_{t+1}\cdot x_{t+1}) + PV_{t+1} - \frac{E(r_{M,t+1})-r_{t+1}}{\sigma^2(r_{M,t+1})}\cdot Cov(p_{t+1}\cdot x_{t+1} + PV_{t+1}, r_{M,t+1})}{1+r_{t+1}}.$$

und

$$PF_t = -\sum_{\nu=t+1}^{T} \frac{(1-s)\cdot C_{f,\nu} - s\cdot AfA_{\nu}}{\prod_{\tau=t+1}^{\nu}(1+r_{\tau})} + \frac{R_T - s\cdot(R_T - BW_T)}{\prod_{\tau=t+1}^{T}(1+r_{\tau})}$$

$$= \frac{-(1-s)\cdot C_{f,t+1} + s\cdot AfA_{t+1} + PF_{t+1}}{1+r_{t+1}},$$

und die Zusammensetzung des Marktwerts der unverschuldeten Unternehmung beträgt

$$U_t = PVZ_t + PF_t.$$

Zur Ermittlung des dynamischen Operating Leverage benötigt man nun noch die erste Ableitung von U_{t-1} nach PV_{t-1}

$$\frac{dU_{t-1}}{dPV_{t-1}} = \frac{\frac{dU_{t-1}}{dE(p_t\cdot x_t)}}{\frac{dPV_{t-1}}{dE(p_t\cdot x_t)}}.$$

Aus der obigen Gleichung für PV_t erhält man für den Nenner

$$\frac{dPV_t}{dE(p_{t+1}\cdot x_{t+1})} = \frac{1}{1+\kappa_{t+1}}.$$

Für den Wert der rein eigenfinanzierten Unternehmung erhält man

$$U_t = (1-s)\cdot(1-\gamma)\cdot \frac{E(p_{t+1}\cdot x_{t+1}) + PV_{t+1}}{1+\kappa_{t+1}} + PF_t$$

und somit für den Zähler

$$\frac{dU_t}{dE(p_{t+1}\cdot x_{t+1})} = \frac{(1-s)\cdot(1-\gamma)}{1+\kappa_{t+1}}.$$

Die erste Ableitung ist daher

$$\frac{dU_{t-1}}{dPV_{t-1}} = (1-s)\cdot(1-\gamma).$$

Somit ist der dynamische Operating Leverage

$$OL_t^{dyn} = \frac{(1-s)\cdot(1-\gamma)\cdot PV_{t-1}}{U_{t-1}}.$$

Der dynamische Operating Leverage entspricht somit dem Verhältnis des Werts der künftigen unsicheren Einzahlungsüberschüsse nach Steuern zum gesamten Wert der rein eigenfinanzierten Unternehmung (des rein eigenfinanzierten Investitionsprojekts). Somit haben Investitionsprojekte mit einem relativ hohem Barwert von fixen Auszahlungen[5] einen hohen Operating Leverage. Als dynamischen Operating Leverage erhält man nach einigen Umformungen für $t = 1,\ldots,T-1$

$$OL_t^{dyn} = \frac{(1+r_t)\cdot(1-s)\cdot(1-\gamma)\cdot[E(p_t\cdot x_t)+PV_t]}{(1+\kappa_t)\cdot[E(OCF_t)+U_t] - (\kappa_t - r_t)\cdot(1-s)\cdot(1-\gamma)\cdot[E(p_t\cdot x_t)+PV_t]}$$

[5] Dies wird besonders deutlich erkennbar, wenn man den dynamischen Operating Leverage darstellt als

$$OL_t^{dyn} = \frac{(1-s)\cdot(1-\gamma)\cdot PV_{t-1}}{U_{t-1}}$$

$$= \frac{U_{t-1} - PF_{t-1}}{U_{t-1}}$$

$$= 1 - \frac{PF_{t-1}}{U_{t-1}},$$

wobei PF_{t-1} in der Regel negativ und OL_t^{dyn} somit größer als 1 ist.

und für $t = T$

$$OL_T^{dyn} = \frac{(1 + r_T) \cdot (1 - s) \cdot (1 - \gamma) \cdot [E(p_T \cdot x_T)]}{(1 + \kappa_T) \cdot [E(OCF_T) + R_T - s \cdot (R_T - BW_T)] - (\kappa_T - r_T) \cdot (1 - s) \cdot (1 - \gamma) \cdot E(p_T \cdot x_T)}.$$

Exkurs 3: Bewertung der unverschuldeten Unternehmung mit einem einheitlichen Kalkulationszinsfuß

Statt zur Bewertung des Eigenkapitals bei reiner Eigenfinanzierung die erwarteten künftigen Zahlungen mit unterschiedlichen Kalkulationszinsfüßen κ_t bzw. r_t zu diskontieren, ist es auch möglich einen einheitlichen periodenspezifischen gewichteten durchschnittlichen Kalkulationszinsfuß ϱ_t zu verwenden. Der Wert U_t ergibt sich dann als[6]

$$U_t = \sum_{\nu=t+1}^{T} \frac{E(OCF_\nu)}{\prod\limits_{\tau=t+1}^{\nu}(1 + \varrho_\tau)} + \frac{R_T - s \cdot (R_T - BW_T)}{\prod\limits_{\tau=t+1}^{T}(1 + \varrho_\tau)}$$

$$= \frac{E(OCF_{t+1}) + U_{t+1}}{1 + \varrho_{t+1}},$$

und es gilt folgender Zusammenhang zwischen den Kalkulationszinsfüßen ϱ_t, κ_t und r_t

$$\varrho_t = OL_t^{dyn} \cdot \kappa_t + (1 - OL_t^{dyn}) \cdot r_t.$$

Beweis:
Aus

$$U_t = \frac{E(OCF_{t+1}) + U_{t+1}}{1 + \varrho_{t+1}}$$

erhält man

$$\begin{aligned}
U_t \cdot (1 + \varrho_{t+1}) &= E(OCF_{t+1}) + U_{t+1} \\
&= E(OCF_{t+1}) + PVZ_{t+1} + PF_{t+1} \\
&= (1 - s) \cdot (1 - \gamma) \cdot E(p_{t+1} \cdot x_{t+1}) + PVZ_{t+1} \\
&\quad -(1 - s)C_{f,t+1} + s \cdot AfA_{t+1} + PF_{t+1} \\
&= PVZ_t \cdot (1 + \kappa_{t+1}) + PF_t \cdot (1 + r_{t+1})
\end{aligned}$$

und daraus

$$\begin{aligned}
1 + \varrho_{t+1} &= \frac{PVZ_t}{U_t}(1 + \kappa_{t+1}) + \frac{PF_t}{U_t}(1 + r_{t+1}) \\
&= \frac{(1 - s) \cdot (1 - \gamma) \cdot PV_t}{U_t}(1 + \kappa_{t+1}) + \frac{U_t - (1 - s) \cdot (1 - \gamma) \cdot PV_t}{U_t}(1 + r_{t+1}) \\
&= OL_{t+1}^{dyn} \cdot (1 + \kappa_{t+1}) + (1 - OL_{t+1}^{dyn}) \cdot (1 + r_{t+1}).
\end{aligned}$$

Somit ist

$$\varrho_{t+1} = OL_{t+1}^{dyn} \cdot \kappa_{t+1} + (1 - OL_{t+1}^{dyn}) \cdot r_{t+1}.$$

---

[6] Beachte auch die Fußnote 2 auf S. 107.

3.1.1.2.2 Sonderfälle

- Einjährige Nutzungsdauer:

$$OL_1^{dyn} = \frac{(1+r) \cdot (1-s) \cdot (1-\gamma) \cdot E(p \cdot x)}{(1+\kappa) \cdot [E(OCF_1) + R_1 - s \cdot (R_1 - BW_1)] - (\kappa - r) \cdot (1-s) \cdot (1-\gamma) \cdot E(p \cdot x)}.$$

- Unendliche Nutzungsdauer:
  In diesem Fall sind die steuerlichen Abschreibungen gleich Null und es existiert kein Restwert. Für konstante jährliche fixe Auszahlungen und stationäre Umsatzerlöse erhält man

$$U_t = (1-s) \cdot [(1-\gamma) \cdot E(p \cdot x) - C_f] \cdot \sum_{\nu=t+1}^{\infty} \frac{1}{\prod_{\tau=t+1}^{\nu} (1 + \varrho_\tau)}$$

und somit für konstante Kalkulationszinsfüße κ und ϱ

$$\begin{aligned} OL_\infty^{dyn} &= \frac{(1-s) \cdot (1-\gamma) \cdot PV_t}{U_t} \\ &= \frac{\frac{(1-s) \cdot (1-\gamma) \cdot E(p \cdot x)}{\kappa}}{\frac{E(OCF)}{\varrho}} \\ &= \frac{\varrho}{\kappa} \cdot (1-s) \cdot (1-\gamma) \frac{E(p \cdot x)}{E(OCF)} \end{aligned}$$

bzw. in der Darstellung mit κ und r

$$\begin{aligned} OL_\infty^{dyn} &= \frac{\frac{(1-s) \cdot (1-\gamma) \cdot E(p \cdot x)}{\kappa}}{\frac{(1-s) \cdot (1-\gamma) \cdot E(p \cdot x)}{\kappa} - \frac{(1-s) C_f}{r}} \\ &= \frac{\frac{(1-\gamma) \cdot E(p \cdot x)}{\kappa}}{\frac{(1-\gamma) \cdot E(p \cdot x)}{\kappa} - \frac{C_f}{r}} \\ &= \frac{r \cdot (1-s) \cdot (1-\gamma) \cdot E(p \cdot x)}{\kappa \cdot E(OCF) - (\kappa - r) \cdot (1-s) \cdot (1-\gamma) \cdot E(p \cdot x)}. \end{aligned}$$

3.1.2 Financial Leverage

3.1.2.1 Statische Betrachtung

Der statische Financial Leverage (*Hebel im Finanzierungsbereich*) FL gibt an, um wieviel Prozent sich der Net Cash Flow ändert, wenn sich der Operating Cash Flow um ein Prozent ändert:

$$\begin{aligned} FL &= \frac{\%\text{-Änderung des } NCF}{\%\text{-Änderung des } OCF} \\ &= \frac{\frac{dNCF}{NCF}}{\frac{dOCF}{OCF}} \\ &= \frac{dNCF}{dOCF} \cdot \frac{OCF}{NCF}. \end{aligned}$$

Mit

$$NCF = OCF - (1-s)Z$$

erhält man die erste Ableitung von NCF nach OCF

$$\frac{dNCF}{dOCF} = 1,$$

und demzufolge ist der statische Financial Leverage

$$\begin{aligned} FL &= \frac{OCF}{OCF - (1 - s)Z} \\ &= \frac{OCF}{NCF}. \end{aligned}$$

Der statische Financial Leverage entspricht daher dem Verhältnis des Operating Cash Flows zum Net Cash Flow[7]. Somit haben Investitionsprojekte bzw. Unternehmungen mit relativ hohen Zinszahlungen einen hohen Financial Leverage.

3.1.2.2 Dynamische Betrachtung

3.1.2.2.1 Allgemeine Herleitung

Der dynamische Financial Leverage gibt an, um wieviel Prozent sich der Wert des Eigenkapitals einer teilweise fremdfinanzierten Unternehmung bzw. eines teilweise fremdfinanzierten Investitionsprojekts ändert, wenn sich der Wert des Eigenkapitals einer rein eigenfinanzierten Unternehmung (= Wert der Gesamtunternehmung bei reiner Eigenfinanzierung) bzw. wenn sich der Wert des rein eigenfinanzierten Investitionsprojekts um ein Prozent ändert.

Der Financial Leverage in der t-ten Periode ist somit

$$FL_t^{dyn} = \frac{\text{\%--Änderung des Wertes des Eigenkapitals zu Perioden-beginn bei teilweiser Fremdfinanzierung}}{\text{\%--Änderung des Wertes des Eigenkapitals zu Perioden-beginn bei reiner Eigenfinanzierung}}$$

Für

D_t ... Marktwert des Fremdkapitals zu t^+,

E_t ... Marktwert des Eigenkapitals zu t^+ bei teilweiser Fremdfinanzierung,

U_t ... Marktwert des Eigenkapitals zu t^+ bei reiner Eigenfinanzierung (= Wert der unverschuldeten Unternehmung),

V_t ... Marktwert der verschuldeten Unternehmung zu t^+

ist somit

$$\begin{aligned} FL_t^{dyn} &= \frac{\frac{dE_{t-1}}{E_{t-1}}}{\frac{dU_{t-1}}{U_{t-1}}} \\ &= \frac{dE_{t-1}}{dU_{t-1}} \cdot \frac{U_{t-1}}{E_{t-1}}. \end{aligned}$$

Der Wert des Eigenkapitals bei reiner Eigenfinanzierung ist bereits aus Abschnitt 3.1.1.2 bekannt. Daher müssen zur Ermittlung des dynamischen Financial Leverage nur noch der

---

[7] vgl. auch den Financial Leverage aus dem externen Rechnungswesen

$$FL = \frac{\text{Gewinn vor Zinsen}}{\text{Gewinn nach Zinsen}}.$$

Wert des Eigenkapitals bei teilweiser Fremdfinanzierung und die erste Ableitung von E_{t-1} nach U_{t-1} festgestellt werden. Der gesamte Wert des Investitionsprojekts (der Unternehmung) bei teilweiser Fremdfinanzierung ist

$$V_t = E_t + D_t.$$

Bezeichnet man mit

$k_{D,t}$ ... Kalkulationszinsfuß für die t-te Periode für das Fremdkapital,

so erhält man den Marktwert des Fremdkapitals durch

$$
\begin{aligned}
D_t &= \sum_{\nu=t+1}^{T} \frac{E(Z_\nu + Y_\nu)}{\prod\limits_{\tau=t+1}^{\nu} (1 + k_{D,\tau})} \\
&= \frac{E(Z_{t+1} + Y_{t+1}) + D_{t+1}}{1 + k_{D,t+1}}.
\end{aligned}
$$

Nun gilt für den Marktwert der verschuldeten Unternehmung[8]

$$
V_t = U_t + \sum_{\nu=t+1}^{T} \frac{s \cdot E(Z_\nu')}{\prod\limits_{\tau=t+1}^{\nu} (1 + k_{D,\tau})}
$$

d.h. der Wert der verschuldeten Unternehmung (des teilweise fremdfinanzierten Investitionsprojekts) entspricht dem Wert der unverschuldeten Unternehmung (des rein eigenfinanzierten Investitionsprojekts) plus dem Wert der Steuerersparnisse aus der Absetzbarkeit der künftigen Zinsaufwendungen. Daher ist der Marktwert des Eigenkapitals bei teilweiser Fremdfinanzierung

$$
\begin{aligned}
E_t &= V_t - D_t \\
&= U_t + \sum_{\nu=t+1}^{T} \frac{s \cdot E(Z_\nu')}{\prod\limits_{\tau=t+1}^{\nu} (1 + k_{D,\tau})} - D_t
\end{aligned}
$$

und

$$\frac{dE_t}{dU_t} = 1.$$

Somit ist der dynamische Financial Leverage

$$FL_t^{dyn} = \frac{U_{t-1}}{E_{t-1}}.$$

Der dynamische Financial Leverage entspricht daher dem Verhältnis des Werts des Eigenkapitals bei reiner Eigenfinanzierung zum Wert des Eigenkapitals bei teilweiser Fremdfinanzierung. Als dynamischen Financial Leverage erhält man nach einigen Umformungen für $t = 1, \ldots, T-1$

$$
FL_t^{dyn} = \frac{(1 + k_{D,t}) \cdot [E(OCF_t) + U_t]}{(1 + \varrho_t) \cdot [E(NCF_t - Y_t) + E_t] - (\varrho_t - k_{D,t}) \cdot [E(OCF_t) + U_t]}
$$

und für $t = T$

$$
FL_T^{dyn} = \frac{(1 + k_{D,T})[E(OCF_T) + R_T - s(R_T - BW_T)]}{(1 + \varrho_T)[E(NCF_T - Y_T) + R_T - s(R_T - BW_T)] - (\varrho_T - k_{D,T})[E(OCF_T) + R_T - s(R_T - BW_T)]}.
$$

---

[8] vgl. auch APV–Methode in Abschnitt 5.1.

In der Literatur ist jedoch statt der obigen Darstellung des dynamischen Financial Leverage in Abhängigkeit von den Operating und Net Cash Flows die Darstellung des dynamischen Financial Leverage in Abhängigkeit vom Verschuldungsgrad des Projekts bzw. der Unternehmung üblich. Diese Darstellung soll nun im folgenden hergeleitet werden.

Bezeichnet man mit f_t das Verhältnis des Werts der künftigen Zinsaufwendungen zum Wert des Fremdkapitals

$$f_t = \frac{\sum_{\nu=t+1}^{T} \frac{E(Z_\nu')}{\prod_{\tau=t+1}^{\nu}(1+k_{D,\tau})}}{D_t},$$

so ist

$$\begin{aligned}E_t &= U_t + s \cdot f_t \cdot D_t - D_t \\ &= U_t - (1 - s \cdot f_t)D_t.\end{aligned}$$

Der angestrebte Verschuldungsgrad der Unternehmung (des Investitionsprojekts) zu Marktwerten zum Zeitpunkt t ist

$$v_t^* = \frac{D_t}{V_t}.$$

Somit ist

$$\begin{aligned}D_t &= v_t^* \cdot V_t \\ &= v_t^*(U_t + s \cdot f_t \cdot D_t).\end{aligned}$$

Daraus erhält man als Marktwert des Fremdkapitals

$$D_t = \frac{v_t^*}{1 - s \cdot f_t \cdot v_t^*} \cdot U_t$$

und als Marktwert des Eigenkapitals bei teilweiser Fremdfinanzierung

$$E_t = U_t - (1 - s \cdot f_t) \cdot \frac{v_t^*}{1 - v_t^*} \cdot U_t$$

bzw. nach einigen Umformungen

$$E_t = \frac{1 - v_t^*}{1 - s \cdot f_t \cdot v_t^*} \cdot U_t.$$

Somit ist der dynamische Financial Leverage

$$\begin{aligned}FL_t^{dyn} &= \frac{1 - s \cdot f_{t-1} \cdot v_{t-1}^*}{1 - v_{t-1}^*} \\ &= \frac{1 - v_{t-1}^* + v_{t-1}^* - s \cdot f_{t-1} \cdot v_{t-1}^*}{1 - v_{t-1}^*} \\ &= 1 + (1 - s \cdot f_{t-1}) \cdot \frac{v_{t-1}^*}{1 - v_{t-1}^*}\end{aligned}$$

mit $\frac{v_{t-1}^*}{1-v_{t-1}^*}$ ... angestrebtes Verhältnis zwischen Wert des Fremdkapitals und Wert des Eigenkapitals zu Periodenbeginn $= \frac{D_{t-1}}{E_{t-1}}$.

Somit haben Investitionsprojekte bzw. Unternehmungen mit hohem Verschuldungsgrad einen hohen Financial Leverage.

Exkurs 4: Approximativer Verschuldungsgrad

Der Verschuldungsgrad zu Marktwerten zu $t = 0$ ist bei Projekten

$$v_0^* = \frac{D_0}{V_0}$$

$$= \frac{Y_0}{A_0 + K_0}$$

und wird oft, da ja K_0 noch nicht bekannt ist, durch

$$v_0^* = \frac{Y_0}{A_0}$$

approximiert. Die Approximation des Verschuldungsgrads zu allen anderen Zeitpunkten während der geplanten Nutzung des Projekts kann durch Berechnung von

$$\frac{\text{Buchwert des Fremdkapitals zu } t}{\text{kalkulatorischer Wert des Projekts zu } t}$$

erfolgen, wobei sich der kalkulatorische Wert des Projekts aus (vgl. etwa Fischer (1996), 2.3.1.1 und Exkurs 6)

Anschaffungsauszahlungen

– Summe der bis t erfolgten kalkulatorischen Abschreibungen

ergibt.

Da die retrograde Berechnung der Werte für den dynamischen Financial Leverage sehr aufwendig ist, wird bei längeren Nutzungsdauern FL_t^{dyn} oft durch FL_∞^{dyn} (siehe Unterabschnitt 3.1.2.2.2) approximiert.

Exkurs 5: Bewertung des Eigenkapitals mit einem einheitlichen Kalkulationszinsfuß

Statt zur Bewertung des Eigenkapitals bei teilweiser Fremdfinanzierung die erwarteten künftigen Zahlungen mit unterschiedlichen Kalkulationszinsfüßen ϱ_t bzw. $k_{D,t}$ zu diskontieren, ist es auch möglich einen einheitlichen periodenspezifischen gewichteten durchschnittlichen Kalkulationszinsfuß $k_{E,t}$ zu verwenden. Der Wert E_t ergibt sich dann als[9]

$$E_t = \sum_{\nu=t+1}^{T} \frac{E(NCF_\nu - Y_\nu)}{\prod_{\tau=t+1}^{\nu} (1 + k_{E,\tau})} + \frac{R_T - s \cdot (R_T - BW_T)}{\prod_{\tau=t+1}^{T} (1 + k_{E,\tau})}$$

$$= \frac{E(NCF_{t+1} - Y_{t+1}) + E_{t+1}}{1 + k_{E,t+1}},$$

und es gilt folgender Zusammenhang zwischen den Kalkulationszinsfüßen $k_{E,t}$, ϱ_t und $k_{D,t}$

$$k_{E,t} = FL_t^{dyn} \cdot \varrho_t + (1 - FL_t^{dyn}) \cdot k_{D,t}.$$

---

[9] Beachte auch die Fußnote 2 auf S. 107.

Beweis:

Aus

$$E_t = \frac{E(NCF_{t+1} - Y_{t+1}) + E_{t+1}}{1 + k_{E,t+1}}$$

erhält man

$$E_t \cdot (1 + k_{E,t+1}) = E(OCF_{t+1}) + s \cdot E(Z'_{t+1}) - E(Z_{t+1} + Y_{t+1}) + E_{t+1}.$$

Nun ist

$$E_{t+1} = U_{t+1} + s \cdot \sum_{\nu=t+2}^{T} \frac{E(Z'_\nu)}{\prod_{\tau=t+2}^{\nu} (1 + k_{E,\tau})} - D_{t+1},$$

und man erhält

$$\begin{aligned}
E_t \cdot (1 + k_{E,t+1}) &= E(OCF_{t+1}) + U_{t+1} \\
&\quad + s \cdot E(Z'_{t+1}) + s \cdot \sum_{\nu=t+2}^{T} \frac{E(Z'_\nu)}{\prod_{\tau=t+2}^{\nu} (1 + k_{E,\tau})} \\
&\quad - E(Z_{t+1} + Y_{t+1}) - D_{t+1}.
\end{aligned}$$

Eine Substitution auf der rechten Seite der obigen Gleichung für

$$E(OCF_{t+1}) + U_{t+1} = U_t \cdot (1 + \varrho_{t+1}),$$

$$s \cdot E(Z'_{t+1}) + s \cdot \sum_{\nu=t+2}^{T} \frac{E(Z'_\nu)}{\prod_{\tau=t+2}^{\nu} (1 + k_{E,\tau})} = s \cdot \left[\sum_{\nu=t+1}^{T} \frac{E(Z'_\nu)}{\prod_{\tau=t+1}^{\nu} (1 + k_{D,\tau})} \right] \cdot (1 + k_{D,t+1})$$

und

$$E(Z_{t+1} + Y_{t+1}) + D_{t+1} = D_t \cdot (1 + k_{D,t+1})$$

ergibt

$$\begin{aligned}
E_t \cdot (1 + k_{E,t+1}) &= U_t \cdot (1 + \varrho_{t+1}) + s \cdot \left[\sum_{\nu=t+1}^{T} \frac{E(Z'_\nu)}{\prod_{\tau=t+1}^{\nu} (1 + k_{D,\tau})} \right] \cdot (1 + k_{D,t+1}) \\
&\quad - D_t \cdot (1 + k_{D,t+1}) \\
&= U_t + s \cdot \sum_{\nu=t+1}^{T} \frac{E(Z'_\nu)}{\prod_{\tau=t+1}^{\nu} (1 + k_{D,\tau})} - D_t + U_t \cdot \varrho_{t+1} \\
&\quad + s \cdot \left[\sum_{\nu=t+1}^{T} \frac{E(Z'_\nu)}{\prod_{\tau=t+1}^{\nu} (1 + k_{D,\tau})} \right] \cdot k_{D,t+1} - D_t \cdot k_{D,t+1}. \\
&= E_t + U_t \cdot \varrho_{t+1} + \left[s \cdot \sum_{\nu=t+1}^{T} \frac{E(Z'_\nu)}{\prod_{\tau=t+1}^{\nu} (1 + k_{D,\tau})} - D_t \right] \cdot k_{D,t+1}.
\end{aligned}$$

Daraus erhält man

$$1 + k_{E,t+1} = 1 + \frac{U_t}{E_t} \cdot \varrho_{t+1} + \frac{s \cdot \sum_{\nu=t+1}^{T} \frac{E(Z'_\nu)}{\prod_{\tau=t+1}^{\nu} (1+k_{D,\tau})} - D_t}{E_t} \cdot k_{D,t+1}$$

und

$$k_{E,t+1} = FL_{t+1}^{dyn} \cdot \varrho_{t+1} + (1 - FL_{t+1}^{dyn}) \cdot k_{D,t+1}.$$

3.1.2.2.2 Sonderfälle

Bei einjähriger Laufzeit entspricht der Kalkulationszinsfuß $k_{D,1}$ der Effektivverzinsung des Kredits vor Steuern. In allen anderen Sonderfällen werden die Risikolosigkeit des Kredits $k_{D,t} = r_t$ und konstante risikolose Zinssätze $r_t = r$ unterstellt.

- Einjährige Laufzeit:

$$f_0 = \frac{\frac{i \cdot D_0}{1+i}}{D_0}$$

$$= \frac{i}{1+i}$$

und

$$FL_1^{dyn} = 1 + (1 - s \cdot f_0) \cdot \frac{v_0^*}{1 - v_0^*}$$

bzw.

$$FL_1^{dyn} = \frac{(1+i)[E(OCF_1) + R_1 - s(R_1 - BW_1)]}{(1+\varrho)[E(NCF_1 - Y_1) + R_1 - s(R_1 - BW_1)] - (\varrho - i)[E(OCF_1) + R_1 - s(R_1 - BW_1)]}.$$

- Unendliche Laufzeit ohne Tilgung:

$$f_t = \frac{\sum\limits_{\nu=t+1}^{\infty} \frac{i \cdot D_\nu}{(1+i)^{\nu-t}}}{D_t}$$

$$= 1$$

und

$$FL_t^{dyn} = 1 + (1 - s) \cdot \frac{v_{t-1}^*}{1 - v_{t-1}^*}.$$

Ist der Wert der unverschuldeten Unternehmung konstant, so ist in diesem Fall auch der Verschuldungsgrad konstant, und es gilt

$$FL_\infty^{dyn} = 1 + (1 - s)\frac{v^*}{1 - v^*}.$$

Für stationäre Cash Flows und konstante Kalkulationszinsfüße ϱ und k_E erhält man

$$FL_\infty^{dyn} = \frac{U_t}{E_t}$$

$$= \frac{\frac{E(OCF)}{\varrho}}{\frac{E(NCF)}{k_E}}$$

$$= \frac{k_E}{\varrho} \cdot \frac{E(OCF)}{E(NCF)}$$

bzw. in der Darstellung mit ϱ und r

$$FL_\infty^{dyn} = \frac{\frac{E(OCF)}{\varrho}}{\frac{E(OCF)}{\varrho} - \frac{(1-s)Z}{r}}$$

$$= \frac{\frac{E(OCF)}{\varrho}}{\frac{E(OCF)}{\varrho} - (1 - s)D}$$

$$= \frac{r \cdot E(OCF)}{\varrho \cdot E(NCF) - (\varrho - r) \cdot E(OCF)}.$$

- Gesamtfällige Tilgung[10]:

$$FL_t^{dyn} = 1 + [1 - s \cdot i \cdot RBF_{T-(t-1),i}] \cdot \frac{v_{t-1}^*}{1 - v_{t-1}^*}$$

- Ratentilgung ohne Freijahre[11]:

$$FL_t^{dyn} = 1 + \left[1 - s \cdot \left(1 - \frac{RBF_{T-(t-1),i}}{T - (t-1)}\right)\right] \cdot \frac{v_{t-1}^*}{1 - v_{t-1}^*}$$

- Annuitätentilgung ohne Freijahre[12]:

$$FL_t^{dyn} = 1 + \left[1 - s \cdot \left(1 - (T - (t-1))\frac{AF_{T-(t-1),i} - i}{1 + i}\right)\right] \cdot \frac{v_{t-1}^*}{1 - v_{t-1}^*}$$

3.2 Risiken bei Realinvestitionen

3.2.1 Normierte systematische Risiken

3.2.1.1 Normiertes systematisches Risiko des Werts der künftigen Umsatzerlöse (Umsatz–Beta)

3.2.1.1.1 Allgemeine Herleitung

Stellen wir uns eine rein eigenfinanzierte Unternehmung vor, die dieselben Einzahlungen und dieselben variablen Auszahlungen aufweist wie ein zu beurteilendes Investitionsprojekt, jedoch keine fixen Zahlungen (fixe jährliche Auszahlungen, Steuerersparnisse aufgrund der *AfA* und Restwert nach Steuern), dann ist das normierte systematische Risiko des Eigenkapitals (der Unternehmung)

$$\beta_{VZ,t} = \frac{Cov\left(\frac{PV_{t-}}{PV_{t-1}} - 1, r_{M,t}\right)}{\sigma^2(r_{M,t})}$$

$$= \frac{Cov\left(\frac{PV_{t-}}{PV_{t-1}} - 1, r_{M,t}\right)}{\sigma^2(r_{M,t})}$$

$$= \frac{1}{PV_{t-1}} \cdot \frac{Cov(PV_{t-}, r_{M,t})}{\sigma^2(r_{M,t})}$$

$$= \frac{1}{PV_{t-1}} \cdot \frac{Cov(p_t \cdot x_t + PV_t, r_{M,t})}{\sigma^2(r_{M,t})}$$

$$= \frac{1}{PV_{t-1}} \cdot \frac{Cov(p_t \cdot x_t, r_{M,t})}{\sigma^2(r_{M,t})}$$

mit[13]

$$PV_{t-} = p_t \cdot x_t + PV_t.$$

Der Wert von $\beta_{VZ,t}$ kann als Maß für die Sensitivität der künftigen Umsatzerlöse in Abhängigkeit von der Kapitalmarktrendite interpretiert werden und wird in der englischsprachigen Literatur auch als *cyclicality* bezeichnet. Er gibt an, um wieviel Prozent sich der Wert der künftigen Umsatzerlöse ändert, wenn sich die erwartete Kapitalmarktrendite um einen Prozentpunkt ändert.

---

[10] Für $i_{nom} = i$.
[11] vgl. obige Fußnote zur gesamtfälligen Tilgung.
[12] vgl. obige Fußnote zur gesamtfälligen Tilgung.
[13] Die letzte Beziehung gilt nur für $Cov(PV_t, r_{M,t}) = 0$.

3.2.1.1.2 Sonderfälle

- Einjährige Nutzungsdauer:

$$\beta_{VZ,t} = \frac{1}{PV_0} \cdot \frac{Cov(p \cdot x, r_M)}{\sigma^2(r_M)}$$

mit

$$PV_0 = \frac{E(p \cdot x)}{1 + \kappa}$$
$$= \frac{E(p \cdot x) - \frac{E(r_M) - r}{\sigma^2(r_M)} \cdot Cov(p \cdot x, r_M)}{1 + r}$$

- Unendliche Nutzungsdauer:
Für konstante Werte von $E(p \cdot x)$, $E(r_M)$, $Cov(p \cdot x, r_M)$, $\sigma(r_M)$ und r erhält man

$$\beta_{VZ,t} = \frac{1}{PV_{t-1}} \cdot \frac{Cov(p \cdot x, r_M)}{\sigma^2(r_M)}$$

mit

$$PV_{t-1} = \frac{E(p \cdot x)}{\kappa}$$
$$= \frac{E(p \cdot x) - \frac{E(r_M) - r}{\sigma^2(r_M)} \cdot Cov(p \cdot x, r_M)}{r}.$$

Der Kalkulationszinsfuß κ ist in diesem Fall nämlich konstant (vgl. Abschnitt 3.3).

3.2.1.2 Normiertes systematisches Risiko des Investitionsprojekts (Projekt–Beta)

Ebenso wie bei Wertpapieren ist auch bei Investitionen in Sachanlagevermögen ein systematisches Risiko $\beta_{IP,t}$ vorstellbar. Das systematische Risiko eines Investitionsprojekts soll die Sensitivität der Rendite des Investitionsprojekts bei reiner Eigenfinanzierung bezüglich der Entwicklung der Kapitalmarktrendite angeben. Gedanklich wird hierbei unterstellt, daß für die Realisation des Investitionsprojekts eine eigene, rein eigenfinanzierte, börsennotierte Aktiengesellschaft gegründet wird, und $\beta_{IP,t}$ ist das normierte systematische Risiko der Aktie dieser rein eigenfinanzierten Unternehmung:

$$\beta_{IP,t} = \frac{Cov\left(\frac{K_t}{K_{(t-1)+}} - 1, r_{M,t}\right)}{\sigma^2(r_{M,t})}$$
$$= \frac{1}{K_{(t-1)+}} \cdot \frac{Cov(K_t, r_{M,t})}{\sigma^2(r_{M,t})}$$
$$= \frac{1}{K_{(t-1)+}} \cdot \frac{Cov(OCF_t, r_{M,t})}{\sigma^2(r_{M,t})}$$

mit[14] dem Kapitalwert des Investitionsprojekts bei reiner Eigenfinanzierung

$$K_{(t-1)+} = K_{t-1} - OCF_{t-1}$$

und

$$K_{0+} = K_0 + A_0,$$

---

[14] Die letzte Beziehung gilt nur für $Cov(K_{t+}, r_{M,t}) = 0$.

wobei $K_{(t-1)+}$ den Bruttokapitalwert zu Periodenbeginn (ohne Berücksichtigung des Cash Flows zu $t-1$) und K_t den gewöhnlichen (Netto)Kapitalwert zu t^- (mit Berücksichtigung des Cash Flows zu t) darstellen.

$\beta_{IP,t}$ gibt an, um wieviel Prozentpunkte sich die erwartete Rendite eines Investitionsprojekts bei reiner Eigenfinanzierung ändert, falls sich die erwartete Kapitalmarktrendite um einen Prozentpunkt ändert.

3.2.1.3 Normiertes systematisches Risiko des Unternehmensvermögens (Asset–Beta, Operating–Beta)

Die Projekt–Betas aller bereits laufenden Investitionsprojekte der Unternehmung (bei reiner Eigenfinanzierung) ergeben wertgewichtet das normierte systematische Risiko des Vermögens der Unternehmung (*Asset–Beta* $\beta_{A,t}$) bei reiner Eigenfinanzierung.

$\beta_{A,t}$ gibt an, um wieviel Prozentpunkte sich die erwartete Rendite des Unternehmungsvermögen bei reiner Eigenfinanzierung ändert, wenn sich die erwartete Kapitalmarktrendite um einen Prozentpunkt ändert:

$$
\begin{aligned}
\beta_{A,t} &= \frac{Cov\left(\frac{U_{t-}}{U_{t-1}}-1, r_{M,t}\right)}{\sigma^2(r_{M,t})} \\
&= \frac{1}{U_{t-1}} \cdot \frac{Cov(U_{t-}, r_{M,t})}{\sigma^2(r_{M,t})} \\
&= \frac{1}{U_{t-1}} \cdot \frac{Cov(OCF_t, r_{M,t})}{\sigma^2(r_{M,t})}
\end{aligned}
$$

mit[15]

$$
U_{t-} = U_t + OCF_t.
$$

3.2.1.4 Normiertes systematisches Risiko einer Branche (Industry–Beta)

Das *Branchen-Beta* berechnet man aus dem gewichteten Durchschnitt der Asset-Betas aller Unternehmungen einer Branche, wobei man als Gewichte den relativen Anteil des Marktwertes einer Unternehmung bei reiner Eigenfinanzierung am gesamten Marktwert der Branche bei reiner Eigenfinanzierung heranzieht (vgl. Tab. 3.1).

3.2.1.5 Normiertes systematisches Risiko des Eigenkapitals (Equity–Beta)

Das normierte systematische Risiko des Eigenkapitals bei teilweiser Fremdfinanzierung ist

$$
\begin{aligned}
\beta_{E,t} &= \frac{Cov\left(\frac{E_{t-}}{E_{t-1}}-1, r_{M,t}\right)}{\sigma^2(r_{M,t})} \\
&= \frac{1}{E_{t-1}} \cdot \frac{Cov(E_{t-}, r_{M,t})}{\sigma^2(r_{M,t})} \\
&= \frac{1}{E_{t-1}} \cdot \frac{Cov(NCF_t - Y_t, r_{M,t})}{\sigma^2(r_{M,t})}
\end{aligned}
$$

---

[15] Die letzte Beziehung gilt nur für $Cov(U_t, r_{M,t}) = 0$.

Industry	Beta
Electronic components	1.49
Crude petroleum and natural gas	1.07
Retail department stores	.95
Petroleum refining	.95
Motor vehicle parts	.89
Chemicals	.88
Metal mining	.87
Food	.84
Trucking	.83
Textile mill products	.82
Paper and allied products	.82
Retail grocery stores	.76
Airlines	.75
Steel	.66
Railroads	.61
Natural gas transmission	.52
Telephone companies	.50
Electric utilities	.46

Note: These are *asset* betas. The effect of financial leverage on beta has been removed. *Source:* U.S. Federal Energy Regulatory Commission, Testimony of Gerald A. Pogue, Williams Pipe Line Co., Docket Nos. OR79-1, et al., p. 74.

Tab. 3.1: Beispiele für Branchen-Betas in den USA (Quelle: Brealey/Myers, 3. Aufl. (1988), Tabelle 9.3)

mit[16]

$$E_{t^-} = E_t + NCF_t - Y_t.$$

$\beta_{E,t}$ gibt an, um wieviel Prozentpunkte sich die erwartete Rendite des Eigenkapitals bei teilweiser Fremdfinanzierung ändert, wenn sich die erwartete Kapitalmarktrendite um einen Prozentpunkt ändert (vgl. Tab. 3.2 und 3.3).

3.2.1.6 Zusammenhänge zwischen den normierten systematischen Risiken

3.2.1.6.1 Projekt– und Umsatz–Beta

Für das normierte systematische Risiko des Investitionsprojekts (*Projekt-Beta $\beta_{IP,t}$*) kann folgende approximative Beziehung zum normierten systematischen Risiko des Wertes der künftigen Umsatzerlöse (*Umsatz-Beta $\beta_{VZ,t}$*) hergeleitet werden (exakt für sichere fixe Auszahlungen und sicheren Restwert):

$$\beta_{IP,t} \approx OL_t^{dyn} \cdot \beta_{VZ,t}.$$

Beweis:
Unter den in Unterabschnitt 3.1.1 angeführten Annahmen gilt für den Wert einer rein eigenfinanzierten Unternehmung

$$U_t = (1-s) \cdot \sum_{\nu=t+1}^{T} \frac{E(p_\nu \cdot z_\nu)}{\prod\limits_{\tau=t+1}^{\nu}(1+\kappa_\tau)} - (1-s) \cdot \sum_{\nu=t+1}^{T} \frac{E(c_{v,\nu} \cdot z_\nu)}{\prod\limits_{\tau=t+1}^{\nu}(1+\kappa_\tau)}$$

---

[16] Die letzte Beziehung gilt nur für $Cov(E_t, r_{M,t}) = 0$.

Firm	Beta	Standard-deviation
Baltimore Gas & Electric	.33	.13
Boston Edison	.34	.15
Carolina Power & Electric	.42	.12
Centerior Energy	.38	.18
Central Hudson Gas & Electric	.29	.15
Central Maine Power	.32	.13
Cincinnati Gas & Electric	.46	.12
Commonwealth Edison	.61	.13
Consolidated Edison	.32	.12
Delmarva Power & Light	.36	.11
Detroit Edison	.38	.14
DPL, Inc.	.48	.12
Florida Progress Corp.	.46	.12
Houston Industries	.49	.12
Idaho Power	.40	.11
IPALCO Industries	.36	.12
Northeast Utilities	.50	.13
Oklahoma Gas & Electric	.32	.12
Pacific Gas & Electric	.52	.13
Pennsylvania Power and Light	.50	.13
Philadelphia Electric	.39	.16
Public Service of Colorado	.52	.12
SCE Corp.	.37	.13
TECO Energy	.27	.12
Average	.41	

Source: Merill Lynch, Pierce, Fenner & Smith, Inc., „Security Risk Evaluation", January 1990.

Tab. 3.2: Beispiele für Equity–Betas und deren Standardabweichung der 24 größten Energieversorgungsunternehmungen in den USA (Quelle: Brealey/Myers, 4. Aufl. (1991), Tabelle 9.3)

$$-(1-s) \cdot \sum_{\nu=t+1}^{T} \frac{C_{f,\nu}}{\prod_{\tau=t+1}^{\nu}(1+r_\tau)} + s \cdot \sum_{\nu=t+1}^{T} \frac{AfA_\nu}{\prod_{\tau=t+1}^{\nu}(1+r_\tau)} + \frac{R_T - s \cdot (R_T - BW_T)}{\prod_{\tau=t+1}^{T}(1+r_\tau)}.$$

Das normierte systematische Risiko des Investitionsprojekts bei reiner Eigenfinanzierung β_{IP} setzt sich nun aus den gewichteten durchschnittlichen Betas der Wertkomponenten zusammen:

$$U_{t-1} \cdot \beta_{IP,t} = \beta_{p \cdot x,t}(1-s) \cdot \sum_{\nu=t}^{T} \frac{E(p_\nu \cdot x_\nu)}{\prod_{\tau=t}^{\nu}(1+\kappa_\tau)} - \beta_{c_v \cdot x,t}(1-s) \cdot \sum_{\nu=t}^{T} \frac{E(c_{v,\nu} \cdot x_\nu)}{\prod_{\tau=t}^{\nu}(1+\kappa_\tau)}$$

$$-\beta_{C_f,t}(1-s) \cdot \sum_{\nu=t}^{T} \frac{C_{f,\nu}}{\prod_{\tau=t}^{\nu}(1+r_\tau)} + \beta_{AfA,t} \cdot s \cdot \sum_{\nu=t}^{T} \frac{AfA_\nu}{\prod_{\tau=t}^{\nu}(1+r_\tau)}$$

$$+\beta_{R_T,t} \cdot \frac{R_T - s \cdot (R_T - BW_T)}{\prod_{\tau=t}^{T}(1+r_\tau)},$$

wobei

$\beta_{p \cdot x,t}$	...	Beta der Einzahlungen,
$\beta_{c_v \cdot x,t}$	...	Beta der variablen Auszahlungen
$\beta_{C_f,t}$	...	Beta der fixen Auszahlungen
$\beta_{AfA,t}$	...	Beta der steuerlichen Abschreibungen

und

$\beta_{R_T,t}$ ... Beta des Restwerts.

Average Values of Beta for Stocks in Selected Industries, 1966 – 1974

Industry	Beta Value	Industry	Beta Value
Air transport	1.80	Chemicals	1.22
Real property	1.70	Energy, raw materials	1.22
Travel, outdoor recreation	1.66	Tires, rubber goods	1.21
Electronics	1.60	Railroads, shipping	1.19
Miscellaneous finance	1.60	Forest product, paper	1.16
Nondurables, entertainment	1.47	Miscellaneous, conglomerate	1.14
Consumer durables	1.44	Drugs, medicine	1.14
Business machines	1.43	Domestic oil	1.12
Retail, general	1.43	Soaps, cosmetics	1.09
Media	1.39	Steel	1.02
Insurance	1.34	Containers	1.01
Trucking, freight	1.31	Nonferrous metals	0.99
Producer goods	1.30	Agriculture, food	0.99
Aerospace	1.30	Liquor	0.89
Business services	1.28	International oil	0.85
Apparel	1.27	Banks	0.81
Construction	1.27	Tobacco	0.80
Motor vehicles	1.27	Telephone	0.75
Photographic, optical	1.24	Energy, utilies	0.60
		Gold	0.36

Source: Barr Rosenberg and James Guy, „Prediction of Beta from Investment Fundamentals", *Financial Analysts Journal* 32, no. 4 (July/August 1976): 66.

Tab. 3.3: Beispiele für Equity–Betas ausgewählter Branchen in den USA (Quelle: Sharpe/Alexander/Bailey (1995), S. 535)

Da die fixen Auszahlungen und die steuerlichen Abschreibungen nicht von der unsicheren Kapitalmarktrendite abhängen, gilt

$$\beta_{C_f,t} = \beta_{AfA,t} = 0.$$

Desweiteren kann angenommen werden, daß auch der Restwert von der Kapitalmarktrendite nahezu unabhängig ist

$$\beta_{R_T,t} = 0.$$

Unterstellt man vereinfachend, daß die Einzahlungen den gleichen Beta–Wert wie die variablen Auszahlungen aufweisen[17]

$$\beta_{p\cdot x,t} = \beta_{c_v\cdot x,t},$$

---

[17] Diese Annahme ist eine Konsequenz aus der Annahme, daß die variablen Auszahlungen je Stück stets proportional zum Verkaufspreis sind

$$c_{v,t} = \gamma \cdot p_t.$$

Dann ist nämlich

$$\begin{aligned}
\beta_{c_v\cdot x,t} &= \frac{Cov[(1-\gamma)\cdot p_t \cdot x_t + (1-\gamma)\cdot PV_t, r_{M,t}]}{(1-\gamma)\cdot PV_t \cdot \sigma^2(r_{M,t})} \\
&= \frac{(1-\gamma)\cdot Cov(p_t \cdot x_t + PV_t, r_{M,t})}{(1-\gamma)\cdot PV_t \cdot \sigma^2(r_{M,t})} \\
&= \beta_{p\cdot x,t}.
\end{aligned}$$

und definiert man diesen Wert als Beta der variablen Zahlungen $\beta_{VZ,t}$, so erhält man

$$\beta_{IP,t} = \beta_{VZ,t} \frac{(1-s)\cdot(1-\gamma)\cdot\frac{E(p_t\cdot x_t)+PV_t}{1+n_t}}{U_{t-1}}.$$

Der Quotient entspricht nun dem dynamischen Operating Leverage und demzufolge gilt

$$\beta_{IP,t} = OL_t^{dyn}\cdot\beta_{VZ,t}.$$

Das normierte systematische Risiko des Investitionsprojekts hängt somit vom normierten systematischen Risiko der variablen Zahlungen des Investitionsprojekts und vom Operating Leverage ab. Das normierte systematische Risiko eines Investitionsprojekts ist umso größer, je größer der Operating Leverage und je größer das normierte systematische Risiko der variablen Zahlungen ist.

3.2.1.6.2   Eigenkapital– und Vermögensbeta

Für das normierte systematische Risiko des Eigenkapitals bei teilweiser Fremdfinanzierung (*Equity–Beta* $\beta_{E,t}$) kann folgende approximative Beziehung zum normierten systematischen Risiko des Eigenkapitals bei reiner Eigenfinanzierung (*Asset–Beta* $\beta_{A,t}$) hergeleitet werden (exakt für risikoloses Fremdkapital):

$$\beta_{E,t} \approx FL_t^{dyn}\cdot\beta_{A,t}.$$

Beweis:
In Unterabschnitt 3.1.2 ist folgende Beziehung hergeleitet worden

$$V_t = U_t + s\cdot f_t\cdot D_t.$$

Darüberhinaus gilt natürlich

$$V_t = E_t + D_t.$$

Demzufolge gilt für das Beta der verschuldeten Unternehmung einerseits

$$\beta_{A,t}\frac{U_{t-1}}{V_{t-1}} + \beta_{D,t}\cdot s\cdot f_{t-1}\cdot\frac{D_{t-1}}{V_{t-1}}$$

und andererseits

$$\beta_{E,t}\frac{E_{t-1}}{V_{t-1}} + \beta_{D,t}\cdot\frac{D_{t-1}}{V_{t-1}}.$$

Da das Beta des Fremdkapitals nahezu null ist ($\beta_{D,t} = 0$ für risikolose Kredite), muß daher näherungsweise gelten

$$\beta_{A,t}\frac{U_{t-1}}{V_{t-1}} = \beta_{E,t}\frac{E_{t-1}}{V_{t-1}}$$

und somit

$$\beta_{E,t} = \beta_{A,t}\frac{U_{t-1}}{E_{t-1}}.$$

Da der Quotient dem dynamischen Financial Leverage entspricht, erhält man folgende Beziehung für die gesamte Unternehmung

$$\begin{aligned}\beta_{E,t} &= FL_t^{dyn}\cdot\beta_{A,t} \\ &= \left[1 + (1 - s\cdot f_{t-1})\frac{v_{t-1}^*}{1 - v_{t-1}^*}\right]\cdot\beta_{A,t}.\end{aligned}$$

3.2.1.6.3 Eigenkapital- und Projektbeta

Analog gilt für Investitionsprojekte folgende Beziehung

$$\beta_{E,t} = FL_t^{dyn} \cdot \beta_{IP,t}$$

$$= \left[1 + (1 - s \cdot f_{t-1}) \frac{v_{t-1}^*}{1 - v_{t-1}^*} \right] \cdot \beta_{IP,t}.$$

Somit ist das normierte systematische Risiko des Eigenkapitals umso größer, je größer der Financial Leverage und je größer das normierte systematische Risiko des Investitionsprojekts ist.

3.2.1.6.4 Eigenkapital- und Umsatzbeta

Demzufolge ist

$$\beta_{E,t} = \left[1 + (1 - s \cdot f_{t-1}) \frac{v_{t-1}^*}{1 - v_{t-1}^*} \right] \cdot OL_t^{dyn} \cdot \beta_{VZ,t}.$$

Somit ist das normierte systematische Risiko des Eigenkapitals umso größer, je größer die fixen Auszahlungen und je größer die Sensitivität der Umsatzerlöse von der Kapitalmarktentwicklung sind.

3.2.2 Gesamtrisiken

Analog zu den normierten systematischen Risiken aus Unterabschnitt 3.2.1 können auch

- das gesamte Risiko des Werts der künftigen Umsatzerlöse

$$\sigma_{VZ,t} = \sqrt{Var \left(\frac{PV_{t-}}{PV_{t-1}} - 1 \right)},$$

- das gesamte Risiko des (rein eigenfinanzierten) Investitionsprojekts

$$\sigma_{IP,t} = \sqrt{Var \left(\frac{K_t}{K_{(t-1)^+}} - 1 \right)},$$

- das gesamte Risiko des (rein eigenfinanzierten) Unternehmensvermögens

$$\sigma_{A,t} = \sqrt{Var \left(\frac{U_{t-}}{U_{t-1}} - 1 \right)},$$

- das gesamte Risiko einer Branche

und

- das gesamte Risiko des Eigenkapitals einer verschuldeten Unternehmung (eines fremdfinanzierten Projekts)

$$\sigma_{E,t} = \sqrt{Var \left(\frac{E_{t-}}{E_{t-1}} - 1 \right)}$$

definiert werden.

Ebenso können analoge Beziehungen zwischen den Gesamtrisiken hergeleitet werden

$$\sigma_{IP,t} \approx OL_t^{dyn} \cdot \sigma_{VZ,t},$$

$$\sigma_{E,t} \approx FL_t^{dyn} \cdot \sigma_{IP,t}$$

bzw.

$$\sigma_{E,t} \approx FL_t^{dyn} \cdot \sigma_{A,t}.$$

3.2.3   Empirische Ermittlung

Für die empirische Ermittlung der normierten systematischen Risiken können bei börsennotierten Aktiengesellschaften historische Aktienkurse und die Werte der Nebenrechte (Dividenden, Bezugsrechte und Berichtigungsaktien) herangezogen werden. Mit Hilfe der daraus berechenbaren ex-post-Renditen und mit Hilfe der ex-post-Renditen eines Aktienindex berechnet man sodann die historischen Beta–Werte der Aktien und somit das normierte systematische Risiko des Eigenkapitals bei teilweiser Fremdfinanzierung β_E (vgl. Lösung von Aufgabe 37 und Tab. 3.2). Um das normierte systematische Risiko des Eigenkapitals bei reiner Eigenfinanzierung β_A schätzen zu können, verwendet man

$$\beta_A = \frac{\beta_E}{FL^{dyn}},$$

wobei als dynamischer Financial Leverage vereinfachend der Grenzwert

$$FL_\infty^{dyn} = 1 + (1 - s)\frac{v_0}{1 - v_0}$$

herangezogen werden kann. Hierbei ist der aktuelle Verschuldungsgrad zu Marktwerten v_0 anhand des aktuellen Aktienkurses, der Anzahl emittierter Aktien und des Buchwertes des Fremdkapitals zu approximieren.

Um das Branchen–Beta (vgl. Tab. 3.1) empirisch schätzen zu können, benötigt man die Asset-Betas aller Aktiengesellschaften derselben Branche, die in einer Volkswirtschaft börsennotiert sind, und bildet einen gewichteten arithmetischen Durchschnitt, wobei als Gewichtung der Anteil des Marktwertes einer Unternehmung bei reiner Eigenfinanzierung am gesamten Marktwert der Branche bei reiner Eigenfinanzierung herangezogen werden kann. Hierbei gilt, daß der Marktwert einer Unternehmung bei reiner Eigenfinanzierung dem Marktwert der verschuldeten Unternehmung abzüglich dem Wert der Steuerersparnisse aus der Absetzbarkeit der künftigen Zinszahlungen entspricht (vgl. Unterabschnitt 3.1.2).

Mit den so empirisch ermittelten Branchen–Betas können sodann die Equity-Betas für das Projekt berechnet werden, indem man die für das Projekt beabsichtigten Verschuldungsgrade und damit den dynamischen Financial Leverage für das Projekt berücksichtigt[18].

---

[18] Es ist nicht üblich, empirisch noch einen Schritt weiterzugehen und auch das Umsatz–Beta zu schätzen. Die oben dargestellte Vorgehensweise zur Ermittlung des Projekt–Betas unterstellt daher implizit, daß der dynamische Operating Leverage des Projekts dem der Branche entspricht (sofern sinnvollerweise von gleichem Umsatz–Beta des Projekts und der Branche ausgegangen wird).

3.3 Ermittlung der Kapitalkostensätze

Exkurs 6: Das CAPM und die Einflußfaktoren auf das Aktienbeta

Aufspaltung des Risikos einer Investition in

- **unsystematisches Risiko:**
  Jener Teil des Risikos, der durch Portfoliobildung vernichtet werden kann und daher keine Risikoprämie „verdient".

- **systematisches Risiko:**
  Nicht diversifizierbarer Teil des Risikos, für den der Kapitalmarkt eine Risikoprämie gewährt.

CAPM: Linearer Zusammenhang zwischen der

- **erwarteten Rendite eines riskanten Wertpapiers $E(r_j)$**

und dem

- **normierten systematischen Risiko des Wertpapieres β_j:**

$$E(r_j) = r + [E(r_M) - r] \cdot \beta_j$$

mit

$E(r_j)$	...	*erwartete Rendite des Wertpapieres j*
r	...	*risikoloser Zinssatz*
$E(r_M)$	...	*erwartete Kapitalmarktrendite*
β_j	...	*normiertes systematisches Risiko des Wertpapieres j*

$$\beta_j = \frac{Cov(r_j, r_M)}{Var(r_M)}$$
$$= \frac{dE(r_j)}{dE(r_M)}.$$

β_j gibt somit an, um wieviel Prozentpunkte sich die erwartete Rendite des Wertpapiers j ändert, wenn sich die erwartete Kapitalmarktrendite um einen Prozentpunkt ändert.

Das Beta einer Aktie einer teilweise fremdfinanzierten Unternehmung hängt nun, neben dem Gewinnsteuersatz, von folgenden Einflußgrößen ab (vgl. auch Unterabschnitt 3.3.2.1):

- *Verschuldungsgrad der Unternehmung v bzw. Financial Leverage*

und

- *Asset-Beta β_A der Unternehmung,*

wobei letztere Einflußgröße wiederum abhängt vom

- *Beta der variablen Ein- und Auszahlungen β_{VZ} bzw. Umsatz-Beta*

und vom

- Operating Leverage.

Somit haben Aktien ein hohes Beta, falls

- *der Verschuldungsgrad der Unternehmung hoch ist,*
- *die variablen Zahlungen der Unternehmung im Leistungsbereich stark positiv von der allgemeinen Kapitalmarkt- bzw. Konjunkturentwicklung abhängen*

und

- *die fixen Auszahlungen der Unternehmung hoch sind*

et vice versa.

Beweis:

Das Aktienbeta $\beta_{j,t}$ (Equity–Beta $\beta_{E,t}$) einer verschuldeten Unternehmung ist

$$
\begin{aligned}
\beta_{E,t} &= \frac{Cov(r_{j,t}, r_{M,t})}{\sigma^2(r_{M,t})} \\
&= \frac{Cov(\frac{E_t}{E_{t-1}} - 1, r_{M,t})}{\sigma^2(r_{M,t})} \\
&= \frac{1}{E_{t-1}} \cdot \frac{Cov(E_{t-}, r_{M,t})}{\sigma^2(r_{M,t})}.
\end{aligned}
$$

Nun gilt

$$
\begin{aligned}
E_t &= V_t - D_t \\
&= U_t + s \cdot D_t - D_t \\
&= (1-s)(1-\gamma) \cdot PV_{t-} + PF_{t-} - (1-s)D_t
\end{aligned}
$$

und

$$
E_{t-} = (1-s)(1-\gamma) \cdot PV_{t-} + PF_{t-} - (1-s)D_{t-}.
$$

Somit ist für risikoloses Fremdkapital

$$
\begin{aligned}
Cov(E_{t-}, r_{M,t}) &= Cov[(1-s)(1-\gamma) \cdot PV_{t-} + PF_{t-} - (1-s)D_{t-}, r_{M,t}] \\
&= (1-s)(1-\gamma) \cdot Cov(PV_{t-}, r_{M,t})
\end{aligned}
$$

und

$$
\beta_{E,t} = \frac{(1-s)(1-\gamma) \cdot Cov(PV_{t-}, r_{M,t})}{E_{t-1} \cdot \sigma^2(r_M)}.
$$

Durch eine Erweiterung im Zähler um $\frac{PV_{t-1}}{PV_{t-1}}$ erhält man

$$
\beta_{E,t} = \frac{(1-s)(1-\gamma) \cdot PV_{t-1} \cdot Cov(\frac{PV_{t-}}{PV_{t-1}}, r_{M,t})}{E_{t-1} \cdot \sigma^2(r_{M,t})}.
$$

und, falls man Zähler und Nenner noch um U_{t-1} erweitert,

$$
\begin{aligned}
\beta_{E,t} &= \frac{U_{t-1}}{E_{t-1}} \cdot \frac{(1-s)(1-\gamma) \cdot PV_{t-1}}{U_{t-1}} \cdot \frac{1}{PV_{t-1}} \cdot \frac{Cov(p_t \cdot x_t, r_{M,t})}{\sigma^2(r_{M,t})} \\
&= FL_t^{dyn} \cdot OL_t^{dyn} \cdot \beta_{VZ,t} \\
&= FL_t^{dyn} \cdot \beta_{A,t}.
\end{aligned}
$$

Somit setzt sich das Aktienbeta multiplikativ aus den folgenden Einflußfaktoren zusammen

- *Financial Leverage*
- *Operating Leverage*
- *Umsatz–Beta*

3.3.1   Kapitalkostensatz für den Wert der künftigen Umsatzerlöse

Der Kapitalkostensatz κ_t für den Wert der künftigen Umsatzerlöse und damit für das Eigenkapital einer rein eigenfinanzierten Unternehmung (eines rein eigenfinanzierten Projekts) ohne fixe Zahlungen (fixe jährliche Auszahlungen, Steuerersparnisse aufgrund der AfA und Restwert nach Steuern) beträgt

$$\kappa_t \;=\; r_t + [E(r_{M,t}) - r_t] \cdot \beta_{VZ,t}.$$

3.3.2   Kapitalkostensatz (Alternativrendite) nach Steuern für das Eigenkapital[19]

3.3.2.1   CAPM

a) Bei reiner Eigenfinanzierung ($v_t^* = 0$)

Der Kapitalkostensatz ϱ_t für den Wert des Eigenkapitals einer rein eigenfinanzierten Unternehmung (eines rein eigenfinanzierten Projekts) beträgt

$$\varrho_t = r_t + [E(r_{M,t}) - r_t] \cdot \beta_{IP,t}.$$

Beweis:

Aus

$$\varrho_t = OL_t^{dyn} \cdot \kappa_t + (1 - OL_t^{dyn}) \cdot r_t$$

erhält man durch Substitution von

$$\kappa_t = r_t + [E(r_{M,t}) - r_t] \cdot \beta_{VZ,t}$$

die Gleichung

$$\varrho_t = OL_t^{dyn} \cdot \{r_t + [E(r_{M,t}) - r_t] \cdot \beta_{VZ,t}\} + (1 - OL_t^{dyn}) \cdot r_t.$$

Daraus ergibt sich nach einigen Umformungen

$$\varrho_t = r_t + [E(r_{M,t}) - r_t] \cdot OL_t^{dyn} \cdot \beta_{VZ,t}$$

---

[19] Üblicherweise wird bei Kapitalgesellschaften der Kapitalkostensatz für das Eigenkapital nach Körperschaftsteuer, aber vor Einkommensteuer ermittelt. Bei der in der Praxis üblichen historischen Schätzung der Betas liefert das CAPM dann die Alternativrendite für das Eigenkapital nach Einkommensteuer, wenn unterstellt wird, daß Kapitalgewinne nicht innerhalb der Spekulationsfrist realisiert werden und Dividenden nach Einkommensteuer (in Österreich: 22 % KESt) in der Berechnung herangezogen werden. Zur Ermittlung der Alternativrendite für das Eigenkapital nach Einkommensteuer sind auch der risikolose Zinssatz nach Steuern und die erwartete Kapitalmarktrendite nach Einkommensteuern heranzuziehen.

und daher

$$\varrho_t = r_t + [E(r_{M,t}) - r_t] \cdot \beta_{IP,t}$$

mit

$$\beta_{IP,t} = OL_t^{dyn} \cdot \beta_{VZ,t}.$$

b) Bei teilweiser Fremdfinanzierung

Der Kapitalkostensatz $k_{E,t}$ für den Wert des Eigenkapitals einer teilweise fremdfinanzierten Unternehmung (eines teilweise fremdfinanzierten Projekts) beträgt

$$
\begin{aligned}
k_{E,t} &= r_t + [E(r_{M,t}) - r_t] \cdot \beta_{E,t} \\
&= r_t + [E(r_{M,t}) - r_t] \cdot FL_t^{dyn} \cdot \beta_{IP,t} \\
&= r_t + [E(r_{M,t}) - r_t] \cdot \left[1 + (1 - s \cdot f_{t-1}) \frac{v_{t-1}^*}{(1 - v_{t-1}^*)}\right] \cdot \beta_{IP,t}
\end{aligned}
$$

Beweis:
Aus

$$k_{E,t} = FL_t^{dyn} \cdot \varrho_t + (1 - FL_t^{dyn}) \cdot k_{D,t}$$

erhält man für $k_{D,t} = r_t$ durch Substitution von

$$\varrho_t = r_t + [E(r_{M,t}) - r_t] \cdot \beta_{IP,t}$$

die Gleichung

$$k_{E,t} = FL_t^{dyn} \cdot \{r_t + [E(r_{M,t}) - r_t] \cdot \beta_{IP,t}\} + (1 - FL_t^{dyn}) \cdot r_t.$$

Daraus ergibt sich nach einigen Umformungen

$$k_{E,t} = r_t + [E(r_{M,t}) - r_t] \cdot FL_t^{dyn} \cdot \beta_{IP,t}$$

und daher

$$k_{E,t} = r_t + [E(r_{M,t}) - r_t] \cdot \beta_{E,t}$$

mit

$$\beta_{E,t} = FL_t^{dyn} \cdot \beta_{IP,t}.$$

Der Kalkulationszinsfuß setzt sich somit aus drei Komponenten zusammen:

- Risikoloser Zinssatz r_t
- Risikoprämie für das Geschäftsrisiko (*Business Risk, Operating Risk*)

$$[E(r_{M,t}) - r_t)] \cdot \beta_{IP,t}$$

- Risikoprämie für das Finanzierungsrisiko (*Financial Risk*)

$$[E(r_{M,t}) - r_t](1 - s \cdot f_{t-1}) \frac{v_{t-1}^*}{1 - v_{t-1}^*} \cdot \beta_{IP,t}$$

Der Kalkulationszinsfuß nach Steuern für das Eigenkapital, der in der Investitionsplanung heranzuziehen ist, ist somit dann hoch, falls

- der Verschuldungsgrad des Projekts hoch ist,

- die variablen Zahlungen bzw. Umsätze des Projekts stark positiv von der allgemeinen Kapitalmarktentwicklung abhängen,

- die fixen Auszahlungen des Projekts hoch sind,

- der nominelle risikolose Zinssatz hoch ist

und

- die erwartete Risikoprämie für den Kapitalmarkt hoch ist.

3.3.2.2 Gordon-Wachstumsmodell

Der Wert einer Aktie entspricht im Gleichgewicht der Summe der diskontierten erwarteten künftigen Dividenden

$$S_0 = \sum_{t=1}^{\infty} \frac{E(Div_t)}{(1 + k_E^{vor\,ESt})^t}$$

mit S_0 ... Wert der Aktie zu $t = 0$.

Für

$$E(Div_t) = Div_0(1 + g)^t$$

mit konstanter erwarteter Dividendenwachstumsrate g gilt

$$S_0 = \frac{E(Div_1)}{k_E^{vor\,ESt} - g},$$

und daraus ergibt sich der Kapitalkostensatz für das Eigenkapital nach Körperschaftsteuer und vor Einkommensteuer

$$k_E^{vor\,ESt} = \underbrace{\frac{E(Div_1)}{S_0}}_{\substack{\text{Erwartete Div-}\\\text{idendenrendite}\\\text{vor Kapital-}\\\text{ertragsteuer für}\\\text{die Folgeperiode}}} + \underbrace{g}_{\substack{\text{Erwartete Wachs-}\\\text{tumsrate bei}\\\text{Dividenden}}}.$$

Analog erhält man den Kapitalkostensatz für das Eigenkapital nach Einkommensteuern bei einem Steuersatz von s_E auf Dividenden

$$k_E^{nach\,ESt} = \underbrace{\frac{(1 - s_E)E(Div_1)}{S_0}}_{\substack{\text{Erwartete Div-}\\\text{idendenrendite}\\\text{nach Kapital-}\\\text{ertragsteuer für die}\\\text{Folgeperiode}}} + \underbrace{g}_{\substack{\text{Erwartete Wachstumsrate}\\\text{bei Dividenden}}}.$$

Dieses Modell ist anwendbar, falls das Investitionsprojekt der Branche einer Aktiengesellschaft (bzw. Kommanditgesellschaft auf Aktien) entspricht und falls das Projekt gleich verschuldet wie die Restunternehmung sein soll.

3.3.3 Kapitalkostensatz (Effektivverzinsung) vor Steuern für das Fremdkapital

Eigentlich müßte der Wert des Fremdkapitals analog zum Wert des Eigen- und Gesamtkapitals mit

$$D_t = \sum_{\nu=t+1}^{T} \frac{E(Z_\nu + Y_\nu)}{\prod_{\tau=t+1}^{\nu} (1 + k_{D,\tau})},$$

berechnet werden, wobei

$$k_{D,t} = r_t + [E(r_{M,t}) - r_t] \cdot \beta_{D,t}$$

und

$$\beta_{D,t} = \frac{Cov\left(\frac{Z_t+Y_t+D_t}{D_{t-1}} - 1, r_{M,t}\right)}{\sigma^2(r_{M,t})}$$
$$= \frac{1}{D_{t-1}} \cdot \frac{Cov(Z_t + Y_t + D_t, r_{M,t})}{\sigma^2(r_{M,t})}$$

ist. Da jedoch mit Ausnahme von börsennotierten Industrieanleihen Marktwerte von Krediten nicht verfügbar sind, wird zumeist vereinfachend unterstellt, daß der Kapitalkostensatz über die Zeit konstant ist und mit der Effektivverzinsung übereinstimmt

$$k_{D,t} = i.$$

- **Exakt mit Nullstellenprogramm:**

$$Y_0 = \sum_{t=1}^{T} \frac{Z_t + Y_t}{(1 + i)^t}$$

- **Approximativ (bei gesamtfälliger Tilgung oder Ratentilgung):**

$$i = \frac{i_{nom} + \frac{d+a}{MLZ}}{1 - d}$$

mit a ...   Rückzahlungsagio (in % vom Nominale)

        d ...   Auszahlungsdisagio (in % vom Nominale)

        i_{nom} ...   Nomineller Zinssatz in % p.a.

        MLZ ...   Mittlere Laufzeit (in Jahren)

$$MLZ = \frac{1 + \text{Tilgungsjahre}}{2} + \text{Tilgungsfreie Jahre}.$$

3.3.4 Kapitalkostensatz nach Steuern für das Gesamtkapital

Exkurs 7: Bewertung der verschuldeten Unternehmung mit einem einheitlichen Kalkulationszinsfuß

Statt zur Bewertung des Gesamtkapitals die erwarteten künftigen Zahlungen mit unterschiedlichen Kalkulationszinsfüßen ϱ_t bzw. $k_{D,t}$ oder $k_{E,t}$ bzw. $k_{D,t}$ zu diskon-

tieren, ist es auch möglich, einen einheitlichen periodenspezifischen Kalkulationszinsfuß $k_{G,t}$ zu verwenden. Der Wert V_t ergibt sich dann als[20]

$$V_t = \sum_{\nu=t+1}^{T} \frac{E(OCF_\nu + s \cdot Z'_\nu)}{\prod_{\tau=t+1}^{\nu} (1 + k_{G,\tau})} + \frac{R_T - s(R_T - BW_T)}{\prod_{\tau=t+1}^{T} (1 + k_{G,\tau})}$$

$$= \frac{E(OCF_{t+1} + s \cdot Z'_{t+1}) + V_{t+1}}{1 + k_{G,t+1}},$$

und es gilt folgender Zusammenhang zwischen den Kalkulationszinsfüßen $k_{G,t}$, $k_{E,t}$ und $k_{D,t}$

$$k_{G,t} = (1 - v_{t-1}) \cdot k_{E,t} + v_{t-1} \cdot k_{D,t}.$$

Beweis:
Aus

$$V_t = \frac{E(OCF_{t+1} + s \cdot Z'_{t+1}) + V_{t+1}}{1 + k_{G,t+1}}$$

erhält man

$$V_t \cdot (1 + k_{G,t+1}) = E(OCF_{t+1} + s \cdot Z'_{t+1}) + V_{t+1}.$$

Nun ist

$$V_{t+1} = E_{t+1} + D_{t+1}$$

und

$$E(OCF_{t+1} + s \cdot Z'_{t+1}) = E(OCF_{t+1} + s \cdot Z'_{t+1} - Z_{t+1} + Z_{t+1} - Y_{t+1} + Y_{t+1})$$
$$= E(NCF_{t+1} - Y_{t+1}) + E(Z_{t+1} + Y_{t+1}),$$

und man erhält

$$V_t \cdot (1 + k_{G,t+1}) = E(NCF_{t+1} - Y_{t+1}) + E(Z_{t+1} + Y_{t+1}) + E_{t+1} + D_{t+1}.$$

Eine Substitution auf der rechten Seite der obigen Gleichung für

$$E(NCF_{t+1} - Y_{t+1}) + E_{t+1} = E_t \cdot (1 + k_{E,t+1})$$

und

$$E(Z_{t+1} + Y_{t+1}) + D_{t+1} = D_t \cdot (1 + k_{D,t+1})$$

ergibt

$$V_t(1 + k_{G,t+1}) = E_t(1 + k_{E,t+1}) + D_t(1 + k_{D,t+1})$$
$$= E_t + D_t + E_t \cdot k_{E,t+1} + D_t \cdot k_{D,t+1}$$
$$= V_t + E_t \cdot k_{E,t+1} + D_t \cdot k_{D,t+1}.$$

Daraus erhält man

$$1 + k_{G,t+1} = 1 + \frac{E_t}{V_t} \cdot k_{E,t+1} + \frac{D_t}{V_t} \cdot k_{D,t+1}$$

und

$$k_{G,t+1} = (1 - v_t) \cdot k_{E,t+1} + v_t \cdot k_{D,t+1}.$$

---

[20] Beachte auch die Fußnote 2 auf S. 107.

3.3.4.1 Traditioneller WACC–Ansatz

Das in der Praxis auftretende schwierige Problem der Ermittlung von $k_{D,t}$ wird bei diesem Ansatz derart umgangen, daß

$$k_{D,t} = i$$

unterstellt wird. Außerdem wird bei den Cash Flows die Steuerersparnis aufgrund der Absetzbarkeit von Kreditaufwendungen bei der Ermittlung der Steuerbasis $s \cdot Z_t'$ ignoriert und durch die Verwendung der Effektivverzinsung nach Steuern beim Kalkulationszinsfuß berücksichtigt (vgl. Fischer (1996), 4.3.1.1). Der gewichtete durchschnittliche Kapitalkostensatz nach Steuern für das Gesamtkapital ergibt sich dann durch

$$k_{G,t} = (1 - v_{t-1}) \cdot k_{E,t} + v_{t-1} \cdot (1 - s) \cdot i.$$

Beweis:
Für $k_{D,t} = i$ und $E(Z_{t+1}') = i \cdot D_t$ erhält man

$$V_t = \frac{E(OCF_{t+1}) + s \cdot i \cdot D_t + V_{t+1}}{1 + k_{G,t+1}}$$

mit

$$k_{G,t+1} = (1 - v_t) \cdot k_{E,t+1} + v_t \cdot i.$$

Daraus ergibt sich

$$(1 + k_{G,t+1}) \cdot V_t = E(OCF_{t+1}) + s \cdot i \cdot D_t + V_{t+1}$$

und für $D_t = v_t \cdot V_t$

$$(1 + k_{G,t+1} - s \cdot i \cdot v_t) \cdot V_t = E(OCF_{t+1}) + V_{t+1}$$

und somit

$$
\begin{aligned}
V_t &= \frac{E(OCF_{t+1}) + V_{t+1}}{1 + (1 - v_t) \cdot k_{E,t+1} + v_t (1 - s) \cdot i} \\
&= \frac{E(OCF_{t+1}) + V_{t+1}}{1 + k_{G,t+1}}
\end{aligned}
$$

mit

$$k_{G,t+1} = (1 - v_t) \cdot k_{E,t+1} + v_t \cdot (1 - s) \cdot i.$$

Wird zusätzlich ein konstanter Verschuldungsgrad und eine konstante Alternativrendite nach Steuern für das Eigenkapital unterstellt, dann gilt für alle Perioden

$$k_G = (1 - v_0) \cdot k_E + v_0 \cdot (1 - s) \cdot i.$$

Der Kapitalwert des Gesamtkapitals ergibt sich dann als

$$K_0 = -A_0 + \sum_{t=1}^{T} \frac{E(OCF_t)}{(1 + k_G)^t} + \frac{R_T - s \cdot (R_T - BW_T)}{(1 + k_G)^T}.$$

3.3.4.2 Modigliani–Miller–Approximation

Auch bei diesem Ansatz wird bei den Cash Flows die Steuerersparnis $s \cdot Z'_t$ ignoriert und implizit bei der Berechnung des Kapitalkostensatzes nach Steuern für das Gesamtkapital berücksichtigt. Der gewichtete durchschnittliche Kapitalkostensatz nach Steuern für das Gesamtkapital ergibt sich dann approximativ durch

$$k_{G,t} = \varrho_t \cdot \left(1 - s \cdot v^*_{t-1}\right).$$

Beweis:
Die Modigliani-Miller-Approximation ist exakt für konstante risikolose Zinssätze $r_t = r$ und für risikoloses, ewiges Fremdkapital mit $i = r$. In diesem Fall kann der gewichtete durchschnittliche Kapitalkostensatz nach Steuern bei einem angestrebten Verschuldungsgrad von v^* folgendermaßen berechnet werden:

$$k_G = (1 - v^*) \cdot k_E + v^* \cdot (1 - s) \cdot r$$

mit

$$k_E = r + [E(r_M) - r] \cdot \left[1 + \frac{(1-s)v^*}{1-v^*}\right] \beta_{IP}.$$

Durch Substitution erhält man

$$k_G = (1 - v^*) \cdot \left\{r + [E(r_M) - r] \cdot \left[1 + \frac{(1-s)v^*}{1-v^*}\right] \beta_{IP}\right\} + v^* \cdot (1 - s) \cdot r.$$

Dies ergibt

$$
\begin{aligned}
k_G &= (1 - v^*) \cdot \{r + [E(r_M) - r] \cdot \beta_{IP}\} + [E(r_M) - r] \cdot (1 - s) \cdot v^* \cdot \beta_{IP} + v^* \cdot (1 - s) \cdot r \\
&= (1 - v^*)\varrho + (1 - s)v^*\{r + [E(r_M) - r]\beta_{IP}\} \\
&= (1 - v^*)\varrho + (1 - s)v^* \cdot \varrho \\
&= \varrho[1 - v^* + (1 - s)v^*] \\
&= \varrho(1 - s \cdot v^*).
\end{aligned}
$$

Exkurs 8: Der Leverageeffekt der Verschuldung

Der Effekt, daß Fremdfinanzierung die erwartete Rendite für das Eigenkapital positiv beeinflußt, ist als Hebelwirkung der Verschuldung bekannt und in Abb. 3.1 dargestellt. Dieser Leverageeffekt besagt, daß die erwartete Rendite für das Eigenkapital umso höher ist, je höher der Verschuldungsgrad ist:[21]

Aus

$$p_G = (1 - v_0) \cdot p_E + v_0 \cdot (1 - s) \cdot i$$

erhält man

$$p_E = \frac{p_G - v_0 \cdot (1 - s) \cdot i}{1 - v_0}$$

---

[21] Dabei wird vorausgesetzt, daß der Kapitalkostensatz für das Fremdkapital nach Steuern unter der Rendite für das Gesamtkapital nach Steuern liegt.

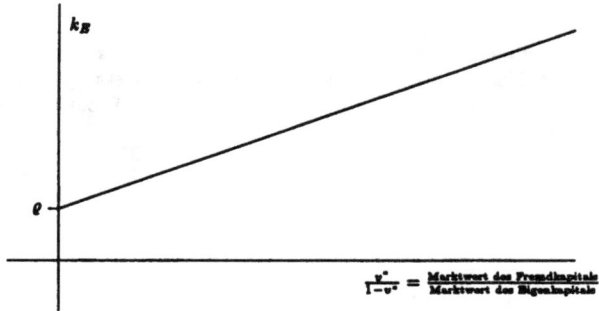

Abb. 3.1: Hebelwirkung der Verschuldung I

bzw.

$$p_E = \frac{1}{E_0} \cdot [V_0 \cdot p_G - D_0 \cdot (1 - s) \cdot i]$$

und somit

$$p_E = p_G + [p_G - (1 - s) \cdot i] \cdot \frac{D_0}{E_0}.$$

Diese höhere erwartete Rendite resultiert jedoch sowohl in einem höheren gesamten Risiko als auch in einem höheren normierten systematischen Risiko für das Eigenkapital (vgl. Abb. 3.2):

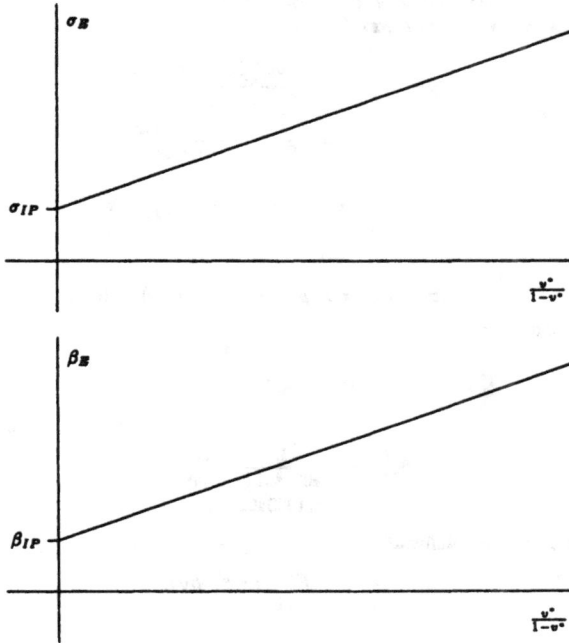

Abb. 3.2: Hebelwirkung der Verschuldung II

$$\sigma_E = F L_t^{dyn} \cdot \sigma_{IP}$$

und

$$\beta_E = F L_t^{dyn} \cdot \beta_{IP}.$$

Verursacht werden die höheren Risiken durch die höhere Konkurswahrscheinlichkeit verschuldeter Unternehmungen. Durch verstärkte Aufnahme von Fremdkapital erhöhen sich die fixen Auszahlungen für Tilgung und Kreditzinsen und damit die Möglichkeit von Liquiditätsschwierigkeiten für die Unternehmung.

Lösung von Aufgabe 31:

Erwartete Kapitalmarktrendite:

$$E(r_M) = 10 \text{ \% p.a.}$$

Risiko des Kapitalmarkts:

$$\sigma(r_M) = \sqrt{E(r_M^2) - [E(r_M)]^2}$$
$$= \sqrt{0,001\dot{6}}$$
$$= 4,0825 \text{ \% p.a.}$$

Das Beta der variablen Zahlungen entspricht dem normierten systematischen Risiko des Umsatzes bzw. der variablen Auszahlungen:

$$\beta_{VZ} = \beta_{p \cdot z} = \frac{Cov\left(\frac{p \cdot z}{PV_0} \cdot 1, r_M\right)}{\sigma^2(r_M)}$$

$$= \frac{1}{PV_0} \cdot \frac{Cov(p \cdot z, r_M)}{\sigma^2(r_M)}$$

mit[22]

$$PV_0 = \frac{E(p \cdot z) - \frac{E(r_M) - r}{\sigma^2(r_M)} \cdot Cov(p \cdot z, r_M)}{1 + r}$$

und

$$Cov(p \cdot z, r_M) = E(p \cdot z, r_M) - E(p \cdot z) \cdot E(r_M).$$

Die Berechnungen ergeben

$$Cov(p \cdot z, r_M) = 1, \dot{6},$$

$$PV_0 = 907, 4074$$

und

$$\beta_{VZ} = \frac{1}{907, 4074} \cdot \frac{1, \dot{6}}{0, 001\dot{6}}$$

$$= 1, 1020408.$$

Somit ist der Kalkulationszinsfuß κ

$$\kappa = r + [E(r_M) - r] \cdot \beta_{VZ}$$

$$= 10, 20408 \ \% \ \text{p.a.}$$

Das normierte systematische Risiko des Investitionsprojekts erhält man durch

$$\beta_{IP} = OL^{dyn} \cdot \beta_{VZ}$$

mit dem Operating Leverage im Fall $s = 0$

$$OL^{dyn} = \frac{(1 + r) \cdot (p - c_v) \cdot E(x)}{E(OCF_1) \cdot (1 + \kappa) - (\kappa - r) \cdot (p - c_v) \cdot E(x)}$$

$$= 1, 6896552.$$

Das normierte systematische Risiko des Investitionsprojekt bei reiner Eigenfinanzierung beträgt daher

$$\beta_{IP} = 1, 6896552 \cdot 1, 1020408$$

$$= 1, 8620689$$

(a) Bei reiner Eigenfinanzierung:
Kalkulationszinsfuß für das Eigenkapital:

$$\varrho = r + [E(r_M) - r] \cdot \beta_{IP}$$

$$= 11, 72414 \ \% \ \text{p.a.}$$

oder alternativ

$$\varrho = OL^{dyn} \cdot \kappa + (1 - OL^{dyn}) \cdot r$$

$$= 11, 72414 \ \% \ \text{p.a.}$$

Die zustandsabhängigen Bruttoendwerte für das Eigenkapital (= Vermögenswerte der Unternehmung) betragen

z_i	$U_1(z_i) = (p - c_v) \cdot x(z_i) - C_f$
Rezession	275
Normal	300
Boom	325

---

[22] Die Bewertung erfolgt mit dem Sicherheitsäquivalent (vgl. Abschnitt 2.3).

Der Kapitalwert des Projekts bei reiner Eigenfinanzierung ist

$$
\begin{aligned}
K_0 &= -A_0 + \frac{E(U_1)}{1+\varrho} \\
&= -260 + \frac{300}{1,1172414} \\
&= 8,51852
\end{aligned}
$$

und der Wert der Unternehmung bzw. des Eigenkapitals beträgt

$$
\begin{aligned}
U_0 &= \frac{E(U_1)}{1+\varrho} \\
&= 268,51852.
\end{aligned}
$$

(b) Bei teilweiser Fremdfinanzierung:

Die Rückzahlung des Kredits beträgt bei einer risikolosen Verzinsung

$$200 \cdot 1,08 = 216$$

und ist damit kleiner als der Einzahlungsüberschuß aus dem Investitionsprojekt in allen Zuständen z_i, mit $i = 1,2,3$. Somit ist der Kredit risikolos und weist einen Zinssatz in der Höhe von 8 % p.a. auf. Die zustandsabhängigen Bruttoendwerte für das Gesamtkapital V_1, das Eigenkapital E_1 und das Fremdkapital D_1 betragen

z_i	$V_1(z_i)$	$E_1(z_i)$	$D_1(z_i)$
Rezession	275	59	216
Normal	300	84	216
Boom	325	109	216

Der dynamische Financial Leverage beträgt im Falle $s = 0$

$$
\begin{aligned}
FL^{dyn} &= \frac{(1+r) \cdot E(OCF_1)}{(1+\varrho) \cdot E(NCF_1 - Y_1) - (\varrho - r) \cdot E(OCF_1)} \\
&= 3,9189191
\end{aligned}
$$

und das normierte systematische Risiko des Eigenkapitals bei teilweiser Fremdfinanzierung ist

$$
\begin{aligned}
\beta_E &= FL^{dyn} \cdot \beta_{IP} \\
&= 7,2972974.
\end{aligned}
$$

Kalkulationszinsfuß für das Eigenkapital:

$$
\begin{aligned}
k_E &= r + [E(r_M) - r] \cdot \beta_E \\
&= 22,5946 \ \% \ \text{p.a.}
\end{aligned}
$$

Der Kapitalwert des Projekts bei teilweiser Fremdfinanzierung beträgt

– nach der <u>Nettomethode</u>

$$
\begin{aligned}
K_0 &= -A_0 + D_0 + \frac{E(E_1)}{1+k_E} \\
&= -260 + 200 + \frac{84}{1,225946} \\
&= 8,51852
\end{aligned}
$$

– nach der <u>Bruttomethode</u>

$$
\begin{aligned}
K_0 &= -A_0 + \frac{E(V_1)}{1+k_G} \\
&= -260 + \frac{300}{1,1172414} \\
&= 8,51852
\end{aligned}
$$

mit[23]

$$k_G = (1-v) \cdot k_E + v \cdot i$$
$$= \left(1 - \frac{200}{268,51852}\right) \cdot 0,225946 + \frac{200}{268,51852} \cdot 0,08$$
$$= 11,72414 \% \text{ p.a.}$$

Die Werte des Eigenkapitals, des Fremdkapitals und des Gesamtkapitals betragen

$$E_0 = \frac{E(E_1)}{1+k_E}$$
$$= \frac{84}{1,225946}$$
$$= 68,51852,$$

$$D_0 = \frac{E(D_1)}{1+r}$$
$$= \frac{216}{1,08}$$
$$= 200$$

und

$$V_0 = \frac{E(V_1)}{1+k_G}$$
$$= E_0 + D_0$$
$$= U_0$$
$$= 268,51852.$$

(c) Bei reiner Fremdfinanzierung
Bei voller Fremdfinanzierung ist der Kredit nicht mehr risikolos, da

$$260 \cdot 1,08 = 280,8$$

im Zustand der Rezession den Einzahlungsüberschuß aus dem Investitionsprojekt übersteigt. Daher muß zunächst jener nominelle Zinssatz für den Kredit ermittelt werden, zu dem der Kreditbetrag in der Höhe von 260,– im Gleichgewicht gewährt wird. Unterstellen wir, daß die Unternehmung nur im Zustand z_1 zahlungsunfähig wird, so ergeben sich folgende Bruttoendwerte für das Fremdkapital:

z_i	$V_1(z_i)$	$D_1(z_i) = \min\{V_1(z_i), D_0(1+i_{nom})\}$
Rezession	275	275
Normal	300	$260 \cdot (1+i_{nom})$
Boom	325	$260 \cdot (1+i_{nom})$

---

[23] Die Berechnung erfolgt für den exakten Verschuldungsgrad von

$$v_0 = \frac{Y_0}{A_0 + K_0}$$
$$= 74,48 \%,$$

um zur Demonstration die gleiche Lösung wie bei der Nettomethode zu erhalten. Tatsächlich ist jedoch bei der Bruttomethode bei der Berechnung des Verschuldungsgrades der Kapitalwert des Projekts natürlich noch nicht bekannt. Somit kann der Verschuldungsgrad praktisch eigentlich nur durch

$$v_0 \approx \frac{Y_0}{A_0}$$
$$= 76,92 \%$$

approximiert werden, was jedoch unterschiedliche Resultate bei der Netto- und Bruttomethode impliziert.

Der Wert des Fremdkapitals soll 260 sein und ergibt sich nach der Bewertung mit dem Sicherheitsäquivalent durch

$$260 = \frac{E(D_1) - \frac{E(r_M) - r}{\sigma^2(r_M)} \cdot Cov(D_1, r_M)}{1 + r}$$

mit

$$E(D_1) = \frac{1}{3} \cdot [275 + 2 \cdot 260(1 + i_{nom})]$$

und

$$Cov(D_1, r_M) = E(D_1 \cdot r_M) - E(D_1) \cdot E(r_M)$$

Nach einigen Umformungen erhält man mit

$$E(D_1) = 265 + 173,\dot{3} \cdot i_{nom}$$

und

$$Cov(D_1, r_M) = -0,25 + 4,\dot{3} \cdot i_{nom}$$

aus der obigen Bewertung den nominellen Zinssatz im Gleichgewicht

$$i_{nom} = 10,5496 \ \% \ \text{p.a.}$$

Die Werte des Gesamtkapitals, des Eigenkapitals und des Fremdkapitals sind daher

z_i	$V_1(z_i)$	$E_1(z_i)$	$D_1(z_i)$
Rezession	275	0	275
Normal	300	12,5710	287,4290
Boom	325	37,5710	287,4290

Die Effektivverzinsung des Kredits erhält man aus

$$D_0 = \frac{E(D_1)}{1 + i}$$

mit

$$E(D_1) = \frac{1}{3} \cdot (275 + 2 \cdot 287,4290).$$

Dies ergibt

$$i = 8,9562 \ \% \ \text{p.a.}$$

Da der Kredit in diesem Fall riskant ist, erhält man das normierte systematische Risiko β_D aus

$$i = r + [E(r_M) - r] \cdot \beta_D.$$

Dies ergibt

$$\begin{aligned} \beta_D &= \frac{i - r}{E(r_M) - r} \\ &= 0,4781. \end{aligned}$$

Das normierte systematische Risiko für das Eigenkapital berechnet man aus

$$\beta_{IP} = \beta_E \cdot \frac{E_0}{U_0} + \beta_D \cdot \frac{D_0}{U_0}$$

und man erhält

$$\begin{aligned} \beta_E &= \frac{\beta_{IP} \cdot U_0 - \beta_D \cdot D_0}{E_0} \\ &= 44,103199 \end{aligned}$$

Kalkulationszinsfuß für das Eigenkapital bei reiner Fremdfinanzierung:

$$\begin{aligned} k_E &= r + [E(r_M) - r] \cdot \beta_E \\ &= 96,2064 \ \% \ \text{p.a.} \end{aligned}$$

Der Kapitalwert des Investitionsprojekts beträgt

– nach der _Nettomethode_

$$K_0 = -A_0 + D_0 + \frac{E(E_1)}{1 + k_E}$$
$$= -260 + 260 + \frac{16,7140}{1,962064}$$
$$= 8,51852$$

– nach der _Bruttomethode_

$$K_0 = -A_0 + \frac{E(V_1)}{1 + k_G}$$
$$= -260 + \frac{300}{1,1172414}$$
$$= 8,51852$$

mit[24]

$$k_G = (1 - v) \cdot k_E + v \cdot i$$
$$= \left(1 - \frac{260}{268,51852}\right) \cdot 0,962064 + \frac{260}{268,51852} \cdot 0,089562$$
$$= 11,72414 \text{ \% p.a.}$$

(d) Risiko äquivalenter Kapitalmarktrenditen

– **ad (a)**:

$$\varrho = 11,72414 \text{ \% p.a.}$$

Auf dem Kapitalmarkt stehen das Marktportfolio mit einer erwarteten Rendite von $E(r_M) = 10$ _% p.a. und einem Risiko von_ $\sigma(r_M) = 4,0825$ _% p.a. und ein risikoloses Wertpapier mit einer Rendite_ $r = 8$ _% p.a. zur Auswahl. Ein Investor, der eine Portfoliorendite von_ $r_P = 11,72414$ _% p.a. erwarten möchte, muß nun_

$$= \frac{r_P - E(r_M)}{r - E(r_M)}$$
$$= \frac{0,1172414 - 0,1}{0,08 - 0,1}$$
$$= -86,207 \text{ \%}$$

in das risikolose Wertpapier investieren, d.h. daß der Investor 186,207 % von 260,- für das Marktportfolio an Vermögen zur Verfügung hat. Daraus ergibt sich ein Portfoliorisiko von

$$\sigma(r_P) = (1 - \alpha) \cdot \sigma(r_M)$$
$$= 1,86207 \cdot 0,040825$$
$$= 7,6019 \text{ \% p.a.}$$

Der Investor müßte somit 224,1382 Kredit zu 8 % p.a. aufnehmen und diesen Betrag, gemeinsam mit seinen 260,-, in das Marktportfolio investieren. Die erwarteten Beträge zum Zeitpunkt $t = 1$ _sind_

	Marktportfolio $(224,1382 + 260) \cdot 1,1$	532,55202
−	Kredit $224,1382 \cdot 1,08$	−242,06926
=	Erwarteter Wert der Eigenkapitals	290,48276

Dies ergibt eine Alternativrendite

$$\varrho = \frac{290,48276}{260} - 1$$
$$= 11,72414 \text{ \% p.a.}$$

---

[24] vgl. auch Fußnote 23 auf S. 142.

Da der Wert des Eigenkapitals bei einer Investition in das Projekt größer ist als bei einer Investition am Kapitalmarkt (bei gleichem Risiko)[25]

$$300 > 290,48276,$$

ist es sinnvoll, das Projekt durchzuführen.

− ad (b):

    * *Nettomethode:*

$$k_E = 22,5946 \text{ \% p.a.}$$

$$\alpha = \frac{0,225946 - 0,1}{0,08 - 0,1}$$
$$= -629,73 \text{ \%}$$

$$\sigma(r_P) = [1 - (-6,2973)] \cdot 0,040825$$
$$= 29,7912 \text{ \% p.a.}$$

Erwarteter Wert des Eigenkapitals zu $t = 1$: *Der Investor nimmt also zusätzlich zum vorhandenen Eigenkapital in der Höhe von 60,– Fremdkapital in der Höhe von 377,838 zu 8 % p.a. auf und legt die Summe in der Höhe von 437,838 am Kapitalmarkt mit einer erwarteten Rendite von 10 % p.a. an.*

Marktportfolio $(377,838 + 60) \cdot 1,1$	*481,6218*
− Kredit $377,838 \cdot 1,08$	*−408,0650*
= Erwarteter Wert der Eigenkapitals	*73,5568*

Nachdem der erwartete Endwert des Eigenkapitals bei einer Investition in das Projekt höher ist als bei einer Investition in den Kapitalmarkt bei gleichem Risiko[26]

$$84 > 73,5568,$$

ist es sinnvoll, das Projekt durchzuführen.

    * *Bruttomethode:*

$$k_G = 11,72414 \text{ \% p.a.}$$

vgl. Lösung von ad (a).

− ad (c):

    * *Nettomethode:*

$$k_E = 96,2064 \text{ \% p.a.}$$

$$\alpha = \frac{0,962064 - 0,1}{0,08 - 0,1}$$
$$= -4.310,32 \text{ \%}$$

von 0,–.

$$\sigma(r_P) = [1 - (-43,1032)] \cdot 0,040825$$
$$= 180,0513 \text{ \% p.a.}$$

---

[25] Das Risiko des Eigenkapitals der Unternehmung beträgt

$$\sigma_A = OL^{dyn} \cdot \sigma_{VZ}$$
$$= 7,6019 \text{ \% p.a.}$$

mit

$$\sigma_{VZ} = 4,4991 \text{ \% p.a.}$$

[26] Das Risiko des Eigenkapitals der Unternehmung beträgt

$$\sigma_E = FL^{dyn} \cdot \sigma_A$$
$$= 29,7912 \text{ \% p.a.}$$

∗ *Bruttomethode:*

$$k_G = 11,72414 \ \% \ p.a.$$

vgl. Lösung von ad (a).

Lösung von Aufgabe 32:

(a) *Das Beta der variablen Zahlungen* β_{VZ} *(= Umsatz–Beta* $\beta_{p\text{-}z}$*) und der Kalkulationszinsfuß* κ *betragen für die gesamte Elektronikbranche sowie für beide Unternehmungen (vgl. Lösung von Aufgabe 31)*

$$\beta_{p\text{-}z} = 1,1020408$$

$$\kappa = 10,20408 \ \% \ p.a.$$

– **Investitionsplanung von Unternehmung I:**[27]

∗ *Für Projekt A:*[28]

$$OL_A^I \ = \ 1,6896552,$$

$$\begin{aligned} \beta_{IP,A}^I \ &= \ \beta_{p\text{-}z} \cdot OL_A^I \\ &= \ 1,8620689, \end{aligned}$$

$$\begin{aligned} \varrho_A^I \ &= \ r + [E(r_M) - r] \cdot \beta_{IP,A}^I \\ &= \ 11,72414 \ \% \ p.a. \end{aligned}$$

Zustand z_i	$V_{1,A}^I(z_i)$
Rezession	275
Normal	300
Boom	325

$$\begin{aligned} V_{0,A}^I \ &= \ -260 + \frac{300}{1,1172414} \\ &= \ 8,51853 \end{aligned}$$

∗ *Für Projekt B:*

$$\begin{aligned} OL_B^I \ &= \ \frac{1,08 \cdot 650}{250 \cdot 1,1020408 - 0,0220408 \cdot 650} \\ &= \ 2,6877636, \end{aligned}$$

$$\begin{aligned} \beta_{IP,B}^I \ &= \ \beta_{p\text{-}z} \cdot OL_B^I \\ &= \ 2,9620252, \end{aligned}$$

$$\begin{aligned} \varrho_B^I \ &= \ r + [E(r_M) - r] \cdot \beta_{IP,B}^I \\ &= \ 13,92405 \ \% \ p.a. \end{aligned}$$

Zustand z_i	$V_{1,B}^I(z_i)$
Rezession	217,5
Normal	250
Boom	282,5

$$\begin{aligned} V_{0,B}^I \ &= \ -260 + \frac{250}{1,1392405} \\ &= \ -260 + 219,\dot{4} \\ &= \ -40,\dot{5}. \end{aligned}$$

---

[27] Die Berechnung erfolgt nach der Bruttomethode mit $k_G = \varrho$, da $s = 0$.
[28] vgl. die Lösung von Aufgabe 31 (a).

Unternehmung I wird Maschine A kaufen.

– **Investitionsplanung von Unternehmung II:**

  * *Für Projekt A:*

$$OL_A^{II} = \frac{1,08 \cdot 1.000}{800 \cdot 1,1020408 - 0,0220408 \cdot 1.000}$$
$$= 1,2564103,$$

$$\beta_{IP,A}^{II} = \beta_{P\text{-}z} \cdot OL_A^{II}$$
$$= 1,3846154,$$

$$\varrho_A^{II} = r + [E(r_M) - r] \cdot \beta_{IP,A}^{II}$$
$$= 10,76923 \text{ \% p.a.}$$

Zustand z_i	$V_{1,A}^{II}(z_i)$
Rezession	750
Normal	800
Boom	850

$$V_{0,A}^{II} = -260 + \frac{800}{1,1076923}$$
$$= -260 + 722,\dot{2}$$
$$= 462,\dot{2}.$$

  * *Für Projekt B:*

$$OL_B^{II} = \frac{1,08 \cdot 1.300}{900 \cdot 1,1020408 - 0,0220408 \cdot 1.300}$$
$$= 1,4576659,$$

$$\beta_{IP,B}^{II} = \beta_{P\text{-}z} \cdot OL_B^{II}$$
$$= 1,6064073,$$

$$\varrho_B^{II} = r + [E(r_M) - r] \cdot \beta_{IP,B}^{II}$$
$$= 11,21282 \text{ \% p.a.}$$

Zustand z_i	$V_{1,B}^{II}(z_i)$
Rezession	835
Normal	900
Boom	965

$$V_{0,B}^{II} = -260 + \frac{900}{1,1121282}$$
$$= -260 + 809,25926$$
$$= 549,25926.$$

Unternehmung II wird Maschine B kaufen.

(b) **Alternativrendite für das Eigenkapital**

  – *Für Unternehmung I:*

$$FL_I^{dyn} = \frac{1,08 \cdot 300}{1,1172414 \cdot 84 - 0,0372414 \cdot 300}$$
$$= 3,9189191$$

$$\beta_E^I = \beta_{IP,A}^I \cdot FL_I^{dyn}$$
$$= 7,2972974$$

$$k_E^I = r + [E(r_M) - r] \cdot \beta_E^I$$
$$= 22,5946 \text{ \% p.a.}$$

– *Für Unternehmung II:*

$$FL_{II}^{dyn} = \frac{1,08 \cdot 900}{1,1121282 \cdot 684 - 0,0321282 \cdot 900}$$
$$= 1,3282675$$

$$\beta_E^{II} = \beta_{IP,B}^{II} \cdot FL_{II}^{dyn}$$
$$= 2,1337385$$

$$k_E^{II} = r + [E(r_M) - r] \cdot \beta_E^{II}$$
$$= 12,26748 \% \ p.a.$$

(c) **Vermögensbetas:**

– *Für Unternehmung I:*

 * *Direkt über Umsatz–Beta und Operating Leverage:*

$$\beta_{IP}^I = \beta_{p\text{-}z} OL_I$$
$$= 1,8620689$$

 * *Indirekt über Alternativrendite für das Eigenkapital und Financial Leverage:*

$$\beta_{IP}^I = \frac{\beta_E^I}{FL_I^{dyn}}$$
$$= \frac{1}{FL_I^{dyn}} \cdot \frac{k_E^I - r}{E(r_M) - r}$$
$$= \frac{1}{3,9803925} \cdot \frac{0,2282353 - 0,08}{0,1 - 0,08}$$
$$= 1,8620689$$

– *Für Unternehmung II:*

$$\beta_{IP}^{II} = 1,6064073$$

– *Für die gesamte Branche:*

 * *Direkt über Branchenumsatz und Branchen–Operating Leverage:*[29]

$$OL = \frac{(1+r)(1-s)[pE(x_{Br}) - c_v^I E(x_I) - c_v^{II} E(x_{II})]}{Nenner}$$
$$= \frac{1,08 \cdot [3.000 - 0,5 \cdot 1.000 - 0,35 \cdot 2.000]}{[3.000 - 500 - 700 - 200 - 400] \cdot 1,1020408 - 0,0220408 \cdot [3.000 - 500 - 700]}$$
$$= 1,5154639$$

mit:

$$Nenner = pE(x_{Br}) - c_v^I E(x_I) - c_v^{II} E(x_{II}) - C_f^I - C_f^{II}](1+\kappa)$$
$$-(\kappa - r)(1-s)[pE(x_{Br}) - c_v^I E(x_I) - c_v^{II} E(x_{II})]$$

$$\beta_{Branche} = \beta_{VZ} \cdot OL_{Branche}$$
$$= 1,6701031.$$

 * *Indirekt als gewichteter Durchschnitt der Vermögensbetas der Unternehmung: Anteile der Unternehmungen bei reiner Eigenfinanzierung am Gesamtwert der Branche bei reiner Eigenfinanzierung: Unternehmung I:*

$$U_0^I = 268,51852$$

---

[29] In der folgenden Formel steht der Index „Br" für Branche.

Unternehmung II:

$$U_0^{II} = 809,25926$$

Gesamtwert der Branche:

$$U_0^I + U_0^{II} = 1.077,7778$$

Branchen-Beta:

$$\begin{aligned}
\beta_{Branche} &= \frac{U_0^I}{U_0^I + U_0^{II}} \cdot \beta_{IP}^I + \frac{U_0^{II}}{U_0^I + U_0^{II}} \cdot \beta_{IP}^{II} \\
&= 0,2491 \cdot 1,8620689 + 0,7509 \cdot 1,6064073 \\
&= 1,6701031.
\end{aligned}$$

(d) Marktwert des Eigenkapitals

Zustand z_i	$E_1^I(z_i)$	$E_1^{II}(z_i)$
Rezession	59	619
Normal	84	684
Boom	109	749

– *Für Unternehmung I:*

$$\begin{aligned}
E_0^I &= \frac{E[E_1^I(z_i)]}{1 + k_E^I} \\
&= \frac{84}{1,225946} \\
&= 68,51852
\end{aligned}$$

– *Für Unternehmung II:*

$$\begin{aligned}
E_0^{II} &= \frac{E[E_1^{II}(z_i)]}{1 + k_E^{II}} \\
&= \frac{684}{1,1226748} \\
&= 609,25926
\end{aligned}$$

(e) Anfangsbilanzen

– <u>Zu Buchwerten</u>:
  * *Für Unternehmung I:*

Maschine	260	Eigenkapital	60
		Fremdkapital	200
	260		260

  * *Für Unternehmung II:*

Maschine	260	Eigenkapital	60
		Fremdkapital	200
	260		260

– <u>Zu Marktwerten</u>:
  * *Für Unternehmung I:*

Maschine	268,52	Eigenkapital	68,52
		Fremdkapital	200
	268,52		268,52

  * *Für Unternehmung II:*

Maschine	809,26	Eigenkapital	609,26
		Fremdkapital	200
	809,26		809,26

(f) Plan–GuV für den erwarteten Umsatz:

Unternehmung	I	II
Umsatzerlöse	1.000	2.000
– Variabler Aufwand	–500	–700
– Abschreibung	–260	–260
– Sonstiger fixer Aufwand	–200	–400
– Zinsen	–16	–16
= Gewinn	24	624

Cash Flows:

Unternehmung	I	II
Umsatzeinzahlungen	1.000	2.000
– Variable Auszahlungen	–500	–700
– Fixe Auszahlungen	–200	–400
= Cash Flow vor Zinsen und Steuern	300	900
– Zinsen	–16	–16
= Net Cash Flow	284	884
– Tilgung	–200	–200
= Zahlungen an die Eigenkapitalgeber	84	684

Nettobetriebsergebnis:

Unternehmung	I	II
Umsatzerlöse	1.000	2.000
– Variable Kosten	–500	–700
= Deckungbeitrag	500	1.300
– Kalkulatorische Zinsen[30]	–31	–91
– Kalkulatorische Abschreibung[31]	–260	–260
– Sonstige fixe Kosten	–200	–400
= Nettobetriebsergebnis	9	549

(g) Erwartete Endbilanz:[32]

– *Für Unternehmung I:*

Maschine	0	Grundkapital + Agio	60
Kassa	84	Gewinn	24
		Fremdkapital	0
	84		84

– *Für Unternehmung II:*

Maschine	0	Grundkapital + Agio	60
Kassa	684	Gewinn	624
		Fremdkapital	0
	684		684

(h) Return on Investment:

$$ROI_I = \frac{\text{Gewinn nach Steuern} + \text{Zinsen}}{\text{Buchwert des Gesamtkapitals}}$$
$$= \frac{24 + 16}{260}$$
$$= 15,38\ \%\ \text{p.a.}$$

---

[30] Die Berechnung der kalkulatorischen Zinsen ergibt sich aus $k_G \cdot V_0$ und liefert somit

    für Unternehmung I: 0,1172414 · 268,52
    für Unternehmung II: 0,1121282 · 809,26.

[31] Die kalkulatorischen Abschreibungen werden von den historischen Anschaffungskosten berechnet, da mögliche Preiserhöhungen bereits in den nominellen kalkulatorischen Zinsen berücksichtigt sind.

[32] Die Darstellung erfolgt sowohl zu Buch– als auch zu Marktwerten, da diese für den Kassabestand identisch sind.

$$ROI_{II} = \frac{624 + 16}{260}$$
$$= 246,15 \% \text{ p.a.}$$

Return on Equity:

$$ROE_I = \frac{\textit{Gewinn nach Steuern}}{\textit{Buchwert des Eigenkapitals}}$$
$$= \frac{24}{60}$$
$$= 40 \% \text{ p.a.}$$

$$ROE_{II} = \frac{624}{60}$$
$$= 1040 \% \text{ p.a.}$$

Gesamtkapitalrendite:

$$p_G^I = \frac{300}{268,52} - 1$$
$$= 11,72414 \% \text{ p.a.}$$

$$p_G^{II} = \frac{900}{809,26} - 1$$
$$= 11,21282 \% \text{ p.a.}$$

Eigenkapitalrendite:

$$p_E^I = \frac{84}{68,52} - 1$$
$$= 22,5946 \% \text{ p.a.}$$

$$p_E^{II} = \frac{684}{609,26} - 1$$
$$= 12,26748 \% \text{ p.a.}$$

Lösung von Aufgabe 33:

(a) **Verschuldungsgrade:**

– *Verschuldungsgrad zu Buchwerten:*

$$\text{Verschuldungsgrad zu Buchwerten} = \frac{\textit{Buchwert des Fremdkapitals}}{\textit{Buchwert des Gesamtkapitals}}$$
$$= \frac{100.000 + 50.000 + 300.000 + 300.000}{1.000.000}$$
$$= 75 \%$$

– *Verschuldungsgrad zu Marktwerten:*

$$\text{Verschuldungsgrad zu Marktwerten} = \frac{\textit{Marktwert des Fremdkapitals}}{\left(\begin{array}{l}\textit{Marktwert des} \\ \textit{Fremdkapitals}\end{array} + \begin{array}{l}\textit{Marktwert des} \\ \textit{Eigenkapitals}\end{array}\right)}$$

Da der Marktwert des Fremdkapitals, sofern es sich nicht um börsennotierte Schuldtitel handelt, nur schwer zu ermitteln ist, verwendet man zur Schätzung des Marktwerts des Fremdkapitals oft seine Buchwerte. Zur Ermittlung des Marktwerts des Eigenkapitals zieht man bei börsennotierten Aktiengesellschaften den Börsenkurs der Aktien heran. Damit erhält man den Marktwert des Eigenkapitals aus

$$
\begin{aligned}
\text{Marktwert des Eigenkapitals} &= \text{Anzahl der emittierten Aktien} \cdot \text{Börsenkurs} \\
&= \frac{\text{Grundkapital}}{\text{Aktiennominale}} \cdot \text{Börsenkurs} \\
&= \frac{200.000}{100} \cdot 250 \\
&= 500.000, -.
\end{aligned}
$$

Daraus ergibt sich der Verschuldungsgrad zu Marktwerten mit

$$
\begin{aligned}
\text{Verschuldungsgrad zu Marktwerten} &= \frac{750.000}{750.000 + 500.000} \\
&= 60\ \%.
\end{aligned}
$$

(b) *Aufgrund des strengen Niederstwertprinzips darf ein Anlagevermögen nur höchstens den Anschaffungswert als Buchwert aufweisen. Liegt der Bruttokapitalwert eines Projekts $K_0 + A_0$ über diesem Wert, so kommt es zur Bildung stiller Reserven.*

(c) **Kapitalkostensatz nach Steuern für das Eigenkapital:**

$$
\begin{aligned}
FL_\infty^{dyn} &= 1 + (1 - s)\frac{v_0}{1 - v_0} \\
&= 1 + (1 - 0,4)\frac{0,6}{1 - 0,6} \\
&= 1,9
\end{aligned}
$$

$$
\begin{aligned}
\beta_{Asset} &= \frac{\beta_{Equity}}{FL_\infty^{dyn}} \\
&= \frac{0,625}{1,9} \\
&= 0,3289
\end{aligned}
$$

Geschätzt wird nun der Kapitalkostensatz über das CAPM

$$
E(r_j) = r + [E(r_M) - r] \cdot \beta_{Equity}
$$

mit

$$
\beta_{Equity} = FL_\infty^{dyn} \cdot \beta_{Asset},
$$

weil die Unternehmung in dieselbe Branche wie bisher investieren möchte.

v^*	0 %	20 %	40 %	60 %	80 %
FL_∞^{dyn}	1	1,15	1,4	1,9	3,4
β_{Equity}	0,3289	0,3783	0,4605	0,625	1,1184
$E(r_j)$ in % p.a.	10,63	11,03	11,68	13	16,95

(d) **Systematisches Risiko des Eigenkapitals:**

$$
\begin{aligned}
\rho(r_j, r_M) \cdot \sigma(r_j) &= \sigma(r_M) \cdot \beta_{Equity} \\
\sigma(r_j) &= FL_\infty^{dyn} \cdot \sigma(r_m)
\end{aligned}
$$

Bei $\sigma(r_M) = 25\ \%$ p.a. erhält man:

v^*	0 %	20 %	40 %	60 %	80 %
β_{Equity}	0,3289	0,3783	0,4605	0,625	1,1184
$\rho(r_j, r_M) \cdot \sigma(r_j)$ in % p.a.	8,22	9,46	11,51	15,625	27,96

Lösung von Aufgabe 34:

(a) *Notiert die Unternehmung nicht an der Börse, so schätzt man das Asset–Beta aus Daten börsennotierter Unternehmungen derselben Branche.*

(b) *Investiert eine Unternehmung branchenfremd, dann sollte das Asset–Beta aus Kursnotierungen von Gesellschaften der fremden Branche verwendet werden.*

Lösung von Aufgabe 35:

Die Kapitalkostensätze für das Eigenkapital wurden bereits in Aufgabe 33 ermittelt. Berechnung der Cash Flows vor Zinsen und Steuern:

	1	2	3
Einzahlungen	140.000,–	140.000,–	140.000,–
– Umsatzeinbußen	–20.000,–	–20.000,–	–20.000,–
– Variable Auszahlungen	–60.000,–	–60.000,–	–60.000,–
– Fixe Auszahlungen	–10.000,–	–22.000,–	–33.000,–
C_t	50.000,–	38.000,–	27.000,–

Steuern:

	1	2	3
Cash Flows vor Zinsen und Steuern	50.000,–	38.000,–	27.000,–
+ Restwert			20.000,–
– AfA_t	–33.334,–	–33.333,–	–33.333,–
– Buchwert			0,–
Steuerbasis	16.666,–	4.667,–	13.667,–
Steuern ($s = 40$ %)	6.666,–	1.866,80	5.466,80

Operating Cash Flows (inklusive Restwert nach Steuern):

	1	2	3
Cash Flows vor Zinsen und Steuern	50.000,–	38.000,–	27.000,–
+ Restwert			20.000,–
– Steuern	–6.666,–	–1.866,80	–5.466,80
	43.334,–	36.133,20	41.533,20

(a) $v* = 60$ %: *Ermittlung des Kapitalkostensatzes des Gesamtkapitals:*

– *Traditioneller WACC–Ansatz:*

$$k_E = 13 \text{ \% p.a. nach Steuern}$$
$$i = 8 \text{ \% p.a. vor Steuern}$$

$$
\begin{aligned}
k_G &= (1 - v^*) \cdot k_E + v^* \cdot (1 - s) \cdot i \\
&= (1 - 0,6) \cdot 0,13 + 0,6 \cdot (1 - 0,4) \cdot 0,08 \\
&= 8,08 \text{ \% p.a.}
\end{aligned}
$$

– *Modigliani–Miller–Approximation:*

$$
\begin{aligned}
\varrho &= r + [E(r_M) - r] \cdot \beta_{Asset} \\
&= 0,08 + [0,16 - 0,08] \cdot 0,3289 \\
&= 0,1063
\end{aligned}
$$

$$
\begin{aligned}
k_G &= \varrho(1 - s \cdot v^*) \\
&= 0,1063 \cdot (1 - 0,4 \cdot 0,6) \\
&= 8,08 \text{ \% p.a.}
\end{aligned}
$$

Kapitalwert:

$$K_0 = -A_0 + \sum_{t=1}^{T} \frac{OCF_t}{(1+k_G)^t} + \frac{R_T - s(R_T - BW_T)}{(1+k_G)^T}$$
$$= -100.000 + \frac{43.334}{1,0808} + \frac{36.133,2}{1,0808^2} + \frac{41.533,2}{1,0808^3}$$
$$= 3.923,73$$

(b) v* = 40 %: *Ermittlung des Kapitalkostensatzes des Gesamtkapitals:*
 – *Traditioneller WACC–Ansatz:*

$$k_E = 11,68 \% \ p.a. \ nach \ Steuern$$
$$i = 8 \% \ p.a. \ vor \ Steuern$$

$$k_G = (1-0,4) \cdot 0,1168 + 0,4 \cdot (1-0,4) \cdot 0,08$$
$$= 8,93 \% \ p.a.$$

 – *Modigliani–Miller–Approximation:*

$$k_G = 0,1063 \cdot (1 - 0,4 \cdot 0,4)$$
$$= 8,93 \% \ p.a.$$

$$K_0 = -100.000 + \frac{43.334}{1,0893} + \frac{36.133,6}{1,0893^2} + \frac{45.133,2}{1,0893^3}$$
$$= 2.465,92$$

(c) v* = 80 %: *Ermittlung des Kapitalkostensatzes des Gesamtkapitals:*
 – *Traditioneller WACC–Ansatz:*

$$k_E = 16,95 \% \ p.a. \ nach \ Steuern$$
$$i = 8 \% \ p.a. \ vor \ Steuern$$

$$k_G = (1-0,8) \cdot 0,1695 + 0,8 \cdot (1-0,4) \cdot 0,08$$
$$= 7,23 \% \ p.a.$$

 – *Modigliani–Miller–Approximation:*

$$k_G = 0,1063 \cdot (1 - 0,4 \cdot 0,8)$$
$$= 7,23 \% \ p.a.$$

$$K_0 = -100.000 + \frac{43.334}{1,0723} + \frac{36.133,6}{1,0723^2} + \frac{45.133,2}{1,0723^3}$$
$$= 5.522,46$$

Lösung von Aufgabe 36:

(a) Kapitalwerte
Operating Leverage:

$$OL^{dyn} = \frac{1,08 \cdot 0,7 \cdot 500}{1,1020408 \cdot 288 - 0,0220408 \cdot 0,7 \cdot 500}$$
$$= 1,2206406$$

Beta des Investitionsprojekts:

$$\beta_{IP} = OL \cdot \beta_{VZ}$$
$$= 1,3451957$$

Kalkulationszinsfuß für das Eigenkapital bei reiner Eigenfinanzierung:

$$\varrho = r + [E(r_M) - r] \cdot \beta_{IP}$$
$$= 10,69039 \% \text{ p.a.}$$

Die zustandsabhängigen Bruttoendwerte für das Eigenkapital (= Vermögenswerte der Unternehmung) betragen

z_i	$U_1(z_i) = (1-s)[(p-c_v) \cdot x(z_i) - C_f] + s \cdot AfA$
Rezession	270,5
Normal	288
Boom	305,5

Somit beträgt der Wert bei reiner Eigenfinanzierung

$$U_0 = \frac{E(U_1)}{1+\varrho}$$
$$= \frac{288}{1,1069039}$$
$$= 260,18519$$

und bei teilweiser Fremdfinanzierung

$$V_0 = U_0 + \frac{s \cdot Z}{1+i}$$
$$= 260,18519 + \frac{0,3 \cdot 16}{1,08}$$
$$= 264,62963.$$

Der dynamische Financial Leverage ist

$$FL^{dyn} = \frac{1,08 \cdot 288}{1,1069039 \cdot 76,8 - 0,0269039 \cdot 288}$$
$$= 4,0257878.$$

Das normierte systematische Risiko des Eigenkapitals beträgt somit

$$\beta_E = FL^{dyn} \cdot \beta_{IP}$$
$$= 5,4154724$$

mit einer Alternativrendite für das Eigenkapital von

$$k_E = r + [E(r_M) - r] \cdot \beta_E$$
$$= 18,83095 \% \text{ p.a.}$$

– **Bruttomethode:**
Zustandsabhängige Operating Cash Flows:

z_i	$OCF(z_i) = (1-s)[(p-c_v) \cdot x(z_i) - C_f] + s \cdot AfA$
Rezession	270,5
Normal	288
Boom	305,5

Durchschnittlicher gewichteter Kapitalkostensatz[33]:

$$k_G = (1-v) \cdot k_E + v \cdot (1-s) \cdot i$$
$$= (1 - 0,7557733) \cdot 0,1883095 + 0,7557733 \cdot (1 - 0,3) \cdot 0,08$$
$$= 8,83135 \% \text{ p.a.}$$

Kapitalwert:

$$K_0 = -A_0 + \frac{E(OCF)}{1+k_G}$$
$$= -260 + \frac{288}{1,0883135}$$
$$= 4,62963$$

---

[33] vgl. auch sinngemäß Fußnote 23 auf S. 142.

– **Nettomethode:**

Zustandsabhängige Zahlungen an die Eigenkapitalgeber:

z_i	$E_1(z_i) = (1-s)[(p-c_v) \cdot x(z_i) - C_f - Z] - D_0 + s \cdot AfA$
Resession	$59,3$
Normal	$76,8$
Boom	$94,3$

Alternativrendite für das Eigenkapital nach Steuern:

$$k_E = 18,83095 \text{ \% p.a.}$$

Kapitalwert:

$$
\begin{aligned}
K_0 &= -A_0 + D_0 + \frac{E(E_1)}{1+k_E} \\
&= -260 + 200 + \frac{76,8}{1,1883095} \\
&= 4,62963
\end{aligned}
$$

(b)　– **Anfangsbilanz:**

Maschine	260	Eigenkapital	60
		Fremdkapital	200
	260		260

– **Erwartete Gewinn und Verlust–Rechnung:**

	Umsatzerlöse	1.000
–	Variabler Aufwand	–500
–	Abschreibung	–260
–	Zinsen	–16
–	Sonstiger fixer Aufwand	–200
=	Gewinn vor Steuern	24
–	Steuern	–7,2
=	Gewinn nach Steuern	16,8

– **Erwartete Cash Flows:**

	Umsatzeinzahlungen	1.000
–	Variable Auszahlungen	–500
–	Fixe Auszahlungen	–200
=	Cash Flow vor Zinsen und Steuern	300
–	Zinsen	–16
–	Steuern	–7,2
=	Net Cash Flow	276,8
–	Tilgung	–200
=	Zahlungen an die Eigenkapitalgeber	76,8

– **Erwartetes Nettobetriebsergebnis:**

	Umsatzerlöse	1.000
–	Variable Kosten	–500
=	Deckungbeitrag	500
–	Kalkulatorische Zinsen[34]	–23,4
–	Kalkulatorische Abschreibung	–260
–	Steuern	–7,2
–	Sonstige fixe Kosten	–200
=	Nettobetriebsergebnis	9,4

– **Erwartete Endbilanz:**

Maschine	0	Grundkapital + Agio	60
Kassa	76,8	Gewinn	16,8
		Fremdkapital	0
	76,8		76,8

---

[34] Die kalkulatorischen Zinsen berechnen sich aus $k_G \cdot V_0 = 0,0883135 \cdot 264,62963$.

(c)   **– Return on Investment:**

$$ROI = \frac{16,8 + 16}{260}$$
$$= 12,62 \text{ \% p.a.}$$

– Return on Equity:

$$ROE = \frac{16,8}{60}$$
$$= 28 \text{ \% p.a.}$$

– Rendite des Gesamtkapitals:

$$p_G = \frac{E(V_1)}{V_0} - 1$$
$$= \frac{288}{264,63} - 1$$
$$= 8,83135 \text{ \% p.a.}$$

– Rendite des Eigenkapitals:

$$p_E = \frac{E(E_1)}{E_0} - 1$$
$$= \frac{76,8}{64,63} - 1$$
$$= 18,83095 \text{ \% p.a.}$$

Lösung von Aufgabe 37 (a):

- **Nettomethode**

Bei der Nettomethode mit expliziter Berücksichtigung der Steuern reduziert sich die Berechnung des Kapitalwerts auf

$$K_0 = -A_0 + Y_0 + \sum_{t=1}^{T} \frac{E(NCF_t - Y_t)}{\prod_{\tau=1}^{t}(1 + k_{E,\tau})},$$

da $R_T = 0$ und $BW_T = 0$ sind. Zu berechnen sind daher der Zins- und Tilgungsplan, die erwarteten Net Cash Flows und die periodenspezifischen Kapitalkostensätze der Anteilseigner nach Steuern.

Zins- und Tilgungsplan:
Bei einer zunächst unterstellten risikolosen Verzinsung des Fremdkapitals von $r_t = 8$ % p.a. resultiert der folgende Zins- und Tilgungsplan:

t	1	2	3
ausstehendes Nominale			
zu Periodenbeginn	$200,-$	$133,3\dot{3}$	$66,6\dot{6}$
Z_t	$16,-$	$10,6\dot{6}$	$5,3\dot{3}$
Y_t	$66,6\dot{6}$	$66,6\dot{6}$	$66,6\dot{6}$

Net Cash Flows:
Für $t = 1$ ergeben sich die folgenden zustandsabhängigen Zahlungen an die Anteilseigner:

i	$(1-s) \cdot [(p_1 - c_{v,1}) \cdot x_1(z_i) - C_{f,1} - Z_1] + s \cdot AfA_1 - Y_1$	$=$	$NCF_1(z_i) - Y_1$
1	$0,7 \cdot [(1-0,5) \cdot 950 - 200 - 16] + 0,3 \cdot \frac{240}{4} - 66,6\dot{6}$	$=$	$140,6\dot{3}$
2	$0,7 \cdot [(1-0,5) \cdot 1000 - 200 - 16] + 0,3 \cdot \frac{240}{4} - 66,6\dot{6}$	$=$	$158,1\dot{3}$
3	$0,7 \cdot [(1-0,5) \cdot 1050 - 200 - 16] + 0,3 \cdot \frac{240}{4} - 66,6\dot{6}$	$=$	$175,6\dot{3}$

Aus den zustandsabhängigen Zahlungen an die Anteilseigner erhalten wir für $t = 1$

$$E(NCF_1 - Y_1) = \frac{1}{3} \cdot (140,6\dot{3} + 158,1\dot{3} + 175,6\dot{3}) = 158,1\dot{3}.$$

Äquivalent dazu ergibt sich für die Perioden $t = 2$ und 3:

$$E(NCF_2 - Y_2) = \frac{1}{3} \cdot (144, 3\dot{6} + 161, 8\dot{6} + 179, 3\dot{6}) = 161, 8\dot{6}$$

$$E(NCF_3 - Y_3) = \frac{1}{3} \cdot (148, 10 + 165, 60 + 183, 10) = 165, 60$$

Da in allen Perioden und in allen Zuständen $NCF_t(z_i) - Y_t 0$ gilt, ist der Kredit tatsächlich risikolos, und somit ist die unterstellte nominelle Versinsung des Kredits in der Höhe des risikolosen Zinssatzes gerechtfertigt.

Periodenspezifische Kapitalkostensätze der Anteilseigner nach Steuern:
Die Berechnung der periodenspezifischen Kapitalkostensätze der Anteilseigner nach Steuern erfolgt nach

$$k_{E,t} = r_t + [E(r_{M,t}) - r_t] \cdot \beta_{E,t}.$$

Da alle Parameter in allen Perioden konstant bleiben und die Zufallsvariablen stationär sind, ergibt sich

$$r_1 = r_2 = r_3 = 8 \text{ \% p.a.},$$

$$E(r_{M,1}) = E(r_{M,2}) = E(r_{M,3}) = \frac{1}{3} \cdot (0, 05 + 0, 10 + 0, 15) = 10 \text{ \% p.a.}$$

und

$$\gamma = \frac{c_{v,t}}{p_t} = \frac{0,5}{1} = 0,5.$$

Für den Erwartungswert der Umsatzeinzahlungen in der Periode $t = 1$ erhalten wir

$$E(p_1 \cdot z_1) = \frac{1}{3} \cdot (1 \cdot 950 + 1 \cdot 1000 + 1 \cdot 1050) = 1.000, -$$

und es folgt:

t	1	2	3
$E(p_t \cdot z_t)$	1.000, −	1.000, −	1.000, −

Für die Periode $t = 1$ ergeben sich

$$\sigma^2(r_{M,1}) = \frac{1}{3} \cdot (0, 05^2 + 0, 10^2 + 0, 15^2) - 0, 1^2 = 0, 001\dot{6}$$

und

$$Cov(p_1 \cdot z_1, r_{M,1}) = \frac{1}{3} \cdot (1 \cdot 950 \cdot 0, 05 + 1 \cdot 1000 \cdot 0, 10 +$$
$$1 \cdot 1050 \cdot 0, 15) - 1.000 \cdot 0, 10$$
$$= 1, \dot{6}.$$

Damit folgt:

t	1	2	3
$\sigma^2(r_{M,t})$	0,001\dot{6}	0,001\dot{6}	0,001\dot{6}
$Cov(p_t \cdot z_t, r_{M,t})$	1,\dot{6}	1,\dot{6}	1,\dot{6}

Periodenspezifische Umsatz-Betas:
Die Marktwerte der künftigen Umsatzerlöse ergeben sich allgemein aus

$$PV_t = \sum_{\nu=t+1}^{T} \frac{E(p_\nu \cdot z_\nu) - \frac{E(r_{M,\nu}) - r_\nu}{\sigma^2(r_{M,\nu})} \cdot Cov(p_\nu \cdot z_\nu, r_{M,\nu})}{\prod_{\tau=t+1}^{\nu} (1 + r_\tau)}$$

$$= \frac{E(p_{t+1} \cdot z_{t+1}) - \frac{E(r_{M,t+1}) - r_{t+1}}{\sigma^2(r_{M,t+1})} \cdot Cov(p_{t+1} \cdot z_{t+1}, r_{M,t+1}) + PV_{t+1}}{1 + r_{t+1}}$$

und man erhält

$$PV_2 = \frac{1.000,00 - \frac{0,10-0,08}{0,0016} \cdot 1,\dot{6}}{1,08}$$

$$= 907,41,$$

$$PV_1 = \frac{1.000,00 - \frac{0,10-0,08}{0,0016} \cdot 1,\dot{6} + 907,41}{1,08}$$

$$= 1.747,60$$

und

$$PV_0 = \frac{1.000,00 - \frac{0,10-0,08}{0,0016} \cdot 1,\dot{6} + 1.747,60}{1,08}$$

$$= 2.525,56.$$

Wegen

$$PV_t = \frac{E(p_{t+1} \cdot x_{t+1}) + PV_{t+1}}{1 + \kappa_{t+1}}$$

folgt

$$\kappa_t = \frac{E(p_t \cdot x_t) + PV_t}{PV_{t-1}} - 1$$

und daraus

$$\kappa_1 = \frac{1.000 + 1.747,60}{2.525,56} - 1 = 8,791905 \text{ \% p.a.},$$

$$\kappa_2 = \frac{1.000 + 907,41}{1.747,60} - 1 = 9,144427 \text{ \% p.a.}$$

und

$$\kappa_3 = \frac{1.000 + 0}{907,41} - 1 = 10,2040816 \text{ \% p.a.}$$

Aus

$$\kappa_t = r_t + [E(r_{M,t}) - r_t] \cdot \beta_{VZ,t}$$

folgt

$$\beta_{VZ,t} = \frac{\kappa_t - r_t}{E(r_{M,t}) - r_t}$$

und daher

$$\beta_{VZ,1} = \frac{0,08791905 - 0,08}{0,10 - 0,08} = 0,395952565,$$

$$\beta_{VZ,2} = \frac{0,09144427 - 0,08}{0,10 - 0,08} = 0,572213501,$$

sowie

$$\beta_{VZ,3} = \frac{0,102040816 - 0,08}{0,10 - 0,08} = 1,102040816.$$

Um

$$\beta_{E,t} = \left[1 + (1 - s \cdot f_{t-1}) \cdot \frac{v_{t-1}}{1 - v_{t-1}}\right] \cdot OL_t^{dyn} \cdot \beta_{VZ,t}$$

berechnen zu können, sind zunächst zu allen Zeitpunkten $t = 0$, 1 und 2 die Verschuldungsgrade[35]

$$v_t = \frac{D_t}{V_t}$$

und die dynamischen Operating Leverages zu bestimmen.

---

[35] vgl. auch sinngemäß Fußnote 23 auf S. 142 und die Ausführungen in Exkurs 4.

Verschuldungsgrad:

In $t = 1^-$ beträgt der zustandsabhängige Marktwert des Fremdkapitals bei einer risikolosen Verzinsung von 8 % p.a.:

i	$Y_0 \cdot (1 + r_1)$	=	$D_{1^-}(z_i)$
1	$200 \cdot (1 + 0,08)$	=	216
2	$200 \cdot (1 + 0,08)$	=	216
3	$200 \cdot (1 + 0,08)$	=	216

Daraus ergeben sich

$$E(D_{1^-}) = \frac{1}{3} \cdot (216 + 216 + 216) = 216$$

und

$$D_0 = \frac{E(D_{1^-})}{1 + r_1} = \frac{216}{1,08} = 200.$$

Äquivalent dazu ergibt sich für $t = 2$ und 3:

i	$Y_1 \cdot (1 + r_2)$	=	$D_{2^-}(z_i)$		i	$Y_2 \cdot (1 + r_3)$	=	$D_{3^-}(z_i)$
1	$133\frac{1}{3} \cdot (1 + 0,08)$	=	144		1	$66\frac{2}{3} \cdot (1 + 0,08)$	=	72
2	$133\frac{1}{3} \cdot (1 + 0,08)$	=	144		2	$66\frac{2}{3} \cdot (1 + 0,08)$	=	72
3	$133\frac{1}{3} \cdot (1 + 0,08)$	=	144		3	$66\frac{2}{3} \cdot (1 + 0,08)$	=	72

$$E(D_{2^-}) = 144 \qquad E(D_{3^-}) = 72$$
$$D_1 = 133,3\dot{3} \qquad D_2 = 66,6\dot{6}$$

Marktwert des Gesamtkapitals:

Für die Berechnung des Verschuldungsgrads v_t ist noch der Wert der verschuldeten Unternehmung V_t zu ermitteln. Dieser ergibt sich aus

$$V_t = U_t + \sum_{\nu=t+1}^{T} \frac{s \cdot Z'_\nu}{(1+i)^{\nu-t}}.$$

Der Marktwert des Eigenkapitals bei reiner Eigenfinanzierung U_t ergibt sich wegen $R_T = 0$ und $BW_T = 0$ aus

$$U_t = \sum_{\nu=t+1}^{T} \frac{(1-s) \cdot (1-\gamma) \cdot E(p_\nu \cdot x_\nu)}{\prod_{\tau=t+1}^{\nu} (1+\kappa_\tau)} - \sum_{\nu=t+1}^{T} \frac{(1-s) \cdot C_{f,\nu} - s \cdot AfA_\nu}{\prod_{\tau=t+1}^{\nu} (1+r_\tau)}.$$

Man erhält

$$U_2 = \frac{(1-0,3) \cdot (1-0,5) \cdot 1.000}{1,10204} -$$

$$\frac{(1-0,3) \cdot 200 - 0,3 \cdot \frac{260}{3}}{1,08}$$

$$= 317,59283 - 105,55556$$

$$= 212,0370370,$$

$$U_1 = \frac{(1-0,3) \cdot (1-0,5) \cdot 1.000 + 317,59283}{1,09144} -$$

$$\frac{(1-0,3) \cdot 200 - 0,3 \cdot \frac{260}{3} + 105,55556}{1,08}$$

$$= 611,6614 - 203,2922$$

$$= 408,3676269$$

und

$$U_0 = \frac{(1-0,3) \cdot (1-0,5) \cdot 1.000 + 611,6614}{1,08792} -$$

$$\frac{(1-0,3) \cdot 200 - 0,3 \cdot \frac{200}{3} + 203,2922}{1,08}$$

$$= 590,1552101,$$

sowie

$$V_0 = 590,16 + \frac{0,3 \cdot 16}{1,08} + \frac{0,3 \cdot 10,6\dot{6}}{1,08^2} + \frac{0,3 \cdot 5,3\dot{3}}{1,08^3} = 598,6132703,$$

$$V_1 = 408,37 + \frac{0,3 \cdot 10,6\dot{6}}{1,08} + \frac{0,3 \cdot 5,3\dot{3}}{1,08^2} = 412,7023320$$

und

$$V_2 = 212,04 + \frac{0,3 \cdot 5,3\dot{3}}{1,08} = 213,5185185.$$

Daher ergibt sich für den Verschuldungsgrad:

t	0	1	2
D_t	200	133,333333	66,666666
V_t	598,613270	412,702332	213,518519
$v_t = \frac{D_t}{V_t}$	0,334105	0,323074	0,312229

Dynamischer Operating Leverage:
Die Berechnung des Operating Leverage

$$OL_t^{dyn} = \frac{(1-s) \cdot (1-\gamma) \cdot [E(p_t \cdot x_t) + PV_t]}{(1+\kappa_t) \cdot U_{t-1}}$$

ergibt:

$$OL_1^{dyn} = \frac{(1-0,3) \cdot (1-0,5) \cdot (1.000 + 1.747,60)}{1,0879 \cdot 590,1552}$$
$$= 1,497816595,$$

$$OL_2^{dyn} = \frac{(1-0,3) \cdot (1-0,5) \cdot [1.000 + 907,41]}{1,0914 \cdot 408,3676}$$
$$= 1,497816595$$

und

$$OL_3^{dyn} = \frac{(1-0,3) \cdot (1-0,5) \cdot [1.000 + 0]}{1,1020 \cdot 212,0370}$$
$$= 1,497816595.$$

Für die Berechnung von

$$\beta_{E,t} = \left[1 + (1 - s \cdot f_{t-1}) \cdot \frac{v_{t-1}}{1 - v_{t-1}}\right] \cdot OL_t^{dyn} \cdot \beta_{VZ,t}$$

benötigt man noch

$$f_t = \frac{\sum_{\nu=t+1}^{T} \frac{Z_\nu'}{\prod_{\tau=t+1}^{\nu} (1 + k_{D,\tau})}}{D_t}.$$

Mit den oben ermittelten Resultaten erhalten wir:

$$f_2 = \frac{\frac{5,33}{1,08}}{66,66}$$
$$= 0,074074074,$$

$$f_1 = \frac{\frac{10,66}{1,08} + \frac{5,33}{1,08^2}}{133,33}$$
$$= 0,108367627$$

und

$$f_0 = \frac{\frac{16,00}{1,08} + \frac{10,66}{1,08^2} + \frac{5,33}{1,08^3}}{200,00}$$
$$= 0,140967671.$$

Dynamische Financial Leverages:
Mit den bisherigen Ergebnissen erhalten wir

$$FL_1^{dyn} = 1 + (1 - 0,3 \cdot 0,140967671) \cdot \frac{0,334105}{1 - 0,334105}$$
$$= 1,48051959,$$

$$FL_2^{dyn} = 1 + (1 - 0,3 \cdot 0,108367627) \cdot \frac{0,323074}{1 - 0,323074}$$
$$= 1,46175028$$

und

$$FL_3^{dyn} = 1 + (1 - 0,3 \cdot 0,074074074) \cdot \frac{0,312229}{1 - 0,312229}$$
$$= 1,44388405.$$

Periodenspezifische Equity–Betas: *Mit den bisherigen Ergebnissen erhalten wir*

$$\beta_{E,1} = 1,48051959 \cdot 1,497816595 \cdot 0,395952565$$
$$= 0,87804402,$$

$$\beta_{E,2} = 1,46175028 \cdot 1,497816595 \cdot 0,572213501$$
$$= 1,25282333$$

und

$$\beta_{E,3} = 1,44388405 \cdot 1,497816595 \cdot 1,102040816$$
$$= 2,38335435,$$

und die periodenspezifischen Kapitalkostensätse der Anteilseigner nach Steuern betragen

$$k_{E,1} = 0,08 + (0,10 - 0,08) \cdot 0,87804402$$
$$= 9,756088 \text{ \% p.a.},$$

$$k_{E,2} = 0,08 + (0,10 - 0,08) \cdot 1,25282333$$
$$= 10,505647 \text{ \% p.a.}$$

und

$$k_{E,3} = 0,08 + (0,10 - 0,08) \cdot 2,38335435$$
$$= 12,766709 \ \% \ \text{p.a.}$$

Kapitalwert:

Daher ergibt sich für den Kapitalwert nach der Nettomethode mit expliziter Berücksichtigung der Steuern

$$K_0 = -260 + 200 +$$
$$\frac{158,1\dot{3}}{1,09756} + \frac{161,8\dot{6}}{1,09756 \cdot 1,10506} + \frac{165,60}{1,09756 \cdot 1,10506 \cdot 1,12767}$$

$$= 338,61.$$

- **Bruttomethode**

Für den Kapitalwert mit expliziter Berücksichtigung der Steuern nach der Bruttomethode reduziert sich die Berechnung auf

$$K_0 = -A_0 + \sum_{t=1}^{T} \frac{E(OCF_t)}{\prod\limits_{\tau=1}^{t} (1 + k_{G,\tau})},$$

da $R_T = 0$ und $BW_T = 0$ sind. Zu berechnen sind daher zunächst die erwarteten Operating Cash Flows. In einem zweiten Schritt werden dann die $k_{G,\tau}$-Werte ermittelt.

Operating Cash Flows:

Für $t = 1$ ergeben sich folgende zustandsabhängige Operating Cash Flows:

i	$p(z_i)$	$(1-s) \cdot [(p_1 - c_{v,1}) \cdot x_1(z_i) - C_{f,1}] + s \cdot AfA_1$	$=$	$OCF_1(z_i)$
1	$0,3\dot{3}$	$(1-0,3) \cdot [(1-0,5) \cdot 950 - 200] + 0,3 \cdot \frac{260}{3}$	$=$	$218,50$
2	$0,3\dot{3}$	$(1-0,3) \cdot [(1-0,5) \cdot 1000 - 200] + 0,3 \cdot \frac{260}{3}$	$=$	$236,00$
3	$0,3\dot{3}$	$(1-0,3) \cdot [(1-0,5) \cdot 1050 - 200] + 0,3 \cdot \frac{260}{3}$	$=$	$253,50$

Aus den zustandsabhängigen Operating Cash Flows erhalten wir für $t = 1$

$$E(OCF_1) = \frac{1}{3} \cdot (218,50 + 236,00 + 253,50) = 236.$$

Da alle Parameter in allen Perioden konstant bleiben und die Zufallsvariablen stationär sind, folgt:

t	1	2	3
$E(OCF_t)$	236	236	236

Periodenspezifische Kapitalkostensätze für das Gesamtkapital nach Steuern:

Die Berechnung der periodenspezifischen gewichteten durchschnittlichen Kapitalkostensätze nach Steuern hat nach

$$k_{G,t} = (1 - v_{t-1}) \cdot k_{E,t} + v_{t-1} \cdot (1-s) \cdot i$$

zu erfolgen. Mit den Resultaten aus der Lösung nach der Nettomethode ergibt sich:

$$k_{G,1} = (1 - 0,334105) \cdot 0,09756088 + 0,334105 \cdot (1 - 0,3) \cdot 0,08$$
$$= 8,3675161 \ \% \ \text{p.a.},$$

$$k_{G,2} = (1 - 0,323074) \cdot 0,10505647 + 0,323074 \cdot (1 - 0,3) \cdot 0,08$$
$$= 8,9207601 \ \% \ \text{p.a.}$$

und

$$k_{G,3} = (1 - 0,312229) \cdot 0,12766709 + 0,312229 \cdot (1 - 0,3) \cdot 0,08$$
$$= 10,5290546 \text{ \% p.a.}$$

Der Kapitalwert des Investitionsprojekts beträgt daher

$$K_0 = -260 + \frac{236}{1,0837} + \frac{236}{1,0837 \cdot 1,0892} + \frac{236}{1,0837 \cdot 1,0892 \cdot 1,1053}$$
$$= 338,61.$$

Lösung von Aufgabe 37 (b):

- **Bruttomethode**

Falls die geplante Nutzungsdauer unendlich ist und für die Fremdfinanzierung ein ewiger Kredit ohne Tilgung aufgenommen wird, betragen die zustandsabhängigen Operating Cash Flows für alle Perioden

i	$p(z_i)$	$(1-s) \cdot [(p_t - c_{v,t}) \cdot x_t(z_i) - C_{f,t}]$	$=$	$OCF_t(z_i)$
1	$0,3\dot{3}$	$(1-0,3) \cdot [(1-0,5) \cdot 950 - 200]$	$=$	$192,50$
2	$0,3\dot{3}$	$(1-0,3) \cdot [(1-0,5) \cdot 1000 - 200]$	$=$	$210,-$
3	$0,3\dot{3}$	$(1-0,3) \cdot [(1-0,5) \cdot 1050 - 200]$	$=$	$227,50$

und die erwarteten Operating Cash Flows ergeben sich aus

$$E(OCF_t) = \frac{1}{3} \cdot (192,50 + 210,00 + 227,50) = 210.$$

Mit den Resultaten aus der Lösung von 42 (a) nach der Nettomethode ergeben sich die Marktwerte der künftigen Umsätzerlöse zu allen Zeitpunkten aus

$$PV_t = \frac{E(p \cdot x) - \frac{E(r_M)-r}{\sigma^2(r_M)} \cdot Cov(p \cdot x, r_M)}{r}$$

$$= \frac{1.000 - \frac{0,10-0,08}{0,0016} \cdot 1,\dot{6}}{0,08}$$

$$= 12.250,$$

und das normierte systematische Risiko der variablen Zahlungen beträgt in allen Perioden

$$\beta_{VZ,t} = \frac{1}{PV_{t-1}} \cdot \frac{Cov(p \cdot x, r_M)}{\sigma^2(r_M)}$$

$$= \frac{1}{12.250} \cdot \frac{1,\dot{6}}{0,0016}$$

$$= 0,08163265.$$

Mit dem Wert für $\beta_{VZ,t}$ ergibt sich für die Kalkulationszinsfüße für den Wert der künftigen Umsatzerlöse

$$\kappa_t = r_t + [E(r_{M,t}) - r_t] \cdot \beta_{VZ,t}$$
$$= 0,08 + [0,10 - 0,08] \cdot 0,08163265$$
$$= 8,163265 \text{ \% p.a.}$$

und der Marktwert des Eigenkapitals bei reiner Eigenfinanzierung beträgt

$$U_t = \frac{(1-s) \cdot (1-\gamma) \cdot E(p \cdot x)}{\kappa} - \frac{(1-s) \cdot C_f}{r}$$

$$= \frac{(1-0,3) \cdot (1-0,5) \cdot 1.000}{0,08163265} - \frac{(1-0,3) \cdot 200}{0.08}$$

$$= 2,537,50.$$

Bei konstanten Parametern erhält man für den Operating Leverage

$$OL_\infty^{dyn} = \frac{r \cdot (1-s) \cdot (1-\gamma) \cdot E(p \cdot x)}{\kappa \cdot E(OCF) - (\kappa - r) \cdot (1-s) \cdot (1-\gamma) \cdot E(p \cdot x)}$$

$$= \frac{0,08 \cdot (1-0,3) \cdot (1-0,5) \cdot 1.000}{0,08163265 \cdot 210,00 - (0,08163265 - 0,08) \cdot (1-0,3) \cdot (1-0,5) \cdot 1.000}$$

$$= 1,68965517.$$

Der Wert der verschuldeten Unternehmung ergibt sich nun aus

$$V_t = U_t + \frac{s \cdot Z_t'}{i}$$

$$= 2.537,50 + \frac{0,3 \cdot 16}{0,08}$$

$$= 2.597,50$$

und der Verschuldungsgrad[36] beträgt

$$v_t = \frac{D_t}{V_t}$$

$$= \frac{200}{2.597,50}$$

$$= 0,07699711.$$

Der Financial Leverage beträgt

$$FL_\infty^{dyn} = 1 + (1-s) \cdot \frac{v}{1-v}$$

$$= 1 + (1-0,3) \cdot \frac{0,07699711}{1-0,07699711}$$

$$= 1,05839416.$$

Über

$$\beta_E = FL_\infty^{dyn} \cdot OL_\infty^{dyn} \cdot \beta_{VZ}$$

$$= 1,05839416 \cdot 1,68965517 \cdot 0,08163265$$

$$= 0,1459854$$

erhält man

$$k_E = r + [E(r_M) - r] \cdot \beta_E$$

$$= 0,08 + [0,10 - 0,08] \cdot 0,1459854$$

$$= 8,291971 \% \text{ p.a.}$$

und schließlich

$$k_G = (1-v) \cdot k_E + v \cdot (1-s) \cdot i$$

$$= (1 - 0,07699711) \cdot 0,08291971 + 0,07699711 \cdot (1-0,3) \cdot 0,08$$

$$= 8,084697 \% \text{ p.a.}$$

[36] vgl. auch sinngemäß Fußnote 23 auf S. 142 und die Ausführungen in Exkurs 4.

Für den Kapitalwert ergibt sich somit

$$K_0 \;=\; -A_0 + \frac{E(OCF)}{k_G}$$

$$=\; -260 + \frac{210}{0,08084697}$$

$$=\; 2.337,50.$$

• **Nettomethode**

Bei der Nettomethode ergeben sich die folgenden zustandsabhängigen Net Cash Flows

i	$(1-s) \cdot [(p_t - c_{v,t}) \cdot x_t(z_i) - C_{f,t} - Z_t]$	$=$	$NCF_t(z_i)$
1	$0,7 \cdot [(1-0,5) \cdot 950 \; -200-16]$	$=$	$181,30$
2	$0,7 \cdot [(1-0,5) \cdot 1000-200-16]$	$=$	$198,80$
3	$0,7 \cdot [(1-0,5) \cdot 1050-200-16]$	$=$	$216,30$

und der Erwartungswert beträgt

$$E(NCF_t) = \frac{1}{3} \cdot (181,30 + 198,80 + 216,30) = 198,80,$$

sodaß sich der Kapitalwert aus

$$K_0 \;=\; -A_0 + Y_0 + \frac{E(NCF)}{k_E}$$

$$=\; -260 + 200 + \frac{198,80}{0,08291971}$$

$$=\; 2.337,50$$

ergibt.

Appendix zu Kapitel 3

A   Leverage

- **Dynamischer Operating Leverage**

$$OL_t^{dyn} = \frac{(1-s) \cdot (1-\gamma) \cdot PV_{t-1}}{U_{t-1}}$$

- **Dynamischer Financial Leverage**

$$
\begin{aligned}
FL_t^{dyn} &= \frac{U_{t-1}}{E_{t-1}} \\
&= 1 + (1 - s \cdot f_{t-1}) \cdot \frac{v_{t-1}^*}{1 - v_{t-1}^*}
\end{aligned}
$$

B   Bewertungen

Wert der künftigen Umsatzerlöse:

$$
\begin{aligned}
PV_t &= \sum_{\nu=t+1}^{T} \frac{E(p_\nu \cdot x_\nu)}{\prod\limits_{\tau=t+1}^{\nu} (1 + \kappa_\tau)} \\
&= \frac{E(p_{t+1} \cdot x_{t+1}) + PV_{t+1}}{1 + \kappa_{t+1}}
\end{aligned}
$$

Wert der künftigen variablen Einzahlungsüberschüsse:

$$PVZ_t = (1-s) \cdot (1-\gamma) \cdot PV_t$$

Wert des Eigenkapitals bei reiner Eigenfinanzierung:

- <u>Bewertung mit κ_τ und r_τ</u>

$$
\begin{aligned}
U_t = &\sum_{\nu=t+1}^{T} \frac{(1-s) \cdot (1-\gamma) \cdot E(p_\nu \cdot x_\nu)}{\prod\limits_{\tau=t+1}^{\nu} (1 + \kappa_\tau)} - \sum_{\nu=t+1}^{T} \frac{(1-s) \cdot C_{f,\nu} - s \cdot AfA_\nu}{\prod\limits_{\tau=t+1}^{\nu} (1 + r_\tau)} \\
&+ \frac{R_T - s \cdot (R_T - BW_T)}{\prod\limits_{\tau=t+1}^{T} (1 + r_\tau)}
\end{aligned}
$$

- <u>Bewertung mit ϱ_τ</u>

$$U_t = \sum_{\nu=t+1}^{T} \frac{E(OCF_\nu)}{\prod_{\tau=t+1}^{\nu}(1+\varrho_\tau)} + \frac{R_T - s \cdot (R_T - BW_T)}{\prod_{\tau=t+1}^{T}(1+\varrho_\tau)}$$

$$= \frac{E(OCF_{t+1}) + U_{t+1}}{1 + \varrho_{t+1}},$$

wobei

$$\varrho_t = OL_t^{dyn} \cdot \kappa_t + (1 - OL_t^{dyn}) \cdot r_t.$$

Wert des Eigenkapitals bei teilweiser Fremdfinanzierung:

- Bewertung mit ϱ_τ und $k_{D,\tau}$

$$E_t = V_t - D_t$$

$$= U_t + s \cdot \sum_{\nu=t+1}^{T} \frac{E(Z'_\nu)}{\prod_{\tau=t+1}^{\nu}(1+k_{D,\tau})} - D_t$$

$$= \sum_{\nu=t+1}^{T} \frac{E(OCF_\nu)}{\prod_{\tau=t+1}^{\nu}(1+\varrho_\tau)} + \frac{R_T - s \cdot (R_T - BW_T)}{\prod_{\tau=t+1}^{T}(1+\varrho_\tau)}$$

$$+ s \cdot \sum_{\nu=t+1}^{T} \frac{E(Z'_\nu)}{\prod_{\tau=t+1}^{\nu}(1+k_{D,\tau})} - D_t$$

- Kapitalwert nach der APV–Methode

$$K_0 = E_0 - A_0 + D_0$$

$$= U_0 + s \cdot \sum_{t=1}^{T} \frac{E(Z'_t)}{\prod_{\tau=t+1}^{T}(1+k_{D,\tau})} - D_0 - A_0 + D_0$$

$$= -A_0 + U_0 + s \cdot \sum_{t=1}^{T} \frac{E(Z'_t)}{\prod_{\tau=t+1}^{T}(1+k_{D,\tau})}$$

- Bewertung mit $k_{E,\tau}$

$$E_t = \sum_{\nu+1}^{T} \frac{E(NCF_\nu - Y_\nu)}{\prod_{\tau=t+1}^{\nu}(1+k_{E,\tau})} + \frac{R_T - s \cdot (R_T - BW_T)}{\prod_{\tau=t+1}^{T}(1+k_{E,\tau})}$$

$$= \frac{E(NCF_{t+1} - Y_{t+1}) + E_{t+1}}{1 + k_{E,t+1}},$$

wobei

$$k_{E,t} = FL_t^{dyn} \cdot \varrho_t + (1 - FL_t^{dyn}) \cdot k_{D,t}.$$

- Kapitalwert nach der Nettomethode

$$K_0 = E_0 - A_0 + Y_0$$
$$= -A_0 + Y_0 + \sum_{t+1}^{T} \frac{E(NCF_t - Y_t)}{\prod_{\tau=1}^{t}(1 + k_{E,\tau})} + \frac{R_T - s \cdot (R_T - BW_T)}{\prod_{\tau=1}^{T}(1 + k_{E,\tau})}$$

Wert des Gesamtkapitals:

- Bewertung mit $k_{E,\tau}$ und $k_{D,\tau}$

$$V_t = E_t + D_t$$
$$= \frac{E(NCF_{t+1} - Y_{t+1}) + E_{t+1}}{1 + k_{E,t+1}} + \frac{E(Z_{t+1} + Y_{t+1}) + D_{t+1}}{1 + k_{D,t+1}}$$

- Kapitalwert nach der Nettomethode

$$K_0 = V_0 - A_0$$
$$= E_0 + Y_0 - A_0$$
$$= -A_0 + Y_0 + E_0$$

- Bewertung mit $k_{G,\tau}$

$$V_t = \sum_{\nu=t+1}^{T} \frac{E(OCF_\nu)}{\prod_{\tau=t+1}^{\nu}(1 + k_{G,\tau})} + \frac{R_T - s \cdot (R_T - BW_T)}{\prod_{\tau=t+1}^{T}(1 + k_{G,\tau})}$$
$$= \frac{E(OCF_{t+1}) + V_{t+1}}{1 + k_{G,t+1}},$$

wobei

$$k_{G,t} = (1 - v_{t-1}) \cdot k_{E,t} + v_{t-1}(1 - s)k_{D,t}.$$

- Kapitalwert nach der Bruttomethode

$$K_0 = V_0 - A_0$$
$$= -A_0 + \sum_{t=1}^{T} \frac{E(OCF_t)}{\prod_{\tau=1}^{t}(1 + k_{G,\tau})} + \frac{R_T - s \cdot (R_T - BW_T)}{\prod_{\tau=1}^{T}(1 + k_{G,\tau})}$$

C Relevante Kalkulationszinsfüße

- Für die künftigen Umsatzerlöse bzw. variablen Einzahlungsüberschüsse:

$$\kappa_t = r_t + [E(r_{M,t}) - r_t]\beta_{VZ,t}$$

- Für das Eigenkapital bei reiner Eigenfinanzierung:

$$\varrho_t = r_t + [E(r_{M,t}) - r_t] \cdot OL_t^{dyn} \cdot \beta_{VZ,t}$$

- Für das Eigenkapital bei teilweiser Fremdfinanzierung:

$$k_{E,t} = r_t + [E(r_{M,t}) - r_t] \cdot FL_t^{dyn} \cdot OL_t^{dyn} \cdot \beta_{VZ,t}$$

- Für das Gesamtkapital:

$$k_{G,t} = \begin{cases} (1 - v_{t-1}) \cdot k_{E,t} + v_{t-1}(1 - s) \cdot i \\ \varrho_t \cdot (1 - s \cdot v_{t-1}^*) \end{cases}$$

4 Finanzierungstheorie und Finanzierungsplanung

Die wichtigsten Zahlungsströme einer Unternehmung bezüglich ihrer Geschäftsbereiche, dem Kapitalmarkt und dem Staat sind in Abb. 4.1 schematisch dargestellt.

Ein- und Auszahlungen (Cash Inflows und Cash Outflows) der Unternehmung:

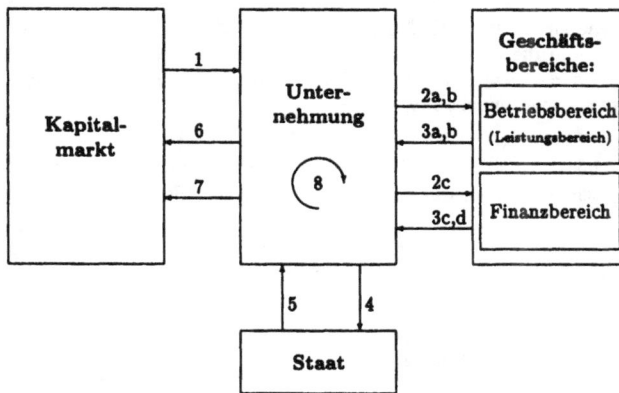

Abb. 4.1: Zahlungsströme und Kapitalentscheidungen der Unternehmung

Zahlungsströme:

1 Eigen- und Fremdkapitalaufnahme vom Kapitalmarkt
2a Auszahlungen für Sachinvestitionen
2b Auszahlungen für Roh-, Hilfs- und Betriebsstoffe, Personal, ...
2c Auszahlungen für Finanzinvestitionen
3a Einzahlungen aus Umsätzen
3b Einzahlungen aus Desinvestitionen von Sachanlagevermögen
3c Einzahlungen aus Zinsen, Dividenden und Beteiligungen
3d Desinvestitionen von Finanzanlagevermögen
4 Steuern und Abgaben
5 Subventionen
6 Kreditzinsen und -tilgungen
7 Ausschüttungen
8 Innenfinanzierung

Problemkreise:
Für das langfristige Management der betrieblichen Finanzwirtschaft liegen drei Entscheidungsbereiche vor

- **Die Kapitalstrukturpolitik (Pfeil 1):**
  Welche Finanzierungstitel sollen ausgegeben werden?

- **Die Investitionspolitik (Pfeile 2a und 2c bzw. 3b und 3d):**
  Welche Investitionsprojekte sollen realisiert werden?

- **Die Dividenden(Ausschüttungs–)politik (Pfeil 7):**
  Wieviel soll an die Anteilseigner ausgeschüttet werden?

Diese drei Entscheidungsbereiche sind interdependent:

- Die Kapitalstrukturpolitik ist abhängig vom gewählten Investitionprojekt, da diese die künftigen Cash Flows und damit die Werte der Finanzierungstitel beeinflussen, aber auch von der Dividendenpolitik, da diese die Zins- und Tilgungszahlungen für Fremdkapital und Mischformen beeinflussen.

- Die Investitionspolitik ist zum einen abhängig von der Finanzierungsform, aber auch von der Dividendenpolitik und damit vom Ausmaß der Selbstfinanzierung.

- Die Dividendenpolitik ist abhängig von der Investitionspolitik, da diese die künftigen Cash Flows und die heute benötigten Investitionsauszahlungen beeinflussen, aber auch abhängig von der Kapitalstrukturpolitik, wegen der Zinsen und Tilgungen und der notwendigen Selbstfinanzierung.

Bei der Untersuchung einzelner Entscheidungen wird daher in der Regel vereinfachend vorausgesetzt, daß die beiden anderen Entscheidungen bereits getroffen worden sind.

4.1   Die Kapitalstrukturpolitik

4.1.1   Gesetzliche Regelungen[1]

Die gesetzlichen Regelungen legen ein Grundkapital von mindestens 100.000 DM, Regelungen über Kapitalerhöhungen und Kapitalherabsetzungen sowie über die Emission von Wandelschuldverschreibungen und Bildung von gesetzlichen Rücklagen fest. Sonst gibt es keine gesetzlichen Vorschriften über die Kapitalstruktur[2], aber oft existieren diesbezügliche Klauseln in den Fremdkapitalverträgen, wie z.B. Negativklauseln[3].

4.1.2   Theorie der optimalen Kapitalstrukturpolitik

Die Kapitalstrukturpolitik ist seit mehr als dreißig Jahren die zentrale Frage der Finanzierungstheorie. Der klassische Aufsatz von Modigliani und Miller (1958) wird von vielen als Geburtsstunde der modernen Finanzierungstheorie überhaupt betrachtet. Seither gibt es in der Literatur eine lebhafte Diskussion mit Pro- und Kontraargumenten.

---

[1] Für Deutschland.
[2] Ausgenommen bei Kreditinstituten.
[3] Zu den Negativklauseln siehe etwa Fischer (1996), Unterabschnitte 3.2.2.1 und 7.2.2.2.

4.1.2.1 Das Irrelevanztheorem von Modigliani und Miller

Auf einem vollkommenen Kapitalmarkt[4] ist der Wert einer Unternehmung unabhängig von ihrer Kapitalstruktur. Die Kapitalstruktur ist somit irrelevant.

(a) **Beweis mittels Arbitragefreiheitsbedingung:**
Ausgangssituation:
Am Kapitalmarkt existieren zwei Unternehmungen, die bis auf ihre Kapitalstruktur identisch sind (identische Vermögensstruktur, identische erwartete Cash Flows (vor Zinsen) von jährlich $\bar{C}$ GE). Diese jährlichen Cash Flows werden stets zur Gänze an die Kapitalgeber ausgezahlt.

Unternehmung A: Rein eigenfinanziert
Unternehmung B: Teilweise fremdfinanziert (risikoloser Kredit mit Marktwert D_0, unendlicher Laufzeit und Zinssatz r)

Zu zeigen ist: Im Gleichgewicht sind auf einem vollkommenen Kapitalmarkt beide Unternehmungen gleich viel wert (Wert der Unternehmung A U_0 = Wert der Unternehmung B V_0).
Beweis mittels Widerspruch:
Zunächst wird angenommen, die verschuldete Unternehmung sei mehr wert als die unverschuldete Unternehmung ($V_0 > U_0$). In diesem Fall könnte ein Investor, der einen Anteil b am Eigenkapital der verschuldeten Unternehmung besitzt, durch folgende Arbitragestrategie einen risikolosen Gewinn ohne Einsatz von zusätzlichem Eigenkapital erzielen:

- er verkauft seinen Anteil am Eigenkapital der verschuldeten Unternehmung und erhält $b \cdot (V_0 - D_0)$.
- Er nimmt einen risikolosen Kredit in der Höhe von $b \cdot D_0$ mit unendlicher Laufzeit und einem Zinssatz von r % p.a. auf. Sein gesamtes verfügbares Kapital beträgt somit

$$b \cdot (V_0 - D_0) + b \cdot D_0 = b \cdot V_0$$

- Damit kauft sich der Investor einen Anteil an der unverschuldeten Unternehmung in der Höhe von $b \cdot \frac{V_0}{U_0}$
- Der jährliche Einzahlungsüberschuß aus dieser Strategie beträgt

$$\underbrace{b \cdot \frac{V_0}{U_0} \cdot \bar{C}}_{\substack{\text{Anteil an der Div-}\\\text{idende der unver-}\\\text{schuldeten Un-}\\\text{ternehmung}}} - \underbrace{r \cdot b \cdot D_0}_{\substack{\text{Zinszahlungen des In-}\\\text{vestors für Kredit}}} = b \cdot \left(\frac{V_0}{U_0} \cdot \bar{C} - r \cdot D_0 \right)$$

- Der jährliche Einzahlungsüberschuß des Investors ohne Durchführung der geschilderten Arbitragestragie beträgt

$$\underbrace{b \cdot \left(\bar{C} - r \cdot D_0 \right)}_{\substack{\text{Anteil an der Divi-}\\\text{dende der verschulden-}\\\text{ten Unternehmung}}}$$

---

[4] Spätere Autoren haben im Sinne der Erkenntnisse aus der Agency-Theorie der Finanzierung (vgl. Abschnitt 5.4) darauf hingewiesen, daß neben der Annahme eines vollkommenen Kapitalmarkts auch die Annahme einer von der Kapitalstruktur unabhängigen Investitionspolitik der Unternehmungen notwendig ist, damit das Irrelevanztheorem gültig ist.

– Da annahmegemäß $\frac{V_0}{U_0} > 1$ ist, könnte der Investor daher mit dieser Strategie ohne Risiko und ohne Einsatz von zusätzlichem Eigenkapital einen höheren jährlichen Einzahlungsüberschuß erzielen. In dieser Situation würde aber kein Investor mehr Anteile an der unverschuldeten Unternehmung halten. Da aber annahmegemäß beide Unternehmungen am Kapitalmarkt existieren und Arbitrage auf Dauer nicht möglich sein kann, ist die Konstellation $V_0 > U_0$ im Gleichgewicht nicht zulässig.

Analog zu diesem Beweis kann auch die Konstellation $U_0 > V_0$ ausgeschlossen werden. Somit ist ein Gleichgewicht am Kapitalmarkt nur dann möglich, wenn $V_0 = U_0$.

(b) Beweis mittels CCPM:[5] Annahmen:

– Vollkommener Kapitalmarkt

– Vollständiger Kapitalmarkt

Desweiteren ist die sonstige Unternehmenspolitik, insbesondere die Investitionspolitik, gegeben, welche als unabhängig von der Kapitalstruktur unterstellt wird. In einem Zweizeitpunkte–Modell werden zu $t = 0$ zwei zustandsabhängigen Zahlungen für $t = 1$ erwartet, wobei

$U_1(z_i)$ Wert der rein eigenfinanzierten Unternehmung,

$E_1(z_i)$ Zahlungen an die Eigenkapitalgeber einer verschuldeten Unternehmung,

$D_1(z_i)$ Zahlungen an die Fremdkapitalgeber einer verschuldeten Unternehmung,

$V_1(z_i)$ Wert der teilweise fremdfinanzierten Unternehmung,

$q(z_i)$ die Pseudoeintrittswahrscheinlichkeit und

r der risikolose Zinssatz ist.

Zu $t = 0$ gilt dann:

$$E_0 = \frac{\sum_{i=0}^{n} E_1(z_i)q(z_i)}{1 + r}$$

$$D_0 = \frac{\sum_{i=0}^{n} D_1(z_i)q(z_i)}{1 + r}$$

$$U_0 = \frac{\sum_{i=0}^{n} U_1(z_i)q(z_i)}{1 + r}$$

Nun ist zu zeigen:

$$U_0 = V_0$$

---

[5] Die Bewertung erfolgt hier mit Hilfe des Sicherheitsäquivalents $CE[E(P_{1j})]$

$$P_{0j} = \frac{CE[E(P_{1j})]}{1 + r},$$

wobei das Sicherheitsäquivalent nach dem *Contingent Claim Pricing Model* (vgl. Abschnitt 5.3) äquivalent dem Pseudoerwartungswert ist:

$$CE[E(P_{1j})] = E'(P_{1j}) = \sum_{i=1}^{n} P_{1j}(z_i) \cdot q(z_i).$$

Hierbei stellen $q(z_i)$ die Pseudoeintrittswahrscheinlichkeiten dar, die ein risikoneutraler Investor für die Umweltzustände z_i im Gleichgewicht vermutet. Diese Bewertungsmethode wird ausführlich in Fischer (1995a) behandelt.

mit:

$$V_0 = E_0 + D_0$$

$$= \frac{\sum_{t=0}^{n} E_1(z_i)q(z_i)}{1+r} + \frac{\sum_{t=0}^{n} D_1(z_i)q(z_i)}{1+r}$$

$$= \frac{\sum_{t=0}^{n} V_1(z_i)q(z_i)}{1+r}$$

Zu $t = 1$:

$$V_1(z_i) = E_1(z_i) + D_1(z_i)$$

$$\frac{\sum_{t=0}^{n} V_1(z_i)q(z_i)}{1+r} = \frac{\sum_{t=0}^{n}[E_1(z_i) + D_1(z_i)]q(z_i)}{1+r}$$

$$= \frac{\sum_{i=1}^{n} U_1(z_i)q(z_i)}{1+r}.$$

Somit ist

$$V_0 = U_0.$$

Das Irrelevanztheorem ist somit lediglich ein Spezialfall des *Wertadditionstheorems* der Finanzierungstheorie[6]: Auf einem vollkommenen Kapitalmarkt mit homogenen Erwartungen ist im Gleichgewicht der Marktwert einer Summe von unsicheren Zahlungen gleich der Summe der Marktwerte der einzelnen unsicheren Zahlungen.

4.1.2.2   Argumente gegen die Irrelevanz

Mögliche Argumente gegen die Irrelevanz sind:

Steuern (Körperschaftsteuer und Einkommensteuer),

Konkurskosten,

Transaktionskosten

und

unterschiedliche Investitionspolitik bei einer eigenfinanzierten und bei einer fremdfinanzierten Unternehmung infolge asymmetrischer Informationen.

- Bei Existenz von Körperschaftsteuer:
  Die Abzugsfähigkeit der Kreditzinsen bei der Berechnung der Steuerbasis für die Körperschaftsteuer bringt einen Vorteil für die Fremdfinanzierung. Ist der Gewinn vor Steuern und Zinsen groß genug und das Fremdkapital risikolos, dann ist eine maximale Fremdfinanzierung optimal (Modigliani/Miller (1963)).

[6] Haley/Schall (1979).

- Bei Existenz von Körperschaft- und Einkommensteuer:
  Nach dem Steuerrecht in Österreich[7] und in Deutschland unterliegen erhaltene Kreditzinsen bei privaten Gläubigern der progressiven Einkommensteuer. Ob ein privater Investor nun Eigen- oder Fremdkapital präferiert, hängt von seinem marginalen Einkommensteuersatz ab:

  Klientel-Effekt der Kapitalstruktur: Investoren mit marginalen Einkommensteuersätzen über (unter) dem Körperschaftsteuersatz werden Eigenkapital (Fremdkapital) halten.

- Bei Existenz von Körperschaftsteuer und Konkurskosten:
  Die Konkurswahrscheinlichkeit steigt mit einem höherem Verschuldungsgrad, und die erwarteten Konkurskosten bilden ein Gegengewicht zum Steuervorteil der Fremdfinanzierung. Der optimale Verschuldungsgrad liegt daher als Innenlösung zwischen 0 und 100 %.

- Transaktionskosten

- Bei Existenz von Informationskosten:
  Asymmetrische Informationen und somit heterogene Erwartungen führen zu Agency-Problemen der Fremdfinanzierung.[8] Die Investitionspolitik einer Unternehmung ist dann nicht mehr von der Kapitalstruktur unabhängig. Unternehmungen mit hohem Verschuldungsgrad haben einen Anreiz, riskantere Investitionsprojekte mit positiven Kapitalwerten zu unterlassen (Unterinvestitionsproblem). Um diesen Anreiz zu eliminieren, müssen Gläubiger auf Überwachung der Investitionspolitik bestehen. Dies erfordert Überwachungskosten (*Monitoring Costs*) oder Gewährung von Mitspracherechten (z.B. durch Ausgabe von Wandel- oder Optionsanleihen). Somit führen auch Agency-Probleme der Fremdfinanzierung zu einem optimalen inneren Verschuldungsgrad.

4.1.2.2.1 Berücksichtigung von Steuern

In diesem Abschnitt werden die Körperschaftsteuer bei der Aktiengesellschaft und die Einkommensteuer bei den Kapitalgebern berücksichtigt.
- **Klassisches Steuersystem[9]:**

Es gilt die Doppelbesteuerung bezüglich der Körperschaftsteuer und der Einkommensteuer auf Dividenden[10] und eine Einkommensteuer auf Fremdkapitalzinsen. Fremdkapitalzinsen sind von der Körperschaftsteuer abzugsfähig.

Im folgenden ist:

i der Fremdkapitalzinssatz in % p.a. (vor Körperschaftsteuer)

Nom das Nominale des Fremdkapitals,

G der Gewinn vor Zinsen und Körperschaftsteuer,

s_K der Körperschaftsteuersatz der Unternehmung

---

[7] Regelung bis Ende 1993.

[8] vgl. Abschnitt 5.4.

[9] Dieses gilt etwa in den USA, Österreich, Niederlanden, Schweiz und Schweden. In Österreich beträgt derzeit der Körperschaftsteuersatz 34 % und die Kapitalertragsteuer bei den Kapitalgebern 25 % der Dividenden und Zinseinkünfte.

[10] Bei Erscheinen von Modigliani/Miller (1963) war noch nicht bekannt, daß bei diesem Steuersystem volle Gewinneinbehaltung (wie im nächsten Unterabschnitt erörtert wird) optimal ist.

und

s_E der Einkommensteuersatz der Anteilseigner und der Gläubiger.

- Volle Gewinnausschüttung
Zunächst wird unterstellt, daß der gesamte Gewinn nach Zinsen und Körperschaftsteuer ausgeschüttet wird. Die Zahlungen an die Kapitalmarktteilnehmer nach Körperschaftsteuer und nach Einkommensteuer sind dann gegeben durch:

$$(G - i \cdot Nom)(1 - s_K)(1 - s_E) + i \cdot Nom(1 - s_E),$$

wobei die Zahlungen an die Eigenkapitalgeber nach Einkommensteuer durch

$$(G - i \cdot Nom)(1 - s_K)(1 - s_E)$$

ausgedrückt werden können und die Zahlungen an die Fremdkapitalgeber nach Einkommensteuer

$$i \cdot Nom(1 - s_E)$$

sind. Die gesamten Zahlungen sind umso größer, je höher das Fremdkapitalnominale Nom ist:

$$\text{Gesamte Zahlungen} = (1 - s_E)[G \cdot (1 - s_K) + s_K \cdot i \cdot Nom]$$

Bei voller Ausschüttung muß also die Fremdfinanzierung maximiert werden[11].

- Volle Gewinneinbehaltung
Wegen der Doppelbesteuerung von Dividenden sollten keine Dividenden ausgeschüttet werden (vgl. 4.2.2.2.2). Vereinfachend wird nun unterstellt, daß von den Aktionären die Kursgewinne nicht realisiert werden bzw. daß es keine Einkommensteuer auf nichtrealisierte Kursgewinne gibt. Dann ist die Wertsteigerung der Aktien für die Eigenkapitalgeber

$$(G - i \cdot Nom)(1 - s_K)$$

und die Zahlungen nach Einkommensteuer an die Fremdkapitalgeber sind

$$i \cdot Nom(1 - s_E).$$

Beide Werte addiert erhält man

$$G(1 - s_K) + i \cdot Nom(s_K - s_E).$$

Falls es nun einen konstanten Einkommensteuersatz mit $s_E < s_K$ gäbe, wäre wiederum maximale Fremdfinanzierung optimal. Bei $s_E > s_K$ wäre maximale Eigenfinanzierung optimal.

- Progressive Einkommensteuer: das Miller-Irrelevanztheorem
Für die Doppelbesteuerung bei voller Einbehaltung der Gewinne gilt das **Irrelevanztheorem von Miller** (1977). Miller betrachtet den Fall progressiver Einkommensteuersätze, d.h. Investoren haben, je nach Einkommen, unterschiedliche steigende marginale Einkommensteuersätze. Das Miller-Gleichgewicht in Verbindung mit dem Klientel-Effekt der Kapitalstruktur lautet: Im Gleichgewicht stellt sich genau die Situation ein, daß Investoren mit marginalen Einkommensteuersätzen unter s_K in Fremdkapital investieren und Investoren mit marginalen Einkommensteuersätzen über s_K in Eigenkapital investieren (Klientel-Effekt). Investoren mit marginalen Einkommensteuersätzen $s_E = s_K$ sind indifferent. Im folgenden soll die Argumentation nach

---

[11] Hier ist die implizite Annahme der *sicheren Tax-Shields* enthalten, d.h. G ist stets größer als $i \cdot Nom$, bzw. es existiert ein Steuersystem mit Verlustausgleich oder die Veräußerbarkeit von steuerlichen Verlusten am Kapitalmarkt ist gegeben.

Miller dargelegt werden: Ausgangssituation dabei ist, daß alle Unternehmungen rein eigenfinanziert sind. Der Körperschaftsteuersatz beträgt 50 % und die Aktionäre fordern eine Rendite nach Körperschaftsteuer von 8 %. Es liegen progressive Einkommensteuersätze, sichere tax shields, keine Dividenden und einkommensteuerfreie Kursgewinne vor. Da Aktionäre von den Unternehmungen eine Rendite nach Steuern von 8 % fordern, muß für die Unternehmung die Investitionsrendite vor Körperschaftsteuer mindestens

$$\frac{8\ \%}{1 - s_K} = 16\ \%$$

sein. Die reine Eigenfinanzierung kann jedoch für die Unternehmungen nicht optimal sein, da wegen der Abzugsfähigkeit der Fremdkapitalzinsen die Aufnahme von Fremdkapital vorteilhaft ist. Um Investoren für den Erwerb von Fremdkapital zu interessieren, braucht die Unternehmung zunächst einmal nur einen Zinssatz von knapp über 8 % anzubieten. Dadurch werden Investoren mit $s_E = 0$ angezogen. Da für Unternehmungen die Fremdkapitalzinsen von der Körperschaftsteuerbasis abzugfähig sind, belastet sie nur die Hälfte der Zinsen in der Höhe von

$$i \cdot (1 - s_K) = 4\ \%;$$

der Rest ist Steuerersparnis.

Will die Unternehmung mehr Fremdkapital emittieren, so wird das Reservoir an Investoren mit $s_E = 0$ schnell erschöpft sein, und sie muß den Zinssatz entsprechend erhöhen, um Nachfrager für das Fremdkapital zu finden: z.B. folgt für Investoren mit

$$s_E = 20\ \%,$$

daß die Rendite aus dem Fremdkapital nach Einkommensteuer größer als die Rendite aus dem Eigenkapital nach Steuern

$$i \cdot (1 - 0,2) > 8\ \%$$

sein muß. Der Zinssatz für Fremdkapital muß daher größer als 10 % sein. Auch dies zahlt sich für die Unternehmung noch aus, da der Kupon nach der Körperschaftsteuerersparnis nur 5 % beträgt. Unternehmungen werden somit solange Fremdkapital anbieten, bis die Körperschaftsteuerersparnis die Einkommensteuerzahlung von marginalen Investoren in Fremdkapital mit s_E^* erreicht, also

$$\underbrace{\text{Fremdkapitalzinsen} \cdot s_K}_{\substack{\text{Körperschaftsteuervorteil} \\ \text{für die Unternehmung}}} = \underbrace{\text{Fremdkapitalzinsen} \cdot s_E^*}_{\substack{\text{Einkommensteuerzahlungen} \\ \text{für Investoren in Fremd-} \\ \text{kapital}}}$$

$$s_K = s_E^* = 0,5.$$

Im Beispiel wäre der Fremdkapitalzinssatz bei 16 % im Gleichgewicht:

$$i = \frac{0,08}{1 - s_E^*}.$$

Investoren mit $s_E < 0,5$ kaufen Fremdkapital, dagegen kaufen Investoren mit $s_E > 0,5$ Eigenkapital. D.h. im Gleichgewicht haben Investoren mit geringen Einkommensteuersätzen den Körperschaftsteuervorteil des Fremdkapitals absorbiert, da die Unternehmungen diesen Vorteil weitergeben müssen, um Investoren in Fremdkapital überhaupt zu finden. Somit ist in diesem Fall die Kapitalstruktur aus einzelwirtschaftlicher Sicht (für die Unternehmung) wieder irrelevant. Aus gesamtwirtschaftlicher Sicht gibt es allerdings für eine Volkswirtschaft ein optimales Ausmaß an Fremdkapital, nämlich in Abhängigkeit von der gesamtwirtschaftlichen Verteilung des Vermögens auf die einzelnen Investoren.

• **Anrechnungssystem**[12]:

---

[12] Dieses gilt etwa in Deutschland, England, Japan, Kanada und Italien.

Für das Anrechnungsverfahren gilt: Einbehaltene Gewinne unterliegen der Körperschaftsteuer, während ausgeschüttete Gewinne nur der Einkommensteuer unterworfen werden. Weiters existiert die Einkommensteuer auf Fremdkapitalzinsen und die Fremdkapitalzinsen sind von der Körperschaftsteuerbasis abzugfähig.

- Volle Gewinnausschüttung
Zunächst betrachten wir die volle Gewinnauschüttung. Die Zahlungen an die Eigenkapitalgeber nach Einkommensteuer sind dann

$$(G - i \cdot Nom)(1 - s_E).$$

Die Zahlungen an die Fremdkapitalgeber nach Einkommensteuer sind gegeben durch

$$i \cdot Nom(1 - s_E).$$

Durch Addition erhält man

$$(G - i \cdot Nom + i \cdot Nom)(1 - s_E)$$

bzw.

$$G(1 - s_E).$$

Es liegt also Irrelevanz der Kapitalstruktur vor.

- Volle Gewinneinbehaltung
Für das Anrechnungsverfahren bei voller Einbehaltung gilt (ohne Spekulationsgewinne), daß die Werterhöhung des Eigenkapitals gegeben ist durch

$$(G - i \cdot Nom)(1 - s_K).$$

Die Werterhöhung für Fremdkapitalgeber berechnet sich aus

$$i \cdot Nom(1 - s_E).$$

Dann gilt als Summe der Werterhöhungen

$$G(1 - s_K) + i \cdot Nom(s_K - s_E).$$

Bei progressiven Einkommensteuersätzen liegt somit Irrelevanz im Sinne von Miller vor. Kombiniert man den Klientel-Effekt der Dividendenpolitik[13] mit dem Klientel-Effekt der Kapitalstruktur, so müßten beim Anrechnungsverfahren die Unternehmungen mit Dividendenzahlungen verschwinden, da für Investoren mit $s_E < s_K$ ein Erwerb von Fremdkapital vorteilhaft ist. Somit gilt auch für das Anrechnungsverfahren, daß nur Unternehmungen mit voller Gewinneinbehaltung existieren dürften bzw. daß es keine
Unternehmungen mit Dividendenzahlungen geben sollte. • **Steuerliche Argumente für die Relevanz der Kapitalstruktur in Deutschland:**
Es existieren drei Vorteile der Fremdfinanzierung, die bisher nicht betrachtet worden sind:

Vermögensteuer: Es existiert eine Doppelbesteuerung von Eigenkapital bei der Unternehmung und bei den Aktionären,

Gewerbesteuer: Sie begünstigt das Fremdkapital,

Einkommensteuer auf Zinsen wird oft hinterzogen.

Weiters werden in der Literatur auch *unsichere Tax-Shields* berücksichtigt, aus denen ein optimaler Verschuldungsgrad als Innenlösung hergeleitet werden kann.[14]

---

[13] vgl. Unterabschnitt 4.2.2.2.2.
[14] De Angelo/Masulis (1980).

Finanzierungsregeln und empirischer Befund
295 Industrieaktiengesellschaften* (1961 – 1985)

Jahr	Bankregel[1]	Bankregel[2]	Bankregel[3]	Finanzierungsregel	Dynamische Verschuldensregel	Acid Test	Foulke–Regel
1961	1,0679	1,1682	1,4754	0,6024	5,4333	1,1880	0,6789
1962	1,0071	1,1194	1,4343	0,6031	5,7454	1,2671	0,7156
1963	0,9988	1,1146	1,4429	0,6041	5,6670	1,1935	0,7605
1964	0,9963	1,1131	1,4351	0,6064	5,4752	1,2080	0,7336
1965	0,9771	1,1036	1,4351	0,6141	5,5996	1,2250	0,8016
1966	1,0755	1,2232	1,5428	0,6113	5,6045	1,2420	0,7479
1967	1,0128	1,2031	1,5498	0,6041	5,8976	1,1937	0,7466
1968	1,0324	1,2367	1,4608	0,6059	5,9579	1,2198	0,7202
1969	1,0219	1,2234	1,4422	0,6254	6,3716	1,3237	0,7162
1970	0,9105	1,1050	1,3242	0,6413	6,5452	1,2010	0,7409
1971	0,8870	1,0826	1,3132	0,6466	7,0732	1,2666	0,7847
1972	0,8755	1,0793	1,3023	0,6554	7,1469	1,2575	0,7735
1973	0,8809	1,0863	1,2955	0,6601	7,2990	1,2408	0,7624
1974	0,8690	1,1048	1,3173	0,6646	7,5878	1,2234	0,7794
1975	0,8823	1,1455	1,3573	0,6637	7,7528	1,2545	0,8061
1976	0,8721	1,1580	1,3529	0,6705	7,3248	1,2816	0,7842
1977	0,8784	1,1859	1,3787	0,6697	7,6390	1,2328	0,8256
1978	0,9078	1,2222	1,4264	0,6688	7,5732	1,2445	0,8292
1979	0,8899	1,2112	1,4079	0,6797	7,2606	1,2250	0,8299
1980	0,8962	1,2368	1,4345	0,6842	7,3249	1,1727	0,8221
1981	0,8910	1,2461	1,4201	0,6860	7,8847	1,2120	0,7794
1982	0,9196	1,2815	1,4594	0,6813	7,4656	1,1702	0,7757
1983	1,0275	1,4352	1,6898	0,6745	6,9866	1,1724	0,7584
1984	0,9698	1,3945	1,5518	0,6743	7,2158	1,1357	0,8291
1985	0,9932	1,4295	1,5872	0,6729	7,1613	1,1541	0,7794

1 im engeren Sinn
2 im weiteren Sinn
3 im weitesten Sinn
* Quelle: Eigene Erhebungen im Rahmen der Bonner Stichprobe

Tab. 4.1: Finanzierungsregeln und empirischer Befund (Quelle: Albach (1988))

4.1.2.2.2   Berücksichtigung von Konkurskosten

Nimmt man zusätzlich zu den Steuervorteilen der Fremdfinanzierung an, daß der Erwartungswert der Konkurskosten mit der Zunahme des Verschuldungsgrades wächst, so ergibt sich ein optimaler Verschuldungsgrad als Innenlösung, also zwischen 0 und 100 %. Haugen/Senbet (1978) zeigen jedoch, daß ein Konkurs nicht notwendigerweise mit der Liquidation einer Unternehmung gleichzusetzen ist. Auch im Konkursfall, d.h. der Wert der Unternehmung ist kleiner als das Fremdkapitalnominale zuzüglich Zinsen, ist eine Unternehmung weiterzuführen, falls der Ertragswert bei Weiterführung über dem Liquidationswert liegt. Der Verschuldung sind daher nur die Kosten (eventuell sogar Erträge) der Reorganisation der Unternehmung anzulasten, von denen jedoch Haugen/Senbet annehmen, daß sie kein wirksames Gegengewicht zu deren Steuervorteil darstellen.

4.1.3   Empirie

- Die Praxis glaubt an die Existenz eines optimalen inneren Verschuldungsgrades und hat bestimmte Zielvorstellungen über den optimalen Verschuldungsgrad, der innerhalb einer bestimmten Bandbreite erreicht werden soll. Aufgrund hoher Transaktionskosten erfolgt eine Anpassung der Kapitalstruktur nicht permanent, sondern nur von Zeit zu Zeit.[15]

- Die Praxis orientiert sich an der Bilanzkennzahl

$$\frac{\text{Buchwert des Fremdkapitals}}{\text{Buchwert des Gesamtkapitals}},$$

---

[15] Ein empirisch überprüftes Modell dasu ist in Fischer/Heinkel/Zechner (1989a) dargestellt.

Einhaltung der „Goldenen Finanzierungsregeln"; Anteil der Firmen, die die Regel einhalten, an der ausgewählten 296 Industrieaktiengesellschaften der Bonner Stichprobe (in Prozent)

Jahr	Bank-regel[1] ≥ 1	Bank-regel[2] ≥ 1	Bank-regel[3] ≥ 1	Finansie-rungs-regel ≤ 1/2	Dynami-sche Ver-schuldens-regel ≤ 3	Acid Test ≤ 1	Foulke-Regel ≤ 1
1961	39,32	48,81	95,93	22,71	29,64	36,89	72,73
1962	35,93	44,07	97,63	21,02	25,52	32,84	70,15
1963	34,92	43,73	97,97	21,69	28,77	35,88	66,67
1964	37,29	46,78	98,64	18,98	28,17	34,40	71,32
1965	33,22	45,08	97,97	18,64	31,36	34,85	61,43
1966	34,71	45,92	97,97	20,00	29,37	31,34	69,06
1967	36,05	54,08	97,28	21,36	31,45	36,80	71,62
1968	35,93	52,54	96,95	23,39	27,97	33,62	76,26
1969	32,54	50,17	96,61	18,31	25,53	26,42	72,73
1970	28,14	44,07	97,63	14,24	22,30	38,36	73,45
1971	26,10	41,36	97,97	11,53	21,30	35,44	68,14
1972	24,15	41,84	97,28	12,20	19,93	33,33	67,92
1973	26,19	42,86	96,94	11,19	16,60	32,84	70,37
1974	26,62	44,71	97,28	11,53	14,93	36,11	69,30
1975	28,08	45,89	96,25	11,19	15,50	32,61	71,05
1976	28,14	45,76	96,95	10,51	14,81	28,89	77,14
1977	28,91	49,66	96,60	12,20	11,83	36,26	71,79
1978	27,80	52,20	95,59	10,51	12,93	33,70	68,10
1979	29,25	51,70	95,58	10,20	12,74	36,78	68,85
1980	28,57	51,02	95,92	9,86	14,73	33,75	70,34
1981	28,57	52,38	95,92	10,20	11,90	34,62	72,81
1982	29,76	53,63	95,50	9,66	12,96	36,90	73,91
1983	32,16	57,60	95,41	10,95	21,29	37,78	76,27
1984	29,39	60,93	95,70	10,75	17,67	43,01	63,49
1985	33,94	62,55	95,27	11,59	18,03	43,01	72,66

1 im engeren Sinn
2 im weiteren Sinn
3 im weitesten Sinn

Tab. 4.2: Einhaltung der „Goldenen Finanzierungsregeln" (Quelle: Albach (1988))

da Marktwerte oft nicht verfügbar sind und sich auch potentielle Kapitalgeber oft nur über Jahresabschlüsse informieren können. Daneben werden in der Praxis noch andere finanzwirtschaftliche Bilanzkennzahlen (vgl. etwa Fischer (1996), Abschnitt 6.1) für wichtig erachtet. Neuere empirische Untersuchungen für Deutschland und Österreich sind in Albach (1988; vgl. auch Tab. 4.1 bis 4.4), Geyer/Nemec (1994) und Stehle (1994) dargestellt. Eine vergleichende empirische Studie über die Kapitalstrukturentwicklung in Deutschland und in den U.S.A. liefern Francfort/Rudolph (1992).

• Der angestrebte optimale Verschuldungsgrad zu Buchwerten ist abhängig von

  – der Branche der Unternehmung,
  – der Vermögensstruktur

und

  – der Unsicherheit der zukünftigen Umsatz– und Gewinnentwicklung.

Finanzierungsregel und Eigenkapitalbewertung (1961 – 1986)

Jahr	Nomineller Verschuldungsgrad[1]	Verschuldungsgrad zu Marktwerten[2]	Verschuldungsgrad zu Wiederbeschaffungs- werten[3]
1961	0,6018	0,3609	0,4036
1962	0,6027	0,4297	0,4013
1963	0,6040	0,4223	0,3998
1964	0,6063	0,4190	0,3980
1965	0,6136	0,4723	0,4016
1966	0,6091	0,5108	0,3933
1967	0,6030	0,4755	0,3900
1968	0,6063	0,4575	0,4082
1969	0,6257	0,4309	0,4197
1970	0,6413	0,4906	0,4158
1971	0,6468	0,4928	0,4047
1972	0,6541	0,4540	0,4036
1973	0,6585	0,4902	0,4069
1974	0,6632	0,5349	0,4080
1975	0,6607	0,5199	0,4112
1976	0,6707	0,5510	0,4239
1977	0,6696	0,5366	0,4160
1978	0,6686	0,5112	0,4115
1979	0,6796	0,5465	0,4184
1980	0,6845	0,5551	0,4158
1981	0,6858	0,5675	0,4092
1982	0,6793	0,5433	0,3966
1983	0,6751	0,5179	0,3906
1984	0,6745	0,5106	0,3978
1985	0,6725	0,4796	0,3838
1986	0,6732	0,4695	0,4634

1 FK/(EK + FK)
2 FK/(MW + FK) mit MW = Grundkapital x Börsenkurs je Aktie
3 FK/(EK(WBW) + FK) mit EK(WBW) = Eigenkapital zu Wiederbeschaffungswerten

Tab. 4.3: Finanzierungsregel und Eigenkapitalbewertung (Quelle: Albach (1988))

Branche	1961	1970	1975	1980	1985
Chemische Industrie	0,5230	0,6036	0,6306	0,6538	0,6326
Eisen- und Stahlindustrie	0,6112	0,6671	0,7317	0,7217	0,7259
Elektrotechnische Industrie	0,6494	0,7124	0,7528	0,7701	0,6906
Maschinenbau	0,7359	0,7829	0,7460	0,7982	0,7364
Automobilindustrie	0,6317	0,6637	0,6983	0,7500	0,7597
Brauereien	0,5857	0,5656	0,5940	0,6378	0,6356
Bauindustrie	0,7736	0,8427	0,8493	0,8233	0,7755

Tab. 4.4: Finanzierungsregeln und Branchen (Quelle: Albach (1988))

- Zum Timing der Außenfinanzierung:

  - Ordentliche Kapitalerhöhungen erfolgen oft in Zeiten der Überbewertung des Eigenkapitals,
  - Emission von Wandel- und Optionsanleihen erfolgen oft bei Unterbewertung des Eigenkapitals

  und

  - Fremdkapitalerhöhungen erfolgen oft bei niedrigem Zinsniveau.

- Bei ordentlichen Kapitalerhöhungen wird oft ein Eigenkapitalbuffer geschaffen, der die Flexibilität der Unternehmung erhöht. Ist die Mitbestimmung neuer Investoren unerwünscht, so werden anstelle von jungen Stammaktien oft junge Vorzugsaktien oder Genußscheine ausgegeben.

4.2   Die Dividendenpolitik

4.2.1   Gesetzliche Regelungen[16]

Im § 150 AktG ist die gesetzliche Rücklage geregelt. Sie besagt, daß 5 % des Gewinns auf die gesetzlichen Rücklagen solange gebildet werden müssen, bis die Rücklagen 10 % des Grundkapitals erreicht haben. Der Vorstand und der Aufsichtsrat dürfen nach § 158 AktG nur maximal 50 % des Jahresüberschusses in die Gewinnrücklagen einstellen. Die Hauptversammlung entscheidet nach § 174 AktG frei über die restlichen 50 % des Jahresüberschusses bezüglich der Ausschüttung, der Gewinnrücklagen und des Gewinnvortrages. Falls eine zu geringe Ausschüttung von der Hauptversammlung beschlossen wird, hat nach § 254 AktG die Aktionärsminderheit (5 % Nominale vom Grundkapital oder Nominale 1 Mio DM) ein Anfechtungsrecht. Desweiteren können in den Vorjahren einbehaltene Gewinne aufgelöst und ausgeschüttet werden.

Die Gründe für diese gesetzlichen Regelungen liegen in den möglichen Interessenkonflikten zwischen dem Management (Vorstand) und den Aktionären (Hauptversammlung). Der Vorstand möchte oft möglichst viel einbehalten, um einen möglichst hohen Betrag für die Selbstfinanzierung zur Verfügung zu haben. Damit können dann auch Investitionsprojekte finanziert werden, die nicht unbedingt den Wert des Eigenkapitals maximieren. Eine Alternative zur möglichst hohen Selbstfinanzierung ist die Ausschüttung in Verbindung mit einer ordentlichen Kapitalerhöhung, die aber eine Zustimmung der Hauptversammlung erforderlich macht. Die Zielsetzung des Vorstandes ist oft die *Umsatzmaximierung* statt der Maximierung des Eigenkapitalwertes, da dadurch die Macht und das Prestige des Vorstands steigen. Ein weiteres Ziel des Vorstandes ist, das Konkursrisiko zu minimieren, da vom Fortbestand der Unternehmung oftmals die Karriere ihrer Manager abhängt. Daher hat der Vorstand auch die Tendenz zu weniger riskanten Investitionsprojekten. Aktionäre können das gewünschte Risiko durch entsprechende Portefeuillebildung anstreben.

Aber auch zwischen den Aktionären existieren Interessenkonflikte. Der einbehaltene Gewinn kann für Investitionsprojekte verwendet werden, über deren Rendite die Aktionäre unterschiedliche Erwartungen haben. Auch bei gleichen erwarteten Renditen über ein durch Selbstfinanzierung realisiertes Investitionsprojekt kann es durch unterschiedliche Alternativrenditen nach Einkommensteuer der Aktionäre zu unterschiedlichen Ansichten über die Vorteilhaftigkeit eines Investitionsprojektes kommen.

---

[16] Für Deutschland.

Fremdkapitalgeber sind an Regelungen über den maximal ausschüttbaren Gewinn interessiert, da jede Ausschüttung ihr Risiko wegen des Vermögensentzuges erhöhen kann. Dies ist oft in Kreditverträgen geregelt.

4.2.2   Theorie der optimalen Dividendenpolitik

In der Literatur liegen unterschiedliche Ansichten vor: Zum einen wird eine Maximierung der Dividende ausgestrebt, aber auch das gegenteilige Ziel wird oft verfolgt, sowie die Meinung, daß die Dividenhöhe irrelevant ist. In der Praxis sind oft zeitlich stabile (bzw. schwach ansteigende) Dividendenzahlungen beobachtbar. Oft stehen auch Dividendenzahlungen und eine ordentliche Kapitalerhöhung in engem zeitlichen Zusammenhang.

Im folgenden wird eine gegebene Investitions- und Kapitalstrukturpolitik vorausgesetzt. In der Kapitalstrukturpolitik wird vereinfachend *reine Eigenfinanzierung* der Unternehmung unterstellt, und in der Investitionspolitik realisiert die Unternehmung alle Investitionsprojekte mit einem positiven Kapitalwert.

4.2.2.1   Das Irrelevanztheorem von Miller und Modigliani[17]

Auf einem vollkommenen Kapitalmarkt ist der Wert einer Unternehmung unabhängig von der Dividendenpolitik. Die Dividendenpolitik ist somit irrelevant.

Beispiel 4.1:

> *Ausgangssituation:*
> *Zum Zeitpunkt $t = 0$ hat eine rein eigenfinanzierte Unternehmung $N = 100$ Aktien ausgegeben. Für den Zeitpunkt $t = 1$ wird ein Cash Flow in der Höhe von $C_1 = 100$ GE erwartet, von dem ein Teil in Form von Dividenden mit einem Erwartungswert je Aktie in der Höhe von $E(Div_1)$ an die Anteilseigner ausgeschüttet werden soll. Weiters wird für den Zeitpunkt $t = 1$ ein Investitionsprojekt mit Anschaffungsauszahlungen A_1 von 80 GE geplant. Diese Anschaffungsauszahlungen sollen aus dem Cash Flow abzüglich der Dividenden und aus einer ordentlichen Kapitalerhöhung aufgebracht werden. Der erwartete Wert der Unternehmung (= des Eigenkapitals) nach der Realisation des Investitionsprojektes beträgt $E(K_1) = 880$. Der Kalkulationszinsfuß ist $k = 10$ % p.a.*
>
> *Zu zeigen ist:*
> *Der heutige Wert einer Aktie*
>
> $$S_0 = \frac{E(Div_1) + E(S_1^{exD})}{1 + k}$$
>
> *ist unabhängig von der Höhe der Dividende.*
>
> <u>*1. Variante:*</u>
>
> - *Keine Kapitalerhöhung*
>
> $$E(S_1^{exD}) = \frac{E(K_1)}{N} = \frac{880}{100} = 8,80$$
>
> - *Dividende in der Höhe von $\frac{C_1 - A_1}{N}$*
>
> $$E(Div_1) = \frac{100 - 80}{100} = 0,20$$

---

[17] vgl. Modigliani/Miller (1961).

- *Heutiger Aktienkurs:*

$$S_0 = \frac{0,2 + 8,8}{1,1} = 8,18$$

2. Variante:

- *Gesamter Cash Flow wird ausgeschüttet*

$$E(Div_1) = \frac{C_1}{N} = \frac{100}{100} = 1$$

- *Kapitalerhöhung mit Emissionsvolumen A_1*
  - *n junge Aktien mit maximalem Bezugskurs $E(S_1^{exD})$*
  - *Bedingungen:*

$$n \cdot E(S_1^{exD}) = A_1$$

und

$$E(S_1^{exD}) = \frac{E(K_1)}{N + n}$$

Daraus erhält man

$$n = \frac{N \cdot A_1}{E(K_1) - A_1} = \frac{100 \cdot 80}{880 - 80} = 10$$

$$E(S_1^{exD}) = \frac{E(K_1)}{N + n} = \frac{880}{110} = 8$$

- *Heutiger Aktienkurs:*

$$S_0 = \frac{1 + 8}{1,1} = 8,18$$

Auch jede andere Kombination zwischen Dividende und Kapitalerhöhung führt zu einem aktuellen Aktienkurs in der Höhe von 8,18. Die Dividendenpolitik ist somit irrelevant.

Allgemein kann ausgesagt werden:

$$S_0 = \frac{E(Div_1) + E(S_1^{exD})}{1 + k}$$

mit

$$E(S_1^{exD}) = \frac{E(K_1)}{N + n}$$

unter der Budgetrestriktion:

$$E(C_1) + n \cdot E(S_1^{exD}) = A_1 + N \cdot E(Div_1),$$

d.h. daß die Einzahlungen genau so hoch sind wie die Auszahlungen.

$$n \cdot E(S_1^{exD}) = A_1 + N \cdot E(Div_1) - E(C_1)$$
$$(N + n)E(S_1^{exD}) = E(K_1)$$
$$n \cdot E(S_1^{exD}) = E(K_1) - N \cdot E(S_1^{exD})$$
$$A_1 + N \cdot E(Div_1) - E(C_1) = E(K_1) - NE(S_1^{exD})$$
$$\Rightarrow N \cdot E(S_1^{exD}) = E(K_1) - A_1 - NE(Div_1) + E(C_1)$$
$$E(S_1^{exD}) = \frac{1}{N}[E(K_1) - A_1 + E(C_1)] - E(Div_1)$$

Nun wird substituiert und wir erhalten:

$$S_0 = \frac{\frac{1}{N}[E(C_1) - A_1 + E(K_1)]}{1 + k}.$$

Somit kann eine Bewertung des Eigenkapitals unabhängig von der Dividendenhöhe und von der Kapitalerhöhung vorgenommen werden.

4.2.2.2 Argumente gegen die Irrelevanz

4.2.2.2.1 Berücksichtigung von Transaktionskosten

Transaktionskosten sind für die ordentliche Kapitalerhöhung wesentlich höher als für Dividendenzahlungen. Somit wäre es optimal, so wenig Kapital wie möglich durch eine ordentliche Kapitalerhöhung aufzubringen. Zu obigem Modell gilt dann:

- Für $E(C_1) > A_1$: Es gibt keine Kapitalerhöhung, da die Dividenden in der Höhe des restlichen Cash Flows $E(C_1) - A_1$ aufgebracht werden. Dies entspricht der *Residualtheorie*. Falls sich Unternehmungen daran halten, würden in jedem Jahr sehr unterschiedliche Dividenden ausgeschüttet werden, nämlich je nach Restbetrag. Dies ist allerdings nicht beobachtbar.

- Für $E(C_1) < A_1$: Es gibt keine Dividenden, sondern eine Kapitalerhöhung in der Höhe von $A_1 - E(C_1)$.

Insgesamt würde dies implizieren, daß für eine Unternehmung Dividendenzahlungen und Kapitalerhöhungen in derselben Periode nie gleichzeitig vorkommen sollten. Die Praxis zeigt jedoch auch hier Gegenteiliges.

4.2.2.2.2 Berücksichtigung von Steuern

Nach dem Steuerrecht in Österreich werden ausgeschüttete Gewinne bei der Unternehmung gleich besteuert wie einbehaltene Gewinne. Beim Anteilseigner unterliegen ausgeschüttete Gewinne einer reduzierten Einkommensteuer.[18] Führen einbehaltene Gewinne zu Aktienkurssteigerungen, so sind diese nur bei Realisation innerhalb der einjährigen Spekulationsfrist einkommensteuerpflichtig. Somit ist es nach dem österreichischen Steuerrecht optimal, keine Dividenden auszuschütten.

Nach dem Steuerrecht in Deutschland unterliegen einbehaltene Gewinne der Körperschaftsteuer und ausgeschüttete Gewinne nur der progressiven Einkommensteuer („Anrechnungsverfahren"). Ob ein Investor nun Einbehaltung oder Ausschüttung präferiert, hängt von seinem marginalen Einkommensteuersatz ab:
Klientel-Effekt der Dividenden:
 Investoren mit marginalen Einkommensteuersätzen über (unter) dem Körperschaftsteuersatz werden daher Aktien von Gesellschaften mit Gewinneinbehaltung (-ausschüttung) halten. Berücksichtigt man jedoch noch zusätzlich den Klientel-Effekt der Fremdfinanzierung, so kann festgestellt werden, daß Investoren mit marginalen ESt-Sätzen unter dem Körperschaftsteuersatz gar kein Eigenkapital, sondern Fremdkapital halten. Somit sind nach dieser These Aktienbesitzer in Deutschland stets Investoren mit marginalen Einkommensteuersätzen über dem Körperschaftsteuersatz, und diese bevorzugen stets maximale Einbehaltung.
- Klassisches Steuersystem:
Dieses beinhaltet eine Doppelbesteuerung von Dividenden, wobei

  s_K der Körperschaftsteuersatz auf Unternehmensgewinne ist, unabhängig davon, ob der Gewinn einbehalten oder ausgeschüttet wird,

  s_E der Einkommensteuersatz bei den Aktionären auf Dividenden und

  s_{KE} der Einkommensteuersatz bei Aktionären auf realisierte Kursgewinne ist.

---

[18] Regelung bis Ende 1993.

Ist G der Bruttogewinn, so bleibt der Unternehmung nach Abzug der Körperschaftsteuer $G(1 - s_K)$ übrig. Dieser Betrag könnte in Investitionsprojekte der Unternehmung mit positiven Kapitalwerten investiert werden. Soll nun dieser Gewinn einbehalten werden oder soll eine Ausschüttung in Verbindung mit einer ordentlichen Kapitalerhöhung getätigt werden? Bei einer Ausschüttung und Kapitalerhöhung erhalten die Investoren

$$G(1 - s_K)(1 - s_E).$$

Schüttet die Unternehmung ihren Gewinn nicht aus, so tätigt sie eine „Quasi-Kapitalerhöhung" mit einem Emissionsvolumen von

$$G(1 - s_K).$$

Es steigt in diesem Fall der Marktwert des Eigenkapitals um den thesaurierten Gewinn. Falls die Aktionäre den Kursgewinn realisieren würden, bliebe ihnen

$$G(1 - s_K)(1 - s_{KE}).$$

Eine Einbehaltung wäre somit besser, falls gilt:

$$G(1 - s_K)(1 - s_E) < G(1 - s_K)(1 - s_{KE})$$

bzw.

$$1 - s_E < 1 - s_{KE}$$
$$s_E > s_{KE}.$$

Dies ist bis 1986 in den USA bei Höchststeuersätzen auf private Einkommen von $s_E = 50$ % und auf realisierte Kapitalgewinne von $s_{KE} = 20$ % der Fall gewesen. Seit 1986 unterliegen Dividenden und realisierte Kursgewinne einer einheitlichen Besteuerung in der höchstens Einkommensstufe von $s_E = s_{KE} = 28$ %. Dies würde aber bei einer sofortigen Realisierung von Kursgewinnen wiederum Irrelevanz bedeuten. Berücksichtigt man jedoch auch die höheren Transaktionskosten einer Kapitalerhöhung, so ist eine Einbehaltung vorzuziehen. Außerdem brauchen Kursgewinne nicht sofort realisiert werden, und dies würde faktisch

$$s_{KE} = 0$$

bzw. einen zeitlichen Aufschub der Steuerzahlungen bedeuten. In den USA ist also eine Einbehaltung und somit eine Selbstfinanzierung vorteilhafter.

Selbst wenn die Unternehmung über keine profitablen Investitonsprojekte verfügt, ist eine Einbehaltung der Gewinne und die daraus folgende Politik steuerlich für die Aktionäre vorteilhafter. Aus der Gewinneinbehaltung folgt die Bildung von freien Rücklagen. Nun kann eine Kapitalerhöhung aus Gesellschaftsmitteln erfolgen, also eine Wandlung der Rücklagen in Grundkapital, und es werden Gratisaktien ausgegeben. Die Ausgabe von Gratisaktien läßt den Kurs je Aktie sinken und der Aktionär kann ohne Kursgewinn seine Anteile veräußern.

• **Anrechnungssystem:**
Eine andere Methode der steuerlichen Dividendenbehandlung ist das Anrechnungsverfahren, das beispielsweise in Deutschland seit 1977 angewendet wird. Die Körperschaftsteuer auf Dividenden kann bei Investoren auf die Einkommensteuer angerechnet werden, d.h. s_E ist der Einkommensteuersatz bei Aktionären auf Dividenden[19]. s_{KE} wird nur auf Spekulationsgewinne erhoben. Es gilt hierfür eine Sechs–Monate–Spekulationsfrist zwischen dem Kauf und Verkauf von Wertpapieren. Bei einer Ausschüttung und Kapitalerhöhung erhalten die Investoren

$$G(1 - s_E).$$

Bei der Einbehaltung steigt der Wert des Eigenkapitals um

$$G(1 - s_K).$$

---

[19] Inklusive der 9 % Kirchensteuer, welche als Sonderausgabe anrechenbar ist.

Falls die Investoren den Kursgewinn außerhalb der Spekulationsfrist realisierten, bleibt ihnen

$$G(1 - s_K)$$

als unversteuerter Kapitalgewinn übrig. Mit Transaktionskosten in der Höhe von c % für eine Kapitalerhöhung erhalten die Investoren

$$G[1 - c(1 - s_K)](1 - s_E),$$

wobei $G[1 - c(1 - s_K)]$ der Gewinn nach Abzug der Transaktionskosten ist. Die Spesen können wiederum vom Gewinn abgezogen werden. Dividenden würden dann bevorzugt werden, wenn gilt:

$$G[1 - c(1 - s_K))](1 - s_E) > G(1 - s_K)$$

$$1 - s_E > \frac{1 - s_K}{1 - c(1 - s_K)}$$

$$1 - \frac{1 - s_K}{1 - c(1 - s_K)} > s_E$$

$$s_E < \frac{1 - c(1 - s_K) - 1 + s_K}{1 - c(1 - s_K)}$$

$$s_E < \frac{s_K - c(1 - s_K)}{1 - c(1 - s_K)}.$$

Bis Ende 1989 galt in Deutschland ein maximaler Steuersatz von $s_K = 56$ % und ein maximaler Steuersatz von $s_E = 56$ % + Kirchensteuersatz. c betrug ca. 5 %. Daraus folgt die Bedingung, daß für alle Investoren mit

$$s_E + \text{Kirchensteuersatz} < 55 \text{ %}$$

eine Dividendenausschüttung vorteilhafter wäre. Seit 1990 gelten in Deutschland neue Steuertarife. Danach beträgt der maximale Steuersatz $s_K = 50$ % und $s_E = 53$ %+Kirchensteuersatz. c blieb weiterhin bei ca. 5 %, woraus sich eine neue Bedingung von

$$s_E + \text{Kirchensteuersatz} < 48,72 \text{ %}$$

ergibt. Für eine optimale Dividendenpolitik aus der Sicht eines Investors gilt

- falls der Grenzsteuersatz

$$s_E < \frac{s_K - c(1 - s_K)}{1 - c(1 - s_K)}$$

ist, daß eine volle Ausschüttung und eine ordentliche Kapitalerhöhung besser ist. Das Unternehmen müßte also nach einer Schütt–Aus–Hol–Zurück–Politik verfahren.

- falls der Grenzsteuersatz

$$s_E > \frac{s_K - c(1 - s_K)}{1 - c(1 - s_K)}$$

ist, daß eine volle Einbehaltung des Gewinns besser wäre.

Die optimale Dividendenpolitik aus der Sicht der Unternehmung kann irrelevant sein, falls die Investoren die (ihnen bekannte) Dividendenpolitik der Unternehmung bei ihren Anlageentscheidungen berücksichtigen. Dieses wird auch als Klientel–Effekt der Dividenden bezeichnet. Im nachfolgenden wird etwas näher auf diesen Klientel–Effekt eingegangen: Aktien werden von Investoren mit unterschiedlichen Einkommensteuersätzen ausgewählt. Ein Investor in Deutschland würde bei einem hohen marginalen Einkommensteuersatz Aktien wählen, bei denen keine Dividendenzahlungen erwartet werden, und ein Investor mit einem niedrigen marginalen

Einkommensteuersatz jene Aktien, die hohe Dividendenzahlungen erwarten lassen. Aus einzel-wirtschaftlicher Sicht (Investoren und Unternehmung als einzelne) ist die Dividendenpolitik somit irrelevant, aus gesamtwirtschaftlicher Sicht besteht allerdings eine optimale Dividenden-quote, d.h. in Summe müssen sich die von allen Investoren gewünschten Dividendenzahlungen mit den von allen Unternehmungen geleisteten Dividendenzahlungen ausgleichen. Welche Un-ternehmungen Dividenden ausschüttet, ist völlig gleichgültig. Diese Theorie kann erklären, wieso es in Deutschland Unternehmungen mit und ohne Ausschüttungen gibt und wieso Div-idendenzahlungen oft ungefähr gleichzeitig mit einer ordentlichen Kapitalerhöhung auftreten. Diese Theorie kann allerdings nicht erklären, wieso dies auch in den USA der Fall ist. Dort müßte ja, wie oben erwähnt, eine volle Einbehaltung optimal sein. Ebenso kann diese Theorie nicht erklären, wieso Unternehmungen stabile Dividendenzahlungen bevorzugen.

4.2.3 Empirie

Mögliche Erklärungen für das in der Praxis von der Theorie abweichende Verhalten sind:

- **Informationsfunktion (Signalfunktion) von Dividendenzahlungen:**
  Bei asymmetrischen Informationen zwischen Aktionären und Management (das Manage-ment weiß in der Regel besser über die Zukunftsaussichten der Unternehmung Bescheid als die Aktionäre) kann das Management langfristig verbesserte Zukunftserwartungen durch Dividendenerhöhungen signalisieren.[20] Daraus folgt eine Kurssteigerung der Ak-tie. Dividendenkürzungen würden dementsprechend von den Aktionären als schlechtes Signal aufgefaßt werden. Der Kurs würde demnach sinken. Das Management tra-chtet daher danach, Dividendenzahlungen möglichst konstant zu halten. Dividen-denerhöhungen sollen wirklich nur dann erfolgen, wenn sich die Gewinnerwartungen für einen längeren Zeitraum wirklich erhöhen. Sonst wird eine Bonus–Dividende gezahlt. Dividen-denkürzungen sollen nach Möglichkeit vermieden werden.

- **Konstantes Konsumbedürfnis der Aktionäre:**
  Es wird behauptet, daß Aktionäre konstante Dividendenzahlungen wünschen. Dage-gen kann eingewendet werden, daß jeder Aktionär durch entsprechende Verkaufs- bzw. Kaufentscheidungen bezüglich seines Portefeuilles jederzeit jeden gewünschten Betrag für Konsumzwecke verwenden kann, egal ob Dividendenzahlungen konstant oder stark schwankend sind. Eine Ausnahme sind die erwünschten Mindestbeteiligungsquoten.

4.3 Finanzierungsplanung

4.3.1 Vergleich einzelner langfristiger Finanzierungsmaßnahmen

Langfristige Finanzierungsmaßnahmen:

- Selbstfinanzierung
- Externe Eigenfinanzierung Bei AG: Stamm- und Vorzugsaktien, Genußscheine
- Externe langfristige Fremdfinanzierung Langfristige Bankkredite, Darlehen, Schuld-scheindarlehen, Industrieanleihen, Gewinnobligationen, (Leasing)
- Mischformen: Wandel- und Optionsanleihen

---

[20] Umstritten, siehe Drukarczyk (1991).

4.3.1.1 Beurteilungskriterien

- **Auswirkungen auf die Entscheidungsbefugnisse der bisherigen Anteilseigner:**
  Die Selbstfinanzierung hat hier für die bisherigen Anteilseigner den Vorteil, daß keine
  neuen Anteilseigener zur Finanzierung von Investitionsvorhaben notwendig sind. Dadurch
  werden auch die Stimmrechtsverhältnisse nicht verschoben. Die externe Eigenfinanzierung
  birgt hingegen die Gefahr von Verschiebungen bei den Stimmrechtsverhältnissen in sich,
  falls die bisherigen Anteilseigener ihre Bezugsrechte nicht ausüben. Bei der externen
  Fremdfinanzierung erhalten die Kapitalgeber keine Stimmrechte, jedoch sind oft Restrik-
  tionen hinsichtlich der Geschäftsführung in den Kreditverträgen oder die Entsendung von
  Kreditgebern (z.B. Banken), die auch daneben Eigenkapital der Unternehmung besitzen,
  in den Aufsichtsrat beobachtbar:

  Selbstfinanzierung ≻ Externe Fremdfinanzierung ≻ Externe Eigenfinanzierung

- **Liquidität:**
  Da dauerhafte Zahlungsunfähigkeit einen Konkursgrund darstellt, ist bei der
  Auswahl der langfristigen Finanzierungsformen auf deren Auswirkungen auf künftige
  Zahlungsverpflichtungen Bedacht zu nehmen. Die externe Fremdfinanzierung stellt
  bezüglich dieses Kriteriums die schlechteste Finanzierungsform dar, da sich die Unternehmung zur Zahlung von Tilgung und Zinsen verpflichtet. Die externe Eigenfinanzierung ist dann ebenfalls weniger günstig, wenn das Management konstante Dividenden je Aktie ausschütten will, da in diesem Fall das gesamte Ausschüttungsvolumen
  um die Dividenden auf die jungen Aktien ansteigt. Die Aktionäre von Stammaktien
  haben zwar keinen gesetzlichen Anspruch auf Dividendenzahlungen, jedoch würde bei
  Bekanntwerden von Dividendenkürzungen der Aktienkurs vermutlich sinken. Die Selbstfinanzierung hat keinerlei negative Auswirkungen auf die Liquidität:

  Selbstfinanzierung ≻ Externe Eigenfinanzierung ≻ Externe Fremdfinanzierung

- **Steuern:**
  Die externe Fremdfinanzierung hat aus steuerlicher Sicht den Vorteil, daß die Kreditkosten
  bei der Berechnung der Steuerbasis abgezogen werden können. Ob eine externe Eigenfinanzierung in Form einer Schütt–Aus–Hol–Zurück–Politik einer Selbstfinanzierung der
  Vorzug zu geben ist, hängt von den einzelnen steuerlichen Regelungen eines Landes ab
  (vgl. Unterabschnitt 4.2.2.2.2):

  Externe Fremdfinanzierung ≻ Externe Eigenfinanzierung, Selbstfinanzierung

- **Transaktionskosten:**

  Nach diesem Kriterium beurteilt stellt die Selbstfinanzierung wiederum die beste
  langfristige Finanzierungsform dar, da mit ihr keinerlei Spesen verbunden sind. Beide
  externen Finanzierungsformen sind mit Transaktionskosten verbunden, wobei jedoch die
  Spesen der externen Fremdfinanzierung im allgemeinen geringer als die Spesen der externen Eigenfinanzierung sind:

  Selbstfinanzierung ≻ Externe Fremdfinanzierung ≻ Externe Eigenfinanzierung

Durch Abwägung der Vor- und Nachteile der Finanzierungsmaßnahmen bezüglich dieser
Gesichtspunkte erhält man Anhaltspunkte für die optimale Kapitalstruktur- und Dividendenpolitik. Je nach Gewichtung der vier dargestellten Kriterien gelangt man nun zu einer Reihung
der Vorteilhaftigkeit der verschiedenen langfristigen Finanzierungsformen.

4.3.1.2 Pecking Order Hypothesis von Myers

Empirische Untersuchungen von Myers (1984) in den USA ergeben folgende Präferenzordnung des Management bezüglich der Finanzierungsmaßnahmen:

- **Selbstfinanzierung**
  Aus der Sicht des Management stellt die Selbstfinanzierung die beliebteste Finanzierungsform dar, weil sie der „Kontrolle des Kapitalmarkts" entzogen ist, d.h. es ist, im Gegensatz zur ordentlichen Kapitalerhöhung, keine $3/4$-Mehrheit der Hauptversammlung notwendig. Die Investitionen sind daher, ohne viel Aufsehen zu erlangen, durchführbar. Außerdem brauchen die Manager keine neuen Anteilseigner befürchten.

- **Externe Fremdfinanzierung**
  Sie bietet den steuerlichen Vorteil der Absetzbarkeit der Zinskosten bei der Ermittlung der Steuerbasis. Dadurch steigt, im Vergleich zur externen Eigenfinanzierung, der ausgewiesene Gewinn nach Steuern. Auch hier brauchen die Manager keine neuen Anteilseigner befürchten.

- **Mischformen**
  Die hybriden Finanzierungsformen (Wandel- und Optionsanleihen) sind mit geringeren laufenden Zinskosten als die reine externe Fremdfinanzierung verbunden. Außerdem ist die Wandel- bzw. Optionsausübung unsicher.

- **Externe Eigenfinanzierung**
  Sie ist aus der Sicht der Manager die unbeliebteste Finanzierungsform, da sie einer erhöhten Kontrolle (Verwendungsnachweis) der Aktionäre unterliegt. Bei Ausgabe junger Stammaktien besteht außerdem die Gefahr des Hinzukommens neuer Aktionäre. Darüber hinaus steigt das gesamte Dividendenvolumen, falls das Mangement bestrebt ist, die Dividende je Aktie stabil zu halten.

Nach dieser Hypothese kann die Ausgabe junger Aktien als schlechtes Signal von der Unternehmung an die Anleger interpretiert werden, da sie ein Zeichen dafür ist, daß einerseits die Selbstfinanzierung zur Bezahlung der Investitionen nicht mehr ausreicht und daß andererseits der Verschuldungsgrad schon zu hoch ist, um weiteres externes Fremdkapital aufzunehmen.

4.3.2 Die Planung des langfristigen Kapitalbedarfs und der langfristigen Kapitaldeckung

Begriffe:

- Finanzierungsplanung = langfristige, grobe Planung für 5 Jahre auf Jahresbasis

- Finanzplanung = kurzfristige, detaillierte Planung für 1 Jahr auf Monatsbasis

- Liquiditätsplanung = exakte Planung für 1 Quartal (Monat) auf Tagesbasis

Ausgangspunkt:

Verschiedene mögliche Wachstumsentwicklungen der Unternehmung in den kommenden fünf Jahren und daraus abgeleitet der langfristige Kapitalbedarf bei „normaler" Ersatz- und Erweiterungsinvestitionstätigkeit. Für jede mögliche Umsatzentwicklung werden dann verschiedenste Finanzierungspolitiken durchgespielt und deren Auswirkungen auf bestimmte interessierende Zielgrößen untersucht.

Methode: Szenario-(Simulations)technik

Szenarioparameter: z.B.: Umsatzwachstumsrate und Kreditzinssatz

Szenarios: zumindest erwarteter, schlechtester und bester Fall

Planungsinstrumentarium: aggregierte Plan-GuVs, Planbilanzen und Plankapitalflußrechnungen

Zielgrößen: Bilanzgrößen und -kennzahlen
z.B.: Gewinnentwicklung, Verschuldungsgrad zu Buchwerten, Return On Equity zu Buchwerten

Vorgangsweise:

- Festlegung der interessierenden Bilanz-, GuV- und Kapitalflußrechnungspositionen
- Ermittlung von funktionalen Zusammenhängen dieser Positionen zum Umsatz und zu anderen Positionen, z.B. durch Berechnung durchschnittlicher Prozentsätze oder durch Zeitreihenanalysen (etwa Regressionsanalysen) mit Hilfe der letzten Ist-Jahresabschlüsse.

Die Simulation erfolgt durch Lösung eines linearen Gleichungssystems (in der Praxis: mit Tabellenkalkulation).

Finanzierungsplanung mit höchstmöglicher Aggregation:

Anfangsbilanz zu $t-1$			
Anlagevermögen Umlaufvermögen – ksfr. FK	AV_{t-1}	Eigenkapital	EK_{t-1}
	NWC_{t-1}	Lgfr. Fremdkapital	FK_{t-1}

GuV in Periode t			
Umsatzkosten (exkl. Z_t, inkl. AfA_t)	$UK_t = a_K \cdot U_t$	Umsatzerlöse	$U_t = (1+g) \cdot U_{t-1}$
Zinsen auf lgfr. FK	$Z_t = i \cdot FK_t$		
Steuern	$St_t = s \cdot (U_t - K_t - Z_t)$		
Gewinn	$G_t = (1-s) \cdot (U_t - K_t - Z_t)$		

Schlußbilanz zu t			
Anlagevermögen Umlaufvermögen – ksfr. FK	$AV_t = a_{AV} \cdot U_t$	Eigenkapital	$EK_t = EK_{t-1} + KE_t + G_t - Div_t$
	$NWC_t = a_{NWC} \cdot U_t$	Lgfr. Fremdkapital	$FK_t = FK_{t-1} + \Delta FK_t$

Kapitalflußrechnung in t			
Investitionen	$A_t = \Delta AV_t + AfA_t$	Gewinn	G_t
NWC-Änderung	ΔNWC_t	Abschreibungen	$AfA_t = a_{AfA} \cdot AV_t$
Dividenden	$Div_t = a_{Div} \cdot G_t$	Kapitalerhöhung	KE_t
		FK-Änderung zu Periodenbeginn	ΔFK_t

Gegeben: a_K, a_{AV}, a_{NWC}, s, a_{AfA}
Scenarios: g, i
Politikgrößen: a_{Div}, KE_t

Für diese hochaggregierte Darstellung gibt es, wie das folgende Beispiel zeigen wird, nur ein zu lösendes simultanes Problem:

- Die Änderung des langfristigen Fremdkapitals ΔFK_t hängt vom Gewinn G_t ab:

$$\Delta FK_t = A_t + \Delta NWC_t + Div_t - G_t - \Delta AfA_t - KE_t.$$

- Der Gewinn G_t hängt von den Zinsen Z_t auf das langfristige Fremdkapital FK_t ab:

$$G_t = (1 - s) \cdot (U_t - UK_t - Z_t)$$

mit $Z_t = i \cdot (FK_{t-1} + \Delta FK_t)$.

Die Lösung dieser beiden linearen Gleichungen ergibt für

$$\Delta FK_t = \frac{\Delta V_t - (1 - a_{Div}) \cdot (1 - s) \cdot [(1 - a_K)U_t - i \cdot FK_{t-1}] - KE_t}{1 - (1 - a_{Div}) \cdot (1 - s) \cdot i}.$$

Beispiel 4.2:

Ausgangssituation:

Anfangsbilanz 01.01.199X			
Anlagevermögen AV_0	900	Eigenkapital EK_0	700
Net Working Capital NWC_0	300	Fremdkapital FK_0	500
	1.200		1.200

GuV 199(X-1)			
Umsatzkosten[21] UK_0	2.700	Umsatzerlöse U_0	3.000
Zinsen Z_0 auf lgfr. FK	50		
Steuern St_0	150		
Gewinn G_0	100		
	3.000		3.000

Schätzung der Parameter:

$$a_k = \frac{\text{Umsatzkosten}}{\text{Umsatzerlöse}} = \frac{2.700}{3.000} = 90\,\%$$

$$a_{AV} = \frac{\text{Anlagevermögen}}{\text{Umsatzerlöse}} = \frac{900}{3.000} = 30\,\%$$

$$a_{NWC} = \frac{\text{Net Working Capital}}{\text{Umsatzerlöse}} = \frac{300}{3.000} = 10\,\%$$

$$s = \frac{\text{Steuern}}{\text{Gewinn vor Steuern}} = \frac{150}{250} = 60\,\%$$

$$a_{AfA} = \frac{\text{Absetzung für Abnutzung}}{\text{Anlagevermögen}} = \frac{90}{900} = 10\,\%$$

Szenario I:
  Umsatzwachstumsrate: $g = 10\,\%$ p.a.
  Kreditzinssatz: $i = 10\,\%$ p.a.

Politik 1:
  Ausschüttungsquote: $a_{Div} = 60\,\%$
  Jährliche Kapitalerhöhung: $KE_t = 50$ GE

Simulation des Finanzierungsplans für 199X:

---

[21] In den Umsatzkosten sind 90 GE AfA enthalten.

Plan–GuV 199X

2a	Umsatzkosten $UK_1 = 0,9 \cdot U_1$	2.970	Umsatzerlöse $U_1 = 1,1 \cdot U_0$	3.300	1a
7	Zinsen $Z_1 = 0,1 \cdot FK_1$	53			
8	Steuern $St_1 = 0,6 \cdot (U_1 - K_1 - Z_1)$	166			
9a	Gewinn G_1	111			
		3.300		3.330	

Planbilanz 31.12. 199X

2b	Anlagevermögen $AV_1 = 0,3 \cdot U_1$	990	Eigenkapital EK_1	794	11
2c	$NWC_1 = 0,1 \cdot U_1$	330	Fremdkapital FK_1	526	6
		1.320		1.320	

Plankapitalflußrechnung 199X

4	Inv. $A_1 = AV_1 - AV_0 + AfA_1$	189	Gewinn G_1	111	9b
3b	$\Delta NWC_1 = NWC_1 - NWC_0$	30	$AfA_1 = 0,1 \cdot AV_1$	99	3a
10	Dividende $Div_1 = 0,6 \cdot G_1$	37	Kapitalerhöhung KE_1	50	1b
			Änderung des langfristigen Fremdkapitals ΔFK_1	26	
		286		286	

Simulation des Finanzierungsplans für 199(X+1):

Anfangsbilanz 01.01.199(X+1)

Anlagevermögen AV_1	990	Eigenkapital EK_1	794
Net Working Capital NWC_1	330	Fremdkapital FK_1	526
	1.320		1.320

Plan–GuV 199(X+1)

2a	Umsatzkosten $UK_2 = 0,9 \cdot U_2$	3.267	Umsatzerlöse $U_2 = 1,1 \cdot U_1$	3.630	1a
7	Zinsen $Z_2 = 0,1 \cdot FK_2$	56			
8	Steuern $St_2 = 0,6 \cdot (U_2 - K_2 - Z_2)$	184			
9a	Gewinn G_2	123			
		3.630		3.630	

Planbilanz 31.12.199(X+1)

2b	Anlagevermögen $AV_2 = 0,3 \cdot U_2$	1.089	Eigenkapital EK_2	893	11
2c	$NWC_2 = 0,1 \cdot U_2$	363	Fremdkapital FK_2	559	6
		1.452		1.452	

Plankapitalflußrechnung 199(X+1)

4	Inv. $A_2 = AV_2 - AV_1 + AfA_2$	208	Gewinn G_2	123	9b
3b	$\Delta NWC_2 = NWC_2 - NWC_1$	33	$AfA_2 = 0,1 \cdot AV_2$	109	3a
10	Dividende $Div_2 = 0,6 \cdot G_2$	74	Kapitalerhöhung KE_2	50	1b
			Änderung des langfristigen Fremdkapitals ΔFK_2	33	
		315		315	

Analog erfolgt die Simulation der Finanzierungspläne für 199(X+2) bis 199(X+4): Simulation des Finanzierungsplans für 199(X+2):

Anfangsbilanz 01.01.199(X+2)

Anlagevermögen	1.089	Eigenkapital	893
Net Working Capital	363	Fremdkapital	559
	1.452		1.452

Plan–GuV 199(X+2)

2a	Umsatzkosten	3.594	Umsatzerlöse	3.993	1a
7	Zinsen	60		
8	Steuern	203		
9a	Gewinn	136		
		3.993		3.993

Planbilanz 31.12.199(X+2)

2b	Anlagevermögen	1.198	Eigenkapital	997	11
2c	Net Working Capital	399	Fremdkapital	600	6
		1.597		1.597	

Plankapitalflußrechnung 199(X+2)

4	Investitionen	229	Gewinn		136	9b
3b	ΔNWC	36	AfA		120	3a
10	Dividende	82	Kapitalerhöhung		50	1b
			Änderung des langfristigen Fremdkapitals ΔFK_1		41	
		347			347	

Simulation des Finanzierungsplans für 199(X+3):

Anfangsbilanz 01.01.199(X+3)

Anlagevermögen	1.198	Eigenkapital	997
Net Working Capital	399	Fremdkapital	600
	1.597		1.597

Plan–GuV 199(X+3)

2a	Umsatzkosten	3.953	Umsatzerlöse	4.392	1a
7	Zinsen	65			
8	Steuern	224			
9a	Gewinn	150			
		4.392		4.392	

Planbilanz 31.12.199(X+3)

2b	Anlagevermögen	1.318	Eigenkapital	1.107	11
2c	Net Working Capital	439	Fremdkapital	650	6
		1.757		1.757	

Plankapitalflußrechnung 199(X+3)

4	Investitionen	252	Gewinn		150	9b
3b	ΔNWC	40	AfA		132	3a
10	Dividende	90	Kapitalerhöhung		50	1b
			Änderung des langfristiges Fremdkapital		50	
		382			382	

Simulation des Finanzierungsplans für 199(X+4):

Anfangsbilanz 01.01.199(X+4)

Anlagevermögen	1.318	Eigenkapital	1.107
Net Working Capital	439	Fremdkapital	650
	1.757		1.757

Plan–GuV 199(X+4)

2a	Umsatzkosten	4.348	Umsatzerlöse	4.831	1a
7	Zinsen	71			
8	Steuern	247			
9a	Gewinn	165			
		4.831		4.831	

Planbilanz 31.12.199(X+4)

2b	Anlagevermögen	1.449	Eigenkapital	1.223	11
2c	Net Working Capital	483	Fremdkapital	709	6
		1.932		1.932	

Plankapitalflußrechnung 199(X+4)

4	Investitionen	276	Gewinn		165	9b
3b	ΔNWC	44	AfA		145	3a
10	Dividende	99	Kapitalerhöhung		50	1b
			Änderung des langfristigen Fremdkapitals		59	
		419			419	

Aus den simulierten Finanzierungsplänen für die gegebene Politik 1 und dem unterstellten Szenario I können daran anschließend der daraus resultierende zusätzliche Bedarf an langfristigem Fremdkapital und der Verlauf von Zeitreihen für interessierende Kennzahlen berechnet werden:

	Jahr	199X	199(X+1)	199(X+2)	199(X+3)	199(X+4)
	Änderung des langfristigen Fremdkapitals ΔFK	26	33	41	50	59
+	Tilgung des langfristigen Fremdkapitals (z.B. 10 % von FK_{t-1})	50	52,6	55,9	60	65
=	Zusätzlicher Bedarf an langfristigem Fremdkapital	76	85,6	96,9	110	124

Jahr	199(X-1)	199X	199(X+1)	199(X+2)	199(X+3)	199(X+4)
$\frac{FK_t}{V_t}$	41,7 %	39,8 %	38,5 %	37,6 %	37,0 %	36,7 %
$\frac{EK_t}{AV_t}$	77,8 %	80,2 %	82,0 %	83,2 %	84,0 %	84,4 %
$ROE_t = \frac{G_t}{EK_{t-1}}$		15,9 %	15,5 %	15,2 %	15,0 %	14,9 %

Danach erfolgen dieselben Berechnungen für das gleiche Szenario, aber andere Politiken, z.B.

Politik 2:
Ausschüttungsquote a_{Div} 60 %
Jährliche Kapitalerhöhung KE_t 0 GE

und man erhält

Anfangsbilanz 01.01.	199X	199(X+1)	199(X+2)	199(X+3)	199(X+4)
Anlagevermögen	900	990	1.089	1.198	1.318
Net Working Capital	300	330	363	399	439
Summe	1.200	1.320	1.452	1.597	1.757
Eigenkapital	700	744	792	844	901
Fremdkapital	500	576	660	753	856
Summe	1.200	1.320	1.452	1.597	1.757

Plan GuV	199X	199(X+1)	199(X+2)	199(X+3)	199(X+4)
Umsatzkosten	2.970	3.267	3.594	3.953	4.348
Zinsen	58	66	75	86	97
Steuern	163	178	194	212	232
Gewinn	109	119	130	141	154
Summe	3.300	3.630	3.993	4.392	4.831
Umsatzkosten	3.300	3.630	3.993	4.392	4.831

Planbilanz 31.12.	199X	199(X+1)	199(X+2)	199(X+3)	199(X+4)
Anlagevermögen	990	1.089	1.198	1.318	1.449
Net Working Capital	330	363	399	439	483
Summe	1.320	1.452	1.597	1.757	1.932
Eigenkapital	744	792	844	901	963
Fremdkapital	576	660	753	856	969
Summe	1.320	1.452	1.597	1.757	1.932

Plankapitalflußrechnung	199X	199(X+1)	199(X+2)	199(X+3)	199(X+4)
Investitionen	189	208	229	252	276
ΔNWC	30	33	36	40	44
Dividende	65	71	78	84	92
Summe	284	312	343	376	412
Gewinn	109	119	130	141	154
AfA	99	109	120	132	145
Kapitalerhöhung	0	0	0	0	0
Änderung des langfristigen Fremdkapitals	76	84	93	103	113
Summe	284	312	343	376	412

	Jahr	199X	199(X+1)	199(X+2)	199(X+3)	199(X+4)
	Änderung des langfristigen Fremdkapitals ΔFK	76	84	93	103	113
+	Tilgung des langfristigen Fremdkapitals (z.B. 10 % von FK_{t-1})	50	57,6	66	75,3	85,6
=	Zusätzlicher Bedarf an langfristigem Fremdkapital	126	141,6	159	178,3	199,6

Jahr	199(X-1)	199X	199(X+1)	199(X+2)	199(X+3)	199(X+4)
$\frac{FK_t}{V_t}$	41,7 %	44,0 %	45,5 %	47,0 %	49,0 %	50,0 %
$\frac{EK_t}{AV_t}$	77,8 %	75,2 %	72,7 %	70,5 %	68,4 %	66,5 %
$ROE_t = \frac{G_t}{EK_{t-1}}$		15,6 %	16,0 %	16,4 %	16,7 %	17,1 %

Hat man die Auswirkungen verschiedener Politiken bei einem bestimmten Szenario hinreichend untersucht, wendet man sich anderen Szenarien zu. Zum Schluß hat man dann für die wichtigsten Szenarien (z.B. erwartetes, schlechtestmögliches und bestmögliches Szenario) jeweils eine geeignete Finanzierungspolitik parat, die dem Entscheidungsträger eine zufriedenstellende Entwicklung der interessierenden Kennzahlen liefert.

5 Neuere Entwicklungen in der betrieblichen Finanzwirtschaft

5.1 Adjusted Present Value–Methode

Die Methode des angepaßten Kapitalwertes (APV–Methode) basiert auf Myers (1974) und geht von folgenden Überlegungen aus. Die Fremdfinanzierung liefert den Vorteil der steuerlichen Absetzbarkeit der Kreditkosten und den Nachteil der höheren Konkurswahrscheinlichkeit aufgrund der Verpflichtung zur Zahlung der Zinsen und Tilgung. Der Kapitalwert eines teilweise fremdfinanzierten Investitionsprojekts setzt sich daher zusammen aus dem Kapitalwert des Investitionsprojekts bei reiner Eigenfinanzierung zuzüglich des Barwerts[1] der Steuerersparnisse aufgrund der Absetzbarkeit der Kreditkosten und abzüglich des Barwertes der zusätzlich erwarteten Konkurskosten:

$$K_0 = -A_0 + \sum_{t=1}^{T} \frac{E(OCF_t)}{\prod_{\tau=1}^{t}(1+\varrho_\tau)} + \frac{R_T - s(R_T - BW_T)}{\prod_{\tau=1}^{T}(1+\varrho_\tau)}$$

$$+ s \cdot \sum_{t=1}^{T} \frac{E(Z_t')}{(1+i)^t}$$

−*Barwert der zusätzlich erwarteten Konkurskosten*[2].

Für konstante Kalkulationszinsfüße $\varrho_\tau = \varrho$ für $\tau = 1, \ldots, T$ erhält man

$$K_0 = -A_0 + \sum_{t=1}^{T} \frac{E(OCF_t)}{(1+\varrho)^t} + \frac{R_T - s(R_T - BW_T)}{(1+\varrho)^T}$$

$$+ s \cdot \sum_{t=1}^{T} \frac{E(Z_t')}{(1+i)^t}$$

−*Barwert der zusätzlich erwarteten Konkurskosten*.

Exkurs 9: Barwert der steuerlich absetzbaren Kreditaufwendungen

Der Barwert der steuerlich absetzbaren Kreditaufwendungen

$$\sum_{t=1}^{T} \frac{E(Z_t')}{(1+i)t}$$

ist bei Krediten mit

- *ewiger Laufzeit*

$$D_0$$

---

[1] Da die Effektivverzinsung des Kredits das Bonitätsrisiko reflektiert, erfolgt diese Barwertberechnung mit i als Kalkulationszinsfuß.

[2] Dieser Ausdruck wird aufgrund der schweren Meßbarkeit zumeist ignoriert.

- *gesamtfälliger Tilgung*

$$i \cdot RBF_{T,i} \cdot D_0$$

- *Ratentilgung ohne Freijahre*

$$\left(1 - \frac{RBF_{T,i}}{T}\right) \cdot D_0$$

- *Annuitätentilgung ohne Freijahre*

$$\left(1 - T \cdot \frac{AF_{T,i} - i}{1 + i}\right) D_0.$$

Lösung von Aufgabe 40 (a):

Zustandsabhängige Operating Cash Flows:

z_i	$OCF(z_i) = (1 - s)[(p - c_v) \cdot x(z_i) - C_f] + s \cdot AfA$
Rezession	270,5
Normal	288
Boom	305,5

$$\varrho = 10,69039\ \%$$

Adjusted Present Value:

$$
\begin{aligned}
K_0 &= -A_0 + \frac{E(OCF)}{(1 + \varrho)^t} + s \cdot \frac{Z_t'}{(1 + i)^t} \\
&\quad - Barwert\ der\ zusätzlich\ erwarteten\ Konkurskosten \\
&= -260 + \frac{288}{1,1069039} + 0,3 \cdot \frac{16}{1,08} \\
&= 4,62963
\end{aligned}
$$

Lösung von Aufgabe 40 (b):

Die Berechnung des Kapitalwertes nach der APV–Methode erfolgt wegen $R_T = BW_T = 0$ mit

$$K_0 = -A_0 + \sum_{t=1}^{T} \frac{E(OCF_t)}{\prod\limits_{\tau=1}^{t} (1 + \varrho_\tau)} + s \cdot \sum_{t=1}^{T} \frac{Z_t'}{(1 + i)^t}.$$

Für

$$\varrho_t = OL_t^{dyn} \cdot \kappa_t + (1 - OL_t^{dyn}) \cdot r_t$$

erhält man mit den Resultaten aus der Lösung von Aufgabe 37 (a)

$$
\begin{aligned}
\varrho_1 &= 1,497816595 \cdot 0,08791905 + (1 - 1,497816595) \cdot 0,08 \\
&= 9,1861\ \%\ p.a.,
\end{aligned}
$$

$$
\begin{aligned}
\varrho_2 &= 1,497816595 \cdot 0,09144427 + (1 - 1,497816595) \cdot 0,08 \\
&= 9,7141\ \%\ p.a.
\end{aligned}
$$

und

$$
\begin{aligned}
\varrho_3 &= 1,497816595 \cdot 0,102040816 + (1 - 1,497816595) \cdot 0,08 \\
&= 11,3013\ \%\ p.a.,
\end{aligned}
$$

und für den Kapitalwert ergibt sich

$$K_0 = -260 +$$
$$\frac{236}{1,091861} +$$
$$\frac{236}{1,091861 \cdot 1,097141} +$$
$$\frac{236}{1,091861 \cdot 1,097141 \cdot 1,113013} +$$
$$\frac{0,3 \cdot 16}{1,08} +$$
$$\frac{0,3 \cdot 10,6\dot{6}}{1,08^2} +$$
$$\frac{0,3 \cdot 5,3\dot{3}}{1,08^3}$$

$$= 338,61.$$

Lösung von Aufgabe 40 (c):

Für die APV–Methode ergibt sich mit den Resultaten aus der Lösung von Aufgabe 37 (b)

$$\varrho = r + [E(r_M) - r] \cdot OL_\infty^{dyn} \cdot \beta_{VZ}$$

$$= 0,08 + [0,1 - 0,08] \cdot 1,68965517 \cdot 0,08163265$$

$$= 8,2759 \% \text{ p.a.}$$

und der Kapitalwert beträgt

$$K_0 = -A_0 + \frac{E(OCF)}{\varrho} + \frac{s \cdot Z'}{i}$$

$$= -260 + \frac{210}{0,082759} + \frac{0,3 \cdot 16}{0,08}$$

$$= 2.337,50.$$

Lösung von Aufgabe 41:

Zins– und Tilgungsplan:

	1	2	3
Ausständiges Nominale zu Periodenbeginn	60.000,-	40.000,-	20.000,-
Nominalentilgung	20.000,-	20.000,-	20.000,-
Zinsen	4.800,-	3.200,-	1.600,-
Gesamte Rückzahlung	24.800,-	23.200,-	21.600,-

(a) Nettomethode mit expliziter Berücksichtigung von Steuern:
Steuern:

		1	2	3
	Cash Flows vor Zinsen und Steuern	50.000,-	38.000,-	27.000,-
+	Restwert			20.000,-
-	AfA_t	-33.334,-	-33.333,-	-33.333,-
-	Zinsen	-4.800,-	-3.200,-	-1.600,-
-	Buchwert			0,-
	Steuerbasis	11.866,-	1.467,-	12.067,-
	Steuern (s = 40 %)	4.746,-	586,80	4.826,80

Zahlungen an die Eigenkapitalgeber:

	1	2	3
Cash Flows vor Zinsen und Steuern	50.000,–	38.000,–	27.000,–
+ Restwert			20.000,–
– Steuern	–4.746,–	–586,80	–4.826,80
– Gesamte Kreditrückzahlung	–24.800,–	–23.200,–	–21.600,–
	20.454,–	14.213,20	20.573,20

Kapitalwert:

$$
\begin{aligned}
K_0 &= -A_0 + Y_0 + \sum_{t=1}^{T} \frac{NCF_t - Y_t}{(1 + k_E)^t} + \frac{R_T - s(R_T - BW_T)}{(1 + k_E)^T} \\
&= -100.000 + 60.000 + \frac{20.454}{1,13} + \frac{14.213,2}{1,13^2} + \frac{20.573,2}{1,13^3} \\
&= 3.490,-
\end{aligned}
$$

(b) Adjusted Present Value:

Operating Cash Flows (inklusive Restwert nach Steuern):

	1	2	3
Operating Cash Flow	43.334,–	36.133,20	41.533,20

Kalkulationszinsfuß:

$$
\begin{aligned}
\varrho &= r + [E(r_M) - r] \cdot \beta_{Asset} \\
&= 0,08 + [0,16 - 0,08] \cdot 0,3289 \\
&= 10,63 \ \% \ p.a.
\end{aligned}
$$

Kapitalwert:

$$
\begin{aligned}
K_0 &= -A_0 + \sum_{t=1}^{T} \frac{OCF_t}{(1 + \varrho)^t} + \frac{R_T - s(R_T - BW_T)}{(1 + \varrho)^T} \\
&\quad + s \cdot \underbrace{\sum_{t=1}^{T} \frac{Z_t'}{(1 + i)^t}}_{\text{Barwert der zusätzlich erwarteten Konkurskosten}} \\
&= -100.000 + \frac{43.334}{1,1063} + \frac{36.133,2}{1,1063^2} + \frac{41.533,2}{1,1063^3} \\
&\quad + 0,4 \cdot \left[\frac{4.800}{1,08} + \frac{3.200}{1,08^2} + \frac{1.600}{1,08^3} \right] \\
&= -635,22 + 3.383,22 \\
&= 2.748,-
\end{aligned}
$$

Exkurs 10: Kritischer Vergleich zwischen Brutto–, Netto– und APV–Methode

In der Praxis wird der Kapitalwert zumeist mit einem konstanten Kalkulationszins-fuß

$$k_t = k \ \text{für } t = 1, \dots, T$$

berechnet. Die Lösung der folgenden Aufgabe soll verdeutlichen, unter welchen zugrundeliegenden Annahmen diese Vereinfachung einigermaßen gerechtfertigt ist.

Lösung von Aufgabe 42:

*Unterstellen wir bei einem Verschuldungsgrad zu Marktwerten zu Beginn aller
drei Jahre in der Höhe von 60 % einen konstanten Kapitalkostensatz für das
Eigenkapital von 13 % p.a. nach Steuern für alle drei Jahre, so erhält man nach
der Bruttomethode folgende Werte für das Gesamtkapital des verschuldeten
Projekts*

$$V_2 = \frac{OCF_3 + R_3 - s(R_3 - BW_3)}{1 + k_G}$$
$$= \frac{41.533}{1,0808}$$
$$= 38.428,02,$$

$$V_1 = \frac{OCF_2 + V_2}{1 + k_G}$$
$$= \frac{36.133 + 38.428,02}{1,0808}$$
$$= 68.986,88$$

und

$$V_0 = \frac{OCF_1 + V_1}{1 + k_G}$$
$$= K_0 + A_0$$
$$= 103.924,-.$$

*Für einen Verschuldungsgrad zu Marktwerten zu $t = 0$ in der Höhe von 60 %
muß daher ein Kredit in der Höhe von*

$$Y_0 = v_0 \cdot V_0$$
$$= 0,6 \cdot 103.924$$
$$= 62.354,40$$

*aufgenommen werden. Der in Aufgabe 41 betrachtete Kredit liefert jedoch
Verschuldungsgrade von*

$$v_0 = \frac{60.000}{103.924}$$
$$= 57,73 \%,$$

$$v_1 = \frac{D_1}{V_1}$$
$$= \frac{40.000}{68.986,88}$$
$$= 57,98 \%$$

und

$$v_2 = \frac{D_2}{V_2}$$
$$= \frac{20.000}{38.428,02}$$
$$= 52,05 \%.$$

*Somit resultiert der in Aufgabe 41 betrachtete Kredit mit Ratentilgung in
einerseits nicht konstante Verschuldungsgrade und andererseits in von 60 %
abweichende Verschuldungsgrade. Dies hat zur Konsequenz, daß der bei der
Lösung von Aufgabe 41 bei der Nettomethode verwendete Kalkulationszinsfuß
$k_{E,t}$*

$$k_{E,t} = r_t + [E(r_{M,t}) - r_t] \cdot FL_t^{dyn} \cdot \beta_{IP,t}$$

mit

$$FL_t^{dyn} = \frac{U_{t-1}}{E_{t-1}}$$

*nicht konstant sein kann und nicht 13 % p.a. betragen kann. Den „richtigen"
Kredit, der in einen Verschuldungsgrad zu $t = 0, 1$ und 2 von jeweils 60 %
resultiert, erhält man durch folgende Tilgungsvereinbarungen*

$$\begin{aligned} Y_3 &= v_2 \cdot V_2 \\ &= 23.056, 81, \end{aligned}$$

$$\begin{aligned} Y_2 &= v_1 \cdot V_1 - Y_3 \\ &= 18.335, 316 \end{aligned}$$

und

$$\begin{aligned} Y_1 &= v_0 \cdot V_0 - Y_2 - Y_3 \\ &= Y_0 - Y_2 - Y_3 \\ &= 20.962, 274. \end{aligned}$$

*Der Zins– und Tilgungsplan des Kredits, der stets zu einem Verschuldungsgrad
von 60 % führt, lautet somit*

	1	2	3
Ausständiges Nominale zu Periodenbeginn	62.354,40	41.392,126	23.056,81
Tilgung	20.962,274	18.335,316	23.056,81
Zinsen	4.988,35	3.311,37	1.844,54

*Für diesen Kredit kann nunmehr eine Alternativrendite für das Eigenkapital
bei teilweiser Fremdfinanzierung in der Höhe von 13 % p.a. in allen drei
Perioden unterstellt werden.*

- **Nettomethode mit expliziter Berücksichtigung von Steuern:**
  Steuern:

		1	2	3
	Cash Flows vor Zinsen und Steuern	50.000,-	38.000,-	27.000,-
+	Restwert			20.000,-
−	AfA_t	−33.334,-	−33.333,-	−33.333,-
−	Zinsen	−4.988,35	−3.311,37	−1.844,54
−	Buchwert			0,-
=	Steuerbasis	11.677,65	1.355,63	11.822,46
	Steuern ($s = 40$ %)	4.671,06	542,25	4.728,98

Zahlungen an die Eigenkapitalgeber:

		1	2	3
	Cash Flows vor Zinsen und Steuern	50.000,-	38.000,-	27.000,-
+	Restwert			20.000,-
−	Steuern	−4.671,06	−542,25	−4.728,98
−	Zinsen	−4.988,35	−3.311,37	−1.844,54
−	Tilgung	−20.962,27	−18.335,32	−23.056,81
=		19.378,32	15.811,06	17.369,66

Kapitalwert:

$$\begin{aligned} K_0 &= -100.000 + 62.354, 40 + \frac{19.378, 32}{1,13} + \frac{15.811, 06}{1, 13^2} + \frac{17.369, 66}{1, 13^3} \\ &= 3.924, - \end{aligned}$$

- **Adjusted Present Value:**
  Da die Operation Cash Flows vom Ausmaß des Kredits unabhängig sind, betragen sie (inklusive dem Restwert nach Steuern) weiterhin

1	2	3
43.334,-	36.133,20	41.533,20

Der Barwert der Steuerersparnisse aufgrund der Absetzbarkeit der Zinsaufwendungen beträgt für den „richtigen" Kredit

$$s \sum_{t=1}^{T} \frac{Z_t'}{(1+i)^t} = 0,4 \cdot \left(\frac{4.988,35}{1,08} + \frac{3.311,37}{1,08^2} + \frac{1.844,54}{1,08^3} \right)$$
$$= 3.568,83.$$

Bei der Ermittlung des Kapitalwerts bei reiner Eigenfinanzierung in Aufgabe 41 (b) wurde vereinfachend ein konstanter Kalkulationszinsfuß von

$$\varrho = 10,63 \ \% \ p.a.$$

unterstellt, da bei der Berechnung des Projekt-Betas vereinfachend der unendliche dynamische Financial Leverage FL_{∞}^{dyn} herangezogen worden ist. Das Projekt ist aber nicht durch einen ewigen Kredit ohne Tilgung fremdfinanziert. Um weiterhin eine konstante Alternativrendite für das

Eigenkapital von k_E=13 % p.a. nach Steuern unterstellen zu können, müssen daher für die Verwendung der APV-Methode die entsprechenden periodenabhängigen Kalkulationszinsfüße für das Eigenkapital bei reiner Eigenfinanzierung ϱ_t berechnet werden.

Aus

$$k_{E,3} = FL_3^{dyn} \cdot \varrho_3 + (1 - FL_3^{dyn}) \cdot i$$

und

$$FL_3^{dyn} = \frac{U_2}{E_2}$$
$$= \frac{\frac{OCF_3 + R_3 - s \cdot (R_3 - BW_3)}{1 + \varrho_3}}{\frac{NCF_3 - Y_3 + R_3 - s \cdot (R_3 - BW_3)}{1 + k_{E,3}}}$$
$$= \frac{1 + k_{E,3}}{1 + \varrho_3} \cdot \frac{U_{3-}}{E_{3-}}$$

erhält man

$$\varrho_3 = \frac{(1 + k_{E,3}) \cdot U_{3-} \cdot i + (k_{E,3} - i) \cdot E_{3-}}{(1 + k_{E,3}) \cdot U_{3-} - (k_{E,3} - i) \cdot E_{3-}}.$$

Analog ergeben sich

$$\varrho_2 = \frac{(1 + k_{E,2}) \cdot U_{2-} \cdot i + (k_{E,2} - i) \cdot E_{2-}}{(1 + k_{E,2}) \cdot U_{2-} - (k_{E,2} - i) \cdot E_{2-}}$$

und

$$\varrho_1 = \frac{(1 + k_{E,1}) \cdot U_{1-} \cdot i + (k_{E,1} - i) \cdot E_{1-}}{(1 + k_{E,1}) \cdot U_{1-} - (k_{E,1} - i) \cdot E_{1-}}.$$

Mit

$$E_{3-} = NCF_3 - Y_3 + R_3 - s \cdot (R_3 - BW_3)$$
$$= 17.369,66$$

und

$$U_{3-} = OCF_3 + R_3 - s \cdot (R_3 - BW_3)$$
$$= 41.533,-$$

erhält man für die dritte Periode

$$\varrho_3 \;=\; 10,03622 \text{ \% p.a.}$$

Für die zweite Periode mit

$$E_{2-} \;=\; NCF_2 - Y_2 + \frac{E_{3-}}{1 + k_E}$$
$$=\; 31.182,44$$

und

$$U_{2-} \;=\; OCF_2 + \frac{U_{3-}}{1 + \varrho_3}$$
$$=\; 73.877,84$$

erhält man

$$\varrho_2 \;=\; 10,05541 \text{ \% p.a.}$$

Schlußendlich erhält man für die erste Periode mit

$$E_{1-} \;=\; NCF_1 - Y_1 + \frac{E_{2-}}{1,13}$$
$$=\; 46.973,40$$

und

$$U_{1-} \;=\; OCF_1 + \frac{U_{2-}}{1 + \varrho_2}$$
$$=\; 110.461,86$$

den Kalkulationszinsfuß

$$\varrho_2 \;=\; 10,07112 \text{ \% p.a.}$$

Der Vollständigkeit halber soll noch überprüft werden, ob die soeben errechneten ϱ_t tatsächlich die konstanten $k_{E,t} = 13$ % p.a. für $t = 1, 2$ und 3 mit sich führen. Aus

$$\varrho_t = r_t + [E(r_{M,t}) - r_t] \cdot \beta_{IP,t}$$

erhält man

$$\beta_{IP,t} = \frac{\varrho_t - r_t}{E(r_{M,t}) - r_t}$$

und somit

	1	2	3
$\beta_{iP,t}$	0,2589	0,2569	0,2545

Die Alternativrendite für das Eigenkapital bei teilweiser Fremdfinanzierung ergibt sich aus

$$k_{E,t} = r_t + [E(r_{M,t}) - r_t] \cdot FL_t^{dyn} \cdot \beta_{IP,t}$$

mit

$$FL_t^{dyn} = \frac{U_{t-1}}{E_{t-1}}.$$

Periode t	1	2	3
U_{t-1}	100.354,99	67.127,86	37.744,84
E_{t-1}	41.569,38	27.595,08	15.371,38
FL_t^{dyn}	2,4142	2,4326	2,4555

In allen drei Perioden erhält man ein Equity–Beta

$$\beta_{E,t} = FL_t^{dyn} \cdot \beta_{IP,t}$$

in der Höhe des empirisch aus den Aktienrenditen historisch geschätzten Werts von 0,625. Somit ist für die unterstellten konstanten und stationären Werte

$$k_{E,t} = r_t + [E(r_{M,t}) - r_t] \cdot \beta_E$$

auch dieser Kalkulationszinsfuß konstant in der Höhe von 13 % p.a. Der

Kapitalwert nach der APV–Methode beträgt daher

$$
\begin{aligned}
K_0 &= -A_0 + \frac{OCF_1}{1+\varrho_1} + \frac{OCF_2}{(1+\varrho_1)(1+\varrho_2)} + \frac{OCF_3 + R_3 - s \cdot (R_3 - BW_3)}{(1+\varrho_1)(1+\varrho_2)(1+\varrho_3)} + \\
&\quad + s \cdot \sum_{t=1}^{3} \frac{Z_t'}{(1+i)^t} \\
&= -10.000 + \frac{43.334}{1+\varrho_1} + \frac{36.133,20}{(1+\varrho_1)(1+\varrho_2)} + \frac{41.533,20}{(1+\varrho_1)(1+\varrho_2)(1+\varrho_3)} + \\
&\quad + 3.568,83 \\
&= 3.924,-
\end{aligned}
$$

Zusammenfassend kann daher folgendes festgehalten werden: Bei der Lösung von Aufgabe 35 (a) nach der Bruttomethode wird vereinfachend unterstellt, daß

— *der Verschuldungsgrad der Unternehmung und des Projekts zu den Zeitpunkten $t = 0, 1$ und 2 stets 60 % beträgt*

und daß

— *die Alternativrendite für das Eigenkapital bei teilweiser Fremdfinanzierung in allen drei Jahren 13 % p.a. nach Steuern beträgt.*

Somit kann der Kapitalwert nach der Bruttomethode mit einem konstanten gewichteten durchschnittlichen Kapitalkostensatz für das Gesamtkapital in der Höhe von 8,08 % p.a. nach Steuern ermittelt werden. Um mit

der Nettomethode und mit der APV–Methode denselben Kapitalwert wie mit der Bruttomethode zu erhalten, muß daher jener Kredit herangezogen werden, der ebenfalls einen konstanten Verschuldungsgrad von 60 % liefert. Bei der APV–Methode müssen zusätzlich noch jene Kalkulationszinsfüße für das Eigenkapital nach Steuern bei reiner Eigenfinanzierung ϱ_t eruiert werden, die mit den konstanten $k_{E,t}$ in der Höhe von 13 % p.a. korrespondieren.

5.2   Simplified Discounting Rule–Methode

Die Methode nach der vereinfachten Diskontierungsregel (SDR–Methode) basiert auf Black (1988). Sie ist anwendbar, wenn der unsichere Cash Flow am Ende der t-ten Periode von der unsicheren Kapitalmarktrendite dieser Periode linear abhängig ist[3]:

$$CF_t(z_i) = a_t + b_t \cdot r_{M,t}(z_i).$$

---

[3] Die Darstellung erfolgt für einen beliebigen Cash Flow nach Steuern CF_t und kann im speziellen auf konkrete Cash Flows nach Steuern ($OCF_t + s \cdot Z_t$ bzw. $NCF_t - Y_t$) angewendet werden (vgl. Lösung von Aufgabe 43 (c)).

Für den einperiodigen Fall erhält man als Bruttokapitalwert nach der Bewertung mit dem Sicherheitsäquivalent

$$\frac{E(CF_1) - \frac{E(r_M) - r}{\sigma^2(r_M)} \cdot Cov(CF_1, r_M)}{1 + r}.$$

Setzt man die unterstellte lineare Beziehung zwischen Cash Flow und Kapitalmarktrendite ein, so ergibt sich

$$\frac{E(a + b \cdot r_M) - \frac{E(r_M) - r}{\sigma^2(r_M)} \cdot Cov(a + b \cdot r_M, r_M)}{1 + r} = \frac{a + b \cdot E(r_M) - \frac{E(r_M) - r}{\sigma^2(r_M)} \cdot b \cdot Cov(r_M, r_M)}{1 + r}$$

$$= \frac{a + b \cdot E(r_M) - \frac{E(r_M) - r}{\sigma^2(r_M)} \cdot b \cdot \sigma^2(r_M)}{1 + r}$$

$$= \frac{a + b \cdot r}{1 + r}.$$

Der Zähler entspricht somit jenem fiktiven Cash Flow, der erzielt wird, falls die Kapitalmarktrendite den Wert des risikolosen Zinsfußes r annimmt:

$$a + b \cdot r = CF_1(r_M = r)$$
$$= CF_1(r).$$

Die Bewertung erfolgt somit durch einfache Diskontierung dieser fiktiven Zahlungsgröße mit dem risikolosen Zinssatz[4]

$$Wert_0 = \frac{CF_1(r)}{1 + r}.$$

Im mehrperiodigen Fall erhält man analog den Wert

$$Wert_t = \sum_{\nu = t+1}^{T} \frac{CF_\nu(r_\nu)}{\prod_{\tau = t+1}^{\nu} (1 + r_\tau)}.$$

Lösung von Aufgabe 43 (a):

Der Wert des Projekts zu $t = 1$ beträgt unabhängig von der Kapitalstruktur

z_i	$V_1(z_i) = U_1(z_i)$	$r_M(z_i)$ in % p.a.
Rezession	275	5
Normal	300	10
Boom	325	15

Der lineare Zusammenhang zur Kapitalmarktrendite ist daher für $i = 1, 2$ und 3

$$V_1(z_i) = 250 + 500 \cdot r_M(z_i).$$

Falls die Kapitalmarktrendite gleich dem risikolosen Zinssatz in der Höhe von 8 % p.a. ist, wäre der Wert zu $t = 1$

$$V_1(r_M = r) = 250 + 500 \cdot 0,08$$
$$= 290.$$

Der Wert des Projekts ist daher

$$V_0 = \frac{290}{1,08}$$
$$= 268,51852$$

bzw. der Kapitalwert beträgt

$$K_0 = -260 + 268,51852$$
$$= 8,51852.$$

---

[4] Die Zahlung $CF_1(r)$ entspricht somit dem Sicherheitsäquivalent (vgl. Unterabschnitt 4.1.2.1).

Lösung von Aufgabe 43 (c):

- **SDR–Methode zur Bewertung des Eigenkapitals:**

  Der Kapitalwert mit der SDR–Methode beträgt in diesem Fall

$$K_0 = -A_0 + Y_0 + \sum_{t=1}^{T} \frac{NCF_t(r_{M,t} = r_t) - Y_t}{\prod_{\tau=1}^{t}(1 + r_\tau)},$$

da $R_T = 0$ und $BW_T = 0$ sind und die Tilgungszahlungen unabhängig von den Zuständen sind. Der Zins- und Tilgungsplan beträgt (vgl. Lösung von Aufgabe 37 (a))

t	1	2	3
Z_t	16	$10,6\dot{6}$	$5,3\dot{3}$
Y_t	$66,6\dot{6}$	$66,6\dot{6}$	$66,6\dot{6}$

Die zustandsabhängigen Zahlungen an die Eigenkapitalgeber $NCF_t(z_i) - Y_t$ sind

i	$t=1$	$t=2$	$t=3$
1	$140,6\dot{3}$	$144,3\dot{6}$	$148,10$
2	$158,1\dot{3}$	$161,8\dot{6}$	$165,60$
3	$175,6\dot{3}$	$179,3\dot{6}$	$183,10$

Der lineare Zusammenhang dieser Zahlungen zur stationären zustandsabhängigen Kapitalmarktrendite ist daher für $i = 1, 2$ und 3

t	$NCF_t(z_i) - Y_t$
1	$123,1\dot{3} + 350 \cdot r_M(z_i)$
2	$126,8\dot{6} + 350 \cdot r_M(z_i)$
3	$130,60 + 350 \cdot r_M(z_i)$

Für eine Eigenkapitalrendite in der Höhe des konstanten risikolosen Zinssatzes von 8 % p.a. betragen daher die Zahlungen an die Eigenkapitalgeber

t	$NCF_t(r_M = r) - Y_t$
1	$151,1\dot{3}$
2	$154,8\dot{6}$
3	$158,60$

Somit ist der Kapitalwert

$$\begin{aligned} K_0 &= -260 + 200 + \frac{151,1\dot{3}}{1,08} + \frac{154,8\dot{6}}{1,08^2} + \frac{158,60}{1,08^3} \\ &= 338,6133. \end{aligned}$$

- **SDR–Methode zur Bewertung des Gesamtkapitals:**

  Der Kapitalwert mit der SDR–Methode beträgt in diesem Fall

$$K_0 = -A_0 + \sum_{t=1}^{T} \frac{OCF_t(r_{M,t} = r_t)}{\prod_{\tau=1}^{t}(1 + r_\tau)} + s \cdot \sum_{t=1}^{T} \frac{Z_t'}{(1 + i)^t},$$

da $R_T = 0$ und $BW_T = 0$ sind. Der erste Teil der obigen Gleichung kann als Kapitalwert des rein eigenfinanzierten Projekts und der zweite Teil als Barwert der Steuerersparnisse aufgrund der teilweisen Fremdfinanzierung interpretiert werden (vgl. APV–Methode)[5]. Die zustandsabhängigen Operating Cash Flows $OCF_t(z_i)$ betragen in allen drei Perioden

---

[5] Alternativ könnte der Kapitalwert auch durch

$$K_0 = -A_0 + \sum_{t=1}^{T} \frac{OCF_t(r_{M,t} = r_t) + s \cdot Z_t'(r_{M,t} = r_t)}{\prod_{\tau=1}^{t}(1 + r_\tau)}$$

ermittelt werden.

i	$OCF_i(z_i)$
1	218,50
2	236,−
3	253,50

Der lineare Zusammenhang dieser Zahlungen zur stationären zustandsabhängigen Kapitalmarktrendite ist daher für i = 1, 2 und 3 in allen Perioden

$$OCF_i(z_i) = 201 + 350 \cdot r_M(z_i).$$

Für eine Kapitalmarktrendite in der Höhe des konstanten risikolosen Zinssatzes von 8 % p.a. betragen daher die Operating Cash Flows in allen drei Perioden

$$
\begin{aligned}
OCF_i(r_M = r) &= 201 + 350 \cdot 0,08 \\
&= 229.
\end{aligned}
$$

Somit ist der Kapitalwert bei reiner Eigenfinanzierung

$$-260 + 229 \cdot RBF_{3;8\%} = 330,1552.$$

Der Barwert der Steuerersparnisse bei teilweiser Fremdfinanzierung beträgt

$$0,3 \left(\frac{16}{1,08} + \frac{10,6\dot{6}}{1,08^2} + \frac{5,3\dot{3}}{1,08^3} \right) = 8,4581.$$

Der gesamte Kapitalwert bei teilweiser Fremdfinanzierung ist daher

$$
\begin{aligned}
K_0 &= -260 + 229 \cdot RBF_{3;8\%} + 8,4581 \\
&= 338,6133.
\end{aligned}
$$

Lösung von Aufgabe 43 (d):

• **SDR–Methode zur Bewertung des Eigenkapitals:**

Der Kapitalwert mit der SDR–Methode beträgt in diesem Fall

$$K_0 = -A_0 + Y_0 + \frac{NCF(r_M = r)}{r},$$

da die zustandsabhängigen Zahlungen an die Eigenkapitalgeber in allen Perioden konstant sind (vgl. Lösung von Aufgabe 37 (b))

i	$NCF_i(z_i)$
1	181,30
2	198,80
3	216,30

Der lineare Zusammenhang dieser Zahlungen zur stationären zustandsabhängigen Kapitalmarktrendite ist daher für i = 1, 2 und 3 in allen Perioden

$$NCF(z_i) = 163,80 + 350 \cdot r_M(z_i).$$

Für eine Kapitalmarktrendite in der Höhe des konstanten risikolosen Zinssatzes von 8 % p.a. betragen daher die Net Cash Flows in allen Perioden

$$
\begin{aligned}
NCF(r_M = r) &= 163,80 + 350 \cdot 0,08 \\
&= 191,80.
\end{aligned}
$$

Somit ist der Kapitalwert

$$
\begin{aligned}
K_0 &= -260 + 200 + \frac{191,80}{0,08} \\
&= 2.337,50.
\end{aligned}
$$

- **SDR–Methode zur Bewertung des Gesamtkapitals:** *Der Kapitalwert mit der SDR-Methode zur Bewertung des Gesamtkapitals beträgt in diesem Fall*

$$K_0 = -A_0 + \frac{OCF_i(r_M = r)}{r} + s \cdot Y_0,$$

da die zustandsabhängigen Operating Cash Flows in allen Perioden konstant sind (vgl. Lösung von Aufgabe 37 (b))

i	$OCF_i(z_i)$
1	192,50
2	210,–
3	227,50

Der erste Teil der obigen Gleichung kann als Kapitalwert des rein eigenfinanzierten Projekts und der zweite Teil als Barwert der Steuerersparnis aufgrund der teilweisen Fremdfinanzierung

$$s \cdot \sum_{t=1}^{\infty} \frac{Z_t'}{(1+i)^t} = s \cdot \frac{Z_t'}{i}$$
$$= s \cdot \frac{i \cdot Y_0}{i}$$
$$= s \cdot Y_0$$

interpretiert werden[6]. Der lineare Zusammenhang der zustandsabhängigen Operating Cash Flows zur stationären zustandsabhängigen Kapitalmarktrendite ist daher für $i = 1, 2$ und 3 in allen Perioden

$$OCF_i(z_i) = 175 + 350 \cdot r_M(z_i).$$

Für eine Kapitalmarktrendite in der Höhe des konstanten risikolosen Zinssatzes von 8 % p.a. betragen daher die Operating Cash Flows in allen Perioden

$$OCF_i(r_M = r) = 175 + 350 \cdot 0,08$$
$$= 203.$$

Somit ist der Kapitalwert

$$K_0 = -260 + \frac{203}{0,08} + 0,3 \cdot 200$$
$$= 2.337,50.$$

5.3 Contingent Claim Pricing–Model

Das *Modell zur Bewertung bedingter (zustandsabhängiger) Ansprüche (Contingent Claim Pricing Model CCPM)* (Merton (1974, 1977)) dient zur Bewertung von Finanzierungstiteln, deren Zahlungen von den Marktwerten eines oder mehrerer anderer Finanzierungstitel oder sonstiger Vermögensgegenstände abhängen. Es basiert auf dem *Optionsbewertungsmodell* von Black/Scholes (1973). Für die Bewertung beliebiger Finanzierungstitel von Unternehmungen ist die Erkenntnis von Black/Scholes, daß jeder Finanzierungstitel als Kombination verschiedenster Optionen aufgefaßt werden kann, von besonderem Interesse. Inhaber von Beteiligungstiteln

---

[6] Alternativ könnte der Kapitalwert auch durch

$$K_0 = -A_0 + \frac{OCF(r_M = r) + s \cdot Z'(r_M = r)}{r}$$

ermittelt werden.

an verschuldeten Unternehmungen beispielsweise haben Anspruch auf das gesamte Vermögen der Unternehmung unter der Bedingung, daß alle anderen Ansprüche an das Vermögen (z. B. Zahlungen aus Kreditverträgen) erfüllt werden. So gesehen stellen Beteiligungstitel Kaufoptionen auf das Unternehmensvermögen mit dem Ausübungspreis „Fremdkapitaltilgung" am Ende der Kreditinanspruchnahme dar. Die Option wird ausgeübt werden, wenn die Unternehmung mehr wert ist als der zu tilgende Kreditbetrag. Ansonsten geht das Unternehmensvermögen in das Eigentum des Kreditgebers über.

Außer zur Bewertung von Finanzoptionen und von Finanzierungstiteln von Unternehmungen dient das CCPM auch zur Analyse von Realoptionen im Sachinvestitionsbereich (vgl. Abschnitt 5.5). Die Herleitung und Anwendung des CCPM ist ausführlich etwa in Fischer (2001) dargestellt.

5.4   Agency–Probleme der Finanzierung

Die Principal–Agent-Theorie[7] behandelt

- aus der Sicht der Volkswirtschaftslehre Entscheidungen bei Informationsasymmetrie (Informationsökonomie),
- aus der Sicht der Spieltheorie die Spieltheorie bei unvollständiger Information

und

- aus der Sicht der Vertragstheorie Vereinbarungen zwischen Auftraggeber und Auftragnehmer.

Für Principal–Agent-Beziehungen müssen mindestens zwei Personen vorhanden sein, nämlich der Principal (Auftraggeber) und der Agent (Auftragnehmer). Der Principal delegiert Entscheidungsbefugnisse an den Agent, d.h. der Agent ist zwar im Auftrag des Principals tätig, verfolgt aber auch Eigeninteressen. Durch Aktionen des Agenten wird ein Gewinn erwirtschaftet, der dann nach vorher getroffenen Vereinbarungen aufgeteilt wird. Dieser Gewinn hängt vom

- Anstrengungsniveau des Agenten

und von

- zufälligen Umwelteinflüssen

ab.

Der Agent hat allerdings einen negativen Nutzen aus seinen Anstrengungen, nämlich das Arbeitsleid. Für den Principal ist nur der Gewinn beobachtbar, nicht jedoch das Anstrengungsniveau des Agenten und der Einfluß des Zufalls auf den Gewinn. Das Problem ist die vorherige Aufteilung des Gewinnes, sodaß sich der Agent genügend anstrengt.

Die Annahmen der klassischen Ökonomie sind, daß keine Interessenkonflikte und keine Informationsasymmetrien existieren. Die klassische Ökonomie geht von nur einer Person, dem Unternehmer, aus, der alles macht und alles weiß. Für diese Person, die gleichzeitig alleiniger Eigentümer und Geschäftsführer der Unternehmung ist, wird in der Regel unterstellt, daß sie

---

[7] vgl. Jensen/Meckling (1976).

sämtliche betriebliche Aktivitäten derart setzt, daß ihr Nutzen bzw. der Wert ihres Vermögens maximiert wird. Führt der Eigentümer die Geschäfte der Unternehmung jedoch nicht selbst, sondern engagiert hierfür einen Manager, so kann für den Manager nicht mehr unterstellt werden, daß er eine uneingeschränkte Maximierung des Werts des Vermögens des Eigentümers der Unternehmung verfolgt. Vielmehr wird er seine betrieblichen Aktivitäten derart setzen, daß sein „Arbeitsleid" eine bestimmte Obergrenze nicht überschreitet bzw. daß sein Eigennutzen ein bestimmtes Mindestniveau nicht unterschreitet. Agency–Probleme der Finanzierung treten bei den Beziehungen zwischen Eigenkapitalgebern und Managern und zwischen Eigenkapitalgebern und Managern gegenüber Fremdkapitalgebern auf. Das Agency–Problem der Fremdfinanzierung[8] ist, daß die Investitionspolitik vom Verschuldungsgrad abhängt. Es existieren vier Anreize für die Unternehmung (Anteilseigner, Manager) hinsichtlich einer Ausbeutung der Fremdkapitalgeber:

- **Risikoanreizproblem:**
  Es besteht ein Anreiz, unmittelbar nach Aufnahme von Fremdkapital Investitionsprojekte mit einem höheren Risiko zu realisieren.

- **Unterinvestitionsproblem:**
  Es besteht ein Anreiz, Investitionsprojekte, die hinsichtlich des Gesamtwertes der Unternehmung profitabel wären, unter Umständen zu unterlassen.

- Es besteht ein Anreiz, Zahlungen an Eigenkapitalgeber oder Manager zu erhöhen oder weiteres Fremdkapital aufzunehmen.

- Es besteht ein Anreiz, kündbares Fremdkapital *vorzeitig* zu kündigen.[9]

Bei kostenloser Information können diese Anreize durch vertragliche Vereinbarungen eliminiert werden, da Verstöße gegen diese Vereinbarungen von den Fremdkapitalgebern sofort erkennbar sind und zur Bestrafung und Rufschädigung des Agenten führen. Bei nicht kostenloser Information fallen, falls die Information nach den Aufwendungen erhältlich ist, Informationskosten, Vertragskosten und Gerichtskosten an, bzw. falls die Information nicht erhältlich ist, gibt es kein Fremdkapital. Die Principal–Agent–Theorie erklärt somit Ursachen für die Vertragskonditionen bei Eigen– und Fremdkapital.

5.4.1 Das Risikoanreizproblem

Beispiel 5.1[10]:

Gegeben ist ein Zwei–Zeitpunkte–Modell, und zu $t = 1$ sind drei mögliche Zustände gegeben mit den Pseudoeintrittswahrscheinlichkeiten $q(z_i) = \frac{1}{3}$. Weiterhin ist ein risikoloser Zinssatz $r = 10$ % p.a. festgelegt. Die Unternehmung erwägt Investitionsprojekt I zu realisieren: Die Anschaffungsauszahlungen hierfür sind 490 mit zustandsabhängigen Einzahlungsüberschüssen $C(z_i)$ in der Höhe von:

i	1	2	3
$C(z_i)$	500	550	600

Der Kapitalwert zu $t = 0$ ist dann:

$$K_0 = -490 + \frac{\frac{1}{3}(500 + 550 + 600)}{1,1}$$
$$= 10.$$

---

[8] Im folgenden werden nur die Agency–Probleme der Fremdfinanzierung, also zwischen den Anteilseignern/Managern und Gläubigern, behandelt. Zu den Agency–Problemen zwischen den Anteilseignern und Managern siehe etwa Swoboda (1994), 166 ff.

[9] vgl. Fischer/Heinkel/Zechner (1989b).

[10] vgl. auch Fußnote 5 auf S. 174.

Somit ist $K_0 > 0$ und das Investitionsprojekt I vorteilhaft. Investitionsprojekt I soll mit 400 Fremdkapital und 90 Eigenkapital finanziert werden. Da $C(z_i) \geq 400(1+r)$ für alle i, ist das Fremdkapital risikolos, und der Zinssatz für das Fremdkapital beträgt 10 % p.a. Die Zahlungsaufteilung zu $t = 1$ ist:

i	1	2	3
$E(z_i)$	60	110	160
$D(z_i)$	440	440	440

$$D_0 = \frac{\frac{1}{3}(440 + 440 + 440)}{1,1} = 400,$$

$$E_0 = \frac{\frac{1}{3}(60 + 110 + 160)}{1,1} = 100,$$

$$D_{0-} = 400 - 400 = 0$$

und

$$E_{0-} = 100 - 90 = 10.$$

Aufgrund des positiven Kapitalwertes des Investitionsprojektes I zu $t = 0$ wird daher ein Kredit über ein Nominale von 400 mit einem Zinssatz in der Höhe von 10 % p.a. aufgenommen. Unmittelbar nach der Kreditaufnahme und vor der Realisation des Investitionsprojektes I wird der Unternehmung ein Investitionsprojekt II bekannt. Die Anschaffungsauszahlungen betragen ebenfalls 490 und die zustandsabhängigen Einzahlungsüberschüsse zu $t = 1$ sind:

i	1	2	3
$C(z_i)$	400	550	700

Der Kapitalwert beträgt dann

$$K_0 = -490 + \frac{\frac{1}{3}(400 + 550 + 700)}{1,1} = 10.$$

Das Investitionsprojekt II hat demnach den gleichen Kapitalwert wie Projekt I, ist aber wegen der höheren Streuung der Zahlungen $C(z_i)$ wesentlich riskanter. Falls die Unternehmung bei bereits vorhandenem Kredit auf das Investitionsprojekt II überwechselt, ergäbe sich folgende Zahlungsaufteilung zu $t = 1$:

i	1	2	3
$D(z_i)$	400	440	440
$E(z_i)$	0	110	260

$$D_0 = \frac{\frac{1}{3}(400 + 440 + 440)}{1,1} = 387,88,$$

$$E_0 = \frac{\frac{1}{3}(0 + 110 + 260)}{1,1} = 112,12,$$

$$D_{0-} = 387,88 - 400 = -12,12$$

und

$$E_{0-} = 112,12 - 90 = 22,12.$$

Die Unternehmung besitzt somit einen Anreiz, nach Aufnahme von Fremdkapital auf riskantere Projekte zu wechseln, da dadurch eine Vermögensverschiebung von den Fremdkapitalgebern an die Eigenkapitalgeber möglich ist. Die Fremdkapitalgeber könnten auf das gestiegene Risiko nicht mehr mit einer höheren Risikoprämie im Zinssatz reagieren, da der Fremdkapitalvertrag bereits abgeschlossen ist.

Rationale potentielle Gläubiger lassen sich natürlich nicht ausbeuten, und sie antizipieren diesen Risikoanreiz durch zwei Möglichkeiten:

- Es wird im Kreditvertrag genau vereinbart, wofür der Kreditbetrag verwendet werden muß. Dies ist nur dann sinnvoll, wenn das realisierte Investitionsprojekt von den Kreditgebern beobachtbar ist und wenn die Informationsbeschaffung nicht allzuviel kostet. Weiter muß die nachträgliche Durchsetzbarkeit der vertraglichen Vereinbarung bei einer Abweichung des tatsächlichen Investitionsverhaltens der Unternehmung gewährleistet sein und darf ebenfalls nicht allzuviel Anwaltskosten und Gerichtskosten verursachen.

- Falls die Beobachtbarkeit und Durchsetzbarkeit nicht möglich sind, werden die potentiellen Gläubiger der Unternehmung kein Kapital in Form von Fremdkapital zur Verfügung stellen. Daraus folgt der Zusammenbruch des Kreditmarktes.

Der Ausweg aus diesem Dilemma ist für die Unternehmung die Emission[11] von Wandelanleihen oder von Optionsanleihen und dadurch der Zwang für die Unternehmung, sich selbst zur Realisierung von Investitionsprojekt I zu zwingen.

Fortsetzung von Beispiel 5.1:

Ein Beispiel hierfür ist eine Wandelanleihe mit einem Kupon von 8,75 % p.a. ($< r$) oder einer Wandlung auf 75 % des Eigenkapitals

$$\frac{n}{N+n} = 0,75$$

$$n = 3 \cdot N$$

und dafür keine Kuponzahlung und keine Tilgung. Die Zahlungsüberschüsse $C(z_i)$ sind dann:

i	1	2	3
IP I	500	550	600
IP II	400	550	700

Die Alternativen für die Inhaber der Wandelanleihen sind gegeben durch:

$$\max\{400 \cdot 1,0875; C(z_i)\} = 0,75 \cdot C(z_i)$$

i		1	2	3
IP I	Ohne Wandlung	435	435	435
IP I	Mit Wandlung	375	412,5	450
IP II	Ohne Wandlung	400	435	435
IP II	Mit Wandlung	300	412,5	525

Die Zahlungen für die Eigenkapitalgeber ergeben sich dann mit:

i	1	2	3
IP I	65	115	150
IP II	0	115	175

Bei Investitionsprojekt I ist

$$E_0 = \frac{\frac{1}{3}(65 + 115 + 150)}{1,1}$$
$$= 100$$

und bei Investitionsprojekt II

$$E_0 = \frac{\frac{1}{3}(0 + 115 + 175)}{1,1}$$
$$= 87,88.$$

---

[11] Dadurch existiert auch eine mögliche Erklärung für die Existenz dieser Mischfinanzierungsformen; vgl. auch Fischer/Zechner (1990).

Bei Investitionsprojekt I ist dann

$$E_{0^-} = 100 - 90$$
$$= 10$$

und bei Investitionsprojekt II

$$E_{0^-} = 87,88 - 90$$
$$= -2,12.$$

Investitionsprojekt I wird also realisiert und

$$D_{0^-} = -400 + \frac{\frac{1}{3}(435 + 435 + 450)}{1,1}$$
$$= 0.$$

Inhaber von Wandelanleihen haben eine erwartete Rendite in Höhe von 10 % p.a. Eigenkapitalgeber haben somit keinen Anreiz mehr, das riskantere Investitionsprojekt II zu realisieren.

5.4.2 Das Unterinvestitionsproblem

Es besteht unter Umständen ein Anreiz, ein Investitionsprojekt mit einem positiven K_0 nicht zu realisieren.

Beispiel 5.2[12]:

Die Ausgangssituation der Cash Flows der Unternehmung zu $t = 1$ vor der Realisation des Investitionsprojekts ist:

i	1	2
$q(z_i)$	$\frac{1}{2}$	$\frac{1}{2}$
$C_1^{vorIP}(z_i)$	900	1.300

und der risikolose Zinssatz beträgt 10 % p.a. Der Wert der Unternehmung zu $t = 0$ vor der Realisation des Investitionsprojekts ergibt sich aus

$$\frac{\frac{1}{2}(1.300 + 900)}{1,1} = 1.000.$$

Das sonstige Fremdkapital zu $t = 1$ vor der Realisation des Investitionsprojekts beträgt Nominale plus Zinsen in Höhe von 1.000.

i	1	2
$D_1^{vorIP}(z_i)$	900	1.000
$E_1^{vorIP}(z_i)$	0	300

$$D_0 = \frac{\frac{1}{2}(900 + 1.000)}{1,1} = 863,64$$

und

$$E_0 = \frac{\frac{1}{2}(0 + 300)}{1,1} = 136,36.$$

Das Investitionsprojekt hat Anschaffungsauszahlungen in der Höhe von 10 und

---

[12] vgl. auch Fußnote 5 auf Seite 174.

i	1	2
Zahlungen des IP	100	0

$$K_0 = -10 + \frac{\frac{1}{2}(100 + 0)}{1,1}$$
$$= 35,45.$$

Da $K_0 > 0$, wäre die Realisation des Investitionsprojektes für die Gesamtunternehmung vorteilhaft. Aber selbst dann, wenn die Fremdkapitalgeber bereit sind, den Investitionsbetrag zum risikolosen Zinssatz zur Verfügung zu stellen, sind die Eigenkapitalgeber nicht an der Realisation des Investitionsprojekts interessiert:

i	1	2
$C_1^{mitIP}(z_i)$	1.000	1.300
D_1^{mitIP}	1.000	1.000
		+ 10
		+ 1
E_1^{mitIP}	0	300
		− 10
		− 1

Dann ist:

$$D_0 = \frac{\frac{1}{2}(1.000 + 1.011)}{1,1}$$
$$= 914,09,$$

$$D_{0^-} = -10 + 914,09$$
$$= 904,09$$

und

$$E_0 = \frac{\frac{1}{2}(0 + 289)}{1,1}$$
$$= 131,36 < 136,36.$$

Bei reiner Eigenfinanzierung des Investitionsprojektes ergeben sich folgende Werte:

i	1	2
D	1.000	1.000
E	0	300

$$D_0 = \frac{\frac{1}{2}(1.000 + 1.000)}{1,1}$$
$$= 909,09$$

und

$$E_{0^-} = -10 + \frac{\frac{1}{2}(0 + 300)}{1,1}$$
$$= 126,36.$$

Somit sind die Eigenkapitalgeber nicht bereit, das vorteilhafte Investitionsprojekt zu realisieren, da der Vorteil stets nur den Fremdkapitalgebern zugute kommt.

5.5   Realoptionen

Bei der üblichen Vorgehensweise zur Beurteilung von Investitionsprojekten nach dem Kapitalwertkriterium können einige Faktoren, die im Zusammenhang mit der Realisierung eines Investitionsprojekts stehen können und in der Entscheidungsbefugnis des Managements einer Unternehmung stehen, nur unzureichend berücksichtigt werden. Diese Faktoren bringen die Flexibilität des Managements über künftige Entscheidungen, die mit dem durchzuführenden Projekt zusammenhängen können, zum Ausdruck und haben unter Umständen einen erheblichen Einfluß auf den gesamten Wert eines Investitionsprojekts und damit auf die zu treffenden Investitionsentscheidungen. Beispiele für diese in der Literatur als *Realoptionen* bezeichneten Faktoren sind:

- Timingoption

- Option auf vorzeitige Beendigung der Nutzung

- Option auf vorübergehende Stillegung

- Option auf künftige Änderung des Outputs bzw. des Inputs

- Optionen bei Leasingvereinbarungen

Der gesamte Wert eines Investitionsprojekts ergibt sich unter Berücksichtigung dieser Realoptionen als Summe aus dem üblicherweise berechneten Kapitalwert und dem Wert aller Realoptionen. Zur Analyse des Werts einzelner Realoptionen kann die Methode des CCPM (vgl. Abschnitt 5.3) herangezogen werden. Eine ausführliche Darstellung über Realoptionen und deren Bewertung befindet sich in Dixit/Pindyck (1994), Trigeorgis/Mason (1996) und Copeland/Antikarov (2001).

A Anhang: Aufgaben

Eine Unternehmung steht vor der Entscheidung, ein Investitionsprojekt mit unendlicher Nutzungsdauer entweder im Jahre 199X oder 199(X+1) durchzuführen. Für das Projekt sind in Abhängigkeit vom Realisationszeitpunkt folgende Daten ermittelt worden: Bei Realisation im Jahre 199X:

Anschaffungsauszahlungen: 7.000,-

Cash Flows vor Zinsen und Steuern:

Jahr der Nutzung t	$t = 1$	$t = 2$	ab $t = 3$
C_t	500,-	750,-	1.000,-

Bei Realisation im Jahre 199(X+1):

Fall A:

Anschaffungsauszahlungen: 7.000,-

Cash Flows vor Zinsen und Steuern:

Jahr der Nutzung t	$t = 1$	ab $t = 2$
C_t	750,-	1.000,-

Fall B:

Anschaffungsauszahlungen: 7.000,-

Cash Flows vor Zinsen und Steuern:

Jahr der Nutzung t	$t = 1$	$t = 2$	ab $t = 3$
C_t	500,-	750,-	1.000,-

Der gewichtete durchschnittliche Kapitalkostensatz sei unabhängig vom Realisationszeitpunkt und beträgt 10 % p.a. vor Steuern. Bestimmen Sie den optimalen Investitionstermin.

Aufgabe 2:

Ein Industriebetrieb plant die Einführung eines neuen Produkts, für dessen Herstellung folgende Maschine benötigt wird:

Anschaffungsauszahlungen:	100.000,-
Maximale Nutzungsdauer:	5 Jahre
Gewinnsteuersatz:	40 %
Steuerliche Abschreibung:	Linear über 3 Jahre
Kapitalkostensatz für das	
Eigenkapital nach Steuern:	13 % p.a.

Die Marketingabteilung hält es für realistisch, daß von dem neuen Produkt jährlich 10.000 EH zu einem Nettoverkaufspreis von 14,– je Stück abgesetzt werden können. Jedoch gibt sie zu bedenken, daß es bei Einführung des neuen Produkts zu Umsatzeinbußen bei bereits vorhandenen, ähnlichen Produkten der Unternehmung mit entgehenden Einzahlungsüberschüssen (vor Zinsen und Steuern) in Höhe von jährlich 20.000,– kommen könnte.

Die Kalkulationsabteilung ermittelt variable Stückkosten für Roh–, Hilfs– und Betriebsstoffe und Löhne in Höhe von 6,–, die Fertigungsabteilung rechnet mit folgenden Zahlungen für die Instandhaltung der Maschine

Jahr der Nutzung	1	2	3	4	5
Instandhaltung	10.000,–	22.000,–	33.000,–	46.000,–	58.000,–

Der erwartete Restwert in Abhängigkeit von der Nutzungsdauer beträgt

Nutzungsdauer	1	2	3	4	5
Restwert	60.000,–	40.000,–	20.000,–	2.000,–	0

Dem Projekt kann ein Kredit nicht direkt zugerechnet werden. Die Unternehmungsleitung ist bestrebt, den jetzigen Verschuldungsgrad der Unternehmung in der Höhe von 60 % auch in Zukunft beizubehalten. Die Effektivverzinsung des Fremdkapitals beträgt 8 % p.a. vor Steuern. Bestimmen Sie mittels der WACC–Methode bei expliziter Berücksichtigung der Steuern die optimale Nutzungsdauer für das Investitionsprojekt, falls

(a) kein Nachfolgeaggregat geplant ist,

(b) unendlich viele identische Nachfolgeaggregate geplant sind,

(c) das Projekt einmal identisch reinvestiert werden soll.

Unterstellen Sie, daß die Unternehmung über genügend anderweitige Gewinne verfügt.

Aufgabe 3:

Für ein Investitionsprojekt sind folgende Daten ermittelt worden:

Anschaffungsauszahlungen:	200.000,–
Maximale Nutzungsdauer:	5 Jahre
Gewinnsteuersatz:	40 %
Steuerliche Abschreibung:	Linear über 4 Jahre
Gewichteter durchschnitt-	
licher Kapitalkostensatz:	20 % p.a. vor Steuern

Cash Flows vor Zinsen und Steuern:

Jahre der Nutzung t	1	2	3	4	5
C_t	130.000,–	130.000,–	100.000,–	50.000,–	5.000,–

Restwerte:

Nutzungsdauer	1	2	3	4	5
R_t	100.000,–	90.000,–	5.000,–	5.000,–	0

Berechnen Sie mit Hilfe der zeitbezogenen Grenzgewinne für die Bruttomethode bei expliziter Berücksichtigung der Steuern die optimale Nutzungsdauer des Projekts, falls das Projekt nicht reinvestiert werden soll.

Aufgabe 4:

Ein Industriebetrieb plant die Einführung eines neuen Produkts, für dessen Herstellung folgende Maschine benötigt wird:

Anschaffungsauszahlungen:	100.000,–
Maximale Nutzungsdauer:	5 Jahre
Gewinnsteuersatz:	40 %
Steuerliche Abschreibung:	Linear über 3 Jahre
Kapitalkostensatz für das Eigenkapital nach Steuern:	13 % p.a.

Die Marketingabteilung hält es für realistisch, daß von dem neuen Produkt jährlich 10.000 EH zu einem Nettoverkaufspreis von 14,– je Stück abgesetzt werden können. Jedoch gibt sie zu bedenken, daß es bei Einführung des neuen Produkts zu Umsatzeinbußen bei bereits vorhandenen, ähnlichen Produkten der Unternehmung mit entgehenden Einzahlungsüberschüssen (vor Zinsen und Steuern) in Höhe von jährlich 20.000,– kommen könnte.

Die Kalkulationsabteilung ermittelt variable Stückkosten für Roh-, Hilfs- und Betriebsstoffe und Löhne in Höhe von 6,–, die Fertigungsabteilung rechnet mit folgenden Zahlungen für die Instandhaltung der Maschine

Jahr der Nutzung	1	2	3	4	5
Instandhaltung	10.000,–	22.000,–	33.000,–	46.000,–	58.000,–

Der erwartete Restwert in Abhängigkeit von der Nutzungsdauer beträgt

Nutzungsdauer	1	2	3	4	5
Restwert	60.000,–	40.000,–	20.000,–	2.000,–	0

Für das Projekt wird bei Durchführung folgender Kredit aufgenommen:

Nominale:	60.000,–
Nomineller Zinssatz:	8 % p.a.
Tilgung:	Ratentilgung ohne Freijahre
Kein Auszahlungsdisagio	
Kein Rückzahlungsagio	

Die Laufzeit des Kredits entspricht der geplanten Nutzungsdauer des Investitionsprojekts. Bestimmen Sie mit Hilfe des Kapitalwertkriteriums für die Nettomethode bei expliziter Berücksichtigung der Steuer die optimale Nutzungsdauer für das Investitionsobjekt, falls

(a) kein Nachfolgeaggregat geplant ist,

(b) unendlich viele identische Nachfolgeaggregate geplant sind,

(c) das Projekt einmal identisch reinvestiert werden soll.

Unterstellen Sie, daß die Unternehmung über genügend anderweitige Gewinne verfügt.

Aufgabe 5:

Die Unternehmungsleitung eines Industriebetriebs steht vor der Entscheidung, das Produkt X sofort einzustellen. Zur Herstellung dieses Produkts ist ein Spezialaggregat vorhanden, das bei sofortiger Auflassung des Produkts zu einem Restwert von 30.000,– veräußert werden kann. Dieses Spezialaggregat ist vor zwei Jahren um 100.000,– erworben worden und die steuerliche Abschreibung erfolgt linear über drei Jahre. Für dieses Spezialaggregat sind folgende zusätzliche Daten ermittelt worden:

Maximale Restnutzungsdauer: 3 Jahre

Erwartete Restwerte nach t Jahren weiterer Nutzung:

t	1	2	3
R_t	15.000,–	2.000,–	0

Erwartete Cash Flows vor Zinsen und Steuern:

t	1	2	3
C_t	25.000,–	12.000,–	10.000,–

Der Gewinnsteuersatz beträgt 40 % und der gewichtete durchschnittliche Kapitalkostensatz ist 8,08 % p.a. nach Steuern. Bestimmen Sie aus heutiger Sicht den optimalen Desinvestitionstermin für das Spezialaggregat mit dem

(a) Kapitalwertkriterium

(b) Kriterium des zeitbezogenen Grenzgewinns.

Aufgabe 6:

Die Unternehmungsleitung eines Industriebetriebs steht vor der Entscheidung, das Produkt X sofort einzustellen. Zur Herstellung dieses Produkts ist ein Spezialaggregat vorhanden, das bei sofortiger Auflassung des Produkts zu einem Restwert von 30.000,– veräußert werden kann. Dieses Spezialaggregat ist vor zwei Jahren um 100.000,– erworben worden und die steuerliche Abschreibung erfolgt linear über drei Jahre. Würde die Unternehmensleitung das Produkt nicht sofort einstellen, so erbrächte das Produkt im kommenden Jahr einen Cash Flow vor Zinsen und Steuern in der Höhe von 25.000,–. Der Restwert des Spezialaggregats nach diesem weiteren Nutzungsjahr würde dann aber voraussichtlich nur mehr 15.000,– betragen. Der Gewinnsteuersatz beträgt 40 % und der gewichtete durchschnittliche Kapitalkostensatz ist 8,08 % p.a. nach Steuern.

(a) Unterstellen Sie fallende zeitbezogene Grenzgewinne für das Spezialaggregat und entscheiden Sie, ob das Produkt sofort einzustellen ist oder nicht.

(b) Ab welchem kritischen Restwert R_1 ist das Aggregat sofort zu desinvestieren?

Aufgabe 7:

Am 1.1.199X steht das Management eines Industriebetriebs vor der Entscheidung, das Produkt X sofort einzustellen oder noch mindestens ein Jahr weiter zu fertigen. Zur Herstellung dieses Produkts ist ein Spezialaggregat vorhanden, das bei sofortiger Auflassung des Produkts zu einem Restwert von 50.000,– veräußert werden kann. Der Restwert des Spezialaggregats nach einem weiteren Nutzungsjahr würde voraussichtlich 30.000,– betragen. Dieses Spezialaggregat ist vor drei Jahren um 200.000,– erworben worden und die steuerliche Abschreibung erfolgt linear über fünf Jahre. Der Gewinnsteuersatz ist 30 % und der gewichtete durchschnittliche

Kapitalkostensatz nach Steuern beträgt 10 % p.a. Für die Bearbeitung der folgenden Aufgaben können vereinfachend fallende Grenzgewinne unterstellt werden.

(a) Die geplante Jahresproduktion für 199X von Produkt X beträgt 100 Stück und
der geplante Nettoverkaufspreis 1.000,–. Weiters sind folgende Daten ermittelt
worden:

$$\text{Variable Auszahlungen je Stück:} \quad 475,-$$
$$\text{Fixe Auszahlungen:} \quad 3.000,-$$

- Entscheiden Sie, ob das Produkt X sofort einzustellen ist oder nicht.
- Berechnen Sie die kritische Jahresproduktion, bei der die Unternehmung
  zwischen Einstellung und Weiterführung indifferent ist.
- Ab welchem kritischen Verkaufspreis soll das Produkt auf jeden Fall noch
  mindestens ein Jahr weiter hergestellt werden?

(b) Zur Herstellung des Produkts werden drei Rohstoffe A, B und C sowie die
Arbeiter K, L und M benötigt. Für die Rohstoffe sind folgende Daten ermittelt
worden:

	A	B	C
Benötigte Menge für die Jahresproduktion von X	500	700	800
Lagerbestand am 1.1.199X	100	400	600
Historischer Einstandspreis	1,–	2,–	2,30
Derzeitiger Einstandspreis	1,20	2,10	2,40
Veräußerungserlös bei sofortigem Verkauf	1,10	1,90	2,20

Rohstoff A wird im Betrieb nur für die Herstellung von Produkt X benötigt,
während die anderen beiden Rohstoffe auch für die Herstellung anderer Pro-
dukte der Unternehmung verwendet werden.

Für die drei Arbeitskräfte, die ausschließlich zur Herstellung von Produkt X
eingesetzt werden, sind folgende Lohnkosten für 199X ermittelt worden:

	K	L	M
Jahreslohnkosten	4.000,–	5.000,–	6.000,–

Bei Einstellung der Produktion des Produkts X würden die Arbeiter K und
L im Betrieb nicht mehr benötigt werden; Arbeiter K könnte sofort ent-
lassen werden, während Arbeiter L aufgrund eines besseren Kündigungs-
schutzes erst per 31.3.199X gekündigt werden könnte und bis dahin die Rolle
eines „weißen Elefanten" hätte. Arbeiter M könnte bei gleichbleibendem Lohn
als zusätzlicher Nachtwächter eingesetzt werden, wobei die Unternehmung für
diese Tätigkeit normalerweise nur 4.500,– Jahreslohnkosten aufwendet. Die
sonstigen zusätzlichen Auszahlungen für die Herstellung der geplanten Jahresproduktion von Produkt X in der Höhe von 100 Stück betragen

$$\text{Sonstige variable Auszahlungen je Stück:} \quad 50,-$$
$$\text{Sonstige fixe Auszahlungen:} \quad 2.000,-$$

Der geplante Verkaufspreis beträgt 1.000,–. Entscheiden Sie, ob das Produkt
sofort einzustellen ist oder nicht.

Aufgabe 8:

Die Unternehmungsleitung eines Industriebetriebs steht vor der Entscheidung, das
vorhandene Spezialaggregat ALT durch ein neues Spezialaggregat zu ersetzen. Für
das vorhandene Spezialaggregat sind folgende Daten ermittelt worden:

Maximale Restnutzungsdauer: 3 Jahre

Erwartete Restwerte nach t Jahren weiterer Nutzung:

t	0	1	2	3
R_t^{alt}	30.000,–	15.000,–	2.000,–	0

Erwartete Cash Flows vor Zinsen und Steuern:

t	1	2	3
C_t^{alt}	25.000,–	12.000,–	10.000,–

Das vorhandene Aggregat ist vor zwei Jahren um 100.000,– erworben worden und die steuerliche Abschreibung erfolgt linear über drei Jahre. Für das neue Spezialaggregat sind folgende Daten ermittelt worden:

Anschaffungsauszahlungen: 100.000,–

Maximale Nutzungsdauer: 5 Jahre

Erwartete Restwerte nach t Jahren Nutzung:

t	1	2	3	4	5
R_t^{neu}	60.000,–	40.000,–	20.000,–	2.000,–	0

Erwartete Cash Flows vor Zinsen und Steuern:

t	1	2	3	4	5
C_t^{neu}	50.000,–	38.000,–	27.000,–	14.000,–	2.000,–

Steuerliche Abschreibung: linear über 3 Jahre

Der Gewinnsteuersatz beträgt 40 % und der gewichtete durchschnittliche Kapitalkostensatz ist 8,08 % p.a. nach Steuern. Unterstellen Sie, daß sämtliche Ein- und Auszahlungen für das neue Aggregat unabhängig vom Investitionszeitpunkt sind.

Bestimmen Sie aus heutiger Sicht den optimalen Ersatzzeitpunkt für das vorhandene Aggregat, falls das neue Aggregat

(a) keine Nachfolger aufweist,

(b) unendlich oft identisch reinvestiert werden soll,

(c) einmal identisch reinvestiert werden soll.

Aufgabe 9:

Die Unternehmungsleitung eines Industriebetriebs steht vor der Entscheidung, das vorhandene Spezialaggregat ALT sofort durch ein neues Spezialaggregat zu ersetzen. Das vorhandene Spezialaggregat könnte derzeit zu einem Restwert von 30.000,– veräußert werden. Es ist vor zwei Jahren um 100.000,– erworben worden und die steuerliche Abschreibung erfolgt linear über drei Jahre. Würde die Unternehmungsleitung das vorhandene Spezialaggregat noch um ein weiteres Jahr nutzen, so erbrächte dies im kommenden Jahr einen Cash Flow vor Zinsen und Steuern in der Höhe von 25.000,–. Der Restwert des vorhandenen Spezialaggregats nach diesem weiteren Nutzungsjahr würde dann aber voraussichtlich nur mehr 15.000,– betragen.

Für das neue Spezialaggregat sind folgende Daten ermittelt worden:

Anschaffungsauszahlungen: 100.000,–

Maximale Nutzungsdauer: 5 Jahre

Erwartete Restwerte nach t Jahren Nutzung:

t	1	2	3	4	5
R_t^{neu}	60.000,-	40.000,-	20.000,-	2.000,-	0

Erwartete Cash Flows vor Zinsen und Steuern:

t	1	2	3	4	5
C_t^{neu}	50.000,-	38.000,-	27.000,-	14.000,-	2.000,-

Steuerliche Abschreibung: linear über 3 Jahre

Der Gewinnsteuersatz beträgt 40 % und der gewichtete durchschnittliche Kapitalkostensatz ist 8,08 % p.a. nach Steuern. Unterstellen Sie, daß sämtliche Ein- und Auszahlungen für das neue Aggregat unabhängig vom Investitionszeitpunkt sind.

Unterstellen Sie fallende zeitbezogene Grenzgewinne für das vorhandene Aggregat sowie unendliche identische Reinvestition des neuen Aggregats und entscheiden Sie, ob das vorhandene Aggregat sofort zu ersetzen ist oder nicht.

Aufgabe 10:

Ergänzend zur Aufgabe 8 besteht zum Zeitpunkt $t = 0$ noch die Möglichkeit, am vorhandenen Altaggregat eine Generalreparatur um 20.000,- durchzuführen. Die Kosten der Generalreparatur sind in der Bilanz aktivierungspflichtig und steuerlich linear über drei Jahre abzuschreiben. Im Falle einer sofortigen Generalreparatur ergeben sich für das vorhandene Aggregat folgende Daten:

Maximale Restnutzungsdauer: 4 Jahre

Erwartete Restwerte bei Generalreparatur nach t Jahren weiterer Nutzung:

t	0	1	2	3	4
$R_t^{alt,mit\ GR}$	50.000,-	30.000,-	12.000,-	5.000,-	0

Erwartete Cash Flows vor Zinsen und Steuern:

t	1	2	3	4
$C_t^{alt,mit\ GR}$	33.000,-	22.000,-	20.000,-	14.000,-

Entscheiden Sie, ob eine sofortige Generalreparatur des vorhandenen Aggregats durchzuführen ist und wann aus heutiger Sicht das vorhandene Aggregat zu ersetzen ist, falls das neue Aggregat

(a) keine Nachfolger aufweist,

(b) unendlich oft identisch reinvestiert werden soll,

(c) einmal identisch reinvestiert werden soll.

Unterstellen Sie, daß alle Ein- und Auszahlungen für das neue Aggregat unabhängig vom Investitionstermin sind.

Aufgabe 11:

Eine Unternehmung steht vor der Entscheidung, ein vorhandenes Aggregat ersatzlos zu desinvestieren (ex–post–Nutzungsdauer–Entscheidung).

(a) Welches Grenzkalkül ist für diese Entscheidung anzuwenden, falls fallende zeitbezogene Grenzgewinne für das vorhandene Aggregat unterstellt werden können?

(b) Wie lautet das Kriterium aus (a), falls das vorhandene Aggregat steuerlich bereits voll abgeschrieben ist und der heutige und künftige Restwert des Aggregats Null beträgt?

(c) Führen Sie für (a) und (b) eine Sensitivitätsanalyse bezüglich

    des Verkaufspreises

    der Produktions- und Absatzmenge

durch und interpretieren Sie die erhaltenen ex–post Preisuntergrenze und Break–Even–Menge.

Aufgabe 12:

Leiten Sie das Kriterium für den zeitbezogenen Grenzgewinn zur Bestimmung des optimalen Ersatztermins her, falls das Investitionsprojekt

(a) einmal

(b) unendlich oft

(c) m–mal

identisch reinvestiert werden soll.

Aufgabe 13:

Formulieren Sie die Ihnen bekannten Kriterien für den zeitbezogenen Grenzgewinn bei der

(a) ex ante Nutzungsdauerentscheidung

(b) ex ante Ersatzentscheidung

    – mit einem Nachfolgeaggregat

    – mit unendlich vielen Nachfolgeaggregaten

in entsprechende Kriterien für die zeitbezogene Grenzrendite um und interpretieren Sie die erhaltenen Ergebnisse.

Aufgabe 14:

Zeigen Sie für die Bruttomethode mit expliziter Berücksichtigung der Steuern, daß der Barwert

(a) der zeitbezogenen Grenzgewinne

(b) der Annuitäten

dem Kapitalwert der Ein- und Auszahlungen entspricht.

Aufgabe 15:

(a) Ermitteln Sie für die Bruttomethode mit expliziter Berücksichtigung der Steuern die Formel zur Berechnung der approximativen Gewinnannuität (des durchschnittlichen Jahresgewinns).

(b) Lösen Sie Aufgabe 9 mit Hilfe der approximativen anstelle der exakten Annuität.

Aufgabe 16:

Der Kurs der Industrie–AG–Aktien betrug am

Tag	Kurs
2.1.1991	400,–
2.1.1992	460,–

Berechnen Sie für 1991 die diskrete Rendite (Performance) vor Steuern und Transaktionskosten, falls 1991

(a) keine Nebenrechte angefallen sind,

(b) eine Dividende in der Höhe von 12,– je Aktie ausgeschüttet worden ist,

(c) eine ordentliche Kapitalerhöhung stattgefunden hat und die durchschnittliche Notierung des Bezugsrechts 3,– betragen hat,

(d) Gratisaktien (Berichtigungsaktien) im Verhältnis 5 : 1 ausgegeben worden sind.

Aufgabe 17:

Ein Investor rechnet für 199X mit folgenden möglichen Konjunkturentwicklungen in Österreich

i	Zustand z_i	$p(z_i)$
1	Boom	0,3
2	Normale Konjunkturentwicklung	0,6
3	Rezession	0,1

Für die Aktien der Industrie–AG vermutet er folgende Kurse für das Jahresende 199X (inklusive aller 199X angefallenen Nebenrechte):

i	P_i^{cum}
1	520,–
2	460,–
3	320,–

Zu Beginn des Jahres 199X beträgt der Aktienkurs $P_0 = 400,-$. Berechnen Sie für 199X die erwartete diskrete Rendite vor Steuern und Transaktionskosten und das Risiko der Aktie.

Aufgabe 18:

Die Kurse der Bank–AG betrugen 1991

Tag	Kurs
02.01.1991	1000
30.06.1991	1200
31.12.1991	1260

(a) Berechnen Sie die Rendite der Aktie im ersten und zweiten Halbjahr 1991.

(b) Berechnen Sie die arithmetischen und geometrischen Durchschnittsrenditen pro Halbjahr und formen Sie diese Durchschnittsrenditen in % p.a. um (annualisierte Renditen).

Aufgabe 19:

Einem risikoaversen und rationalem Investor stehen sechs Aktien mit folgenden Rendite–Kennzahlen in % p.a. zur Auswahl:

j	A	B	C	D	E	F
$E(r_j)$	15	5	8	12	8	14
$\sigma(r_j)$	30	15	20	30	10	25

Welche dieser Aktien soll der Investor sicher nicht mit positivem Anteil in sein Portfolio aufnehmen?

Aufgabe 20:

Ein Investor vermutet für das kommende Jahr folgende zustandsabhängige Renditen bei den Aktien A und B

Zustand z_i	$p(z_i)$	$r_A(z_i)$	$r_B(z_i)$
Boom	0,3	30 %	15 %
Normal	0,6	15 %	10 %
Rezession	0,1	– 20 %	5 %

Berechnen Sie

(a) die erwarteten Renditen für beide Aktien,

(b) das Risiko beider Aktien,

(c) die Covarianz und die Korrelation zwischen den Renditen der beiden Aktien,

(d) die zustandsabhängigen Renditen, die erwartete Rendite und das Risiko eines Portfolios, das zu 60 % aus Aktien A und zu 40 % aus Aktien B besteht.

Aufgabe 21:

Ein risikoaverser Investor möchte sich für 1 Mio. öS ein Aktienportefeuille aus den Aktien A und B zusammenstellen. Die Renditen der Aktien sind normalverteilt mit folgenden Parametern (Angaben p.a.)

	A	B
$E(r_j)$	0,08	0,15
$\sigma(r_j)$	0,1	0,2

I. Das Portfolio des Investors bestehe wertmäßig aus 60 % Aktien A und 40 % Aktien B und die Korrelation zwischen den Aktienrenditen betrage 0,4.

   (a) Wie ist die Rendite des Portfolios verteilt und welche Parameter weist diese Verteilung auf?

   (b) Mit welcher Wahrscheinlichkeit ist die Rendite des Portfolios negativ?

   (c) Mit welcher Wahrscheinlichkeit liegt die Rendite des Portfolios über 7 % p.a.?

II. Ermitteln Sie

   (a) das Minimum–Varianz–Portfolio,

   (b) die Effizienzlinie

   für den Investor, falls die Korrelation zwischen den Renditen der beiden Aktien

$$\begin{aligned}
\varrho_{AB} &= 1 \\
\varrho_{AB} &= 0{,}75 \\
\varrho_{AB} &= 0{,}5 \\
\varrho_{AB} &= 0 \\
\varrho_{AB} &= -1
\end{aligned}$$

beträgt (mit und ohne Leerverkauf).

III. Unterstellen Sie eine Korrelation von $\varrho_{AB} = 0,4$.

    (a) Der Investor möchte eine erwartete Rendite in der Höhe von 12 % p.a. erzielen. Welches Risiko muß er in diesem Fall eingehen?

    (b) Der Investor ist bereit, ein Risiko in der Höhe von 10 % p.a. einzugehen. Welche Rendite kann er in diesem Fall erwarten?

IV. Beantworten Sie die Fragen aus III., falls für den Investor zusätzlich die Möglichkeit besteht, sein Kapital zu 7 % p.a. risikolos zu veranlagen bzw. zu 7 % p.a. einen Kredit aufzunehmen.

Aufgabe 22:

Ein risikoaverser Investor möchte sich für 1 Mio. öS ein Portfolio aus den Aktien A, B und C zusammenstellen. Die augenblicklichen Aktienkurse betragen

j	A	B	C
P_{0j}	139,–	368,–	206,–

Die vom Investor vermuteten Erwartungswerte sowie die Varianzen und Covarianzen der normalverteilten Renditen sind

j	A	B	C
$E(r_j)$ in % p.a.	8	15	12

$$Cov(r_k, r_j) = \begin{pmatrix} 0,1^2 & 0,008 & 0,003 \\ & 0,2^2 & 0,018 \\ & & 0,15^2 \end{pmatrix}; \quad k,j \in \{A, B, C\}.$$

I. Erstellen Sie ein Modell zur Bestimmung

    (a) des Minimum–Varianz–Portfolios,

    (b) der Effizienzkurve

    mit bzw. ohne der Möglichkeit von Leerverkäufen.

II. (a) Der Investor möchte eine erwartete Rendite in der Höhe von 12 % p.a. erzielen. Erstellen Sie hierfür ein Modell zur Ermittlung eines risikominimalen Portfolios.

    (b) Der Investor ist bereit, ein Risiko in der Höhe von 10 % p.a. zu tragen. Erstellen Sie hierfür ein Modell zur Ermittlung des Portfolios mit maximaler erwarteter Rendite.

III. Unterstellen Sie die Möglichkeit, Kapital zu 7 % p.a. risikolos veranlagen bzw. ausborgen zu können.

    Ermitteln Sie

    (a) die Effizienzkurve,

    (b) das effiziente Portfolio

        (ba) mit einer erwarteten Rendite von 12 % p.a.,

(bb) mit einem Risiko von 10 % p.a.

IV. Welche erwartete Rendite und welches Risiko wird mit einer naiven Diversifikation durch eine Kapitalanlage

(a) in die drei riskanten Wertpapiere,

(b) in die drei riskanten Wertpapiere und in die risikolose Anlage

erzielt?

Aufgabe 23:

Bei Aktie B aus Aufgabe 22 handelt es sich um die Aktie einer Brauerei–AG. Der Investor ist strikter Antialkoholiker und Moralist und möchte daher nunmehr sein Vermögen nur in die Aktien A und C riskant veranlagen. Behandeln Sie die folgenden Problemstellungen für

Fall A: Es existiert kein risikoloser Finanzierungstitel.

Fall B: Es existiert ein risikoloser Finanzierungstitel mit $r = 7$ % p.a.

(a) Erstellen Sie ein Modell zur Bestimmung des Minimum–Varianz–Portfolios.

(b) Berechnen Sie die

  – Zusammensetzung,
  – erwartete Rendite,
  – Varianz und das Risiko

des MVP.

(c) Erstellen Sie ein Modell zur Bestimmung der Effizienzkurve.

(d) Nur für Fall B: Berechnen Sie die

  – Zusammensetzung,
  – erwartete Rendite,
  – Varianz und das Risiko

des Tangentialportfolios M und geben Sie die Gleichung für die Effizienzkurve an.

(e) Der Investor möchte eine erwartete Rendite von 11 % p.a. erzielen. Welches Portfolio soll er sich hierfür zusammenstellen und welches Risiko geht er mit diesem Portfolio ein?

(f) Der Investor ist bereit, ein Risiko von 14 % p.a. zu tragen. Welches Portfolio soll er sich hierfür zusammenstellen und welche Rendite kann er mit diesem Portfolio erwarten?

(g) Welche erwartete Rendite und welches Risiko erzielt der Investor mit einer naiven Diversifikation?

(h) Tragen Sie die Erwartungswert–Risiko–Kombinationen aus (e), (f) und (g) in die beiliegende Graphik ein und zeigen Sie in der Abbildung die Punkte der entsprechenden Lösungen aus dem Drei–Wertpapier–Fall von Aufgabe 21.

(i) Mit welcher Wahrscheinlichkeit ist die Rendite der Portfolios aus (e), (f) und (g)

  – negativ,
  – unter dem risikolosen Zinssatz?

(j) Mit welcher Wahrscheinlichkeit liegt das Endvermögen des Investors für das Portfolio aus (e) zwischen 900.000,– und 1,1 Mio öS?

(k) Am Ende des Planungshorizonts (zu $t = 1$) betragen die tatsächlichen Aktienkurse

j	A	B	C
P_{1j}	147,–	430,–	234,–

und es sind in diesem Jahr keine Kursabschläge bei den drei Aktien aufgetreten. Bestimmen Sie den Wert des Endvermögens des Investors für die Portfolios aus (e), (f) und (g) und die tatsächlich erzielten Renditen (Performances).

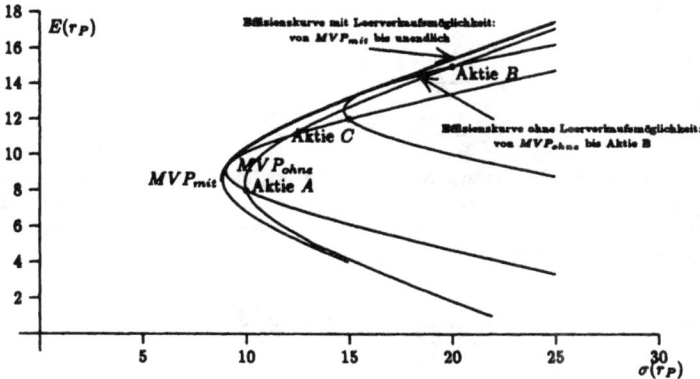

Aufgabe 24:

Alle Teilnehmer am Kapitalmarkt seien risikoavers, haben homogene Erwartungen und entscheiden nach der Erwartungswert–Varianz–Regel. Für das kommende Jahr vermuten die Kapitalmarktteilnehmer folgende zustandsabhängige Renditen in % p.a. für die Aktie A und für den gesamten Kapitalmarkt:

i	z_i	$p(z_i)$	$r_A(z_i)$	$r_M(z_i)$
1	Boom	0,3	30	30
2	Normal	0,6	15	20
3	Rezession	0,1	-20	-30

(a) Berechnen Sie das Ex–ante–β für die Aktie A und die Korrelation zwischen der Aktie A und dem Kapitalmarkt.

(b) Welchen Wert muß der risikolose Zinssatz r annehmen, damit sich der Kapitalmarkt im Gleichgewicht befindet?

(c) Ein Investor ist bereit, ein Risiko in der Höhe von 15 % p.a. zu tragen.

 – Welches Portfolio soll er sich hierfür zusammenstellen und wie groß ist die erwartete Portfoliorendite?

 – Berechnen Sie das β des Portfolios.

 – Mit welcher Wahrscheinlichkeit ist die Rendite dieses Portfolios

   * negativ,

   * unter dem risikolosen Zinssatz?

(d) Der Investor möchte eine erwartete Portfoliorendite in der Höhe von 20 % p.a. erzielen.

 – Welches Portfolio soll er sich hierfür zusammenstellen und wie groß ist das Portfoliorisiko?

- Berechnen Sie das β des Portfolios.
- Mit welcher Wahrscheinlichkeit ist die Rendite dieses Portfolios
  * negativ,
  * unter dem risikolosen Zinssatz?

Aufgabe 25:

Ein Kapitalmarkt bestehe ausschließlich aus den Aktien A und B und einem risikolosen Finanzierungstitel:

j	A	B
P_{0j}	1.000,–	500,–
Stück	35.000	10.000

Alle Teilnehmer am Kapitalmarkt seien risikoavers, haben homogene Erwartungen und entscheiden nach der Erwartungswert–Varianz–Regel. Für das Ende des kommenden Jahres vermuten die Kapitalmarktteilnehmer folgende zustandsabhängige (bereinigte) Kurse für die beiden Aktien:

i	$p(z_i)$	$P_{1A}(z_i)$	$P_{1B}(z_i)$
1	0,6	1.100,–	600,–
2	0,3	1.050,–	475,–
3	0,1	900,–	400,–

Der risikolose Zinssatz beträgt 5 % p.a.

(a) Bestimmen Sie

- die erwartete Rendite und das Risiko des Kapitalmarktes,
- die Ex-ante-βs der Aktien,
- das gesamte, das systematische (nicht diversifizierbare) und das unsystematische (diversifizierbare) Risiko der Aktien.

(b) Überprüfen Sie, ob sich der Kapitalmarkt im Gleichgewicht befindet.

Aufgabe 26:

Die Kurse der Aktien A und B sowie die Notierungen eines Aktienindex betrugen in den letzten zehn Wochen:

Woche	Tag	Kurse Aktie A	Aktie B	Index-stand
1	16.9.92	102	212	321
2	23.9.92	104	214	328
3	30.9.92	95	210	325
4	7.10.92	96	212	330
5	14.10.92	80	216	328
6	21.10.92	82	208	337
7	28.10.92	81	210	330
8	4.11.92	77	210	334
9	11.11.92	77	209	335
10	18.11.92	76	214	332

Der risikolose Zinssatz beträgt am 19.11.1992 7 % p.a. Bei der Aktie A sind folgende Kursabschläge zu beachten:

28.9.92   :   exD   3,- Dividende je Aktie
9.10.92   :   exBA   5:1
4.11.92   :   exBR   Notierung des Bezugsrechts zu Beginn des
                                    Bezugsrechtshandels 5,-

Bei der Aktie B sind innerhalb des Beobachtungszeitraums keine Kursabschläge aufgetreten.

I. Berechnen Sie

   (a) die durchschnittliche wöchentliche Rendite und das Risiko pro Woche für die beiden Aktien und für den Index und annualisieren Sie die erhaltenen Werte,

   (b) die Korrelationen zwischen den wöchentlichen Renditereihen,

   (c) die Ex-post-βs (historische βs) der beiden Aktien.

II. Ein risikoaverser Investor vermutet für das kommende Jahr eine erwartete Kapitalmarktrendite in der Höhe von 15 % p.a.

   (a) Unterstellen Sie stabile β-Werte und ermitteln Sie anhand des Capital Asset Pricing Models (CAPM) die erwarteten Renditen der beiden Aktien für das kommende Jahr.

   (b) Unterstellen Sie desweiteren stabile Volatilitäten und Korrelationen und ermitteln Sie

       – den Marktpreis für das Risiko je Risikoeinheit,

       – das systematische und das unsystematische Risiko der Aktien A und B und

       – die Risikoprämien für die beiden Aktien.

III. Unterstellen Sie eine stabile Volatilität des Kapitalmarktes und beantworten Sie folgende Fragen:

   (a) Wie lautet die Effizienzkurve für den Investor (Kapitalmarktlinie)?

   (b) Welches Risiko muß der Investor eingehen, wenn er eine erwartete Rendite von 12 % p.a. erzielen will?

   (c) Welche erwartete Rendite kann der Investor erzielen, wenn er bereit ist, ein Risiko in der Höhe von 10 % p.a. zu tragen?

   (d) Mit welcher Wahrscheinlichkeit ist die Rendite der Portfolios aus (b) bzw. (c)

       – negativ,

       – unter dem risikolosen Zinssatz?

IV. Welche Portfolioentscheidung hat der Investor zu treffen, wenn er eine Kapitalmarktrendite von weniger als 7 % p.a. erwartet?

Aufgabe 27:

Zu $t = 0$ vermuten alle Investoren für den Zeitpunkt $t = 1$ folgende Eintrittswahrscheinlichkeiten, zustandsabhängige (bereinigte) Kurse für die Aktie A und zustandsabhängige Renditen des gesamten Kapitalmarktes:

i	$p(z_i)$	$P_{1A}(z_i)$	$r_M(z_i)$
1	0,3	110	30 %
2	0,4	115	20 %
3	0,3	90	-5 %

Der risikolose Zinssatz beträgt 5 % p.a.

(a) Bestimmen Sie

   – den Gleichgewichtskurs für die Aktie zum Zeitpunkt $t = 0$,
   – die erwartete Aktienrendite,
   – das gesamte, das systematische und das unsystematische Risiko der Aktie.

(b) Zeigen Sie, daß die Summe aus dem quadrierten systematischen Risiko und dem quadrierten unsystematischen Risiko dem quadrierten Gesamtrisiko der Aktie entspricht.

Aufgabe 28:

Der vollkommene Kapitalmarkt von *Liliput* bestehe ausschließlich aus den Aktien der rein eigenfinanzierten Unternehmungen A, B und C sowie aus einem risikolosen Finanzierungstitel. Jede Unternehmung hat 100.000 Aktien emittiert und die aktuellen Aktienkurse sind

j	A	B	C
P_{0j}	290,40	315,10	394,50

Der risikolose Zinssatz beträgt 5 % p.a. In Liliput gibt es nur zwei Kapitalmarktteilnehmer I und II. Beide Investoren sind risikoavers, rational, haben homogene Erwartungen und erwarten folgende Aktienrenditen für das kommende Jahr (in % p.a.)

j	A	B	C
$E(r_j)$	8	15	12

Die geschätzten Varianzen und Covarianzen der normalverteilten Aktienrenditen sind

$$Cov(r_j, r_k) = \begin{pmatrix} 0,1^2 & 0,008 & 0,003 \\ & 0,2^2 & 0,018 \\ & & 0,15^2 \end{pmatrix}; \quad j, k \in \{A, B, C\}.$$

(a) Befindet sich der Kapitalmarkt von Liliput im Gleichgewicht?

Das am Kapitalmarkt investierte Reinvermögen von Investor II ist um 50 % größer als jenes von Investor I. Von Investor I ist bekannt, daß er bereit ist, ein Risiko seines Vermögens in der Höhe von 10 % p.a. zu tragen.

(b) Wieviele Aktien der drei Unternehmungen besitzt jeder der beiden Investoren im Gleichgewicht und wieviel Kapital wird zum risikolosen Zinssatz gehandelt?

(c) Zeichnen Sie

   – das Marktportfolio,
   – die Kapitalmarktgerade,
   – die Positionen der beiden Investoren

   in die beiliegende Graphik ein.

(d) Mit welcher Wahrscheinlichkeit wird der verschuldete Investor am Jahresende seine Verbindlichkeiten

   – überhaupt nicht,
   – nur teilweise

   begleichen können?

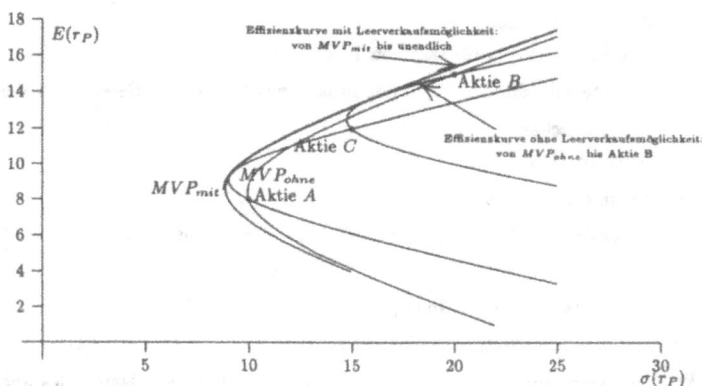

Aufgabe 29:

Auf einem vollkommenen Kapitalmarkt werden ausschließlich Aktien der Unternehmungen A und B und ein risikoloser Finanzierungstitel gehandelt. Unternehmung A hat 300 und Unternehmung B 600 Aktien emittiert. Zum Zeitpunkt $t = 0$ beträgt der risikolose Zinssatz $5\frac{2}{3}$ % p.a. Die Kapitalmarktteilnehmer sind risikoavers, rational, haben homogene Erwartungen und erwarten folgende bereinigte Kurse der beiden Aktien für das Ende des kommenden Jahres

j	A	B
$E(P_{1j}^{cum})$	108	230

Die geschätzten Standardabweichungen der normalverteilten bereinigten Kurse zu $t = 1$ sind

j	A	B
$\sigma(P_{1j})$	10	40

Die geschätzte Korrelation zwischen den beiden Aktienrenditen sei 0,4 und es wird eine Kapitalmarktrendite in der Höhe von 13,6 % p.a. erwartet.

(a) Bestimmen Sie die augenblicklichen Gleichgewichtskurse der beiden Aktien.

Auf dem oben dargestellten Kapitalmarkt agieren nur zwei Investoren I und II. Von Investor I ist bekannt, daß er mit seinem Portfolio eine erwartete Rendite in der Höhe von 10 % p.a. erzielen möchte.

(b) Zeigen Sie die Struktur der Portfolios beider Investoren auf, falls die Investoren zu $t = 0$ über ein gleich hohes Anfangsvermögen verfügen.

Aufgabe 30:

(a) Ermitteln Sie für die beiliegenden Ibbotson/Sinquefield–Daten (Renditen in US–\$ am US–amerikanischen Kapitalmarkt für 1926–1988) folgende ex post–Statistiken:

   – arithmetische Durchschnittsrenditen und Standardabweichungen (nominell und real),

 – geometrische Durchschnittsrenditen (nominell und real),

 – Korrelationen und

 – Autokorrelationen für lags von 1 bis 5 Jahren.

(b) Welche unterschiedlichen Portfoliopolitiken werden bei der Berechnung der

 – arithmetischen

 – geometrischen

Durchschnittsrendite unterstellt?

(c) Testen Sie die Renditen der beiden Aktienportfolios auf

 – Normalverteilung

 – Autokorrelation 1. Ordnung

für eine Irrtumswahrscheinlichkeit von 5 %.

(d) Welchen Wert am Ende von 1988 hat eine Investition zu Beginn des Jahres 1926 in der Höhe von jeweils 1 US-\$ in jedes der fünf Portfolios? (Nehmen Sie dabei an, daß alle Zahlungen reinvestiert werden)

(e) Beantworten Sie folgende Fragen aus Ross/Westerfield/Jaffe (1990), S. 232 und 236:

 – What is the largest one-period return in the 63–year history of common stocks we have displayed, and when did it occur? What is the smallest return, and when did it occur?

 – In how many years did the common–stock return exceed 30 percent, and in how many years was it below 20 percent?

 – For common stocks, what is the longest period of time without a single losing year? What is the longest streak of losing years?

 – What is the longest period of time such that if you had invested at the beginning of the period, you would still not have had a positive return on your common–stock investment by the end?

Jahr	Common Stock	Small Stock	Long-Term Corporate Bonds	Long-Term Government Bonds	US. Treasury Bills	Consumer Price index
1926	0,1162	0,0028	0,0737	0,0777	0,0327	-0,0149
1927	0,3749	0,2210	0,0744	0,0893	0,0312	-0,0208
1928	0,4361	0,3969	0,0284	0,0010	0,0324	-0,0097
1929	-0,0840	-0,5136	0,0327	0,0342	0,0475	0,0019
1930	-0,2490	-0,3815	0,0798	0,0466	0,0241	-0,0603
1931	-0,4334	-0,4975	-0,0185	-0,0531	0,0107	-0,0952
1932	-0,0819	-0,0539	0,1062	0,1684	0,0096	-0,1030
1933	0,5399	1,4287	0,1038	-0,0008	0,0030	0,0051
1934	-0,0144	0,2422	0,1384	0,1002	0,0016	0,0203
1935	0,4767	0,4019	0,0961	0,0498	0,0017	0,0299
1936	0,3392	0,6480	0,0674	0,0751	0,0018	0,0121
1937	-0,3503	-0,5801	0,0275	0,0023	0,0031	0,0310
1938	0,3112	0,3280	0,0613	0,0553	-0,0002	-0,0278
1939	-0,0041	0,0035	0,0397	0,0594	0,0002	-0,0048
1940	-0,0978	-0,0516	0,0339	0,0609	0,0000	0,0096
1941	-0,1159	-0,0900	0,0273	0,0093	0,0006	0,0972
1942	0,2034	0,4451	0,0260	0,0322	0,0027	0,0929
1943	0,2590	0,8837	0,0283	0,0208	0,0035	0,0316
1944	0,1975	0,5372	0,0473	0,0281	0,0033	0,0211
1945	0,3644	0,7361	0,0406	0,1073	0,0033	0,0225
1946	-0,0807	-0,1163	0,0172	-0,0010	0,0035	0,1817
1947	0,0571	0,0092	-0,0234	-0,0263	0,0050	0,0901
1948	0,0550	-0,0211	0,0414	0,0340	0,0081	0,0271
1949	0,1879	0,1975	0,0331	0,0645	0,0110	-0,0180

Jahr	Common Stock	Small Stock	Long-Term Corporate Bonds	Long-Term Government Bonds	US. Treasury Bills	Consumer Price index
1950	0,3171	0,3875	0,0212	0,0006	0,0120	0,0579
1951	0,2402	0,0780	-0,0269	-0,0394	0,0149	0,0587
1952	0,1837	0,0303	0,0352	0,0116	0,0166	0,0088
1953	-0,0099	-0,0649	0,0341	0,0363	0,0182	0,0062
1954	0,5262	0,6058	0,0539	0,0719	0,0086	-0,0050
1955	0,3156	0,2044	0,0048	-0,0130	0,0157	0,0037
1956	0,0656	0,0428	-0,0681	-0,0559	0,0246	0,0286
1957	-0,1078	-0,1457	0,0871	0,0745	0,0314	0,0302
1958	0,4336	0,6489	-0,0222	-0,0610	0,0154	0,0176
1959	0,1195	0,1640	-0,0097	-0,0226	0,0295	0,0150
1960	0,0047	-0,0329	0,0907	0,1378	0,0266	0,0148
1961	0,2689	0,3209	0,0482	0,0097	0,0213	0,0067
1962	-0,0873	-0,1190	0,0795	0,0689	0,0273	0,0122
1963	0,2280	0,2357	0,0219	0,0121	0,0312	0,0165
1964	0,1648	0,2352	0,0477	0,0351	0,0354	0,0119
1965	0,1245	0,4175	-0,0046	0,0071	0,0393	0,0192
1966	-0,1006	-0,0701	0,0020	0,0365	0,0476	0,0335
1967	0,2398	0,8357	-0,0495	-0,0919	0,0421	0,0304
1968	0,1106	0,3597	0,0257	-0,0026	0,0521	0,0472
1969	-0,0850	-0,2505	-0,0809	-0,0508	0,0658	0,0611
1970	0,0401	-0,1743	0,1837	0,1210	0,0653	0,0549
1971	0,1431	0,1650	0,1101	0,1323	0,0439	0,0336
1972	0,1898	0,0443	0,0726	0,0568	0,0384	0,0341
1973	-0,1466	-0,3090	0,0114	-0,0111	0,0693	0,0880
1974	-0,2647	-0,1995	-0,0306	0,0435	0,0800	0,1220
1975	0,3720	0,5282	0,1464	0,0919	0,0580	0,0701
1976	0,2384	0,5738	0,1865	0,1675	0,0508	0,0481
1977	-0,0718	0,2538	0,0171	-0,0067	0,0512	0,0677
1978	0,0656	0,2346	-0,0007	-0,0116	0,0718	0,0903
1979	0,1844	0,4346	-0,0418	-0,0122	0,1038	0,1331
1980	0,3242	0,3988	-0,0262	-0,0395	0,1124	0,1240
1981	-0,0491	0,1388	-0,0096	0,0185	0,1471	0,0894
1982	0,2141	0,2801	0,4379	0,4035	0,1054	0,0387
1983	0,2251	0,3967	0,0470	0,0068	0,0880	0,0380
1984	0,0627	-0,0667	0,1639	0,1543	0,0985	0,0395
1985	0,3216	0,2466	0,3090	0,3097	0,0772	0,0377
1986	0,1847	0,0685	0,1985	0,2444	0,0616	0,0113
1987	0,0523	-0,0930	-0,0027	-0,0269	0,0547	0,0441
1988	0,1681	0,2287	0,1070	0,0967	0,0635	0,0447

From R. G. Ibbotson and R. A. Sinquefield, Stocks, Bonds and Inflation [SBBI] (Charlottesville, Va.: Financial Analysts Research Foundation, 1982). Updated in SBBI 1988 Quaterly Market Reports (Chicago: Ibbotson Associates).

Quelle: Ross/Westerfield/Jaffe (1990), S. 235–236.

Aufgabe 31:

Einem risikoaversen Jungunternehmer steht zur Gründung einer Kapitalgesellschaft folgendes Investitionsprojekt mit einjähriger Nutzungsdauer zur Auswahl:

Anschaffungsauszahlungen	260,–
Restwert	0
Preis je Stück	1,–
Variable Auszahlungen je Stück	0,50
Fixe Auszahlungen	200,–

Der Investor vermutet für das kommende Jahr folgende Umweltzustände am Kapitalmarkt, subjektive Eintrittswahrscheinlichkeiten, zustandsabhängige Kapitalmarktrenditen und zustandsabhängige Absatz- und Produktionsmengen für das Investitionsprojekt:

Zustand z_i	$p(z_i)$	$r_M(z_i)$ in % p.a.	$x(z_i)$
Rezession	$1/3$	5	950
Normal	$1/3$	10	1.000
Boom	$1/3$	15	1.050

Der risikolose Zinssatz beträgt 8 % p.a. Es sind keine Steuern zu leisten. Bestimmen Sie den Kapitalwert des Projekts

(a) bei reiner Eigenfinanzierung,

(b) bei Aufnahme von Fremdkapital in der Höhe von 200,–,

(c) bei reiner Fremdfinanzierung.

(d) Welche Wertpapierportfolios des Kapitalmarkts liefern erwartete Renditen in der Höhe der Kalkulationszinsfüße aus (a) bis (c) und welche Risiken weisen diese auf?

Aufgabe 32:

Die Elektronikbranche der vollkommenen Volkswirtschaft von *Liliput* besteht aus zwei Unternehmungen I und II, die gerade ihren Maschinenpark vollständig erneuern wollen. Beiden Unternehmungen stehen zwei alternative Investitionsprojekte zur Auswahl:

Maschine	A	B
Anschaffungsauszahlungen	260,–	260,–
Nutzungsdauer in Jahren	1,–	1,–
Restwert am Ende der Nutzungsdauer	0	0
Variable Zahlungen je Stück	0,50	0,35
Fixe Auszahlungen	200,–	400,–

Die Unternehmungen vermuten für das kommende Jahr folgende Umweltzustände, subjektive Eintrittswahrscheinlichkeiten, zustandsabhängige Kapitalmarktrenditen und zustandsabhängige Umsatzmengen für die gesamte Elektronikbranche:

Zustand z_i	$p(z_i)$	$r_M(z_i)$ in % p.a.	Gesamte Umsatzmenge
Rezession	$1/3$	5	2.850
Normal	$1/3$	10	3.000
Boom	$1/3$	15	3.150

Die Unternehmungen vermuten einen Marktanteil an der Elektronikbranche von $1/3$ für Unternehmung I und $2/3$ für Unternehmung II. Der Verkaufspreis sei für beide Unternehmungen gleich und betrage, unabhängig vom eintretenden Zustand, 1,–. Der risikolose Zinssatz betrage 8 % p.a. und es sind keine Steuern zu leisten. Bei Realisation eines Investitionsprojekts wird jede Unternehmung einen Kredit in der Höhe von 200,– aufnehmen. Bestimmen Sie für beide Unternehmungen

(a) die optimale Investitionspolitik,

(b) die Alternativrendite für das Eigenkapital,

(c) das normierte systematische Projektrisiko (Asset–Beta) und das normierte systematische Risiko der Elektronikbranche,

(d) den Marktwert des Eigenkapitals zu $t = 0$,

(e) die Anfangsbilanz zu Buchwerten und zu Marktwerten,

(f) die erwartete Plan–GuV, den erwarteten Operating und erwarteten Net Cash Flow sowie das erwartete Nettobetriebsergebnis,

(g) die erwartete Endbilanz,

(h) aus den erwarteten Gewinnen die Gesamtkapitalrendite[1], den Return on Investment, den Return on Equity und die Eigenkapitalrendite[2].

(i) Unterstellen Sie, daß beide Unternehmungen kurz nach der Anschaffung der Investitionsprojekte miteinander fusioniert werden und beantworten Sie die Aufgaben (b) bis (h) unter diesem neuen Gesichtspunkt.

Aufgabe 33:

Ein Industriebetrieb plant die Einführung eines neuen Produkts, für dessen Herstellung folgende Maschine benötigt wird:

> Anschaffungsauszahlungen: 100.000,-
> Erwarteter nomineller
> Restwert am Ende der Nutzung: 20.000,-

Es wird eine optimale Nutzungsdauer von drei Jahren unterstellt. Die Marketingabteilung hält es für realistisch, daß von dem neuen Produkt jährlich 10.000 EH zu einem nominellen Nettoverkaufspreis von 14,- je Stück abgesetzt werden können. Jedoch gibt sie zu bedenken, daß es bei Einführung des neuen Produkts zu Umsatzeinbußen bei bereits vorhandenen, ähnlichen Produkten der Unternehmung mit entgehenden Einzahlungsüberschüssen (vor Zinsen und Steuern) in Höhe von jährlich 20.000,- (nominell) kommen könnte.

Die Kalkulationsabteilung ermittelt nominelle variable Stückkosten für Roh-, Hilfs- und Betriebsstoffe und Löhne in Höhe von 6,-, die Fertigungsabteilung rechnet mit folgenden nominellen Zahlungen für die Instandhaltung der Maschine

Jahr der Nutzung	1	2	3
Instandhaltung	10.000,-	22.000,-	33.000,-

Die steuerliche Abschreibung erfolgt linear über drei Jahre und es werden keine steuerlichen Investitionsbegünstigungen in Anspruch genommen. Der Gewinnsteuersatz beträgt 40 % und die Unternehmung erwartet hinreichend große Gewinne aus den anderen Unternehmensbereichen. Ein Verlustvortrag ist nicht vorhanden.

Es ist geplant, nach Beendigung des Investitionsprojekts keine Nachfolgeinvestitionen durchzuführen. Eine Verschiebung der Investition in spätere Jahre wird als nicht zielführend erachtet.

Bei dem geplanten neuen Produkt handelt es sich um eine Erweiterung der Produktpalette in der bisherigen Branche der Unternehmung. Die Unternehmung ist eine börsennotierte Aktiengesellschaft und weist zu $t = 0$ folgende aggregierte Bilanz auf:

---

[1] Unterstellen Sie hierfür, daß die Anteilseigner unmittelbar nach Durchführung der Investitionen ihr Eigenkapital zum Marktwert an andere Investoren verkaufen.
[2] vgl. Fußnote 1.

Bilanz zu $t = 0$

Anlagevermögen	600.000,–	Grundkapital	200.000,–
Umlaufvermögen	400.000,–	Rücklagen	40.000,–
		Gewinnvortrag	10.000,–
		Langfristige Rückstellungen	100.000,–
		Kurzfristige Rückstellungen	50.000,–
		Langfristige Verbindlichkeiten	300.000,–
		Kurzfristige Verbindlichkeiten	300.000,–
	1.000.000,–		1.000.000,–

Das Nominale je Aktie beträgt 100,– und der aktuelle Aktienkurs zu $t = 0$ ist 250,–.

Aus aktuellen historischen Aktienkursen wurde ein Beta der Aktie in der Höhe von 0,625 geschätzt. Der risikolose Zinssatz beträgt 8 % p.a. und die Unternehmungsleitung rechnet mit einer erwarteten Kapitalmarktrendite von 16 % p.a.

(a) Bestimmen Sie den aktuellen Verschuldungsgrad der Unternehmung zu Buchwerten und zu Marktwerten.

(b) Warum kann der Marktwert des Eigenkapitals vom Buchwert des Eigenkapitals abweichen?

(c) Bestimmen Sie nach dem Capital Asset Pricing Model den Kapitalkostensatz für das Eigenkapital nach Steuern (erwartete Alternativrendite der Eigenkapitalgeber nach Steuern) für folgende Verschuldungsgrade (zu Marktwerten): 0 %, 20 %, 40 %, 60 % und 80 %.

(d) Bestimmen Sie für die in (c) angegebenen Verschuldungsgrade das systematische Risiko des Eigenkapitals, falls mit einem Risiko des Kapitalmarktes in der Höhe von 25 % p.a. gerechnet wird.

Aufgabe 34:

Wie kann in Aufgabe 33 der Kapitalkostensatz (erwartete Alternativrendite) für das Eigenkapital nach Steuern ermittelt werden, falls

(a) die Unternehmung nicht börsennotiert ist?

(b) das neue Produkt der Unternehmung nicht der bisherigen Branche der Unternehmung zugeordnet werden kann?

Aufgabe 35:

Dem Projekt aus Aufgabe 33 kann ein Kredit nicht direkt zugerechnet werden. Der Kapitalkostensatz für das Fremdkapital vor Steuern (Effektivverzinsung vor Steuern) beträgt 8 % p.a.

Berechnen Sie für die Bruttomethode mit expliziter Berücksichtigung von Steuern den gewichteten durchschnittlichen Kapitalkostensatz nach Steuern mit Hilfe

- des traditionellen Ansatzes
- der Modigliani–Miller–Approximation

und die Kapitalwerte für folgende Fälle:

(a) Die Unternehmungsleitung ist bestrebt, den jetzigen Verschuldungsgrad der Unternehmung auch in Zukunft beizubehalten[3].

(b) Die Unternehmungsleitung ist bestrebt, den Verschuldungsgrad der Unternehmung zu senken. Dem Projekt soll daher ein Verschuldungsgrad von 40 % zugerechnet werden.

(c) Die Unternehmungsleitung ist bestrebt, den Verschuldungsgrad der Unternehmung zu erhöhen. Dem Projekt soll daher ein Verschuldungsgrad von 80 % zugerechnet werden.

Unterstellen Sie dabei vereinfachend jeweils konstante Kalkulationszinsfüße k_E.

Aufgabe 36:

(a) Unterstellen Sie für das Investitionsprojekt aus Aufgabe 31 (b) einen Körperschaftsteuersatz von 30 % und eine steuerliche Abschreibung über die geplante Nutzungsdauer. Berechnen Sie den Kapitalwert mit expliziter Berücksichtigung der Steuern nach der

— Nettomethode

und nach der

— Bruttomethode.

(b) Ermitteln Sie desweiteren

— Anfangsbilanz,

— erwartete Gewinn und Verlust–Rechnung,

— erwartete Cash Flows,

— erwartetes Nettobetriebsergebnis

und

— erwartete Endbilanz.

(c) Bestimmen Sie aus den erwarteten Größen

— Return on Investment,

— Return on Equity,

— Rendite des Gesamtkapitals[4]

und

— Rendite des Eigenkapitals[5]

nach Steuern.

Aufgabe 37:

Bearbeiten Sie die Fragestellung aus Aufgabe 36 (a),

(a) falls die geplante Nutzungsdauer drei Jahre beträgt, die steuerliche Abschreibung linear über die geplante Nutzungsdauer erfolgt und bei Fremdfinanzierung der Kredit in Form einer Ratentilgung ohne Freijahre zurückbezahlt wird.

---

[3] vgl. auch Fischer (1996), Aufgabe 22 (Fall I).
[4] Unterstellen Sie hierfür, daß der Jungunternehmer unmittelbar nach Durchführung der Investition sein Eigenkapital zum Marktwert an einen Investor verkauft.
[5] vgl. Fußnote 4.

(b) falls die geplante Nutzungsdauer unendlich ist und bei Fremdfinanzierung ein ewiger Kredit ohne Tilgung aufgenommen wird.

Unterstellen Sie dabei, daß alle angeführten Parameter in allen Perioden konstant bleiben und daß alle Zufallsvariablen stationär sind.

Aufgabe 38:

Einem risikoaversen Investor steht zur Gründung einer Kapitalgesellschaft folgendes Investitionsprojekt zur Auswahl:

Anschaffungsauszahlungen	200,–
Geplante Nutzungsdauer	2 Jahre
Restwert am Ende der Nutzungsdauer	50,–
Preis je Stück	1,–
Variable Auszahlungen je Stück	0,50
Steuerliche Abschreibung	Linear über zwei Jahre
Steuersatz	30 %
Fixe Auszahlungen	100,– im ersten Jahr
	150,– im zweiten Jahr

Der Investor vermutet für die beiden kommenden Jahre folgende Umweltzustände am Kapitalmarkt z_i, subjektive Eintrittswahrscheinlichkeiten $p(z_i)$, zustandsabhängige Kapitalmarktrenditen $r_M(z_i)$ und zustandsabhängige Produktions- und Absatzmengen $x(z_i)$ für das Projekt:

Der risikolose Zinssatz beträgt in der ersten Periode 4 % p.a. und in der zweiten Periode 6 % p.a. Bestimmen Sie den Kapitalwert des Projekts bei reiner Eigenfinanzierung.

Aufgabe 39:

Unter welchen Annahmen sind die Kapitalkostensätze ϱ_t, $k_{E,t}$ und $k_{G,t}$ im Zeitablauf konstant?

Aufgabe 40:

Bewerten Sie mit der APV-Methode die Investitionsprojekte aus

(a) Aufgabe 36 (a),

(b) Aufgabe 37 (a)

und

(c) Aufgabe 37 (b).

Aufgabe 41:

Für das Projekt aus Aufgabe 33 wird bei Durchführung folgender Kredit aufgenommen:

Nominale	60.000,–
Laufzeit	3 Jahre
Nomineller Zinssatz	8 % p.a.
Ratentilgung	über 3 Jahre
Zinszahlungen	einmal jährlich am Jahresende
Kein Auszahlungsdisagio	
Kein Rückzahlungsagio	

Berechnen Sie den Kapitalwert

(a) nach der Nettomethode mit expliziter Berücksichtigung der Steuern[6],

(b) nach der APV (Adjusted Present Value)-Methode.

Unterstellen Sie dabei vereinfachend konstante Kalkulationszinssätze k_E bzw. ϱ.

Aufgabe 42:

Warum stimmen die Kapitalwerte nach der

Bruttomethode	(Aufgabe 35 (a)),
Nettomethode	(Aufgabe 41 (a)) und
APV-Methode	(Aufgabe 41 (b))

nicht exakt überein? Modifizieren Sie das Nominale und die Tilgung des Kredits aus Aufgabe 41 derart, daß auch die Nettomethode und die APV-Methode denselben Kapitalwert wie nach der Bruttomethode ergeben.

---

[6] vgl. auch Fischer (1996), Aufgabe 22 (Fall II).

Aufgabe 43:

Bewerten Sie mit der SDR–Methode die Investitionsprojekte aus

(a) Aufgabe 31,

(b) Aufgabe 36 (a),

(c) Aufgabe 37 (a)

und

(d) Aufgabe 37 (b).

B Anhang: Formelsammlung und Verteilungstabellen

Formelsammlung
für die Diplomprüfung aus ABWL:
Finanzwirtschaft für Fortgeschrittene

- **Kapitalwerte[1]:**

  - <u>Mit expliziter Berücksichtigung von Steuern:</u>
    * Bruttomethode:
    $$K_0 = -A_0 + \sum_{t=1}^{T} \frac{OCF_t}{(1+k_G)^t} + \frac{R_T - s(R_T - BW_T)}{(1+k_G)^T}$$
    mit: $OCF_t = C_t - s(C_t - AfA_t)$
    $\quad\quad\;\; k_G = (1-v_0)k_E + v_0(1-s)i$
    * Nettomethode:
    $$K_0 = -A_0 + Y_0 + \sum_{t=1}^{T} \frac{NCF_t - Y_t}{(1+k_E)^t} + \frac{R_T - s(R_T - BW_T)}{(1+k_E)^T}$$
    mit: $NCF_t = C_t - Z_t - s(C_t - AfA_t - Z'_t)$
    * APV-Methode:
    $$K_0 = -A_0 + \sum_{t=1}^{T} \frac{OCF_t}{(1+\varrho)^t} + \frac{R_T - s(R_T - BW_T)}{(1+\varrho)^T} + s \cdot \sum_{t=1}^{T} \frac{Z'_t}{(1+i)^t}$$

  - <u>Mit impliziter Berücksichtigung von Steuern:</u>
    * Bruttomethode:
    $$K_0 = -A_0 + \sum_{t=1}^{T} \frac{C_t}{(1+k_G^{\text{vorSt.}})^t} + \frac{R_T}{(1+k_G^{\text{vorSt.}})^T}$$
    mit: $k_G^{\text{vorSt.}} \approx \frac{k_G}{1-s}$
    * Nettomethode:
    $$K_0 = -A_0 + Y_0 + \sum_{t=1}^{T} \frac{C_t - Z_t - Y_t}{(1+k_E^{\text{vorSt.}})^t} + \frac{R_T}{(1+k_E^{\text{vorSt.}})^T}$$
    mit: $k_E^{\text{vorSt.}} \approx \frac{k_E}{1-s}$

- **Kettenkapitalwert:**
$$KK_0 = \begin{cases} K_0 \cdot \frac{(1+k)^{(m+1)T}-1}{(1+k)^{m \cdot T}[(1+k)^T - 1]} & \text{bei } m\text{--maliger identischer} \\ & \text{Reinvestition} \\[2ex] K_0 \cdot \frac{1}{1-(\frac{1}{1+k})^T} & \text{bei unendlicher} \\ & \text{identischer Reinvestition} \end{cases}$$

---

[1] Mit nominellen Cash Flows und konstanten nominellen Kalkulationszinsfüßen.

- **Kapitalwert bei laufenden Cash Flows mit konstanter Wachstumsrate π:**

$$K_0 = -A_0 + C_1 \cdot \frac{(\frac{1+k}{1+\pi})^T - 1}{(k-\pi)(\frac{1+k}{1+\pi})^T} + \frac{R_T}{(1+k)^T}$$

- **Zeitbezogener Grenzgewinn:**

$$GG_T \;=\; (1-s)\{C_T - (R_{T-1} - R_T) - \frac{k_G}{1-s}[R_{T-1} - s(R_{T-1} - BW_{T-1})]\}$$

- **Kriterium des zeitbezogenen Grenzgewinns:**

$$GG_{T_k^*} \;\geq\; k_G \cdot KK(T_{k+1}^*, T_{k+2}^*, \ldots, T_{m+1}^*)$$
$$GG_{T_k^*+1} \;<\; k_G \cdot KK(T_{k+1}^*, T_{k+2}^*, \ldots, T_{m+1}^*)$$

- **Leverage:**

$$OL_t^{dyn} \;=\; \frac{(1-s)\cdot(1-\gamma)\cdot PV_{t-1}}{U_{t-1}}$$
$$FL_t^{dyn} \;=\; \frac{U_{t-1}}{E_{t-1}}$$

- **Systematische Risiken:**

$$\beta_{E,t} \;=\; FL_t^{dyn} \cdot \beta_{A,t}$$

mit: $\quad \beta_{A,t} \;=\; OL_t^{dyn} \cdot \beta_{VZ,t}$

- **Alternativrendite der Anteilseigner nach Steuern:**

$$\begin{aligned}
k_{E,t}^{\text{nachSt.}} \;&=\; r_t + [E(r_{M,t}) - r_t] \cdot \beta_{E,t} \\
&=\; r_t + [E(r_{M,t}) - r_t] \cdot FL_t^{dyn} \cdot \beta_{A,t} \\
&=\; r_t + [E(r_{M,t}) - r_t] \cdot \left[1 + (1 - s \cdot f_{t-1}) \cdot \frac{v_{t-1}^*}{1 - v_{t-1}^*}\right] \cdot \beta_{A,t}
\end{aligned}$$

- **Modigliani–Miller Approximation:**

$$k_{G,t}^{\text{nachSt.}} \;=\; \varrho_t \cdot (1 - s \cdot v_{t-1}^*)$$

mit: $\quad \varrho_t \;=\; r_t + [E(r_{M,t}) - r_t] \cdot \beta_{A,t}$

Portfoliotheorie und moderne Kapitalmarkttheorie

- **Elementare Modelle in der Portfoliotheorie[2]:**

  - Modell zur Bestimmung des Minimum–Varianz–Portfolios MVP:
    Quadratisches Programm:

    $$\min \sigma^2(r_P) = \sum_{j=1}^{N}\sum_{k=1}^{N} Cov(r_j, r_k) x_j x_k$$

    unter der Nebenbedingung

    $$\sum_{j=1}^{N} x_j = 1$$

  - Modelle zur Bestimmung der Effizienzkurve nach Markowitz:

    * Quadratisches Programm mit dem Parameter $E(r_P) \geq E(r_{MVP})$:

      $$\min \sigma^2(r_P) = \sum_{j=1}^{N}\sum_{k=1}^{N} Cov(r_j, r_k) x_j x_k$$

      unter den Nebenbedingungen

      $$\sum_{j=1}^{N} E(r_j) x_j = E(r_P)$$

      $$\sum_{j=1}^{N} x_j = 1$$

    * Nichtlineares Programm mit dem Parameter $\sigma(r_P) \geq \sigma(r_{MVP})$:

      $$\max E(r_P) = \sum_{j=1}^{N} E(r_j) x_j$$

      unter den Nebenbedingungen

      $$\sum_{j=1}^{N}\sum_{k=1}^{N} Cov(r_j, r_k) x_j x_k = \sigma^2(r_P)$$

      $$\sum_{j=1}^{N} x_j = 1$$

  - Modelle zur Bestimmung des Tangentialportfolios M:

    * Nichtlineares Programm:

      $$\max \frac{E(r_P) - r}{\sigma(r_P)}$$

---

[2] Die Modellierungen erfolgen unter Annahme, daß Leerverkäufe zulässig sind. Sind Leerverkäufe unzulässig, so sind die Modelle um die Nichtnegativitätsbedingungen
$$x_j \geq 0 \quad \text{für } j = 1, \ldots, N$$
zu ergänzen.

unter den Nebenbedingungen

$$\sum_{j=1}^{N}\sum_{k=1}^{N} Cov(r_j, r_k)x_j x_k = \sigma^2(r_P)$$

$$\sum_{j=1}^{N} E(r_j)x_j = E(r_P)$$

$$\sum_{j=1}^{N} x_j = 1$$

* Lineares Gleichungssystem:

$$\sum_{k=1}^{N} Cov(r_j, r_k)y_k = E(r_j) - r \text{ für } j = 1,\ldots,N$$

mit: y_k ... Hilfsvariable, $k = 1,\ldots,N$. Anteile der Wertpapiere im Tangentialportfolio x_j^M:

$$x_j^M = \frac{y_j}{\sum_{k=1}^{N} y_k} \text{ für } j = 1,\ldots,N$$

– Gleichung der Effizienzkurve nach Tobin:

$$E(r_P) = r + \frac{E(r_M) - r}{\sigma(r_M)}\sigma(r_P)$$

mit: $E(r_P) = r + (1-)E(r_M)$
$\sigma(r_P) = (1-)\sigma(r_M)$
$x_j = (1-)x_j^M$

wobei: α ... Anteil des risikolosen Finanzierungstitels am Anfangsvermögen W_0

• **Capital Asset Pricing Model:**

– <u>Erwartete Aktienrendite</u>:
Drei Darstellungsformen:

$$E(r_j) = r + [E(r_M) - r] \cdot \frac{Cov(r_j, r_M)}{\sigma^2(r_M)}$$

$$E(r_j) = r + [E(r_M) - r]\beta_j$$

mit: $\beta_j = \frac{Cov(r_j, r_M)}{\sigma^2(r_M)}$

$$E(r_j) = r + \frac{[E(r_M) - r]}{\sigma(r_M)} \cdot \varrho(r_j, r_M)\sigma(r_j)$$

mit: $\varrho(r_j, r_M) = \frac{Cov(r_j, r_M)}{\sigma(r_M)\sigma(r_j)}$
$= \beta_j \cdot \frac{\sigma(r_M)}{\sigma(r_j)}$

– <u>Aktienrisiko</u>:
Zwei Darstellungsformen für das quadrierte Risiko:

$$\sigma^2(r_j) = \beta_j^2\sigma^2(r_M) + \sigma^2(\varepsilon_j)$$

$$\sigma^2(r_j) = \varrho^2(r_j, r_M)\sigma^2(r_j) + \sigma^2(\varepsilon_j)$$

mit: $\sigma(\varepsilon_j) = \sigma(r_j)\sqrt{1 - \varrho^2(r_j, r_M)}$

Werte der Verteilungsfunktion der Standardnormalverteilung

d	.,.0	.,.1	.,.2	.,.3	.,.4	.,.5	.,.6	.,.7	.,.8	.,.9
0,0	0,5000	0,5040	0,5080	0,5120	0,5160	0,5199	0,5239	0,5279	0,5319	0,5359
0,1	0,5398	0,5438	0,5478	0,5517	0,5557	0,5596	0,5636	0,5675	0,5714	0,5753
0,2	0,5793	0,5832	0,5871	0,5910	0,5948	0,5987	0,6026	0,6064	0,6103	0,6141
0,3	0,6179	0,6217	0,6255	0,6293	0,6331	0,6368	0,6406	0,6443	0,6480	0,6517
0,4	0,6554	0,6591	0,6627	0,6664	0,6700	0,6736	0,6772	0,6808	0,6844	0,6879
0,5	0,6915	0,6950	0,6985	0,7019	0,7054	0,7088	0,7123	0,7157	0,7190	0,7224
0,6	0,7257	0,7291	0,7324	0,7357	0,7389	0,7422	0,7454	0,7486	0,7517	0,7549
0,7	0,7580	0,7611	0,7642	0,7673	0,7703	0,7734	0,7764	0,7794	0,7823	0,7852
0,8	0,7881	0,7910	0,7939	0,7967	0,7995	0,8023	0,8051	0,8078	0,8106	0,8133
0,9	0,8159	0,8186	0,8212	0,8238	0,8264	0,8289	0,8315	0,8340	0,8365	0,8389
1,0	0,8413	0,8438	0,8461	0,8485	0,8508	0,8531	0,8554	0,8577	0,8599	0,8621
1,1	0,8643	0,8665	0,8686	0,8708	0,8729	0,8749	0,8770	0,8790	0,8810	0,8830
1,2	0,8849	0,8869	0,8888	0,8907	0,8925	0,8944	0,8962	0,8980	0,8997	0,9015
1,3	0,9032	0,9049	0,9066	0,9082	0,9099	0,9115	0,9131	0,9147	0,9162	0,9177
1,4	0,9192	0,9207	0,9222	0,9236	0,9251	0,9265	0,9279	0,9292	0,9306	0,9319
1,5	0,9332	0,9345	0,9357	0,9370	0,9382	0,9394	0,9406	0,9418	0,9429	0,9441
1,6	0,9452	0,9463	0,9474	0,94844	0,9495	0,9505	0,9515	0,9525	0,9535	0,9545
1,7	0,9554	0,9564	0,9573	0,9582	0,9591	0,9599	0,9608	0,9616	0,9625	0,9633
1,8	0,9641	0,9649	0,9656	0,9664	0,9671	0,9678	0,9686	0,9693	0,9699	0,9706
1,9	0,9713	0,9719	0,9726	0,9732	0,9738	0,9744	0,9750	0,9756	0,9761	0,9767
2,0	0,9772	0,9778	0,9783	0,9788	0,9793	0,9798	0,9803	0,9808	0,9812	0,9817
2,1	0,9821	0,9826	0,9830	0,9834	0,9838	0,9842	0,9846	0,9850	0,9854	0,9857
2,2	0,9861	0,9864	0,9868	0,9871	0,9875	0,9878	0,9881	0,9884	0,9887	0,9890
2,3	0,9893	0,9895	0,9898	0,9901	0,9904	0,9906	0,9909	0,9911	0,9913	0,9916
2,4	0,9918	0,9920	0,9922	0,9925	0,9927	0,9929	0,9931	0,9932	0,9934	0,9936
2,5	0,9938	0,9940	0,9941	0,9943	0,9945	0,9946	0,9948	0,9949	0,9951	0,9952
2,6	0,9953	0,9955	0,9956	0,9957	0,9959	0,9960	0,9961	0,9962	0,9963	0,9964
2,7	0,9965	0,9966	0,9967	0,9968	0,9969	0,9970	0,9971	0,9972	0,9973	0,9974
2,8	0,9974	0,9975	0,9976	0,9977	0,9977	0,9978	0,9979	0,9979	0,9980	0,9981
2,9	0,9981	0,9982	0,9982	0,9983	0,9984	0,9984	0,9985	0,9985	0,9986	0,9986
3,0	0,9986	0,9987	0,9987	0,9988	0,9988	0,9989	0,9989	0,9989	0,9990	0,9990
3,1	0,9990	0,9991	0,9991	0,9991	0,9992	0,9992	0,9992	0,9992	0,9993	0,9993
3,2	0,9993	0,9993	0,9994	0,9994	0,9994	0,9994	0,9994	0,9995	0,9995	0,9995
3,3	0,9995	0,9995	0,9995	0,9996	0,9996	0,9996	0,9996	0,9996	0,9996	0,9997
3,4	0,9997	0,9997	0,9997	0,9997	0,9997	0,9997	0,9997	0,9997	0,9997	0,9998
3,5	0,9998	0,9998	0,9998	0,9998	0,9998	0,9998	0,9998	0,9998	0,9998	0,9998
3,6	0,9998	0,9998	0,9999	0,9999	0,9999	0,9999	0,9999	0,9999	0,9999	0,9999
3,7	0,9999	0,9999	0,9999	0,9999	0,9999	0,9999	0,9999	0,9999	0,9999	0,9999
3,8	0,9999	0,9999	0,9999	0,9999	0,9999	0,9999	0,9999	0,9999	0,9999	0,9999

Für $d < 0$: $N(d) = 1 - N(-d)$

Standardisierung: $N(d) = N\left(\frac{r_P - E(r_P)}{\sigma(r_P)}\right)$

Lineare Interpolation: $N(d) = N(d_1) + \frac{N(d_2) - N(d_1)}{d_2 - d_1} \cdot (d - d_1)$

Kritische Werte der χ^2-Verteilung

ν	$\chi^2_{0,995}$	$\chi^2_{0,990}$	$\chi^2_{0,975}$	$\chi^2_{0,950}$	$\chi^2_{0,900}$
1	0,00003927	0,00015709	0,00098207	0,00393214	0,01579077
2	0,01002508	0,02010067	0,05063562	0,10258659	0,21072103
3	0,07172178	0,11483180	0,21579529	0,35184632	0,58437438
4	0,20698911	0,29710947	0,48441855	0,71072302	1,06362322
5	0,41174189	0,55429810	0,83121162	1,14547623	1,61030799
6	0,67572673	0,87209033	1,23734425	1,63538291	2,20413066
7	0,98925566	1,23904231	1,68986918	2,16734991	2,83310693
8	1,34441308	1,64649734	2,17973074	2,73263681	3,48953913
9	1,73493282	2,08790070	2,70038947	3,32511286	4,16815901
10	2,15585640	2,55821220	3,24697280	3,94029915	4,86518204
11	2,60322185	3,05348407	3,81574826	4,57481306	5,57778479
12	3,07382358	3,57056892	4,40378854	5,22602949	6,30379605
13	3,56503453	4,10691550	5,00875054	5,89186435	7,04150458
14	4,07467497	4,66042507	5,62872610	6,57063141	7,78953359
15	4,60091553	5,22934896	6,26213779	7,26094394	8,54675624
16	5,14220534	5,81221253	6,90766430	7,96164555	9,31223634
17	5,69721725	6,40775979	7,56418641	8,67176022	10,08518635
18	6,26480481	7,01491560	8,23074621	9,39045510	10,86493612
19	6,84397150	7,63272954	8,90651643	10,11701308	11,65091003
20	7,43384421	8,26039835	9,59077740	10,85081139	12,44260919
21	8,03365320	8,89719785	10,28293781	11,59130521	13,23959798
22	8,64271628	9,54249240	10,98232071	12,33801457	14,04149320
23	9,26042483	10,19571554	11,68855194	13,09051419	14,84795580
24	9,88623355	10,85636155	12,40115026	13,84842502	15,65868404
25	10,51965211	11,52397548	13,11972000	14,61140761	16,47340800
26	11,16023767	12,19814685	13,84390491	15,37915659	17,29188501
27	11,80758742	12,87850454	14,57338276	16,15139582	18,11389599
28	12,46133582	13,56470977	15,30786053	16,92787508	18,93924238
29	13,12114899	14,25645450	16,04707163	17,70836618	19,76774356
30	13,78672007	14,95345555	16,79077229	18,49266104	20,59923459
31	14,45776732	15,65545654	17,53873864	19,28056855	21,43356452
32	15,13403185	16,36221559	18,29076485	20,07191346	22,27059447
33	15,81527475	17,07351367	19,04666141	20,86653395	23,11019673
34	16,50127253	17,78914683	19,80625300	21,66428077	23,95225326
35	17,19182028	18,50892624	20,56937662	22,46501527	24,79665480
36	17,88672615	19,23267587	21,33588164	23,26860905	25,64329990
37	18,58581227	19,96023205	22,10562720	24,07494255	26,49209428
38	19,28891145	20,69144228	22,87848233	24,88390436	27,34295004
39	19,99586818	21,42616312	23,65432456	25,69539040	28,19578517
40	20,70653529	22,16426141	24,43303911	26,50930323	29,05052294
45	24,31101443	25,90126915	28,36615219	30,61225916	33,35038089
50	27,99074909	29,70668253	32,35736372	34,76425167	37,68864839
55	31,73475712	33,57047541	36,39811115	38,95802657	42,05962336
60	35,53449083	37,48485167	40,48174807	43,18795844	46,45888830
65	39,38314133	41,44360965	44,60299273	47,44958123	50,88293905
70	43,27517936	45,44171740	48,75756477	51,73927805	55,32893962
80	51,17193147	53,54007710	57,15317284	60,39147829	64,27784445
90	59,19630365	61,75407866	65,64661774	69,12603050	73,29109051
100	67,32756372	70,06489493	74,22192729	77,92946519	82,35813582

ν	$\chi20,100$	$\chi20,050$	$\chi20,025$	$\chi20,010$	$\chi20,005$
1	2,70554344	3,84145882	5,02388616	6,63489657	7,87943876
2	4,60517019	5,99146454	7,37775892	9,21034040	10,59663477
3	6,25138864	7,81472790	9,34840361	11,34486678	12,83815685
4	7,77944032	9,48772900	11,14328678	13,27670408	14,86025933
5	9,23635689	11,07049769	12,83250209	15,08627269	16,74960271
6	10,64464067	12,59158722	14,44937541	16,81189375	18,54758427
7	12,01703663	14,06714048	16,01276427	18,47530712	20,27773947
8	13,36156613	15,50731304	17,53454605	20,09023490	21,95495458
9	14,68365659	16,91897757	19,02276787	21,66599452	23,58935119
10	15,98717921	18,30703809	20,48317736	23,20925144	25,18817967
11	17,27500851	19,67513756	21,92004931	24,72497055	26,75684912
12	18,54934779	21,02606985	23,33666429	26,21696702	28,29951885
13	19,81192929	22,36203253	24,73560486	27,68824947	29,81947082
14	21,06414418	23,68479127	26,11894811	29,14123795	31,31934907
15	22,30712955	24,99579008	27,48839276	30,57791432	32,80132077
16	23,54182895	26,29622757	28,84535071	31,99992701	34,26718619
17	24,76903538	27,58711168	30,19100916	33,40866370	35,71846616
18	25,98942308	28,86929944	31,52637835	34,80530577	37,15645150
19	27,20357104	30,14352719	32,85232698	36,19086929	38,58225700
20	28,41198059	31,41043288	34,16960686	37,56623483	39,99684659
21	29,61508940	32,67057333	35,47887597	38,93217306	41,40106590
22	30,81328235	33,92443852	36,78071220	40,28936011	42,79565533
23	32,00689971	35,17246165	38,07562730	41,63839856	44,18127613
24	33,19624427	36,41502851	39,36407716	42,97982018	45,55851130
25	34,38158706	37,65248415	40,64646923	44,31410555	46,92789077
26	35,56317126	38,88513871	41,92316999	45,64168260	48,28988298
27	36,74121679	40,11327216	43,19451122	46,96294295	49,64491635
28	37,91592259	41,33713817	44,46079188	48,27823586	50,99337644
29	39,08746982	42,55696795	45,72228624	49,58788495	52,33561903
30	40,25602377	43,77297174	46,97924226	50,89218126	53,67196262
31	41,42173591	44,98534349	48,23188999	52,19139535	55,00270524
32	42,58474511	46,19425957	49,48043780	53,48577168	56,32811510
33	43,74517968	47,39988412	50,72508034	54,77554076	57,64844646
34	44,90315753	48,60236731	51,96599526	56,06090841	58,96392563
35	46,05878857	49,80184979	53,20334881	57,34207393	60,27477147
36	47,21217384	50,99846007	54,43729371	58,61921427	61,58117862
37	48,36340845	52,19231992	55,66797363	59,89250080	62,88333709
38	49,51257983	53,38354063	56,89552058	61,16208719	64,18141263
39	50,65977064	54,57222792	58,12006006	62,42812151	65,47557289
40	51,80505725	55,75847933	59,34170732	63,69073974	66,76596130
45	57,50530486	61,65623344	65,41015912	69,95683264	73,16606220
50	63,16712097	67,50480651	71,42019512	76,15389124	79,48997905
55	68,79621437	73,31149311	77,38046590	82,29211727	85,74895292
60	74,39700569	79,08194451	83,29767511	88,37941859	91,95169725
65	79,97300275	84,82064573	89,17714527	94,42207974	98,10514481
70	85,52704273	90,53122543	95,02318420	100,42518391	104,21489845
80	96,57820362	101,87947391	106,62856759	112,32879308	116,32105631
90	107,56500848	113,14527008	118,13589249	124,11631848	128,29894312
100	118,49800374	124,34211345	129,56119720	135,80672370	140,16948941

mit: ν ... Anzahl der Freiheitsgrade
      χ^2 ... Kritische Werte beim Signifikanzniveau

Literaturverzeichnis

Albach, H.„„ 'Finanzierungsregeln' und Kapitalstruktur der Unternehmung", Christians, F. W. (Hrsg.), *Finanzierungshandbuch*, 2. Aufl., Wiesbaden 1988, 599–626.

Bierman, H., jr. und S. Smidt, *The Capital Budgeting Decision*, 8th ed., New York-London 1993.

Black, F., „A Simple Discounting Rule", *Financial Management*, 1988, 7–11.

Black, F. und M. Scholes, „The Pricing of Options and Corporate Liabilities", *Journal of Political Economy*, 1973, 637–645.

Blohm, H. und K. Lüder, *Investition*, 8. Aufl., München 1995.

Brealey, R. A. und S. C. Myers, *Principles of Corporate Finance*, 6th ed., New York et al. 2000.

Busse von Colbe, W. und G. Laßmann, *Betriebswirtschaftstheorie*, Band 3: *Investitionstheorie*, 3. Aufl., Berlin et al. 1990.

Copeland, T. und V. Antikarov, *Real Options*, New York 2001.

Copeland, T. E. und J. F. Weston, *Financial Theory and Corporate Policy*, 3rd ed., Reading et al. 1988.

DeAngelo, H. und R. Masulis, „Optimal Capital Structure under Corporate and Personal Taxation", *Journal of Financial Economics*, 1980, 3–30.

Dixit, A. K. und R. S. Pindyck, *Investment under Uncertainty*, Princeton 1994.

Drukarczyk, J., *Finanzierung*, 8. Aufl., Stuttgart-New York 1999.

Drukarczyk, J., *Theorie und Politik der Finanzierung*, 2. Aufl., München 1993.

Elton, E. J. und M. J. Gruber, *Modern Portfolio Theory and Investment Analysis*, 4th ed., New York et al. 1991 und 5th ed., New York et al. 1995.

Fama, E. F., „The Behaviour of Stock Markets", *Journal of Business*, 1965, 34–105.

Fischer, E. O., *Optionen*, 3. Aufl., Manuskript Universität Wien 1995.

Fischer, E. O., „Die Bewertung riskanter Investitionen mit dem risikolosen Zinsfuß", *Zeitschrift für Betriebswirtschaft*, Ergänzungsheft 1, 1999a, 25–42

Fischer, E. O., „Die relevanten Kalkulationszinsfüße in der Investitionsplanung", *Zeitschrift für Betriebswirtschaft*, 1999b, 777–801.

Fischer, E. O., *Kapitalmarktforschung und Investmentanalyse*, 4. Aufl. Manuskript Universität Wien 2001.

Fischer, E. O., *Finanzwirtschaft für Anfänger*, 3. Aufl. München-Wien 2002.

Fischer, E. O. und G. Mandl „Die Ermittlung des Shareholder Value mittels risikolosem Zinsfuß und Risikokorrekturverfahren", *Die Betriebswirtschaft*, 2000, 459–472.

Fischer, E. O., Heinkel, R. und J. Zechner, „Dynamic Capital Structure Choice: Theory and Tests", *Journal of Finance*, 1989a, 19–40.

Fischer, E. O., Heinkel, R. und J. Zechner, „Dynamic Recapitalization Policies and the Role of Call Premia and Issue Discounts", *Journal of Financial and Quantitative Analysis*, 1989b, 427–446.

Fischer, E. O. und C. Keber, „Risikoanalyse internationaler Aktienportefeuilles: Eine empirische Untersuchung", *Zeitschrift für Betriebswirtschaft*, 1997, 333–360.

Fischer, E. O. und C. Keber, „Die relevanten Kalkulationszinsfüße in der Unternehmensbewertung aus der Sicht der Kapitalmarktforschung I", *Österreichische Zeitschrift für Recht und Rechnungswesen*, 2000, 313–318.

Fischer, E. O. und C. Keber, „Die relevanten Kalkulationszinsfüße in der Unternehmensbewertung aus der Sicht der Kapitalmarktforschung II", *Österreichische Zeitschrift für Recht und Rechnungswesen*, 2000, 332–336.

Fischer, E. O. und D.G. Maringer, „Risiken am österreichischen Kapitalmarkt I: Historische Schätzer", *Bankarchiv*, 1998, 92–102.

Fischer, E. O. und D.G. Maringer, „Risiken am österreichischen Kapitalmarkt II: Analysen", *Bankarchiv*, 1998, 187–194.

Fischer, E. O. und J. Zechner, „Die Lösung des Risikoanreizproblems durch Ausgabe von Optionsanleihen", *Zeitschrift für betriebswirtschaftliche Forschung*, 1990, 334–342.

Francfort, A. J. und B. Rudolph, „Zur Entwicklung der Kapitalstruktur in Deutschland und in den Vereinigten Staaten von Amerika", *Zeitschrift für betriebswirtschaftliche Forschung*, 1992, 1059–1079.

Franke, G. und H. Hax, *Finanzwirtschaft des Unternehmens und Kapitalmarkt*, 4. Aufl., Berlin et al. 1999.

Geyer, A. und E. Nemec, „Capital Structure Determinants in Austria", AWG Working Paper 2, June 1994.

Haugen, R. und L. Senbet, „The Insignificance of Bancruptcy Costs to the Theory of Optimal Structure", *Journal of Finance*, 1978, 5–21.

Haley, C. und L. Schall, *The Theory of Financial Decisions*, 2nd ed., New York et al. 1979.

Hax, H., *Investitionstheorie*, 5. Aufl., Würzburg-Wien 1985.

Jensen, M. und W. Meckling, „Theory of the Firm: Managerial Behaviour, Agency Cost, and Ownership Structure", *Journal of Financial Economics*, 1976, 305–360.

Kruschwitz, L., *Finanzierung und Investition*, 2. Aufl. München–Wien 1990.

Markowitz, H., „Portfolio Selection", *Journal of Finance*, 1952, 77–91.

Merton, R. C., „Theory of Rational Option Pricing", *Bell Journal of Economics and Management Science*, 1973a, 141–183.

Merton, R. C., „An Intertemporal Capital Asset Pricing Model", *Econometrica*, 1973b, 867–887.

Merton, R. C., „On the Pricing of Corporate Debt: The Risk Structure of Interest Rates", *Journal of Finance*, 1974, 449–170.

Merton, R. C., „On the Pricing of Contingent Claims and the Modigliani–Miller–Theorem", *Journal of Financial Economics*, 1977, 241–249.

Miller, M., „Debt and Taxes", *Journal of Finance*, 1977, 261–275.

Miller, M. und F. Modigliani, „Dividend Policy, Growth and the Valuation of Shares", *Journal of Business*, 1961, 411–433.

Modigliani, F. und M. Miller, „The Cost of Capital, Corporation Finance and the Theory of Investment", *American Economic Review*, 1958, 261–297.

Modigliani, F. und M. Miller, „Corporate Income Taxes and the Cost of Capital", *American Economic Review*, 1963, 433–443.

Myers, S. C., „Interactions of Corporate Financing and Investment Decisions: Implications for Capital Budgeting", *Journal of Finance*, 1974, 1–25.

Myers, S. C., „The Capital Structure Puzzle", *Journal of Finance*, 1984, 575–592.

Petty, J. W. et al., *Basic Financial Management*, 6th ed., Englewood Cliffs 1993.

Pindyck, R. S. und D. L. Rubinfeld, *Econometric Models and Economic Forecasts*, 4th ed., New York et al. 1997.

Rao, R. K. S., *Financial Management: Concepts and Applications*, New York-London 1987.

Ross, R. A., Westerfield, R. W. und J. F. Jaffe, *Corporate Finance*, 2nd ed., St. Louis 1990 und 5th ed., St. Louis 1999.

Rudolph, B., „Zur Theorie des Kapitalmarkts", *Zeitschrift für Betriebswirtschaft*, 1979, 1034–1067.

Schall, L. D. und C. W. Haley, *Introduction to Financial Management*, 6th ed., New York et al. 1991.

Schmidt, R. H. und E. Terberger, *Grundzüge der Investitions- und Finanzierungstheorie*, 4. Aufl., Wiesbaden 1997.

Shapiro, A. C., *Modern Corporate Finance*, New York-London 1999.

Sharpe, W. F., „A Simplified Model for Portfolio Analysis", *Management Science*, 1963, 277–293.

Sharpe, W. F., „Capital Asset Prices: A Theory of Market Equilibrium under Conditions of Risk", *Journal of Finance*, 1964, 425–442.

Sharpe, W. F., Alexander, G. J. und J. V. Bailey, *Investments*, 6th ed., Englewood Cliffs 1999.

Spremann, K., *Wirtschaft, Investition und Finanzierung*, 5. Aufl., München–Wien 1996.

Stehle, M., „Eigenkapitalquoten und Fremdkapitalstruktur börsennotierter deutscher Aktiengesellschaften", *Zeitschrift für Betriebswirtschaft*, 1994, 811–837.

Steiner, M., Beiker, H. und C. Bauer, "Theoretische Erklärung unterschiedlicher Aktienrisiken und empirische Überprüfungen", *Zeitschrift für betriebswirtschaftliche Forschung*, Sonderheft 31, 1993, 99–129.

Steiner, P. und H. Uhlir, *Wertpapieranalyse*, 4. Aufl., Heidelberg 2000.

Stepan, A. und E. O. Fischer, *Betriebswirtschaftliche Optimierung*, 7. Aufl., München–Wien 2001.

Swoboda, P., *Investition und Finanzierung*, 5. Aufl., Göttingen 1996.

Swoboda, P., „Finanzierungsplanung und Steuern", Wittmann, W. et al. (Hrsg.), *Handwörterbuch der Betriebswirtschaft*, Teilband 1, 5. Aufl., Stuttgart 1993, Sp. 1062–1074.

Swoboda, P., *Betriebliche Finanzierung*, 3. Aufl., Heidelberg 1994.

Tobin, J. „Liquidity Preference as a Behaviour towards Risk", *Review of Economic Studies*, 1958, 251–278.

Trigeorgis, L. und S.P. Mason, *Real Options*, Cambridge, 1996.

Van Horne, J. C., *Financial Management and Policy*, 12th ed., Englewood Cliffs 2001.

Weston, J. F. und T. E. Copeland, *Managerial Finance*, 9th ed., Chicago 1992.

Index

www.ingramcontent.com/pod-product-compliance
Lightning Source LLC
Chambersburg PA
CBHW050656190326
41458CB00008B/2591